学术顾问：魏中林

高水平应用型大学课程建设研究

主　编　周二勇
副主编　邱林润

北京理工大学出版社
BEIJING INSTITUTE OF TECHNOLOGY PRESS

内容简介

《高水平应用型大学课程建设研究》是一部以课程研究为基点的应用型研究著作，本书包括22个专题，分为应用型课程建设理论、专业类课程改革案例、通识类课程改革案例三个部分，每个专题以一门课程、一类课程或课程群的方式组织实施。各专题围绕教学目标、教学内容、教学方法、教学评价、课程思政、课程资源、课程团队、产教融合等应用型课程建设全要素，开展理论与实践研究，通过对各个专题研究成果的总结和提炼，最终汇集成一项对于应用型"金课"建设具有借鉴作用的研究成果。

版权专有　侵权必究

图书在版编目（CIP）数据

高水平应用型大学课程建设研究/周二勇主编. --北京：北京理工大学出版社，2022.9
　ISBN 978-7-5763-1727-5

Ⅰ．①高… Ⅱ．①周… Ⅲ．①高等学校-课程建设-研究-中国 Ⅳ．①G642.3

中国版本图书馆 CIP 数据核字（2022）第 173316 号

出版发行 / 北京理工大学出版社有限责任公司
社　　址 / 北京市海淀区中关村南大街5号
邮　　编 / 100081
电　　话 /（010）68914775（总编室）
　　　　　（010）82562903（教材售后服务热线）
　　　　　（010）68944723（其他图书服务热线）
网　　址 / http：//www.bitpress.com.cn
经　　销 / 全国各地新华书店
印　　刷 / 三河市华骏印务包装有限公司
开　　本 / 787毫米×1092毫米　1/16
印　　张 / 21　　　　　　　　　　　　　　　　责任编辑 / 龙　微
字　　数 / 490千字　　　　　　　　　　　　　　文案编辑 / 徐艳君
版　　次 / 2022年9月第1版　2022年9月第1次印刷　责任校对 / 刘亚男
定　　价 / 126.00元　　　　　　　　　　　　　　责任印制 / 李志强

图书出现印装质量问题，请拨打售后服务热线，本社负责调换

序

2018年6月，教育部召开了改革开放40年以来首次全国高等学校本科教育工作会议，吹响了建设一流本科教育的集结号，"以本为本"成为统一共识，全面振兴本科教育的基本面开始成形。一流本科教育建设的关键在于一流人才培养，而人才培养的基本落脚点在课程，课程改革已成为深化教育教学改革、落实立德树人的重要命题，继而形成了淘汰"水课"、打造"金课"的新时代教育目标。在这样的背景下，广东科技学院率先以课程为基点展开了应用型课程建设研究工作，并汇集成这部著作。本书是广东科技学院应用型本科系列研究，继《粤港澳大湾区与新时代应用型高等教育》《高水平应用型本科专业建设：人才培养模式与评价体系研究》《高水平应用型大学要素研究》之后的第四项成果。此种紧紧围绕应用型这一方向，锚定目标、久久为功的坚持十分值得称赞。

2014年4月，教育部印发了《教育部关于全面深化课程改革落实立德树人根本任务的意见》，对于如何深化课程改革，提出了"五个统筹"的任务要求，对学段、学科、实施环节、相关力量和主要阵地进行了总体规划和统筹设计，为各级各类学校深化课程改革指明了方向，标志着课程改革由全面实施进入全面深化阶段。2018年10月，教育部印发了《教育部关于加快建设高水平本科教育全面提高人才培养能力的意见》（又称新时代高教40条），提出"推动课堂教学革命……因课制宜选择课堂教学方式方法，科学设计课程考核内容和方式，不断提高课堂教学质量"的要求。2019年10月，教育部印发了《教育部关于一流本科课程建设的实施意见》，提出"坚持分类建设的基本原则。依据高校办学定位和人才培养目标定位，建设适应创新型、复合型、应用型人才培养需要的一流本科课程"的要求，同时针对一流本科课程提出七个方面的具体建设内容。总体而言，从国家层面到部委的总体部署以及相关文件均提出课程建设的基本政策和建设路径，并且对应用型本科的课程建设也逐渐形成明确的导向。

然而，课程建设仍存在许多问题。比如，教育政策导向是分类发展、分类评价，对于不同类型、不同定位的高校，课程建设也应存在差异，但应用型课程建设并没有形成特有的、独立的一套标准；课程建设本身应有基本遵循，但应用型课程改革如何支撑应用型人才培养，其必然也应具有一定独特性；在一流本科课程"双万计划"的背景下，应用型"金课"建设如何推进，显然需要更多的支撑条件和服务。总之，以课程建设实证研究引领课程改革的整体效应还未形成，因此，关于应用型本科课程建设尚有许多问题需要深入探索和研究。

基于这一基本共识，广东科技学院课题组启动了"应用型大学课程建设研究"专项工作，分为应用型课程建设理论、专业类课程改革案例、通识类课程改革案例三个部分，共

22个专题开展理论和实践研究。书中所有作者均为广东科技学院教师，有经验丰富的教授，亦有初出茅庐的青年教师，如此使得课题研究形态更加多元，层次更加丰富。

本项研究聚焦应用型大学课程建设的核心要素，深入探讨应用型课程建设相关问题，以"体系完整、结构合理、比例得当、内容适用、难度匹配、方法创新、评价科学"为基本原则。概括来说，具有三个特征：第一，研究主题定位明确。聚焦应用型人才培养要求和应用型"金课"建设内涵，各专题通过分析应用型本科课程与其他类型高校课程的异同，找准应用型课程的特性，围绕应用型课程建设的内涵与实践开展研究，提出了应用型"金课"建设的基本思路。第二，课题研究类型丰富。22个专题涵盖了应用型课程建设理论研究、一流课程建设研究、应用型课程改革案例等范畴，每个专题又以一门课程、一类课程或课程群的方式进行研究，梳理了具有普遍性和适应性的应用型课程建设路径。第三，课程建设要素完整。各个专题研究均涵盖了教学目标、教学内容、教学方法、教学评价、课程思政、课程资源、课程团队、产教融合等应用型课程建设内涵，构建了应用型课程建设的整体框架。

本书一方面展示了广东科技学院坚持"应用创新型大学"的办学定位，着力推进高水平应用型课程建设与"以学为中心，以教为主导"的课堂教学改革的基本状况；另一方面聚焦一流本科课程"双万计划"，通过理论与实践研究，提出深化课程改革的思路和路径参考。关于相关课程的研究主要基于研究者的认识和学校的实践，观点和见解仍处于探索阶段，还需要通过实践去进一步验证。虽然如此，本书具有三个重要的意义：一是成果具有创新性。围绕应用型人才培养的核心要求，从课程建设的微观视角着手，构建出应用型课程的建设原则、体系框架、质量标准等关键要素。二是成果具有实践性。研究来源于应用型本科课程建设的现实需求，通过理论创新和实践应用，提出应用型课程建设的参考思路及具体的路径措施，有助于推动应用型"金课"建设。三是成果具有示范性。聚焦课程建设改革的难点和堵点，提出的研究观点具有一定代表性和普遍性，可供其他院校在应用型本科课程建设中借鉴参考。

广东科技学院自2018年以来，持续推进应用型本科系列研究，始终聚焦"应用型"这一中心，以一项研究、一部著作的形态接续展开。我在前部著作的序言中曾说："这部书是在南博集团董事长刘东风的持续支持下，由主编周二勇全面组织和统筹，由南博研究院的研究者与各相关学院所属专业人员通力合作而成。每项专题研究组建专题组，专题组均由学科带头人、一线教师与研究人员多边组成，参与人员广泛，参与热情踊跃。从确定选题到分工，从形成提纲到初稿，其间一年多来笔耕不辍，每月进行一次汇报、交流、讨论，并由此形成上下结合、左右协同、分工落实、互相支撑的良好工作机制。其中，作为副主编的邱林润本身承担着繁重的教学行政工作，在整个过程中负责具体的组织落实，不辞辛劳，始终如一，值得赞赏。南博研究院办公室主任刘佳敏认真细心地保障安排，亦给人留下深刻印象。"这段话仍可作为本书的形成状况。随着系列研究持续推进，"广科模式"也在逐渐成形，工作成效也是有目共睹的，这不仅推动了广东科技学院高水平应用创新型大学的建设进程，也会在同类型院校中形成一定影响，产生一定的借鉴作用，共同推进应用型本科教育的高质量发展，这正是我们的初衷。是为序。

魏中林

2022年7月1日

目　录

第一部分　应用型课程建设理论

应用型课程建设研究综述 …………………………………………………………… 3
应用型课程建设的理论与实践 ……………………………………………………… 20

第二部分　专业类课程改革案例

基于 CDIO 教学理念的"C 语言程序设计"混合式教学改革研究与实践 ………… 29
基于 OBE 理念的课程教学模式的探讨——以"Java Web 技术"课程为例 …… 45
应用型本科"数据库原理及应用"课程改革 …………………………………… 56
基于 PDCA 模型的物联网专业课程的实训有效性研究 ………………………… 69
虚拟现实技术在软件工程课程教学工作中的构建与实践 ……………………… 88
嵌入式智能系统应用课程改革实践案例 ………………………………………… 100
电子产品开发岗位核心技能导向下的循环递进式课程体系构建研究 ………… 120
"一课双师"协同教学改革探索——以服装专业为例 ………………………… 133
OBE 理念下服装专业计算机辅助设计类课程建设研究 ………………………… 146
混合式一流课程建设探索与实践——以"立体裁剪"为例 …………………… 160
"网络营销"课程应用型教学设计与实践 ……………………………………… 174
"以学为中心"应用型人才培养模式资产评估课程群教学改革探索 ………… 193
"西方经济学"多元混合式教学模式研究 ……………………………………… 209
成本会计学"应用型金课"教学改革的实践与探索 …………………………… 228
基于校企深度融合的商务英语课程群教学改革与实践 ………………………… 241

第三部分　通识类课程改革案例

"马克思主义基本原理"课程改革实践案例开发与整理研究……………………… 261
"三位一体"的"中国近现代史纲要"课程教学模式研究…………………………… 276
基于应用型人才培养的大学语文课程建设研究与实践…………………………… 288
应用型高校体育课程建设探索与实践研究——以广东科技学院体育课程项目为例…… 305
公共艺术鉴赏在大思政背景下的"立体美育"课程建设研究与实践……………… 314

第一部分

应用型课程建设理论

应用型课程建设研究综述

贾帆帆　祁雁凌　喻　霞　叶芬芳

摘　要：我国高等教育普及化时代的到来以及经济转型升级等的变化对高等教育人才培养提出了新的要求，应用型本科教育课程调整与改革的命题应运而生。在此背景下，地方本科院校陆续开展了应用型课程建设工作，应用型课程受到高校的重视，但对应用型课程建设的理论和实践的研究还处于初步阶段。为了增强地方本科院校对应用型课程的认识以及未来进一步开展深入研究，本研究结合现有应用型课程建设研究的相关成果，分别从应用型课程的内涵、应用型课程建设要素（包括课程建设理念、教学目标设定、教学内容设计、教学组织形式、教学方法和教学评价）以及应用型课程建设存在的问题等进行了综述，最后论述了应用型课程建设的管理模式和评价机制，并对未来工作进行了展望。

关键词：应用型课程建设；地方本科院校；课程建设要素；研究综述

一、应用型课程建设研究背景

（一）研究背景

1. 高等教育普及化下人才培养的新变化

2002年，中国高等教育毛入学率达到了15%，高等教育由精英教育跨入大众教育。高等教育大众化意味着高等教育层次的分化，研究型院校培养学术型人才，应用型院校培养高级应用人才，职业院校培养专业技术人才。[①] 2020年，中国高等教育毛入学率已达到54.4%，这标志着我国高等教育已经进入普及化阶段。目前，我国学术型人才的培养已经在精英教育阶段取得了经验；技能型人才随着近年来国家对职业教育的推动，也积累了一定经验；但培养高级应用人才的应用型院校，在人才培养方式、课程体系设置等方面，还处于探索性阶段。

2015年10月，《教育部　国家发展改革委　财政部　关于引导部分地方普通本科高校向应用型转变的指导意见》发布。2019年，国务院印发了《国家职业教育改革实施方案》，规划到2022年，职业院校教学条件基本达标，一大批普通本科高等学校向应用型转变。同年，教育部等13个部委联合启动"六卓越一拔尖"计划2.0版，开展一流本科课程"双万计划"，该计划全面覆盖所有类型高校、所有类型课程，推动我国本科教育质量整体提升，解

---

① 赵建义，赵永强，王爱国. 转型背景下应用型课程建设的探索与实践[J]. 教育理论与实践，2019，39(15)：18-20.

决我国不同类型高校课程体系同质化、课程质量不高、教学方法单一等问题。

根据教育部公布的《2020年全国教育事业统计主要结果》，截至2020年，全国共有普通高校2 738所，其中本科院校1 270所（含本科层次职业学校21所）。而全国本科院校中，超过半数的学校定位于应用型本科院校，这意味着应用型本科教育质量对于我国高等教育人才培养意义重大。任何教育的最终效果取决于直接面对学生的课程建设和实施过程，因此，以应用型大学为主体的应用型课程建设是我国高等教育大众化背景下提高高等教育质量的核心环节。

2. 我国经济转型升级对人才培养的新要求

放眼全球，应用型人才培养是许多国家本科层次人才培养的重要组成部分。如德国应用科学大学是其高等教育体系的重要组成，所培养的应用型人才在国民经济建设中发挥了重要作用。美国在1900年至1980年，学术人才只占专门人才总数的5%左右，而工程师、技术员、律师、会计师、中小学教师及医护人员等实用人才则占60%。① 这种情况表明，即使在经济发达的欧美国家，高等学校培养的学术型人才仍然只占少数，而培养的应用型人才则占绝大多数。

当前，我国经济发展正在进入结构调整、转型升级的攻坚期，新旧增长动能正在转换，互联网经济和科技革命催生的新业态、新模式等带来了国际竞争格局的调整，这为后发国家赶超跨越提供了战略机遇，也将进一步加剧国际间的人才竞争。在此背景下，我国经济发展要从要素驱动、投资驱动转向创新驱动，这对我国高等教育提出了新的要求，专业基础扎实、技术实力雄厚、实践能力突出、真正学以致用的高素质应用型人才成为目前高等教育人才培养的重要目标之一。

《国家中长期教育改革和发展规划纲要（2010—2020年）》明确指出："不断优化高等教育结构。优化学科专业、类型、层次结构，促进多学科交叉和融合。重点扩大应用型、复合型、技能型人才培养规模。"这是对经济转型历史背景下的高等教育人才培养工作的战略部署，也是国家层面第一次将应用型人才培养写入正式文件。

3. 应用型本科教育课程调整与改革命题的提出

不管是高等教育普及化时代的到来，还是经济的转型发展，都对应用型人才的培养提出了新的要求。课程是人才培养的基本环节，人才培养目标是以课程为媒介加以实现的，同理，应用型本科人才培养目标的实现与其课程编制有莫大的关系。那么，应用型本科教育课程建设现状如何？问题在哪？应用型本科教育课程作何调整和改革更有利于我国高级应用型人才的培养？基于这些问题，本研究整理思路，深入人才培养根本环节——课程建设的理论研究来探讨应用型本科人才培养问题。

（二）应用型课程建设研究文献回顾

1. 应用型课程建设研究趋势

使用中国知网以"应用型课程"为主题检索，截至2021年6月7日，总计发文数量1.9万篇；自2006年起，应用型课程相关研究论文逐年增多。对已发表论文的主题进行分析发现，大部分研究的主题是应用型本科、应用型本科院校、应用型人才培养、应用型高

---

① 严权. 应用型本科课程论［M］. 北京：中国地质大学出版社，2012：8-9.

校、教学改革等，涉及课程建设的较少，如图 1 所示。

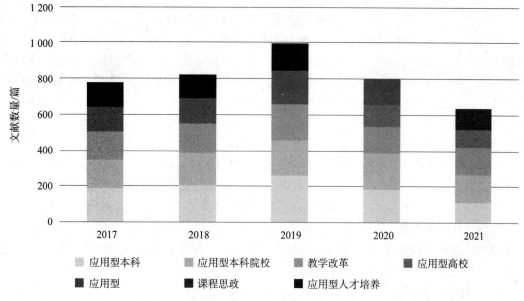

图 1　CNKI 应用型课程研究主题词频交叉分析

以"应用型课程建设"为主题检索，截至 2021 年 6 月 7 日，总计发文数量为 1 264 篇，且发文数量呈逐年上升趋势，如图 2 所示。由此可见，应用型课程建设的研究是在应用型本科院校建设以及应用型人才培养命题下开展的。

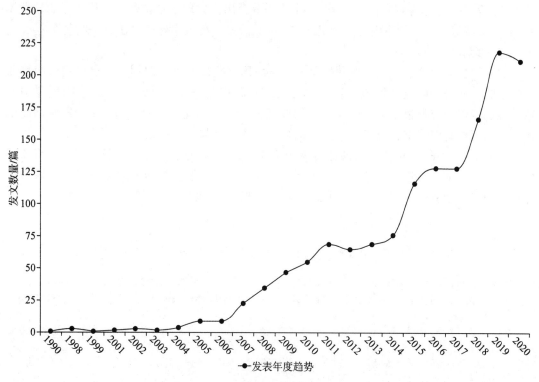

图 2　CNKI 应用型课程建设发文趋势

2. 应用型课程主要研究机构

近年来，地方本科院校普遍选择了培养应用型人才的目标定位，走上了建设应用型本科的发展道路。利用中国知网检索主题"应用型课程"，对文献的来源机构进行分析，发现相关研究主要来源是地方本科院校。其中，安徽科技学院、南京工程学院、北京联合大学、滁州学院、合肥学院、齐齐哈尔工学院、常州工学院等发文数量较多。从发文院校所在省份看，安徽省高校（安徽科技学院、滁州学院、合肥学院等）对于应用型课程建设研究较其他省份多。

（1）安徽科技学院

2009年，安徽科技学院获批为安徽省示范应用型本科高校立项建设单位，其关于应用型课程的研究始于2010年，主要围绕应用型本科院校的建设，结合学校生物科学、生物医药等特色专业，从专业人才培养方案设计、课程体系设计、课程群建设、课程标准制定、课程评估体系、课程教学方法改革等多个方面展开。总的来说，安徽科技学院重在对应用型本科高校建设背景下的课程应用性的研究，并没有明确界定应用型课程的内涵，也没有提出与之配套的完整课程建设方案。

（2）南京工程学院

南京工程学院是教育部"卓越工程师教育培养计划"和教育部CDIO工程教育改革首批试点高校，也是国家级新工科研究与实践项目入选高校。因此，南京工程学院关于应用型课程的研究是围绕工程型人才培养展开的。如白允强等提出"大材料、大工程、大社会"材料学教育理念[①]；陈小虎等提出包括理论课程，实践课程，与社会、企业沟通的工程技术教育训练体系等不同类型课程建设的思考[②]；张伟强等提出构建理论紧密联系工程实际的教学体系[③]；吴梦陵等提出"学生中心、产出导向、持续改进"的成果导向（OBE）理念等[④]。

（3）北京联合大学

北京联合大学关于应用型课程的研究是从应用型院校背景下课程改革过渡到应用型课程建设的，典型的研究成果包括：张虹提出结合工作过程系统化理论开展应用型课程改革，强调课程内容是根据某个职业或岗位典型工作任务的完成过程设计的；[⑤]朱科蓉提出地方应用型本科院校课程改革的重点是加强公共基础课与专业课之间的衔接，整合优化学科专业基础课，开发面向行业与地方的特色课程，以能力为主线构建实践课程、选修课程的模式化，将创业课程融入整个课程体系；[⑥]高林依据工程应用能力的内涵组成，提出将课程分为工程学科理论课程、专业技能课程、"理论-实践"一体化课程；[⑦]王晓蕾等进一

---

① 白允强，王章忠，周衡志. 应用型本科"材料力学性能"课程教学改革［J］. 中国冶金教育，2010（3）：49-51.
② 陈小虎，刘化君，曲华昌. 应用型人才培养模式及其定位研究［J］. 中国大学教学，2004（5）：58-60.
③ 张伟强，刘扬正. 卓越工程师教育培养计划下的应用型本科大学物理教学改革［J］. 中国电力教育，2011（26）：96-97.
④ 吴梦陵，熊桑，张振，等. 融入课程思政元素的应用型本科高校材料成型专业金课的教学探索［J］. 现代制造技术与装备，2020，56（12）：221-224.
⑤ 张虹. 培养应用型人才 课程改革是关键——兼论工作过程系统化课程［J］. 北京联合大学学报（人文社会科学版），2008（2）：118-122.
⑥ 朱科蓉. 地方应用型本科院校课程体系改革思路［J］. 中国电力教育，2010（3）：104-106.
⑦ 高林. 以工程应用能力为主导 提高工程教育人才培养质量［J］. 中国大学教学，2013（1）：27-29+35.

步界定了应用型课程的内涵和课程建设的原则，总结了高校转型过程中的课程建设经验，提出了构建与专业有机融合的创新创业课程体系、建立可持续的校企合作机制、推进学生中心教学范式等应用型课程建设的策略。①

(4) 滁州学院

滁州学院关于应用型课程建设的研究主要集中在应用型院校背景下的课程改革，典型的研究成果包括：李银等提出了应用型本科院校课程建设评价指标体系；②奚昕提出应用型课程的建设首先要符合专业人才培养目标，其次必须从知识、能力、素质三个方面出发，制定教学目标和内容，确保教师、教材、教学实践、考核评价等环节有机衔接，奚昕还对实践教学体系进行了研究，提出既要构建实践教学的制度体系、教学系统及教学考评体系，又要不断探索案例教学、情景模拟、践行辅导、实验课、社会实践等课内外实践教学模式③；王敏提出要建设课程资源库，提高教学团队的整体素质；④张永春提出过程性考核与结果性考核相结合的课程考核方案⑤；潘玉立等从教学内容、教学方法和教师素养三方面探讨英语专业课程思政建设的实现路径⑥。

(5) 合肥学院

合肥学院关于应用型课程的典型成果包括"N+2"过程考核方式、课程模块化研究等。代表性的研究包括：王向川研究了合肥学院物理实验课程在教学体系、内容、开放模式、师资队伍和考核办法等方面进行改革的思路、方法和初步成效⑦；冉志晗研究了任务驱动教学法的理论基础、任务设计原则及具体教学实践⑧；张霞等提出要分专业修订教学大纲、开展应用型案例教学、建立"N+2"过程考核方式等教学改革方法⑨。2011—2020年，合肥学院众多学者结合不同课程，从课程模块化的角度对不同类型和学科类别的课程建设进行了研究。

(6) 齐齐哈尔工程学院

2011—2015年，齐齐哈尔工学院围绕应用型本科背景下课程的改革，强调"工程任务课程化"教学模式，将企业具体的工程引入课程教学。2015年1月，齐齐哈尔工学院发起成立全国性的应用型课程建设联盟；2016年4月与教育部学校规划建设发展中心共同成立课程建设研究院，举办应用型课程建设大课堂与研修班；2016—2019年，相关研究集

---

① 王晓蕾，林妍梅．应用型本科高校课程建设与改革发展路径研究［J］．职教论坛，2019（12）：34-38．

② 李银，刘海涛．应用型本科院校课程建设评价指标体系研究——以滁州学院为例［J］．滁州学院学报，2009，11（6）：53-55．

③ 奚昕．应用型普通高校人力资源管理课程教学改革研究［J］．滁州学院学报，2011，13（3）：94-97．

④ 王敏．新建应用型本科院校《口译》课程教学资源库构建研究［J］．滁州学院学报，2011，13（4）：120-122．

⑤ 张永春．基于过程性考核的地方应用型本科院校课程考核改革研究——以"大学物理"课程为例［J］．江苏科技信息，2019，36（34）：64-66．

⑥ 潘玉立，郜丽娜．地方应用型本科高校英语专业课程思政建设探究——以《英语演讲》课程为例［J］．吉林广播电视大学学报，2020（10）：3-4．

⑦ 王向川．应用型本科院校物理实验课程建设的改革与探索［J］．合肥学院学报（自然科学版），2008（2）：94-96．

⑧ 冉志晗．任务驱动教学法在《英语国家概况》教学中的应用——应用型英语人才培养的有效途径［J］．大众文艺（理论），2008（12）：248-249．

⑨ 张霞，陈秀．地方应用型本科高校高等数学课程教学改革的研究与实践［J］．中国大学教学，2009（8）：29-30．

中在对课程有效性的评价上；2020年，研究的重点具体到应用型课程建设上，提出应依据普通高等学校本科专业类教学质量国家标准、职业标准、地方及特定企事业需求，遵循"四真三化"的原则和方法，从课程定位、课程设计、课程实施和课程评价四个方面开发和评价课程。

(7) 常州工学院

常州工学院应用型课程研究突出了应用型本科院校和学术性大学、高职高专的不同之处，代表性的研究成果包括：汪禄应认为应用型本科要建立以市场需求和能力为本位的应用型、实践型课程体系；① 何亚峰等提出机电一体化课程建设三位一体的模式，强调教师是课堂教学的组织者、参与者、指导者、督促者，教学过程中教师在讲解的同时不断对学生进行提问，教学内容要突出实践部分；曾琳提出课程建设的理念是培养学生的实践能力、创新能力、创造能力，要构建网络教学资源，提高学生的自学能力，要增加实践教学环节，改革传统的考核方式，增加平时成绩和上机操作成绩占比；② 金中坤等认为应用型课程设置需要有明确的培养定位，应用型本科院校的生产运作课程应是由课堂理论教学、实验室仿真教学、现场认知教学、课设实践教学等环节组成的"立体式"课程教学体系。③

总体来看，大部分地方本科性院校应用型课程建设的研究重在从个性的角度出发，基于应用型本科院校自身的人才培养定位，研究某门具体课程的授课目标、课程内容、实践教学、教学组织方式、教学资源管理等方面的教学改革；而从共性出发，研究应用型课程建设普适性理论的相对较少。

二、应用型课程内涵的多元理解

关于应用型课程的内涵，最早可追溯到王中云的论文《21世纪高校应用型课程教学模式建构论略》，其将应用型课程定义为相对于在教学中更侧重知识学习和理论的分析讨论的理论型课程而言，虽然有一定的理论性，但是实践性更强，即更加强调理论的实际运用的课程。④ 严权在2012年发表的著作《应用型本科课程论》中提出，应用型课程与学术型课程相对应，学术型课程主要采取的是学科中心课程体系，培养的是从事科学理论研究的研究型人才，而应用型课程则是以实际的技术活动项目为线索，将学科知识和素质培养融合于能力之中，以能力培养为核心，以学科知识为支撑，其培养的是生产、建设、管理、服务第一线的高级应用型专门人才。⑤

自2012年开始，陆续有更多学者从不同角度对应用型课程的内涵进行多维度的解读。陈新民等认为，应用型本科的人才培养目标是需求导向的，因此应用型课程不应沿袭精英教育模式，按照知识逻辑组织课程体系，而应根据学生和社会需求选择安排课程。⑥ 吴中江等

---

① 汪禄应. 应用型本科教育人才培养目标与课程体系建设 [J]. 大学教育科学, 2005 (2): 42-44.
② 曾琳. 应用型本科院校的VB精品课程建设 [J]. 中国教育技术装备, 2011 (24): 65-66.
③ 金中坤, 应可福. 工商管理专业人才培养中"生产运营管理"课程建设研究 [J]. 常州工学院学报, 2015, 28 (6): 85-89.
④ 王中云. 21世纪高校应用型课程教学模式建构论略 [J]. 广西教育学院学报, 2002 (6): 6-10.
⑤ 严权. 应用型本科课程论 [M]. 北京: 中国地质大学出版社, 2012: 8-9.
⑥ 陈新民, 金劲彪, 周朝成, 等. 新建本科院校应用性课程改革与实践 [J]. 中国大学教学, 2012 (10): 42.

认为，与传统本科院校相比，应用型本科院校的课程体系不是建立在学科体系上的课程内容体系，而是以技术体系为依据的课程内容体系。[①] 冀宏等认为，应用型课程应该具有三个属性，一是教学内容要具有先进性，二是教学实施要理实一体化，三是教学过程要持续改进；同时认为应用型课程与课程应用性不同，课程应用性虽然重视知识的应用，但更强调知识的学科系统性，而应用型课程强调实践活动服务于能力训练，对于学习者来说，要在实践活动中主动建构自己的知识系统。[②] 王晓蕾等认为，应用型课程强调学科知识的复合性，强调从社会需求出发，通过能力本位的课程体系和案例教学、项目教学的整体协同作用，培养具有跨学科背景的复合应用型人才。[③] 李壮成等认为，应用型课程指以实践操作知识为体系，以技术技能和职业能力培养为导向，以产教融合、学用结合为载体的课程类型，它是侧重职业的、专业的、实践的课程。[④] 此外，关于应用型课程内涵，学界普遍认为存在着以下误解，一是课程应用性很强就已经是应用型课程，如课程内容有很强应用性的课程，或者课程中有实验或实践内容的课程；二是理论性很强的课程无法建成应用型课程。

在大量的文献中，学者们从不同角度对应用型课程内涵进行了界定，可以看出，一致观点如下：一是应用型课程是以职业能力培养为目标的；二是应用型课程的教学内容要在结合学科体系的同时，对标区域和行业发展需求，强调产教融合；三是应用型课程的教学过程要突出以学生为中心，强调对学生动手能力、实践操作能力的培养；四是应用型课程的建设，必须从课程设计到课程的整个实施过程进行"应用型"改造，而非仅仅强调课程的应用性、实践课程教学等。

三、应用型课程建设要素研究

目前，学界对应用型课程建设的研究大体可分为两种类型：一是从理论角度出发，探索具备普适性的应用型课程建设范式；二是从实践角度，选择某门具体的课程，结合该课程的具体性质和学情，进行针对性的研究。笔者从共性的角度出发，通过对已有文献的梳理，总结具有普适性的应用性课程建设范式。

应用型课程的建设是一项系统工程，按照泰勒在《课程与教学的基本原理》中提出的线性因果框架，课程设计需从以下四个方面深入思考：一是学校应该达成什么样的教育目标；二是要提供什么教育经验以达成这些目标；三是如何有效地组织这些教育经验；四是如何确定这些目标是否达到。结合泰勒的课程建设模型以及学界普遍认可的课程建设三系统，即课程生成系统、课程实施系统和课程评价系统[⑤]，笔者将应用型课程的建设从整体上分为生成阶段、实施与评价阶段。而参考教育部"双万计划"国家级一流本科课程推荐认定办法中对一流课程的认定要求，本研究将从应用型课程建设理念和教学目标的设定、教学内容的选择、教学组织形式的设定、教学方法的选择、教学评价方式的设定等方面进

---

① 吴中江，黄成亮. 应用型人才内涵及应用型本科人才培养[J]. 高等工程教育研究，2014（2）：66-70.
② 冀宏，张然，张根华，等. 基于校企合作教育的应用型课程建设理路[J]. 应用型高等教育研究，2017，2（1）：40-44.
③ 王晓蕾，林妍梅. 应用型本科高校课程建设与改革发展路径研究[J]. 职教论坛，2019（12）：34-38.
④ 李壮成，张栋. 新建本科院校应用型课程建设的理论与实践——以四川文理学院为例[J]. 四川文理学院学报，2021（2）：7-13.
⑤ 刘丽梅，马靖香. 应用型课程的理论架构[J]. 河北师范大学学报（教育科学版），2014，16（4）：134-137.

行研究总结，其中，课程建设理念属于应用型课程建设的指导思想，而教学目标和教学内容是课程生成阶段的核心要素，教学组织形式、教学方法和教学评价则是课程实施与评价阶段的主要因素，如图3所示。

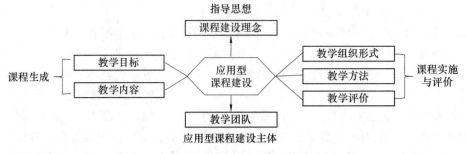

图3 应用型课程建设的内容

（一）应用型课程建设理念的研究

课程理念是指对课程的理性认识，决定着课程的实施。因此，应用型课程建设的理念是要清楚界定"为什么教"和"教什么"这两个基本问题。潘懋元等认为，应用型人才既要求具备高深学问的知识素养，同时又要能运用高深学问去解决社会问题，因此，课程理念要打破理性主义与功利主义二元对立的局面，采用结构主义课程理念来指导课程建设。① 刘丽梅等认为，在应用型课程的建构中，除采用结构主义课程理念外，还面要向社会需求、职业需要和终身发展的需求，突出应用能力培养和自主学习能力的培养。② 总体来说，综合已有的研究，关于应用型课程建设的理念，比较代表性的观点有以下几种。

1. 成果导向教育（OBE）理念

OBE理念是美国工程教育的核心理念之一，强调教学设计和教学实施的最终目标是学生通过教育过程所取得的学习成果，因此，该理念强调教育的重点是学生学习的"成果"。OBE理念要求在教学设计过程中，关注学生步入社会后从事的具体工作以及应具备的能力和素质，以此倒推学生需要实现的学习成果。也就是说，OBE理念下的应用型课程设计强调"反向设计"，要求学校通过课程矩阵将专业的人才培养目标分解到具体的课程，然后再进行具体课程的开发和实施。③ 同时，OBE理念强调课程教学目标的制定要结合课程的内容和本校学生的实际情况，且教学目标和教学评价方法要经过"专家"设计团队、任课教师等多方讨论完善。

2. "三化四真"理念

曹勇安等基于实践探究提出了"三化四真"应用型课程建设理念，"三化"即"工作任务课程化、教学任务工作化、工作过程系统化"，"四真"即"真实职业环境、真学、真做、掌握真本领"。④ "三化四真"理念强调，应用型人才培养的核心是适应行业和社会的发展需求，因而应用型课程的教学内容要结合"真实的职业环境和工作任务"制定。课

---

① 潘懋元，周群英. 从高校分类的视角看应用型本科课程建设 [J]. 中国大学教学，2009 (3)：4-7.
② 刘丽梅，张英良. 建设应用型课程实现新建本科院校转型 [J]. 河北大学学报（哲学社会科学版），2014，39 (5)：72-76.
③ 巩建闽. 实施基于成果教育OBE的原因及策略 [J]. 国家教育行政学院学报，2016 (6)：48-53.
④ 曹勇安，任志新. 应用型课程建设的原则、方法与评价 [J]. 职教论坛，2020，36 (12)：67-73.

程在传授理论知识基础上，还要突出对学生职业能力的培养，教学的实施必须注重学生的参与，课程考核要对接职业技能要求。

3. 工作过程系统化理念

教育部学校规划建设发展中心课程建设研究院院长姜大源提出了工作过程系统化课程开发理论，他认为，应用型课程开发的起点不是知识，而是职业需求。因此，课程设计的目的是要探索工作过程与教学过程之间的系统化的纽带，其包括课程体系设计的系统化、课程设计方法的系统化以及课程载体设计的系统化。① 工作过程系统化理念从教育学层面解决了知识的解构与重构的问题，保证了技能与知识的整合；从方法论层面解决了工作的变与不变的问题，保证了行动与思维的跃迁；从技术观层面解决了技术的潜在与实在的问题，保证了技术与技能的互动。

4. CDIO 工程教育理念

CDIO 是 2001 年由美国麻省理工学院等高校开发的一种全新工程教育理念。CDIO 代表构思（Conceive）、设计（Design）、实现（Implement）和运作（Operate），该理念强调以产品研发到产品运行的生命周期为载体，让学生以主动的、实践的、课程之间有机联系的方式学习工程，强调工程教育应当关注实践，以科技为基础，将教育过程置身于产品/系统生命周期的具体情境中，以培养新一代高水平工程师为目标。

5. STEAM 教育

STEAM 教育理念最早起源于美国 STEAM 教育，STEAM 是指科学（Science）、技术（Technology）、工程（Engineering）、艺术（Arts）、数学（Mathematics）五门学科，其注重跨学科学习，强调打破常规学科界限，核心思想包括学生是整个教学活动的核心、学习内容要跨学科融合、学习活动形式要基于项目/问题/情景、教学沟通要注重交互形式的沟通和表达、学习目标以创新成果为导向五大核心思想。该理念旨在让学生在体验与创作过程中提升设计与解决问题能力、沟通协作与表达的能力以及创新素养。

总体而言，应用型课程建设理念强调以学生发展为中心，突出对学生应用能力和创新能力的培养，且对学生能力的培养要贯穿课程建设的整个环节：教学目标要突出成果导向；教学内容要基于真实的工作场景和工作过程设计；教学组织形式和方法要突出学生的主体地位，强调互动式教学；教学评价要对标教学目标，突出对职业能力的考核。

（二）应用型课程教学目标设定研究

课程教学目标是课程理念的具体化，是课程需要达到的效果，是学生通过课程学习应该实现的成长和转变。目前关于应用型课程教学目标设定的研究主要包括三个方面：一是教学目标涵盖的维度，二是教学目标设定的原则和程序，三是教学目标设定的主体。

1. 教学目标涵盖的维度

针对教学目标涵盖的维度，冀宏等认为，应用型课程目标要对接专业培养目标和毕业要求，最终要支撑学校办学和人才培养定位，因此要彰显学校人才培养特色；② 陈新民认

---

① 姜大源. 论高等职业教育课程的系统化设计——关于工作过程系统化课程开发的解读 [J]. 中国高教研究，2009（4）：66-70.

② 冀宏，张然，张根华，等. 基于校企合作教育的应用型课程建设理路 [J]. 应用型高等教育研究，2017，2（1）：40-44.

为，应用型本科课程目标的设定，要按照"学科—专业—职业"的思维，教学目标要兼具学术、技术和职业特点；① 宁珠珠认为，应用型课程的教学目标要从知识、技能、思政三个层面设定，知识目标重在对基础原理、理论、规律、现象等理论知识的掌握，技能目标重在对技术、技能、算法、方法等程序性知识的掌握，而思政目标则是培养学生形成良好的情感、态度、价值观等。②

总之，应用型课程的教学目标，应该是在人才培养定位的基础上，遵从学科到专业再到职业的思维链条，既要让学生具备基本的文化素质和道德素养，同时掌握自然科学基本理论知识，具备专业基础知识和理论，还应掌握面向行业需求的职业技能。

2. 教学目标设定的原则和程序

傅蓉等认为，应用型课程教学目标设定要遵循"总教学目标—层级性目标—知识点教学目标"的顺序，其中，总教学目标的制定要遵循合意性原则，层次教学目标要体现层级性，知识点的教学目标要有关联性。③ 王丹等认为，应用型课程目标的设定要以学校教育目标所设定的专业培养目标为基础，综合考虑区域经济发展区域、学科特点以及学生需求，将其分解为可测量的毕业要求，并绘制一级课程体系矩阵，最终由教师根据毕业要求，将其分解为课程教学目标。④ 基于此，应用型课程目标的设定应该遵循从整体到局部、从专业到职业的原则，要结合区域和行业需求，将专业培养目标分解到课程目标，再进一步细化到教学章节具体目标。

3. 教学目标设定的主体

关于教学目标设定主体的研究较少。段雄春认为，应用型本科课程目标的设定，必须要吸收利益相关者参与，将过去由教育者"自言自语"地定义培养目标，转变为由教育者和教育利益相关者共同参与定义培养目标。⑤ 应用型课程目标中囊括了职业发展目标，而企业作为教育利益相关者，也应参与教学目标的设定工作，通过产学合作，将职业技能目标落到实处，保证应用型人才能够满足行业和企业发展的需要。

(三) 应用型课程教学内容设计研究

教学内容建设是应用型课程建设的核心，目前的研究主要围绕三个方面，一是应用型课程教学内容的组成部分，二是应用型课程教学内容的知识架构，三是应用型课程教学内容与理论型课程内容的区别。

1. 应用型课程教学内容组成部分

针对应用型课程教学内容的组成部分，主流的观点强调应用型课程内容应该包括学科基础理论知识、职业技能知识、学科知识和体现"立德树人"的思政内容。如，刘丽梅等

---

① 陈新民. 应用型本科的课程改革：培养目标、课程体系与教学方法 [J]. 中国大学教学, 2011 (7)：27-30.
② 宁珠珠. "转型"背景下地方本科院校应用型课程改革研究 [D]. 西安：陕西师范大学, 2016.
③ 傅蓉, 温舒艺, 甄凤, 等. 社会工作专业心理咨询课程的教学目标设置——兼议跨专业应用型课程的教学目标设置原则 [J]. 黑龙江科学, 2020, 11 (1)：1-5+8.
④ 王丹, 张洪岩, 李文禹. 应用型课程建设中课程矩阵的开发研究 [J]. 职教论坛, 2021, 37 (3)：69-74.
⑤ 段雄春. 应用型本科教育课程设置与开发——基于OBE教育理念 [J]. 东莞理工学院学报, 2017, 24 (6)：104-107.

认为应建构包含职业技能、学科知识、发展能力三线融合的"Y"型课程教学内容体系①。在应用型课程教学内容的构成方面,还强调应用型课程的理论知识一定要联系学科发展的新思想、新概念、新成果,而职业技能知识则要能够解决生产、科技、企业发展中面临的现实问题,思政内容要结合课程内容,引导学生秉持积极的人生观、世界观,为国家的发展贡献力量。

2. 应用型课程教学内容的知识架构

针对应用型课程教学内容的知识架构,赵建义等认为,应用型课程的内容必须突出对学生职业能力的培养,因此课程内容不再是传统的学科框架,而要参照职业标准对课程内容进行重构,实现课程内容与企业岗位需求对接。②而基于工作过程系统化的理论则主张,要根据工作过程对课程内容模块进行构建,同时课程内容要结合行业最新发展及技术动态调整,从而保证教学内容紧跟行业和企业需求。因此,关于应用型课程教学内容的知识架构,学者们观点的一致性体现在要根据岗位需求对学科体系的知识框架进行重构。

3. 应用型课程内容与理论型课程内容的区别

针对应用型课程内容与理论型课程内容的区别,王中云认为,在教学内容的构成和组合上,应用型课程与理论型课程并无明确的界限,两类课程都要涉及知识的各个层面,区别是在施教的过程中,不同类型的课程在教学内容的设计上有所侧重,其中,应用型课程要在全面传授理论知识的同时,注重感性认识,要突出实践层面上知识的运用。③吕小莲等认为,理论型课程的教学内容是以学科体系为中心的,而应用型课程教学内容要以满足社会的实际需要及服务地方经济建设为目标,重组传统的以学科体系为中心的教学内容,充分体现学以致用的特点,在培养学生扎实的专业基础知识的同时,提高其实践应用能力。④

(四) 应用型课程教学组织形式的研究

教学组织形式指的是在课程实施环节,为实现课程的教学目标,围绕教学内容确定的教师和学生相互作用的方式、结构与程序。教学组织形式必须借助一定的时空环境和媒体来实现。教学实践中,教学组织形式的选择包括师生组合方式以及教学时间和空间的组合。我国关于教学组织形式的研究主要是围绕着班级教学制而展开的,主流观点认为"课堂教学是教学的基本组织形式"。在应用型课程教学组织形式的实施过程中,结合应用型课程的特点和应用型人才培养的需求,克服课堂教学的局限性,更好地组织教学,提高教学质量,是应用型课程建设研究中的一个重要问题。围绕这个问题,研究主要体现在以下三个方面。

1. 传统课堂教学组织

围绕课堂教学组织,研究的主要关注点是如何有效组织课堂教学,突出学生的主体地

---

① 刘丽梅,张英良. 建设应用型课程 实现新建本科院校转型 [J]. 河北大学学报(哲学社会科学版),2014,39 (5): 72-76.
② 赵建义,赵永强,王爱国. 转型背景下应用型课程建设的探索与实践 [J]. 教育理论与实践,2019,39 (15): 18-20.
③ 王中云. 21 世纪高校应用型课程教学模式建构论略 [J]. 广西教育学院学报,2002 (6): 6-10.
④ 吕小莲,林植慧,吴卫明,等. 应用型本科院校"理实一体化"教学模式的研究 [J]. 大学教育,2016 (7): 23-25.

位；如何有效设计课堂教学，引导、启发学生正确地分析问题和解决问题。比如，苏光霞等认为，应用型课程的课堂教学应该将"学生为中心、教师为引导"作为指导原则，教师要根据学情有针对性地进行课堂教学设计，同时把课堂交给学生，让学生能积极参与到课堂教学中，主动思考，让学生占据学习过程的中心地位。①

2. 混合式教学组织

围绕着混合式教学组织，研究的主要关注点是线上和线下教学内容的划分以及课时的安排、线上教学组织形式以及学生学习过程的监督和学习结构的检测等。张惠等提出的"T"（Theory）指理论教学，"P"（Problem）指问题驱动，"P"（Practice）指实践操作，从课前、课1节、课2节和课后四个阶段，完成"理论+问题+实践"的教学内容。宋雪亚等比较应用型高校程序设计类慕课教学模式和传统教学模式在教学过程、学习对象以及评价方法中的优势和局限性，提出将慕课教学模式与传统教学模式相结合的混合式教学模式。②

3. 实践教学组织

已有的共识是，实践教学是应用型课程教学组织的重要形式。代表性的观点如：刘丽梅等认为，应用型课程的实施场所不能局限在教室内，教师必须带领学生走出课堂，深入到实验、实训和实习的现场，让学生亲身体验、亲手参与职业活动，在真实的或模拟的职业活动中培养学生的职业认知能力、实践操作能力、岗位工作能力。③ 除此之外，目前研究的主要关注点是实践教学体系的构成。郑春龙等认为，高校实践教学体系应该包括实验实训、实习、综合设计、社会实践、创新创业五个环节，要综合校内和校外的实践教学培养，让学生具备一定的实践能力。④ 张洪提出，应用型创新人才培养的实践教学要构建"跨专业、跨学院、跨文理学科实验平台""实验教学和学生创新创业""产学研协同创新"三个平台。⑤ 张定群等提出了"层次+模块"实践教学课程体系，层次即依据学生各阶段教学目标对学生实践能力要求的不同，由低到高设置实践课程体系；模块即将实践课程整合成不同的功能培训模块。⑥

总之，关于应用型课程的教学组织形式，最终目的是将应用型课程建设理念、教学目标和教学内容落到实处，因此应该建立与之相适应的课堂教学、实践教学、课下（线上）自主学习相结合的多渠道教学组织形式。

（五）应用型课程教学方法的研究

教学方法指的是在课程教学中，教师为了实现教学目标，完成教学任务，在教学过程中运用的各种方式和手段的总称。应用型课程的教学方法和理论型课程教学方法应有所区

---

① 苏光霞，张小妮.应用型课程课堂教学改革与实践的探索［J］.智库时代，2017（9）：103-104.
② 宋雪亚，余宏杰，李德胜.慕课时代应用型高校程序设计类课程混合式教学模式应用研究［J］.安徽科技学院学报，2018，32（4）：105-107.
③ 刘丽梅，马靖香.应用型课程的理论架构［J］.河北师范大学学报（教育科学版），2014，16（4）：134-137.
④ 郑春龙，邵红艳.以创新实践能力培养为目标的高校实践教学体系的构建与实施［J］.中国高教研究，2007（4）：85-86.
⑤ 张洪.基于应用型创新人才培养的实践教学改革探究［J］.现代教育技术，2015，25（10）：119-125.
⑥ 张定群，陈海玲.新建应用型本科高校"层次+模块"实践课程体系的构建［J］.实验室科学，2008（2）：57-58+61.

别,其是决定应用型课程实施效果的关键因素,也是应用型课程建设的重要环节。

刘丽梅等认为,传统的演绎推理教学方法是基于普遍性前提推导出特殊性结论,遵循的逻辑路线是"概念—原理—应用",而应用型课程应采用激活学生思维的归纳推理教学方法,遵循"问题—分析—解决—提炼—迁移"的逻辑路线。① 窦红平等认为,应用型课程建设的目的是培养高素质技术技能人才,学生是学习过程的主体,教师是教学过程的组织者,要灵活选用工作过程导向式、任务驱动式、项目引领式等教学方法,教学过程要安排互动环节,让学生独立地"获取知识信息、制订学习计划、实施学习计划、评估"。② 杨慧卿等认为,应用型课程的教学方法要遵循学生的认知规律和课程教学规律,要增强教学材料的趣味性和应用性,重视启发、引导,开展研究式学习,注重学生自主学习能力的培养。③ 陈新民认为,应用型课程的教学方法要突出学生的参与,因此应该综合使用问题讨论法、实验法、实习法等,问题讨论法能够让学生积极主动地参与学习过程,更透彻理解问题并形成深度记忆,有助于培养学生的逻辑思维,实验法、实习法则能让学生切身参与,体现"做中学"的理念。④

总之,应用型课程的教学方法,强调学生在教学过程中的主体地位,突出以学生为中心和互动式、体验式教学。

(六) 应用型课程教学评价的研究

应用型课程教学评价指以教学目标为依据,按照科学的标准,综合运用各种技术手段,对教学过程及结果进行测量,并给予价值判断的过程,它一方面包括对学生学业成绩的评价,同时还包括对教师教学质量的评价以及对课程的评价。⑤ 此处主要针对教师教学质量评价和针对学生的学业成绩评价展开研究。

1. 教师教学质量评价

针对教师教学质量评价,研究的内容主要包括两个方面:一是教学质量评价的要素,二是教学质量评价的主体。

(1) 教学质量评价的要素

窦红平等认为,应用型教学质量的评价要素要多元化,包括对教师的教学效果,对学生的职业道德、职业素养、技术技能水平和创新创业能力等的评价。⑥ 宁珠珠认为,教学质量评价应该包括对教学过程和教学实施结果的评价,教学实施过程的评价重在日常的动态监督,而教学实施结果的评价以学生的成绩为主,也就是对学生的学业成就进行评价。⑦

(2) 教学质量评价主体

针对教学评价的主体,窦红平等认为,除教师、学生、学校管理人员外,还应引入与

---

① 刘丽梅,马靖香. 应用型课程的理论架构 [J]. 河北师范大学学报(教育科学版),2014,16 (4):134-137.
② 窦红平,邵一江,李本友. 产教融合背景下高等职业教育应用型课程建设 [J]. 教育与职业,2019 (15):91-96.
③ 杨慧卿,李庆宏. 应用型本科大学数学课程的教学定位分析 [J]. 宿州学院学报,2011,26 (11):91-93.
④ 陈新民. 应用型本科的课程改革:培养目标、课程体系与教学方法 [J]. 中国大学教学,2011 (7):27-30.
⑤ 曾一帆. 教育生态视域下的应用型本科数字化教学评价与管理研究 [J]. 北京城市学院学报,2017 (2):65-70.
⑥ 同②.
⑦ 宁珠珠. "转型"背景下地方本科院校应用型课程改革研究 [D]. 西安:陕西师范大学,2016.

学校进行合作的企业及第三方评价机构作为评价主体；韩栋认为，教学评价应该包括学生评价、同行评价和督导评价，学生评价重点在于对教学内容的评价，同行评价重点在于对教师的教学方法和课堂组织形式的评价，督导评价重点在于对学生的学习效果的评价；① 李燕认为，应用型课程的教学质量评价要构建教师、企业、学生等主体参与的模块化教学评价体系，在此过程中要注意统筹协调各评价执行主体，配套教师、企业、学生评价与互评体系，使参与评价的主体能及时获得有效反馈，据此调整教学的内容和方向。②

2. 学生学业成就评价

学生学业成就评价本质上属于教学质量评价的一部分，同教学质量评价一样，研究的主要内容包括评价的要素、评价的方式和评价的主体。

（1）学业成就评价要素

潘懋元等认为，应用型课程的学业成就评价应该包括三个层次：一是对学科基本理论知识的理解与掌握，二是对所学知识的分析、理解与应用，三是学生的合作精神、学习能力等。刘丽梅认为，应用型课程的学业成就评价应该从偏重于对学生知识掌握的评价，转变为更加重视学生动手能力、实践能力等方面的评价。

（2）学业成就评价方式

张永春认为，要转变传统的以期末考试为主的考核形式，应用型课程要加强贯穿整个教学过程的过程性考核，而将结果性考核项目作为补充；考核形式应灵活安排，可以是课堂提问、分组讨论等。③ 郑海波针对应用型实验课程，通过分析传统评价方式存在的弊端，提出应该采用过程性评价方法，并结合课程性质提出过程性评价的注意事项。

（3）评价的主体

在我国高等教育实践中，学生学业成就的评价主体是教师，随着现代教育技术的发展，越来越多的教师尝试着将学生、企业评价纳入评价范畴。如：赵小勇认为，可以通过学生对学生的评价，来考察学生的学习参与度和团队合作能力；④ 张辉认为，在实习考核中，要增加企业人员参与评分项目。⑤

四、现行研究存在的问题与对策

学者们从不同角度和维度切入，对应用型课程建设进行了研究，明确了应用型课程建设的理论和实践意义，已有的研究成果为未来进一步深入研究奠定了基础。这些成果可以分为以下两个方面：一是针对应用型课程内涵界定的研究，该部分研究为应用型课程建设的发展奠定了概念基础；二是针对应用型课程建设要素的研究，可以概括为建设理念和教学目标的设定、教学内容的选择、教学组织形式的设定、教学方法的选择、教学评价方式的设定等方面。

---

① 韩栋.基于OBE的实验课程教学质量评价体系初探［J］.黑龙江教育（高教研究与评估），2020（1）：48-50.

② 李燕.基于产教融合的应用型本科深度模块化教学改革思考［J］.教育与职业，2020（12）：92-97.

③ 张永春.基于过程性考核的地方应用型本科院校课程考核改革研究——以"大学物理"课程为例［J］.江苏科技信息，2019，36（34）：64-66.

④ 赵小勇.现代教育技术应用型课程建设与实践［J］.新余学院学报，2018，23（5）：140-143.

⑤ 张辉.改革课程评价体系，促进转型发展［J］.当代教育实践与教学研究，2019（1）：127-128.

但综合上述的研究发现，应用型课程建设研究由于视角的局限性，目前还没有形成一整套完善的管理模式和评价体系，这对应用型课程建设的研究形成了障碍。

（一）应用型课程建设研究存在的问题

众多学者针对应用型课程建设存在的问题进行了研究，如：陈甜认为，应用型课程建设存在应用型思维转变慢、教师缺乏实践经验、学校组织管理机制不完善、校企及校地合作较少、实践教学课程落后等问题①；闫永海等认为，当前应用型本科院校实践课程存在思想上不重视、实验条件比较差、实践教学课程建设滞后、实践教学内容不合理、实验教师缺乏、实践教学考核方法不合理等问题②；李宏志等认为，地方应用型本科院校在实验教学中普遍存在硬件建设投入不足、课程安排不合理、专业师资力量匮乏等问题③；李壮成等通过调研发现，当前应用型课程建设存在对应用型课程概念理解不透彻、课程内容和行业联系不紧密、课程目标未关注学生兴趣、没有形成课程团队且"双师型"教师数量不足、网络教学资源少且教材不符合应用型人才需求、课堂教学未突出以学生为中心、课程建设的管理机制和评价改进体系不健全等问题④；连春光认为，应用型课程建设过程中存在课程体系从"学科型"向"应用型"转型缓慢、直接从学校进学校的青年教师比重过大、老教师转型困难、实践教学条件不能与应用型人才培养目标相匹配等问题⑤；曾宪桃等结合土木工程专业教学实践，提出地方本科院校应用型课程建设过程中存在的问题，包括课程应用型设计不足、课程目标和教育脱节、课程环节失调、考核评价方式单一等⑥。

综上，众多学者从应用型课程建设的理念、课程目标设定、教学内容确定、教学组织形式、课程教学团队等方面提出了应用型课程建设存在的问题。上述问题本质上是由课程建设管理机制缺失和对应的课程建设评价体系不完善导致的。

（二）对应用型课程建设的建议

针对上述应用型课程建设存在的问题，陈甜认为，应该对应用型课程体系进行重构，要加快转变理念，突出应用型人才培养，要完善组织管理，构建配套机制，要参与转型建设，提高施教水平，要整合优化结构，加强实践教学。⑦ 闫永梅等认为，针对实践教学，高校要从思想上高度重视，要加大实验室建设力度、加强校外实训基地建设、加大实训项目开发力度、加强实践教学课程建设、构建科学合理的实践教学体系、加强实践教学教师队伍建设，严格考核，完善实践教学的考核模式。⑧ 李宏志等认为，针对实验教学，要实现实验教学设备的管理规范化、加强实验教学师资队伍建设、根据市场导向合理设置实验

---

① 陈甜. 地方本科院校应用型课程体系重构问题研究 [J]. 教育探索，2021 (5)：82-85.
② 闫永海，何独明. 应用型本科财务管理专业实践教学存在的问题及对策研究 [J]. 河南科技学院学报，2015 (2)：99-101.
③ 李宏志，宋婕. 地方应用型本科院校实验教学中存在的问题与对策 [J]. 桂林师范高等专科学校学报，2016，30 (5)：116-118+126.
④ 李壮成，黄明东，张栋. 新建本科院校应用型课程建设现状调查研究 [J]. 四川轻化工大学学报（社会科学版），2021，36 (2)：13-24.
⑤ 连春光. 产教融合背景下行业学院应用型课程建设 [J]. 职教发展研究，2020 (3)：63-68.
⑥ 曾宪桃，任振华. 地方高校土木工程专业产教融合应用型课程改革与实践 [J]. 高教学刊，2019 (16)：144-146.
⑦ 陈甜. 地方本科院校应用型课程体系重构问题研究 [J]. 教育探索，2021 (5)：82-85.
⑧ 同②.

课程、构建多层次的实验教学体系。① 韩瑞萍结合经济法课程,认为教学内容要与专业需求相结合、突出课程重点、选取或自编针对应用型本科高校实际的教材、增加实践教学环节、丰富教师知识结构、构建"双师型"教师队伍、评价方式突出经管类专业学生的特点等。② 李壮成等认为,应用型课程的建设,首先要明确应用型课程的内涵,从而准确定位课程建设目标;其次要重构应用型课程的内容,从教学队伍建设、教材建设、教学方法的改革等方面优化应用型课程建设方法;最后要重视应用型课程建设评价,包括评价标准、评价主体、评价反馈等。③ 连春光认为,应用型课程的建设必须引入企业的力量,要结合行业学院的发展,校企共同制定人才培养方案,打造校企融合"双师型"教学团队。④

笔者认为,针对应用型课程建设的建议,从教学理念、教学目标、教学内容、教学方法、教学手段、教学评价等要素切入进行改革,具有一定的实践意义,也能在一定程度上推进课程建设的改革,但要系统推进并从本质上实现应用型课程从课程设计到课程实施的全流程变革,必须要有一套成熟的课程管理模式和与之匹配的评价机制。

1. 应用型课程管理模式

目前,关于应用型课程建设管理模式的研究相对较少,按照教育部关于一流本科课程建设的实施意见中提出的一流课程组织管理方式,要求教育部负责统筹指导一流本科课程建设工作,省级教育行政部门研究制定省级一流本科课程建设实施方案,高校要优化课程体系、做好一流本科课程建设规划,高等学校教学指导委员会加强课程建设理论研究和分类指导,课程服务平台承担一流本科课程服务和数据安全保障的主体责任。由此可见,应用型课程的建设,需要教育部、学校、课程服务平台等共同参与。而考虑到应用型课程的特殊性,企业也应参与到应用型课程建设中。因此,应用型课程建设的管理需要教育部门、学校、课程服务平台、企业、教师和学生共同参与,同时应加强高校间的合作交流,实现优质教学资源共享。应用型课程建设管理模式如图4所示。

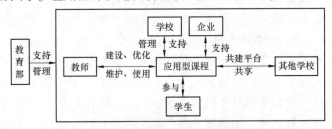

图4 应用型课程建设管理模式

教育部应该出台应用型课程建设的实施方案;高校根据应用型课程的实施方案,优化本校的课程体系,明确应用型课程体系和课程建设的具体方案并出台相关课程和教学管理制度,保证课程建设方案的落地;课程平台应该提供技术支撑,辅助课程的建设并

---

① 李宏志,宋婕. 地方应用型本科院校实验教学中存在的问题与对策 [J]. 桂林师范高等专科学校学报,2016,30(5):116-118+126.

② 韩瑞萍. 应用型本科高校经管类专业经济法教学存在的问题及对策 [J]. 长春教育学院学报,2014,30(14):110-111.

③ 李壮成,黄明东,张栋. 新建本科院校应用型课程建设现状调查研究 [J]. 四川轻化工大学学报(社会科学版),2021,36(2):13-24.

④ 连春光. 产教融合背景下行业学院应用型课程建设 [J]. 职教发展研究,2020(3):63-68.

保证数据的准确性和安全性；企业通过校企合作、产学合作，参与到应用型课程目标、课程内容的制定以及实践课程的组织中，实现深度产教融合；教师作为应用型课程建设的主要参与人，要更新教学理念，在实践中对课程进行持续优化改进；学生则要积极参与课程实施过程。

2. 应用型课程评价机制

针对应用型课程评价机制，李壮成等人认为，应用型课程评价一方面包括对课程目标、课程内容、教学方法等因素的评价，另一方面包括对课程资源、教师团队、课程管理、学习效果等因素的评价。[①] 宁珠珠认为，应用型课程评价应该包括对课程目标、教学大纲、师资、教材、设备以及课程实施过程的评价，她还认为，我国高教领域对课程质量评价存在误区，即将教师的教学评价作为重点，而不是以课程本身为重点。[②] 杨佳佳认为，应用型课程的评价体系包括对教学目标评价、教学过程的评价及学习成果的评价。[③] 李倩认为，应用型课程的评价包括对课程团队、教学内容、教学条件、课程考核及教学效果等方面的评价。[④]

总的来说，当前关于应用型课程评价问题的研究，主要集中在评价体系的构建上，评价体系应该涵盖课程设计、课程实施及课程资源三个维度。同时，为保证应用型课程的建设质量，高等院校应该根据学校人才培养定位，构建应用型课程的评价体系，并建立全过程的监督、评估和相应的激励制度，通过全过程的监督和评估，保证应用型课程实施符合课程建设要求，同时针对存在的问题，可以及时发现并改进，从而推动应用型课程建设质量的不断提升。

五、关于应用型课程建设研究展望

本研究在分析应用型课程建设背景的基础上，对应用型课程建设的研究趋势和主要研究机构进行了梳理。然后围绕应用型课程的内涵，对不同学者关于应用型课程的定义进行了多元的分析，从而从内涵上界定应用型课程的不同之处。其次，针对应用型课程的建设要素，从建设理念、教学目标、教学内容、教学组织形式、教学方法、教学评价六个方面出发，梳理了已有的研究成果，以期能为应用型课程的建设提供一定理论借鉴。此外，本研究还进一步总结了当前应用型课程建设中的不足以及相应的解决对策，最后提出应用型课程的建设需要一套完整的管理模式和评价体系与之配套。

由于研究视角的不同，应用型课程的建设要素不局限于以上六个方面，且不同要素下具体的研究视角还应进一步细化，如课程建设团队、应用型教材等都值得深入研究。此外，应用型课程建设的管理模式和评价机制问题，还应进一步深入，包括如何高效管理，如何构建评价体系，如何细化评价指标等。

---

① 李壮成，黄明东，张栋. 新建本科院校应用型课程建设现状调查研究 [J]. 四川轻化工大学学报（社会科学版），2021，36（2）：13-24.
② 宁珠珠. "转型"背景下地方本科院校应用型课程改革研究 [D]. 西安：陕西师范大学，2016.
③ 杨佳佳. 基于OBE模式的应用型课程评价体系研究 [J]. 无线互联科技，2019，16（19）：82-83.
④ 李倩. 转型背景下地方高校应用型课程评价标准研究 [J]. 经济管理文摘，2020（1）：152-153.

应用型课程建设的理论与实践

沈畔阳

摘　要：课程建设集中体现着学校的办学定位、层次、培养目标和文化取向。学必期于用、用必适于功、功必归于实践是应用型高校课程建设的主要考虑内容。就课程建设而论，根据应用型教育特点，结合学校的具体情况形成相应思路，采取有效措施把办学理念在教学计划中体现出来，在当今不断变化的新形势下，对于应用型高校来说已经成为当务之急。课程建设是个系统工程，就相关的诸多方面进行探讨，从理论到实践阐述具体操作方法，从不同视角说明应用型课程建设的必要性和重要性，具有很强的现实意义。

关键词：课程建设；建设内容；实现路径

一、背景综述

人类在长期社会发展和生产实践中不断积累经验、获取知识，再将其归纳、总结，加以开发、利用、创新，从而更好地为人类服务。高校作为教育和研究体系中的最高层次，久而久之让人有一种仰之弥高、叹为观止的感觉，成为教育体系中的象牙塔，甚至让应用型教育难以望其项背。然而，随着我国经济发展进入新常态，以及经济发展方式的多样化和加速转变，新的增长动力孕育形成，国家和地方经济社会发展急需创新型、应用型、复合型的高素质人才。就高校办学目标而论，研究型大学侧重的是理论，应用型大学侧重的是做法，二者本无高低贵贱之分。不论培养什么样的人才都离不开课程，其是教学过程的综合载体，体现着培养什么样的人、这样的人能够为社会做到什么的最基本培养目标，是教学内容的完整体系，代表着一种文化取向。在党中央高度重视应用型教育发展的大背景下，应用型院校急需把自己的办学理念、定位、特色通过课程建设体现出来，培养出与研究型大学互补的应用型人才，毕业即就业、上岗能上手、发展可持续是这类人才的具体写照，在生产一线脚踏实地为祖国建设贡献力量，同时也完全可以实现自己的人生价值。

二、应用型课程建设的理论依据

在当代，社会、经济和科技进步对应用型高校的教学体制、内容和方法产生了很大影响，主要体现在培养能够把理论与实践有机结合起来、具有很强动手能力的应用型一线人才的培养目标上。就课程建设而论，培养目标、课程设置和教师素质是三个构成要件，形成相互支撑的综合体系。随着我国从制造大国向制造强国转变和产业升级换代步伐的加快，高校迎来创新发展的又一个新高潮，将来的竞争将主要集中在办学目标、定位和质量上，特别是对应用型高校来说，更是如此，必须办出自己的特色，否则就会被淘汰出局。

应用型高校要准确地给自己定位，主要是三方面的问题：一是学校办学定位要服务地方经济社会发展，二是学科专业设置要围绕地方经济发展的需求，三是人才培养模式要改变传统的满堂灌、一言堂。毫无疑问，发展和实践中的具体做法会不断有所补充、修改、创新，但总体导向和思路不会变。这样的宏观发展格局为应用型院校提供了难得发展机遇，审时度势乘势而上不断创新，是抓住这个大好时机的有效途径和措施。为了有针对性地搞好课程建设，首先要认真做好调研，充分了解所在地区需要什么样的人才并确定学校所处的地位，有的放矢地制订人才培养和相应的课程建设计划，"应用型创新人才培养规划的推行，在很大程度上冲击了原有的教学大纲，课程教学体系必将重构"。[①] 应该看到，一方面随着人口红利的逐渐减少和经济发展速度的加快，对于适龄就业人口来说，就业特别是在经济发达地区就业，已经不是很大问题；另一方面，和高科技领域相同，生产一线也是"千军易得，一将难求"，大国工匠对于企业的重要性已经得到社会的普遍认可，上岗就能顶岗的就业者显现出更多优势，"应用型最重要的两个指标：一是课程设置与结构调整，二是产学研合作教育"。类似论述为课程建设改革了奠定理论基础，在此基础上探索课程设置的基本路径，进而找到相应的方法，对于每个应用型院校来说都是十分必要的。

三、应用型课程建设的一般原则

"课程体系一般由两类课程构成，一是使人成为人的学问（什么样的人），二是使人成为某一种人的学问（专门人才）。"[②] 就课程建设的一般原则而论，主要有以下三个方面：

首先，办学定位和培养目标必须在课程建设中旗帜鲜明地体现出来，高度重视把思政教育有机融入课程建设，始终贯彻执行党的教育方针。任何教育都有自身的目标，其成功可以是多方面的，但其最大的失败肯定莫过于培养出的人不能为国所用。高校作为培养合格社会主义建设者的阵地，首要的工作重点就是把学生培养成爱党爱国、爱岗敬业的劳动者，思政教育比以往任何时候都更具有现实意义。就课程建设而言，思政教育和专业教学应该是水乳交融而不是油水分离的关系，在教学过程中应该"溶盐入水"，这样的理念要贯彻到每一节课的教学过程中，必须是润物细无声而不能是生硬的说教，从微观到宏观，从具体到抽象，在教育学生与党中央保持高度一致的同时，引导他们将所学知识落实到具体实践当中去，把国家利益和个人生活与前途有机联系起来。特别需要指出的是，网络时代的一个重要特点是以信息为载体的观念、价值取向、各种传闻的扩散速度不断加快，对于每个人的世界观和行为方式产生日积月累的影响，这在课程设计过程中必须高度重视，要使其成为教学管理条例中的刚性构成要件。

其次，培养专门人才就是培养有一技之长能够胜任某种工作的人，所以要把课程设置建立在社会现实的基础上，力争保持课程设置的相对稳定性、系统性，这对于办出自己的特色也是非常重要的。继承和发展相辅相成、相互促进，不可以割裂开来，就后者而言，《普通高等学校本科专业类教学质量国家标准》（以下简称《国标》）对于教学质量提出了空前详细的要求，因为它是专业学习的基础、先决条件和"造血干细胞"，对于提高办

---

① 黄百炼. 探索地方高校转型发展推进高水平应用型高校建设 [J].《中国高教研究》, 2016 (12): 31-35.
② [德] 雅思贝尔斯. 什么是教育 [M]. 北京: 生活·读书·新知三联书店, 1991.

学水平、培养适合一线生产单位需要的合格人才，是非常必要的。课程设置和教学过程是有机辩证的统一体，涵盖诸多因素且牵一发而动全身，必须通盘慎重考虑。

最后，上述二者综合起来就是学生的整体素质，是课程建设的"软实力"，对于学生成长起到潜移默化的作用，就业调查和用人单位的反馈也充分证明了这一点。人品在毕业生的事业中起到至关重要的作用，在课程设置和日常教学中必须引起高度重视。教育为地方经济服务，实现人才培养和社会需求的无缝对接是应用型院校人才培养目标的重要内容和显著特点，需要长期坚持、不断更新以适应时代要求。为此，课程设置要更加强调针对性，目标是培养动手能力强的亲力亲为者。"教育的全部意义在于它是缩短自然发现过程的一种方法，可以做出安排，使学习能够与在自然情况下相比，更容易、更有效地进行。"[①] 课程建设要把这样的意义充分体现出来，而且要有具体操作和监督执行的方法，而不能流于形式。

四、"金课"是上述原则的集中体现

根据国际形势和我国高校发展的最新态势，教育部于2018年提出建设"金课"的要求并提出具体指标，这在我国教育史上是史无前例的。"金课"顾名思义指的是质量优秀的课，涵盖对课程方方面面的高标准要求，"金课"需要长期打造而不可能一蹴而就。为此，要根据经济技术的进步不断修改内涵以适应日新月异的社会需求，特别是对于应用型高校来说，更要引起高度重视，扎扎实实抓好落实。打造"金课"主要有以下三个抓手：

（一）典型引路

打造"金课"是个系统工程，首先应做好教师队伍建设。对于任何学校而言，教师之间的差异是必然存在的，所以要精挑细选热爱教学、具有相应经验的教师作为"金课"建设的骨干，充分发挥他们的积极性和示范作用，专项上好某一门、某一节课，取得经验、总结教训，以点带面逐步推开。在建设过程中，可以利用现代技术进行定量和定性评估，前者意味着这门课要具有一定的普遍性，在所有专业课程中比较有分量而且要有足够课时，这样才能有说服力。后者是指可以把某节课详细录像，逐个细节进行推敲打磨，利用现代管理技术，分析每个教学动作，把可取之处固化下来，去掉不尽如人意之处，真正成为现实立体版的"金课"，让其他教师做有所循、学有榜样，真正发挥"金课"的示范作用。

（二）抓好学风建设

学风是诸多因素的综合，从专业意识、就业观念、学习方法和习惯养成到人生理想，都需要扶持呵护、精心培育。为此，新生入学伊始就要对他们进行正确的人生观、就业观教育，树立学好本领为祖国贡献力量的长期目标，因势利导让他们思考如何把这样的长期目标落到实处。教育讲究的是潜移默化真情动人，例如富有逻辑性的循循善诱可以有效帮助学生进入角色，把大学生活尽快转移到专注学习的正确轨道上来。要充分认识应用型大学和重点大学学生在学习方法和习惯等方面的差异，让学生认识到仅仅知道是不够的，还要能够应用，仅学习书本知识是不够的，必须动手实践；这既是应用型教育的特色，也是

---

① H. G. Widdowson. Aspects of language teaching [M]. 上海：上海外语教育出版社，1990.

对他们的要求，养成良好的学习习惯对于他们来说是至关重要的，也是考核课程建设是否富有成效的重要指标。

（三）改革评价方式

与传统评价方法相比，应用型高校对于学习成果的评价方式要根据教学内容进行相应改革，把过程评价与结果评价结合起来并且不断提高后者比重，真正实现从应试教育向应用教育的转变。为此，首先要改革评价标准，在继承的基础上探索新背景下如何更加客观地评价学习成绩，充分发挥考试的反拨作用，促使学生真正动起来。其次，要鼓励学生大胆创新，用实际成果、创意或取得的成就证明自己的学习成绩，实现考试成绩评定方式多样化、综合化，把理论知识够用为度、注重培养实际操作和解决问题能力的应用型教学理念落到实处。在不断积累和条件成熟的基础上，还可以引进第三方评价机制，邀请实习、实践单位对其能力进行评价，促进学生更加重视社会实践。

五、核心课程与其他课程之间的关系

《国标》内容翔实、简明易懂、操作性强，是我国高等教育从规模数量型向内涵质量型转变的起点和标志。贯彻的关键在于落实，结合具体情况走棋落子才是最好的办法。课程设置的科学性在于它的逻辑性，也就是课程之间的合理性和系统性，包括课程地位、作用、课时、教材、相关规章制度等。《国标》的最大特点是既宏观指导、具有刚性，又着眼微观、不搞一刀切；既有总的原则，又给具体院校留有发挥的余地。没有前者就称不上"标准"，没有后者就会失去多样性。教育部在《国标》发布会上明确指出："《国标》有三大特点：一是既有'规矩'又有'空间'。既对各类专业提出统一要求、保证基本质量，又为各校各专业人才培养特色发展留出足够的拓展空间，形象地说，就是'保底不封顶'。二是既有'底线'又有'目标'。既对各类专业提出教学基本要求，兜底线、保合格，同时又对提升质量提出前瞻性要求，也就是追求卓越。三是既有'定性'又有'定量'。既对各专业类标准提出定性要求，同时包含必要的量化指标。"

核心课程是专业的基础，着重培养学习素质，《国标》为此用了大量篇幅将我国高校开设的 92 个专业的核心课程一一列出，这是我国教育历史上前所未有的，充分体现了严肃性和科学性，也为专业建设指明了前进方向。核心课程是"规矩"和"圆心"，以此画出的一定是圆形，同时又可大可小，原则性和灵活性统一于一体而又一目了然。教育部要求《国标》发布后，各高校要根据《国标》修订人才培养方案，培养多样化、高质量人才，充分体现了具体情况具体分析的精神。"回归常识、回归本分、回归初心、回归梦想"成为新形势下课程建设质朴而又内涵深刻的标准，也是具体执行要求，必须在课程设置中得到充分体现。大道至简，若把课程设置比作手中的石头，那就要站在办学定位的位置上向前投出；如果落入的水面是培养目标，那么中央处应该是核心课程，作用是要有足够的动力性和传导性，激起层层向外扩散的涟漪。

必修课在承接并充实核心课程的同时也变得更加具体、更富有专业性，所以要按照培养目标精心考虑哪些课程与核心课程的关系最为密切，围绕核心课程的内容注重知识的延伸和实际运用，与核心课程形成良好互动。具体说来，核心课程侧重的是知识传授和理论阐述，必修课程就要让这样的知识生动起来，理论联系实际，让学生看得见、摸得着、用得上，从而符合应用型院校培养目标和教学特点。选修课重点是开阔学生视野，满足、开发他们的个性、兴趣、爱好和潜力。学生通过上述两种课程的学习应有所感悟，形成自己的想法，根据自己实际情况进行选择，充分考虑未来就业和发展的需求。这样的考虑既成体系、合情合理，也符合客观规律，而且在整个课程体系中体现出应用性、实用性的特点，引导学生开阔眼界，把感性认知上升为理性知识，对于培养一专多能、知识技能多样化、适应性强的生产一线建设者，是非常必要的。

课程建设需要把各种因素、要求等都考虑进去、体现出来，具有很强的可操作性，同时它也是个动态过程，必须与时俱进，不断发展完善。结合第四次产业革命的"分散"特点，可以采取实际和虚拟形式相结合的教学模式。例如，充分利用"互联网+"的方式实现真情实景教学，让学生像观看足球赛一样观察业务人员的实际操作过程；可以产学研融合，把过去必须在真实世界里才能做到的事情搬进虚拟世界，产学研融合的重要特点是信息、知识、经验共享，以跨境电商、艺术设计为例，不论在学校还是企业里，大部分内容是在网络上进行的，利用网络完全可以解决问题；把分散与集中结合起来，课堂教学中充分利用学生分散实习期间的切身感受，把书本知识有机融入实践经验，升华为理性认识。

六、上好应用型课程的总体建议

课程建设是个完整体系，环环相扣、缺一不可，规律性很强，同时操作方法又多样化，为实现最后目标提供了无限可能。作为应用型高校来说，就是要掌握其规律，充分利用现有条件，本着世异则事异、事异则备变的精神，以锐意进取、不断改革创新的实际行动做好这项工作。对上好应用型课程有以下总体建议：

（一）穷尽现有条件培养复合型人才

在实际操作和虚拟技术结合日益密切的大背景下，复合型人才将更加受到企业的青睐，教学方法也会发生重大变化，更加强调理论结合实际。例如，利用网络可以把"云上广交会"引入课堂，对学生提出的问题进行现场指导和解答。网络技术把过去必须在真实世界里才能进行的一些教学工作搬进虚拟世界，而且效率更高、效果更好。

（二）重视一专多能的人才素质

第四次产业革命既代表科学技术的跳跃式发展，也要求基层从业者掌握多方面知识，有触类旁通的能力，同时还要具备相应动手能力，能及时高效地解决实际问题。重视学生动手能力的培养是教育回归本质的一个标志，也是提高学生生存和发展能力必须采取的有效措施。实现以教师为中心到以学生为中心的转变，积极引导学生参与课堂活动，把授课方向从"应试"向"动手"转变，从死记硬背向创新思维过渡，真正培养出理论够用、基本功扎实、动手能力强的新一代就业者。加强实践教学巩固课堂教学成果，实训、实习是课程建设的重要方式和内容，应该常态化而不是特定时间内的突击行为。教学和作画一样，都是由粗线条向细节过渡的过程，要让学生熟悉这个过程，因此，适应性和养成性练习对于掌握知识体系来说是必不可少的。

（三）重视毕业论文

毕业论文内容不仅对于调整教学定位、提高教学质量具有反拨作用，而且对于学生更好地适应职场也起到促进作用。为此，作为课程建设的一个重要组成部分，要提倡毕业论文选题面向生产实践，运用所学知识解决学生在实践过程中遇到的问题，重视多样化，从具体案例、工艺、设计、创意到提出自己的看法，只要理论联系实际，学以致用，都可以列入写作范畴，让毕业论文写作真正成为课程体系中不可或缺的一部分。

七、关于应用型课程建设的思考

十九大以来，教育部采取一系列重要措施提高教学质量，如"双一流"建设、打造"金课"、教学质量评估，等等，为课程建设指明了方向，同时也提出了非常具体的要求。对于应用型高校来说，必须办出自己的特色，否则就会面对被淘汰的危险。为此，要认真研究自己所在地区的经济发展特点，建设符合实际情况的课程体系，并用清晰、简练的语言加以表述，这是课程建设的核心任务。接下来，课程建设的所有内容都要围绕这个中心转，用课程设置实现既定目标，这既符合逻辑也很有系统性，可操作性自不待言。总之，党中央为祖国的繁荣昌盛描绘了宏伟蓝图，站在新的起点上我们信心满怀，"长风破浪会有时，直挂云帆济沧海。"只要我们紧跟党中央的战略部署，围绕学校的布局和发展目标努力做好本职工作，把我们的课程建设搞得更好，就未来可期。

第二部分

专业类课程改革案例

基于 CDIO 教学理念的 "C 语言程序设计" 混合式教学改革研究与实践

李树华　谢　备　何宗刚
李志慧　张一宣　王佳莹

摘　要：CDIO 是国际通用工程教育，CDIO 代表构思、设计、实现和运行，它以产品研发到产品运行的生命周期为载体，让学生以主动的、实践的、课程之间有机联系的方式学习。CDIO 培养大纲将工程毕业生的能力分为工程基础知识、个人能力、人际团队能力和工程系统能力四个层面，课程大纲要求以综合的培养方式使学生在这四个层面达到既定目标。混合式教育倡导以学生个性化学习与终身发展为中心，将传统课堂面对面学习与学生在线自主学习相结合，教学内容更加开放、全面，教学形式更加灵活、多样，师生互动更加深入、有效。本文以 CDIO 工程教育为基础，以 "C 语言程序设计" 课程为例，设计了该课程的混合式教学标准，在实践中取得了很好的教学效果。

关键词：CDIO；教学理念；混合式教学

一、改革背景

（一）背景

1. CDIO 工程教育

CDIO 工程教育模式是近年来国际工程教育改革的最新成果。从 2004 年起，CDIO 工程教育理念出现，并成立了以 CDIO 命名的国际合作组织。CDIO 代表构思（Conceive）、设计（Design）、实现（Implement）和运行（Operate），它以从产品研发到产品运行的生命周期为载体，让学生以主动的、实践的、课程之间有机联系的方式学习。CDIO 培养大纲将工程毕业生的能力分为工程基础知识、个人能力、人际团队能力和工程系统能力四个层面，课程大纲要求以综合的培养方式使学生在这四个层面达到既定目标。

2. 混合式教学

混合式教学，是将在线教学和传统教学的优势结合起来的一种"线上+线下"的教学。两种教学组织形式有机结合，可以把学习者的学习由浅到深地引向深度学习。混合式教学，应该具有如下几个方面的特征：①这种教学从外在表现形式上是采用"线上"和"线下"两种途径开展教学的；②"线上"的教学不是整个教学活动的辅助而是教学的必备活动；③"线下"的教学不是传统课堂教学活动的照搬，而是基于"线上"的前期学习成果而开展更加深入的教学活动；④这种"混合"是狭义的混合；⑤混合式教学改革没有统一的模式，但是有统一的追求，那就是要充分发挥"线上"和"线下"两种教学的优势改造传统教学，改变教师在课堂教学过程中过分使用讲授而导致的学生学习主动性不高、认知参与度不足、不同学生的学习结果差异过大等问题；⑥混合式教学改革一定会重构传统课堂教学，因为混合式教学把传统教学的时间和空间都进行了扩展，"教"和"学"不一定在同一时间、同一地点发生，在线教学平台的核心价值就是拓展了教和学的时间和空间。

（二）现状问题分析

第一，目前，"C 语言程序设计"课程教学属于理论加实践，没有一个统领全部教学内容的课程项目，在各章节中也没有完整的章节项目、项目导学和课后项目训练，不太符合应用型人才培养模式，不能有效培养学生的应用能力。

第二，目前各高校多采用传统教学方式，以教为中心，而不是以学为中心，学生只停留在对知识的理解阶段，不能很好达到应用知识的教学目标。

第三，线下教学不能有效满足学生随时随地学习的要求，不能有效增加学生的学习空间和学习时间。

第四，课程没有分专业统一设置课程思政案例，没有将专业思政和课程思政有效结合，没有达到专业知识和课程思政的完美结合。

二、改革内容

针对"C 语言程序设计"课程教学中存在的问题，我们提出了基于 CDIO 教学理念的项目和知识相结合的混合式教学改革模式。通过课程项目的构思、设计、实现和运行组织课程内容，每一章节都包含章节项目，整个课程设计有课程项目，通过项目化教学来使学生掌握知识，锻炼能力，真正实现知识和能力的全面提高。在线教学平台，设计课程的预习和导读环节，课中设置项目练习和知识练习，课后设置知识和项目作业，线下根据学生的预习情况有选择地进行讲授，教学上以学为中心，不再是以讲授为主。课程的考核形式以过程性考核为主，考核内容以项目考核为主，主要考核学生应用能力的达成度，同时辅助考核学生对知识的掌握程度。将在线学习与课堂教学结合在一起，解决传统教学中学生学习缺乏主动性、学习资源不足等问题，拓展了教和学的时间和空间，最终提高学生的学习效果。

第一，基于 CDIO 设计课程大纲，将课程的培养目标分解为工程基础知识、知识应用、团队合作能力和综合项目能力四个层面，课程各部分内容要包括知识和能力的教学指标，以学为中心，以项目为导向，让学生在掌握知识的同时锻炼团结协作等综合能力。大纲要求综合培养基础知识、知识应用、团队合作能力和综合项目能力。基于 CDIO 教学理念设计整体课程项目和各章节项目，教学中以项目为导向，通过构思、设计、实现和运行四个环节开展项目教学。

第二，使用超星教学平台开展线上线下混合式教学，有效满足学生随时随地学习的要求，有效拓展学生的学习空间和学习时间。采用线上和线下相结合的混合教学模式会提高学生学习的主动性，通过课前、课中、课后等教学环节的设计，通过大数据分析及时了解学生对知识的掌握情况，有重点地讲解和指导，提高教学效率。

第三，设计课程和专业相统一的思政案例，将专业思政和课程思政有效结合，让专业思政和课程思政完美结合。

第四，改革课程考核方式，考核形式以过程性考核为主，考核内容主要是项目考核，重点考核学生应用能力的达成度，同时辅助考核学生对知识的掌握程度。

第五，编写基于CDIO教学理念的教材和实验实训指导书；开发基于教材的教学资源，包括教案、课件、慕课等。

三、"C语言程序设计"混合式教学课程标准框架

（一）课程概述

1. 课程简介

"C语言程序设计"是计算机专业一门重要的专业基础课，介绍C语言语法，培养严谨学习态度和编程思想，为后续专业课程起着理论和实践的铺垫作用。

本课程基于案例介绍C语言的结构化程序设计的三种结构以及数组、指针、函数、结构体、文件等知识点，通过例程仿写、编程训练等实践活动，学习分析和解决简单工程问题的程序设计方法和编程思维，为复杂工程问题的解决提供理论知识和实践能力的支持。

2. 课程设计（开发）的基本理念、方法与思路

通过分析专业人才培养目标，明确本课程在专业培养方案中的地位，从知识、能力、素质三个方面确定本课程的教学目标。依据CDIO教育理念，将知识点和思政元素融于案例，让学生在实践过程中发现问题、分析问题和解决问题。以学生个性化学习和发展为中心，结合课程特点，以能力培养为主线，基于OBE理念，将线下面授教学与线上学习有机结合，一体化综合设计教学内容，选取教学策略，制定课程评价办法和课程教学持续改进措施，有效帮助学生实现知识、能力、素质的同步提升。

（二）课程基本信息

课程名称：C语言程序设计。

课程英文名称：Program Design of C Language。

课程类别：理论课（含实验、实践）。

授课对象：软件工程专业本科生。

先修课程：计算机导论。

后续课程：数据结构、面向对象编程、操作系统、Java程序设计等。

学分、学时安排：理论与实践学时分配表如表1所示。

表1 理论与实践学时分配表

学分	课内学时	理论授课	课内实践	实验室实验	课程综合实践
5	84	48	0	16	20

（三）课程目标

通过本课程的学习，学生能够理解面向过程的程序设计基本概念、方法和理论，建立结构化程序设计的思想；通过应用结构化程序设计的三种基本结构、数组、函数、指针、结构体等知识，分析解决复杂工程问题，培养良好的学习习惯及团队合作能力。

教学目标1：学生能够记忆C语言关键字、基本语法结构，理解并运用顺序、分支、

循环三种程序设计结构以及函数、数组、指针、结构体等知识分析程序的执行流程。

教学目标2：学生能够利用计算机科学原理及相关数学模型方法，分析推演程序的执行结果，能够运用C语言相关知识，表述并解决较复杂的工程问题。

教学目标3：学生能够运用C语言相关知识，得出程序运行结果，并能够根据特定需求完成系统编码，并对系统进行测试和结果评价，提高代码调试能力。

教学目标4：学生通过课程知识，开发课程综合项目，培养学生的综合项目开发能力，提高学生的分析、评价和创新能力。

（四）课程目标对毕业要求的支撑关系

课程目标对毕业要求的支撑关系如表2所示。

表2　课程目标对毕业要求的支撑关系

毕业要求	课程目标	课程目标达成途径	支撑CDIO三级能力指标
能够针对工程计算中的具体对象，建立计算模型并设计算法求解	教学目标1	通过预习、课堂讲授、课堂讨论交流、实践、课外复习、微课视频学习等，培养学生理解C语言基本语法、结构化程序设计结构以及数组、函数、指针、结构体等知识，运用其分析问题、设计算法、程序	计算模型与算法
能够将实际问题转化为工程问题，正确表达一个工程问题的解决方案	教学目标2	通过混合式教学、项目驱动教学和课堂综合实践（三级项目）的完成，学生能够利用计算机科学原理及相关数学模型方法，分析推演C语言程序的执行结果，并运用C语言相关知识，表述并解决较复杂的工程问题	工程问题建模
能够根据设计方案，开发满足应用领域特定需求的软件、系统或算法	教学目标3	通过案例驱动教学和课堂讨论交流，学生动手编程，开发满足特定需求的程序，并对程序进行测试和结果评价	实现系统解决方案
具有自主学习的能力，能够在计算机工程实践中发现并提出问题，能够理解并运用新技术，能够归纳总结工程实践经验，能够持续提高并完善自身的专业能力	教学目标4	通过自主学习进行预习、复习、查阅资料等，学生养成终身学习的良好学习习惯	终身学习能力与习惯

（五）教学内容与要求

1. 第一单元：C语言概述及基础知识（支撑课程目标1、2、3、4）

（1）教学目标

理解数据类型的划分和变量定义，理解运算符的运算规则和表达式的计算，理解输入输出函数的运行原理，理解顺序结构程序设计的思想，能够运用输入输出函数编写简单的顺序结构程序。

（2）教学内容

简单 C 程序的结构，数据类型及输入输出函数，运算符和表达式（含位运算），顺序结构程序设计思想，开发环境安装与测试。

（3）教学要求

识别计算机相关术语和程序设计相关概念，理解 C 程序的基本结构，操作各种数据类型的输入/输出，区别 C 语言各运算符的运算规则，理解顺序结构程序设计思想，实践操作 C 程序的开发步骤及调试过程。

（4）重点、难点

重点：运算符和表达式，顺序结构程序设计思想。

难点：无。

（5）教学实施建议

1）课堂教学。

①教学方法和手段：案例法、讲授法、分组讨论法。通过案例分析讲授知识点；通过例程演示验证知识点的应用；通过课堂实践和作业加深对知识点的理解，提高应用能力；提供一些稍有难度的题目或者带有错误的程序，学生分组研讨，抽选学生回答代表整组的成绩。

②课程思政：培养爱国主义情感和民族自豪感。华为公司的鸿蒙操作系统、信创主推的中标麒麟操作系统就是用 C 语言编写的基于 Linux 内核的拥有自主知识产权的操作系统。进而展开讲述 C 语言的特性及优势领域。这既可以对学生进行爱国主义教育，又可以激发学生学习 C 语言的热情。

2）混合式教学概要设计。

本单元所涉及的混合教学内容：数据类型的输入/输出；关系运算符和表达式；逻辑运算符和表达式；位运算符。

本单元所涉及的混合式教学内容占课程全部教学内容的比例：知识点占比为 4/25，约 16%。

本单元的混合式教学概要设计包括以下内容：

①课前：学生通过观看微课视频、阅读教材对应章节进行预习，通过预习效果检测题检验预习效果，学习过程中的疑问可查阅 FAQ（Frequently Asked Questions，常见问题解答）或将问题提交给教师。

②课中：教师在课上反馈学生线上学习和测试的结果数据，对共性问题或重难点知识进行强化，可通过面授、分组讨论、单独或集体指导、加强实践练习等方式进行，对学习成果可自评、互评、教师点评相结合。

③课后：学生课后修改完善学习成果，通过作业、课后实践、复习微视频等形式巩固所学知识。教师及时在超星平台或 QQ 群、微信群中回复学生学习中的疑问。

该部分内容要求所有学生完全掌握。

3）作业。

操作安装 C 程序开发集成环境；运用输入/输出函数编写简单的 C 程序。

完成学习通平台上的 2 次关于数据类型、变量、表达式、输入/输出、顺序结构的作业，每次从 320 道客观题中随机抽取 5~10 道（每个学生抽取的题目不同），系统自动批阅。

实践 2~5 道涉及多种数据类型和运算符、需要不同格式控制的输出编程题。

开发设计三级项目的所有菜单项。

4）课外学习要求。

查阅资料：CodeBlocks 使用教程，学习如何使用该开发环境。并通过课后编程熟悉 C 语言程序的开发步骤，能调试简单的代码错误。将数据类型、对应的修饰符、常量表示、变量定义等信息总结成一个表格。

记录编译运行程序过程中出现的各种错误提示，并尝试提供解决方案，总结到一个表格中。

2. 第二单元：程序设计结构（支撑课程目标 1、2、3、4）

（1）教学目标

理解分支语句的语法和执行流程，理解循环语句的语法和执行流程，能够运用分支结构和循环结构表述和解决复杂工程问题中的特定需求。

（2）教学内容

分支结构，包括单分支语句、双分支语句、多分支语句、switch 语句；循环结构，包括 for 语句、while 语句、do…while 语句、break 和 continue 语句；循环嵌套；程序设计结构的运用。

（3）教学要求

理解分支结构程序设计思想和循环结构程序设计思想，区别和描述四种分支语句的执行流程，区别和描述三种循环语句的执行流程，运用分支和循环结构编程解决工程问题。

（4）重点、难点

重点：分支语句的执行流程；循环结构的执行流程。

难点：运用循环结构编程解决工程问题。

（5）教学实施建议

1）课堂教学。

①教学方法和手段：案例法、讲授法、一题多解法、分组研讨法、视频教学法、单步调试法。通过案例分析讲授分支结构和循环结构各语句的执行流程；通过例程分析和讲授分支结构与循环结构的应用；通过课堂实践、作业、微课视频、超星平台编码练习达到巩固知识的目的；对于一些特定的题目，让不同的学生采用不同的方法予以实现；对教师给出的一些存在典型错误的代码（如在 if 条件后面加上了分号、在 for 循环的循环体开始之前加上了分号、"＝＝"写成了"＝"、短路运算符导致的部分内容没有计算等）进行讨论并找出其中存在的错误；让学生学习名师讲解的视频，标注其中不理解的地方；对循环程序进行单步调试，并对关键变量进行监测。

②课程思政：培养爱国主义情感和民族自豪感。

2021 年 7 月 21 日，习近平总书记在主持召开的企业家座谈会上强调，要"逐步形成以国内大循环为主体、国内国际双循环相互促进的新发展格局"。中央正是根据我国长远发展战略，同时观照国际形势变化，提出了应对当下并前瞻未来的理性之举。

对应教学设计：我国 GDP 的 12 个月累加计算，分别由 2 个循环结构进行累加，代表内循环和外循环，累加的循环过程中可以设计一些条件选项以巩固分支结构。

通过时事政治，让学生了解我国以及世界的发展格局。通过爱国主义情感的培养，学生产生为国家经济民生事业做出贡献的紧迫感。

2）混合式教学概要设计。

本单元所涉及的混合教学内容：多分支语句中 if…else if；switch 语句；do…while 语句；循环嵌套。

本单元所涉及的混合式教学内容占课程全部教学内容的比例：知识点占比为 4/25，约 16%。

本单元的混合式教学概要设计包括以下内容：

①课前：学生通过观看微课视频、阅读教材对应章节进行预习，通过预习效果检测题检验预习效果，学习过程中的疑问可查阅 FAQ 或将问题提交给教师。

②课中：教师在课上反馈学生线上学习和测试的结果数据，对共性问题或重难点知识进行强化，可通过面授、分组讨论、单独或集体指导、加强实践练习等方式进行，对学习成果可自评、互评、教师点评相结合。

③课后：学生课后修改完善学习成果，通过作业、课后实践、复习微视频等形式巩固所学。教师及时在超星平台或 QQ 群、微信群中回复学生学习中的疑问。

该部分内容要求所有学生完全掌握相关的语法，但在解决具体问题时，不同学生对实际问题的理解会有不同，将实际问题转换为计算机问题的能力也不同，故提供的题目有难度差别，学生可以根据自己实际水平完成指定数量的题目。

3）作业：掌握分支和循环语句的用法。

利用作业平台完成至少三次关于分支的客观题作业（每人的题目不同，由系统随机生成）。

利用作业平台完成至少两次关于循环的客观题作业（每人的题目不同，由系统随机生成）。

利用作业平台完成一次记录平日成绩的程序结构的综合作业（每人的题目不同，由系统随机生成）。

运用分支结构设计开发三级项目中的 4 个仅包含分支结构的程序，运用循环结构设计开发三级项目中的 8 个包含循环结构的程序。

4）课外学习要求。

查阅网络资料，熟悉几种不同流程图的画法，试着在做每道编程题前先画流程图，进一步理解程序的执行流程。

3. 第三单元：数组与指针（支撑课程目标 1、2、3、4）

（1）教学目标

理解数组的存储特性，掌握数组的输入/输出、统计、查找和排序的方法，能够调用字符串处理函数进行相应处理，理解指针的概念和应用，能够运用数组和指针对复杂工程问题进行表述和解决复杂工程问题中的特定需求。

（2）教学内容

数组的概念和一维数组的定义和初始化，一维数组的输入/输出、统计、查找和排序，二维数组，字符串和字符串处理函数，指针概念，指针与一维数组、字符串、多维数组，数组编程应用。

（3）教学要求

理解数组的概念及一、二维数组的定义，以及初始化和元素引用方法；应用一维数组，解决一组数据的输入、输出、统计、查找、排序等问题；理解字符串的概念；应用一维数组元素引用方法，解决字符串相关问题；操作调用字符串处理函数解决问题；理解指针的定义、初始化和基本操作，理解指针与内存的关系；应用指针操作数组和字符串。

（4）重点、难点

重点：一维数组、字符串、应用指针操作数组和字符串。

难点：指针与一维数组、指针与字符串、指针与多维数组。

（5）教学实施建议

1）课堂教学。

教学方法和手段：案例法、讲授法、源码分析法、画图释义法、课外阅读法、分组研讨法。通过案例，分析和讲授一维数组的存储特性及常用操作算法、二维数组的应用、字符串的操作等算法，以及指针的概念和指针与一维数组、指针与字符串、指针与多维数组的关系；通过案例讲解和课堂实践应用一维数组、二维数组和字符串解决实际问题；通过课堂实践、微课视频、作业等对所学知识点进行巩固；对于 string.h 库中的部分函数进行源代码分析，理解其含义以及 C 语言的精简写法；对于数组与循环结合的程序，通过在纸上画出其各个元素变化的过程，加深对数组的理解；对于教师给定的多个样例程序，分析其中代码的含义或者指出其中的错误。

2）混合式教学概要设计。

本单元所涉及的混合教学内容：一维数组的查找；一维数组的排序；字符串；指针与字符串。

本单元所涉及的混合式教学内容占课程全部教学内容的比例：知识点占比为 4/25，约 16%。

本单元的混合式教学概要设计包括以下内容：

①课前：学生通过观看微课视频、阅读教材对应章节进行预习，通过预习效果检测题检验预习效果，学习过程中的疑问可查阅 FAQ 或将问题提交给教师。

②课中：教师在课上反馈学生线上学习和测试的结果数据，对共性问题或重难点知识进行强化，可通过面授、分组讨论、单独或集体指导、加强实践练习等方式进行，对学习成果可自评、互评、教师点评相结合。

③课后：学生课后修改完善学习成果，通过作业、课后实践、复习微视频等形式巩固所学。教师及时在超星平台或 QQ 群、微信群中回复学生学习中的疑问。

该部分内容要求所有学生完全掌握相关的语法，对于指针的嵌套、指针与数组的结合等难点，不同学生掌握程度会有不同，故会提供足够量的基本题目，要求所有学生完成，额外提供少量有难度的题目，供学生挑战。

3）作业：掌握数组编程及指针在数组中应用的编程。

利用作业平台完成至少两次关于数组及字符串的客观题作业（每人的题目不同，由系统随机生成）。

利用作业平台完成一次记录平日成绩的数组和指针的综合作业（每人的题目不同，由系统随机生成）。

完成实验3（数组应用），完成超星平台上指定的题目，画出对应的流程图，并提交实验报告。

分组研讨并在课堂公开向全班讲解一次与数组、字符串、指针有关的企业笔试真题。

拓展作业：对于学有余力的学生，可试做杭电 ACM 网站第 11 页的 P2017～P2099（部分复杂题目可能需要用到函数的知识）。

4）课外学习要求。

查阅资料，理解如何处理数组中的批量数据并熟悉指针在数组中的用法。

教师提供《征服 C 指针》的电子版图书供学生阅读，学生也可以到图书馆借阅纸质版或购买纸质版。

4. 第四单元：函数与指针（支撑课程目标1、2、3、4）

（1）教学目标

理解函数的定义和调用，能够运用模块化的思想对系统进行模块化，并运用函数实现对应模块。

（2）教学内容

函数的定义与调用，函数参数的传递方式，函数的嵌套与递归调用，函数应用举例。

（3）教学要求

理解模块化程序设计的思想，区别函数定义、函数声明与调用。

理解函数参数传递方式，运用函数结构化设计程序，理解递归的基本概念和递归函数的执行过程，运用递归思想解决递归问题。

（4）重点、难点

重点：各种函数的定义、函数声明和调用的方法。

难点：运用函数结构化设计程序、运用递归思想解决递归问题。

（5）教学实施建议

1）课堂教学。

教学方法和手段：案例法、讲授法、分组讨论法。通过案例分析和讲解函数的概念及函数参数和返回值的含义，并对函数机制进行剖析，进一步对递归函数和内联函数进行讲解；通过简单例程讲授如何应用函数进行编程；通过课堂实践、讨论交流、作业、微课视频对函数应用进行巩固；分组完成模块化程序设计，每个组成员至少完成一个函数的编写，最终一个组的成员所编写的所有函数要能够在一个主程序的控制下进行测试运行。

2）混合式教学概要设计。

本单元所涉及的混合教学内容：有参有返函数；指针作函数参数。

本单元所涉及的混合式教学内容占课程全部教学内容的比例：知识点占比为 2/25，约 8%。

本单元的混合式教学概要设计包括以下内容：

①课前：学生通过观看微课视频、阅读教材对应章节进行预习，通过预习效果检测题检验预习效果，学习过程中的疑问可查阅 FAQ 或将问题提交给教师。

②课中：教师在课上反馈学生线上学习和测试的结果数据，对共性问题或重难点知识进行强化，可通过面授、分组讨论、单独或集体指导、加强实践练习等方式进行，对学习成果可自评、互评、教师点评相结合。

③课后：学生课后修改完善学习成果，通过作业、课后实践、复习微视频等形式巩固所学。教师及时在超星平台或 QQ 群、微信群中回复学生学习中的疑问。

该部分内容要求所有学生完全掌握函数相关的语法，但在解决具体问题时，不同学生对实际问题的理解不同，抽取关键因素形成的函数会有不同，此外，函数与指针的结合也是一个难点，故提供足量的基本题目，所有学生都完成，额外提供少量难题，供学生挑战。

3）作业：理解自定义函数的编程的过程。

在作业平台上完成一次关于函数的客观题作业（包括函数的声明、函数的定义、函数的调用、参数传递及返回值含义、递归函数的含义和用法等内容），每个人的题目相同，教师根据作业完成情况对存在问题较多的地方统一进行讲解。

教师布置一个规模较大但易分解为多个功能模块的大程序（如计算器），由小组进行联合开发，每人承担不同函数的编写任务，最终所有函数写入同一个源文件，组长负责模块的分工和主程序的编写及测试。上课时抽取一组到讲台对全班进行讲解。

将三级项目中的各程序改写成带参数函数形式，并使程序能够正常运行。

4）课外学习要求。

查阅资料，理解函数参数传递及返回值的意义。

5. 第五单元：编译预处理与内存管理（支撑课程目标4）

（1）教学目标

理解文件包含、条件编译、变量存储类型、变量的作用域和生命周期，能够运用变量存储类型、变量的作用域和生命周期知识高效调试程序。

（2）教学内容

宏定义，文件包含，条件编译，变量的存储类型，变量的作用域和生存周期，内存分配与回收。

（3）教学要求

理解宏定义方法、文件包含和条件编译、变量的存储类型、变量的作用域及生存周期，应用 malloc 函数和 free 函数实现内存分配与回收。

（4）重点、难点

重点：带参数的宏；变量的作用域和生存周期；内存的分配。

难点：变量的作用域和生存周期。

（5）教学实施建议

1）课堂教学。

教学方法和手段：案例法、讲授法。通过案例分析宏定义、文件包含、条件编译以及内存管理等知识点；通过阅读分析程序，帮助学生理解知识点。

2）混合式教学概要设计。

本单元所涉及的混合教学内容：宏定义；条件编译；文件包含。

本单元所涉及的混合式教学内容占课程全部教学内容的比例：知识点占比为 1/25，约 4%。

本单元的混合式教学概要设计包括以下内容：

①课前：学生通过观看微课视频、阅读教材对应章节进行预习，通过预习效果检测题

检验预习效果，学习过程中的疑问可查阅 FAQ 或将问题提交给教师。

②课中：教师在课上反馈学生线上学习和测试的结果数据，对共性问题或重难点知识进行强化，可通过面授、分组讨论、单独或集体指导、加强实践练习等方式进行，对学习成果可自评、互评、教师点评相结合。

③课后：学生课后修改完善学习成果，通过作业、课后实践、复习微视频等形式巩固所学。教师及时在超星平台或 QQ 群、微信群中回复学生学习中的疑问。

此部分内容要求所有学生全部掌握。

3）作业。

通过阅读程序，掌握宏定义，理解变量的作用域及生存周期；练习内存分配与使用。

改写三级项目，把不同功能的函数分别存放在不同的头文件和源文件中，重新编译构成一个完整的项目，从而理解条件编译、变量的作用域和生存周期等概念的具体含义和应用，以及工程中对多个源文件的管理方法。

4）课外学习要求。

查阅资料，理解内存分布情况及对内存的分配与使用。

阅读《征服 C 指针》中内存相关章节的详细介绍。

6. 第六单元：结构体与文件（支撑课程目标 1、3、4）

（1）教学目标

理解结构体的概念、结构体的变量和结构体数组的定义，能够运用结构体相关知识表述、推演复杂工程问题的特定需求。

（2）教学内容

结构体的概念及结构体的定义，结构体数组，文件的概念及分类，文件的操作步骤，文件的操作函数，结构应用。

（3）教学要求

理解结构体概念，并能根据问题定义结构体类型；应用结构体数组，解决结构体数组元素的输入、输出、查找；记忆文件概念、分类及文件的操作步骤；理解文本文件及二进制流文件的读写函数的用法。

（4）重点、难点

重点：结构体数组；文件读写函数的用法。

难点：文件读写函数的用法。

（5）教学实施建议

1）课堂教学。

教学方法和手段：案例法、讲授法、分组法。通过案例分析和讲解结构体类型的创建、结构体变量和结构体数组的引用、文件的操作流程及常见文件操作函数的使用；通过例程分析讲解结构体数组编程的应用及简单文件操作的应用；通过作业、视频、MOOC 资源帮助学生巩固知识点；分组完成一个单链表的基本功能，包括链表的顺序显示、节点的首部插入、节点的查找等，有能力的组可以尝试链表翻转、深度拷贝等功能。

2）混合式教学概要设计。

本单元所涉及的混合教学内容：结构体数组；文件读写。

本单元所涉及的混合式教学内容占课程全部教学内容的比例：知识点占比为 2/25，约 8%。

本单元的混合式教学概要设计包括以下内容：

①课前：学生通过观看微课视频、阅读教材对应章节进行预习，通过预习效果检测题检验预习效果，学习过程中的疑问可查阅 FAQ 或将问题提交给教师。

②课中：教师在课上反馈学生线上学习和测试的结果数据，对共性问题或重难点知识点进行强化，可通过面授、分组讨论、单独或集体指导、加强实践练习等方式进行，对学习成果可自评、互评、教师点评相结合。

③课后：学生课后修改完善学习成果，通过作业、课后实践、复习微视频等形式巩固所学。教师及时在超星平台或 QQ 群、微信群中回复学生学习中的疑问。

此部分内容要求所有学生全部掌握。

3）作业：熟悉结构体数组的编程练习；运用文件读写函数。

在超星平台上完成一次关于结构体、联合体、枚举类型、文件等基本概念的客观题作业，每个人题目相同，教师根据完成情况集中讲解存在问题较多的地方。

4）课外学习要求。

查阅资料，理解结构体的构造原理及结构体占内存字节总数在计算机中是如何处理的，进一步了解内存分配。

学习使用字符相关的其他文件操作函数，如 fgetc、fputc、fgets、fputs 等。

（六）各单元学时分配表

各单元学时分配表如表 3 所示。

表 3　各单元学时分配表

单元标题	节标题	各教学环节学时分配						
		理论授课				实践教学		小计
		讲授	习题	测验	其他	课内实验室	课内综合实践	
CU（1）C 语言概述及基础知识	C 程序架构、数据类型	9				1		10
	运算符和表达式（含位运算符）							
	输入输出函数							
CU（2）程序设计结构	选择结构	8				6	4	18
	循环结构							
CU（3）数组与指针	数组定义和元素输入输出	18				4	4	26
	数组元素的查找							
	数组元素的排序							
	二维数组							
	字符串							

续表

单元标题	节标题	各教学环节学时分配							小计
		理论授课				实践教学			
		讲授	习题	测验	其他	课内	实验室	课内综合实践	
CU（3）数组与指针	指针的概念	18					4	4	26
	指针和一维数组								
	指针和字符串								
CU（4）函数与指针	函数概念、函数参数和返回值、存储类别	5					3	2	10
	函数编程、指针作函数参数								
	递归函数、内联函数								
CU（5）编译预处理与内存管理	宏定义	2					2	2	6
	文件包含								
	条件编译								
	类型转换、内存管理、指针和动态数组								
CU（6）结构体与文件	结构体概念、类型创建及变量引用	6						8	14
	结构体数组								
	文件的基本操作								
合计		48					16	20	84

（七）实践教学项目实施计划表

实践教学项目实施计划表如表4所示。

表4 实践教学项目实施计划表

项目代码	项目名称	项目类型	项目性质	项目内容	成果物	课内学时	实践场所
CU1	学习成果展示系统	课程项目	综合型	1. 课程项目菜单输出 2. 开发设计课程项目中的4个分支结构程序 3. 开发设计课程项目中的8个循环结构程序 4. 开发设计课程项目中的4个数组程序 5. 将课程项目中各功能函数改写成带参数函数形式	程序代码+课程项目报告	16	课堂

（八）课程考核与评价

1. 课程总成绩构成

课程总成绩（100分）= 过程性考核（40分）+终结性考核（60分）。

2. 过程性考核

过程性考核表如表5所示。

表 5　过程性考核表

考核项目	满分值	考核目的	评价标准	备注
考勤	0	良好的学习习惯	根据学校对考勤的相关规定进行相应扣分	
课堂表现	10	良好的学习习惯	学生在课堂上有玩手机、玩游戏、不按规定使用计算机、睡觉等表现的，每次扣2分	
阶段测验	20	考核学生对程序设计结构及之前教学内容的掌握情况，通过在线闭卷上机测验学生记忆C语言关键字、基本语法结构，理解并运用顺序、分支、循环三种程序设计结构等知识分析程序的执行流程等情况	上机测验4次、每次5分，系统随机抽卷并自动阅卷判分。客观题考核对知识点的理解程度，编程题考核对知识的应用能力	
编程练习	10	考核学生运用C语言相关知识得出程序运行结果，并根据特定需求完成系统编码，对系统进行测试和结果评价，进行代码调试的能力	课程实践平台指定各知识对应完成的编程项目，考核对知识点的应用能力。由课程平台自动评价	

3. 终结性考核与评价

终结性考核方式及分值分配：学习能力（10分）+课程综合项目（10分）+期末考试（闭卷）（100分×40%）。

终结性考核与评价表如表6所示。

表 6　终结性考核与评价表

支撑毕业要求	课程目标	权重（课程目标）	评价方法	考核方式/评价依据	权重（考核单项）	评价标准（注：优秀标准达成度为0.9~1良好标准达成度为0.75~0.89合格标准达成度为0.6~0.74不合格标准达成度为<0.6）
毕业要求1.2	课程目标1：学生能够记忆C语言关键字、基本语法结构，理解并运用顺序、分支、循环三种程序设计结构以及函数、数组、指针、结构体等知识分析程序流程	0.16	成绩分析法	过程性考核-阶段测验	0.16	优秀：熟悉C语言语法规则，能够准确理解程序运行的过程，并对程序运行结果做出正确的判断 良好：对C语言语法规则较为熟悉，对程序的运行过程理解基本正确，对程序运行结果的判断没有严重错误 合格：对C语言语法规则理解基本正确，对程序的运行过程判断不够准确，对程序运行结果的判断存在一些错误 不合格：对C语言语法规则不太理解，对程序运行结果的判断存在严重错误

续表

支撑毕业要求	课程目标	权重（课程目标）	评价方法	考核方式/评价依据	权重（考核单项）	评价标准 （注：优秀标准达成度为 0.9~1 良好标准达成度为 0.75~0.89 合格标准达成度为 0.6~0.74 不合格标准达成度为 <0.6）
毕业要求 2.2	课程目标2：学生能够利用计算机科学原理及相关数学模型方法，分析推演程序的执行结果；能够运用C语言相关知识，表述并解决较复杂的工程问题	0.26	量规表法	课程综合项目（三级项目）	0.1	优秀：每阶段的三级项目任务都能够按时提交，符合要求，任务完成质量高 良好：每阶段的三级项目任务能够按时提交，任务基本符合要求，任务完成质量较高 合格：个别阶段的三级项目任务不能按时提交，或者个别任务不符合要求，任务完成质量较低 不合格：每阶段的三级项目任务经常不能按时提交，或者提交的任务不符合要求，任务完成质量低
			成绩分析法	期末考试-程序分析题	0.16	优秀：能够正确分析系统需求，选择合理的数据结构并定义相应的数据类型，运用分支、循环、数组、字符串、函数和结构体知识解决复杂工程问题中的所有特定需求，在解决过程中，各种图形文字表述准确 良好：能够正确分析系统需求，选择合理的数据结构并定义相应的数据类型，运用分支、循环、数组、字符串、函数和结构体知识解决复杂工程问题中的大部分特定需求，在解决过程中，各种图形文字表述较准确，不出现严重错误 合格：能够正确分析系统需求，选择合理的数据结构，定义数据类型不出现严重错误，能够运用分支、循环、数组、字符串、函数和结构体知识解决复杂工程问题中的少数特定需求，在解决过程中，各种图形文字表述存在较大错误 不合格：不能正确理解系统需求，在定义数据类型出现严重错误，不能正确运用分支、循环、数组、字符串、函数和结构体知识解决复杂工程问题中的特定需求，在解决过程中，表述出现严重错误

续表

支撑毕业要求	课程目标	权重（课程目标）	评价方法	考核方式/评价依据	权重（考核单项）	评价标准 （注：优秀标准达成度为 0.9~1 良好标准达成度为 0.75~0.89 合格标准达成度为 0.6~0.74 不合格标准达成度为 <0.6）
毕业要求3.2	课程目标3：学生能够运用C语言相关知识，得出程序运行结果，并能够根据特定需求完成系统编码，并对系统进行测试和结果评价，提高代码调试能力	0.48	成绩分析法	期末考试-程序设计题	0.48	优秀：能够熟练运用输入输出语句、控制语句、数组、指针、函数、结构体等相关知识解决复杂工程问题 良好：能够较熟练地运用输入输出语句、控制语句、数组、指针、函数、结构体等相关知识解决复杂工程问题，在解决问题过程中出现个别错误 合格：能够较好地运用输入输出语句、控制语句、数组、指针、函数、结构体等相关知识解决复杂工程问题，在解决问题时不出现严重错误 不合格：不能较好地运用输入输出语句、控制语句、数组、指针、函数、结构体等相关知识解决复杂工程问题，在解决问题时会出现较严重错误
毕业要求4.2	课程目标4：学生通过查阅归纳总结资料、预习、复习、学习平台学习行为以及在平台上编程训练等形式，持续提升自身专业能力	0.1	量规表法	过程性考核-学习能力	0.1	优秀：能够及时完成预习、复习和查阅资料的任务，效果好 良好：能够及时完成预习、复习和查阅资料的任务，效果较好 合格：能够及时完成预习、复习和查阅资料的任务，效果一般 不合格：不能及时完成预习、复习和查阅资料的任务，或效果较差

4. 加分项

如有学生参加市级以上专业类竞赛并取得名次，且根据流程申请该门课程加分，则按照相关规定和标准给予相应加分；分数加入总成绩中，超过100分的记为100分。

（九）教学方法与教学手段

1. 教学方法

采用混合式教学，主要使用讲授教学法、案例教学法、讨论交流法、自主学习法等，详见各单元教学实施建议。

2. 教学手段

参见"教学内容与要求"中的"教学实施建议"部分。

在学期中段进行学生座谈，听取学生对于学习效果的反馈。结合作业完成效果、实验报告完成效果以及首次上机测试效果，开设相应规模的辅导班，对掉队的学生提供针对性的辅导。

基于 OBE 理念的课程教学模式的探讨
——以"Java Web 技术"课程为例

骆丽华 聂军 曾敏 孟雨

摘 要：当前，国家重视计算机类和软件类技术人才的培养，对高校计算机专业提出了新的要求。而高校计算机专业课程的教学方式和教育理念难以适应高校教学的发展要求，为此，各大高校针对计算机专业课程教学的特点，将 OBE 理念融入高校计算机课程教学，对计算机课程进行课程改革，以提高课程教学质量。本文以计算机课程"Java Web 技术"课程为例实践教学改革，开展基于 OBE 理念，以学生为中心、学习成果目标为导向，持续质量改进的课程实践教学模式的探索与实践，进行混合教学中线上线下教学一体化设计，实现教学做一体化，提高学生实践能力和专业核心能力，保证课程教学质量，提高人才培养质量，促进高校学生全面可持续性发展，为高校培养创新型人才奠定坚实的基础。

关键词：OBE 理念；Java Web 技术；线上线下混合式教学

一、OBE 理念与"Java Web 技术"课程

（一）OBE 理念概述

OBE 是对所有的课程体系、教学过程、评价工作等，都以最终成果为导向来进行设计与实施。同时，强调以学生的学习效果为基础，按照专业和工作分析所得到的专业成果持续对学生的学习成果予以关心和关注。OBE 也称为结果导向教育，它是成果导向的教育理念，同时也是需求导向的教育理念、目标导向的教育理念，以及能力导向的教育理念，是英美等国的一种主流教育理念。OBE 理念以学生获得预期学习成果为培养目标导向，以反向设计教育为相应的培养方案。

高等教育的基本目标是培养大批满足社会需求、具备相应专业能力的应用型人才，基本出发点是通过教育理念更新和教育模式改革来提高应用型人才的培养质量，与 OBE 理念存在很好的契合点。在 OBE 理念下，教育模式主要注重学习成果导向，对学生学习的实际产出进行实际情况研究，反向策划学生的教学结构和评价体制，大大提升整体的教学质量。它是专业工程教学革新的主要方向，对教学过程中的各个环节进行明确整合以及有效组织。同时，让学生在学习中能够充分实现自身的理想目标，对明确学生的专业知识、

专业能力以及专业素质培养都有非常明显的促进作用。[①]

基于 OBE 理念的教育模式打破了传统的教学育人模式，是对传统教学模式的改革与创新，其理念和教学模式对于培养相关工程和应用型专业人才，有着至关重要的作用。在 OBE 体系里面，教学目标、教学设计以及教学实施过程，都是以学生为中心，以教学成果为导向的。教师对学生的实际学习结果具有清晰的设想，对学生在结束学业后，可以从事哪些职业和能够做哪些工作有清晰的理念。OBE 理念以学生最终学习成果为主要推动力来设计相关的课堂教学活动，明确具体的能力评价指标，同时，根据设计合理的教学结构和模式来提升学生的实践动手能力。基于 OBE 理念的教育模式对学生的培养要求有着较强的学习目的，以教学产出为主要驱动力，应用合理的教学结构和模式，切实提高学生的实践动手能力。

计算机专业课程有着自身的特点，课程的应用性非常强，对技能应用程度的要求相对较高，OBE 理念与计算机专业学科有很好的契合点。计算机课程教学不同于普通传统的课程教学，传统的教学模式以理论教学为主，与计算机课程教学要求不相适应，计算机课程教学要求理论与实践相结合，存在一定的特殊性。在 OBE 理念下的课程教学模式，需要教师根据应用型专业人才的学习目标指导教学目标，进一步完善与优化应用型专业人才的学习内容，从而提高学习的整体效率与质量。在 OBE 理念的指导下，进行计算机课程教学模式的改革是提升计算机课程教学质量的重点，符合新工科的要求，是工程教育改革的主导方向，具有重要意义。

（二）OBE 理念与"Java Web 技术"课程融合

"Java Web 技术"课程是计算机专业课程的专业必修课。本文以"Java Web 技术"课程改革为例，探讨 OBE 理念与"Java Web 技术"课程的融合，对课程实践教学进行课程教学模式改革。通过课程教学模式改革，以提升学生专业能力的计算机教育层次，提高课程教学培养成效，提高学生的基本专业能力构建程度，进而提升专业人才培养质量。在开展计算机课程教育改革过程中，推进"Java Web 技术"课程实践教学改革是十分必要的。[②]

OBE 理念在教学的每个环节中都是紧密相连的，是以学生为核心来进行设计与实践的。OBE 以学生的学习效果为核心，教学思想强调的是层层递进。教师根据学生将要达到的学习产出，制定对不同学生相对合理的教学框架及效果评价机制，正确指导学生进行递进模式学习，在这个过程中，对学生的每个学习环节展开过程性评价，最终达到提高教育教学整体质量的教学目的。

OBE 模式强调学生进行自主学习和自我评价，以及同学之间互相进行交叉评价。同时，OBE 非常注重学生在学习过程中的主体地位，教师在学生学习的过程中作为引导者和示范者，管理以及监督学生的学习过程，对学生自主学习和自我评价进行科学指导和客观合理的评价。

将 OBE 理念与"Java Web 技术"课程加以融合，具体应该做到以下几个方面：

第一，明确在 OBE 理念指导下，"Java Web 技术"课程的教学目标、教学设计以及教

[①] 赵昱，庞娟，杨传喜. 成果导向的管理学课程教学模式探讨 [J]. 高教论坛，2016，2（2）：65-67.
[②] 张立巍. 基于 OBE 理念的高校经管学科实践课程体系优化的研究 [J]. 中国成人教育，2016（3）：106-107.

学实施过程，都应该以学生为中心，以教学成果为导向，教学的整个过程是为了推动最终学习成果的实现。教师在规划课程时，需要对学生在结束学业后能够从事的职业有清晰的构想，将学生的最终学习结果作为基础，以学生最终学习成果为主要推动力来设计相关的课堂教学活动，明确具体的能力评价指标，以此作为指导和评价学生的重要元素。教师根据OBE理念设计合理的课程教学结构和模式，提高学生的实践动手能力，确保全体学生都能够达到个人理想的学习效果，最终符合课程的学习要求。[①]

第二，明确"Java Web技术"课程的基本目标与OBE理念是契合的，都是基于培养具备核心竞争力、有较强的动手实践能力、能胜任相应专业工作的应用型人才。在学生进行课程学习过程中，教师需要制定合理的学习目标，为学生提供有利的帮助与耐心的指导，努力为学生的各种实践活动提供强有力的支持，激发学生的学习热情与积极性，让学生在自身的学习当中，能够充分实现自身的理想目标，提升专业知识、专业能力以及专业素质。由于学生之间存在较大的差异性，设定的学习目标也有所不同，教师需要更加灵活的方法来为学生提供帮助，调整时间并转变指导方式，帮助学生实现预期的学习目标，达到课程既定的基本目标。[②]

第三，明确在规范的工作基础上，OBE理念可以为全体学生带来更大的学习动力。"Java Web技术"课程在学习过程中，制定了较高标准，需要学生努力才能取得优异的成绩与满意的学习成果。教师需要在学生学习课程的时候，对课程成绩确定较高的指标，让学生明确需要实现相应规定的指标。与此同时，教师需要更长时间的学习过程与更加科学高效的学习方法，制定对学生的相对较高且有着一定挑战性的高难度指标。在具体教学过程中，只有积极鼓励学生不断提高自己的目标，才能顺利通过课程学习并取得好的课程成绩。

第四，明确基于OBE理念"Java Web技术"课程的逆向设计与正向落实。从课程的最终学习成果出发，对学生实施培养过程的逆向规划。教师设计课程的起点是学生所预想的学习成果，学习计划需要详细、完整且可行，从课程学习的输出结果开始，逆向架构"Java Web技术"课程及其具体知识与能力板块。学生想要实现这些学习目标，需要教师从课程教学入手，从正方向进行建设，将课程的重点集中到实质性内容上，保障学生实现目标的途径更加清晰便捷，更好实现预期的学习目标。[③]

目前，很多高校正在进行计算机专业课程教学的改革实践教育，目的是普及学生的计算机专业技术知识，培养学生的计算机应用能力。"Java Web技术"课程作为计算机专业必修课程，对课程进行教学模式改革尤为必要。为了让该课程真正发挥作用，适应新的人才培养需求，培养学生专业知识，提升专业能力和专业素质，必须改变课程的教学模式。将动手实践元素融入课程教学，坚持动手实践作为课程的主要实践方式，培养学生具备相应的计算机专业能力，包括专业实践能力、工程能力和创新能力等。

本文针对计算机专业课程的"Java Web技术"课程实践教学模式改革，开展基于OBE理念，以学生为中心，以学习成果为目标导向，并且进行持续质量改进的课程实践教

---

① 王珊珊，孟祥欣. 基于OBE理念的学生创新创业能力培养途径探讨[J]. 高教学刊，2018，(12)：38-40.
② 马金晶. 成果导向教育博士课程发展研究——以教育领导与管理专业为例[D]. 重庆：西南大学，2012：17-29.
③ 申天恩，斯蒂文·洛克. 论成果导向的教育理念[J]. 高校教育管理，2016，9(10)：47-51.

学模式探索与实践。从教学内容、教学方式和考核评价方案等方面进行研究和改革课程教学模式,以达到增强学生专业核心能力培养、提升人才培养质量的目的。

二、"Java Web 技术"课程的特点与问题分析

(一)"Java Web 技术"课程的特点

"Java Web 技术"课程是理论性和实践性相结合的一门综合性课程,课程的应用性非常强,对技能应用程度的要求较高。这门课程可以培育学生的创新精神,提升动手实践意识的内驱力,改变学生的思维局限性,提升学生从事动手实践相关活动的能力。通过课程的学习,以应用型专业人才的学习目标指导教学目标,进一步完善与优化应用型专业人才的学习内容,从而提高学习的整体效率与质量。课程可以促进学生的发展、成长和成才,为学生毕业后快速融入社会发展起到促进作用。同时,"Java Web 技术"课程作为计算机专业的必修课程,有利于学生树立正确的世界观、人生观和价值观,有利于提高学生的就业率,有利于培养储备复合型高素质人才,从而帮助学生成为社会合格的接班人。

(二)"Java Web 技术"课程存在的问题

近年来,"Java Web 技术"课程已在全国大部分高校开展教学,动手实践的教学模式越来越受到重视,进入蓬勃发展的阶段,但是整体的课程建设仍然处于摸索阶段。少部分高校已经构建有自己特色的教学体系,但是实际教学效果并不理想。大部分教师开展动手实践教育的意识淡薄,动手实践教育理念较为滞后。同时,教师在教学中缺少深入研究课程目标的定位,没有系统思考课程的教学方式,没有明确的社会价值取向,也没有明确相应的学科价值取向,更没有全面考虑学生的素质教育、能力提高和可持续发展的问题。教师实践课程教学仍有很多问题亟待解决,包括具体定义专业核心能力、培养学生的专业核心能力以及评价学生的专业核心能力等问题。

"Java Web 技术"课程教育不只是实践性很强的课程,更需要注重培养学生的综合实践能力。当前课程教学观念较为落后,课程设置存在较多问题,已经不能适应新形势下该课程的教学,与当前的高校教育改革有一定程度的脱节。大部分教师仍以讲授类课程为主,课堂教学目标以对知识的机械化学习为主,授课方式以及教学方法也是以知识概念的讲解为主。另外,学生缺乏动手实践的平台,教学模式针对性明显不足,呈现出明显的单一化特征。而且,部分教师没有实际的动手实践经历,教学过程中理论与实践不能很好地融合,教学缺少时效性及应用性。这些也导致课程的教学效果各异,无法有效保证课程的教学质量,也没有达到理想的效果。同时,缺少科学的教学质量评价体系,不能有效评价课程实施的效果与教育目标的达成度。

"Java Web 技术"课程的授课方式不能适应学生的特征。不同学生具有不同的个性和观念,其动手实践能力等存在一定的差异,用相同的教学方式和教学内容不能满足学生的个性需求,没有遵循学生的个性和能力发展需要。学生在学习过程中很多时候只是被动地接收知识,没有很好地思考、练习和综合运用,处于被动学习的状态,学生的主体性得不到尊重,学习的积极性差。学生的课程学习呈片段式记忆模式,上课学习课程的部分知识片段,由于没有思考和练习,下课就忘记,下一节新课学习新的知识点无法衔接。这样导致学生表面上看起来学习了很多课程知识,但是在进行综合运用、完成大作业的时候就不知道如何下手,只能生搬硬套,缺乏理解性、创造性以及灵活性。学生也不能运用所学知

识解决实际问题，对未来就业以及职业规划和发展没有发挥作用。教师需要在教学过程中不断更新教学理念，因材施教，针对性地采取各种行之有效的教学方法，拓展课程的教学内容。同时，结合教材进行深入探究和挖掘，提高课堂教学质量，激发学生的学习兴趣，从而加强学生在学习时的创新意识。

"Java Web 技术"课程对于计算机类专业来说是专业必修课，大部分教师没有做到符合高校教育理念的基于线上线下一体化的项目化改革。同时，由于课程的专业特征明显，授课教师习惯沿用传统的备课方式，没有对教学方法和教学内容，以及教材建设等进行改革。教学模式不符合高校教学要求，授课方法没有进行创新，实践教学环节设置较少甚至缺失。课程的教学模式直接影响到课程教学的效果和质量，课程的设置不符合学生个性发展的需求，缺乏一定的创新性，部分教师的教学内容陈旧，与当前科技的发展水平不相符，无法与社会发展的需求相匹配，这也导致学生的实践能力和解决问题的能力得不到提高。

"Java Web 技术"课程教学形式较为单一，教学实践与理论知识相互分离，评价考核方式不够全面和完善，不能帮助学生形成完整的知识体系，教学效率低下。教学的考核评价是教学过程的重要环节，科学合理的考核评价能调动学生的学习积极性，很好地培养学生的综合学习能力。现有的教学考核评价体系较为重视理论知识的学习，不够重视学生参与项目的能力和项目设计与开发的能力。这样一来，有些学生平时不认真学习和复习归纳，而是在临近考试时机械地记忆课本理论知识，学生缺乏创新精神和综合解决实际问题的能力，不利于培养创新性的综合软件技术人才。[①]

在课程实践评价中，传统的课程实践教学模式的宏观评价主要依据学生的实验报告和对实验报告的评阅进行，这种评价方式无法针对学生在课程实践学习中获取的各项专业能力进行较好的量化评价。同时，这种课程实践教学模式的培养方式，导致学生大都存在实践动手能力差、工程意识不强以及缺乏解决复杂实际问题的技术创新能力等问题。在课程实践教学中，培养学生专业核心能力需要采用适合教育的培养理念及其课程实践教学模式，这是必须解决的关键问题。

（三）"Java Web 技术"课程如何实施 OBE 教学模式

OBE 是一种基于先进的教育理念、注重教育产出的教育模式，符合"Java Web 技术"课程教学模式的要求，以学生为主体，以产出为导向，遵循学生个性发展的需求，着眼于学生的全面成长及终身的可持续发展。学生的创新精神、动手实践意识和动手实践能力将会明显增强，学生会在适应时代发展和职业需求方面终身受益。OBE 秉持以人为本的教育理念，充分考虑学生的个人能力差异，继而做到因材施教。对于那些具备很强的动手实践意愿的学生来说，他们在学习中可以得到更加专业和更具针对性的指导；而对于那些不具备动手实践意愿的学生而言，首先以启蒙教育为主，最大限度地激发他们的动手实践意愿，继而指导他们进行动手实践。

课程实施 OBE 教学模式，教师可以通过以下四个方面来进行：

第一，在开展"Java Web 技术"课程实践教学设计前，首先对课程培养目标及考核

---

① 陈湘青，关秋燕，郑佩琼. 基于 OBE 的《市场调查技术》课程教学改革与实践 [J]. 商业经济，2015（11）：149-152.

要求进行需求分析，明确课程培养学生的专业能力要求。设计课程的专业核心能力培养目标，并将它们具体化为可观测的预期学习成果，同时开展基于学习成果导向的反向教学设计，如进行课程实践教学大纲、课程实践教学内容、课程实践教学方案及课程实践学习评价方式等教学要素设计。

第二，实施"Java Web 技术"课程实践教学，按照所设计的课程实践教学大纲、课程实践教学内容、课程实践教学方案及课程实践学习评价方式实施，同时面向学习成果目标对学生的专业核心能力进行有针对性的培养。在课程实践教学实施过程中，收集学生课程实践学习的反馈信息，对考评数据进行采集与分析，从而对学生实际获得的学习成果进行量化评估，并提出课程实践教学持续改进的方案。

第三，对"Java Web 技术"课程实践学习成效进行分析总结，形成该课程实践教学的能力培养目标达成度数据，从而对学生的专业核心能力培养成效进行评估。对专业培养目标与毕业要求进行完善后，同步对课程实践教学的专业核心能力培养目标进行变更，以满足课程实践教学对专业核心能力培养的支撑。除了围绕学生预期学习成果进行课程实践教学反向设计，还需要给出课程实践教学的专业核心能力培养实施方案。

第四，设置"Java Web 技术"课程的专业核心能力培养方案，分为实践能力、工程能力和创新能力三个方面，逐步递进。综合应用不同的教学方法可以有效培养学生不同程度的专业核心能力。在课程实践教学中，采用不同的教学方法，包括课程作业、课内实训和课程设计等教学方法，有针对性地对学生进行培养。课程作业的课程实践教学方法，主要培养学生基本实践能力，包括学生的基本操作能力和基本应用能力等。课内实训的课程实践教学方法，主要培养学生的基本工程能力，包括学生的系统分析能力、系统设计能力和基本工程实施能力等。课程设计的课程实践教学方法，主要培养学生的综合实践能力，包括学生综合应用专业知识、解决工程问题的系统工程能力与创新能力等。不同实践教学方法的实践内容彼此联系，难度依次递进。

三、将 OBE 理念引入"Java Web 技术"课程的教学模式

OBE 理念有利于培养学生的创新意识，加强学生的动手实践能力，OBE 理念和"Java Web 技术"课程相互契合，因此，将 OBE 理念引入"Java Web 技术"课程的教学模式具有重要作用。OBE 理念可以转变传统的课程教学思维模式和教学方法模式，对课程模式改革有很好的促进作用。同时，OBE 理念可以提高人才培养的质量，达到新工科背景下对应用型人才培养的要求，促进学生的全面素质发展。

基于 OBE 理念的"Java Web 技术"课程教学模式在设计过程中，需要教师重点解决以下问题：明确学生需要取得的学习成果是什么，明确采取哪些有效的教育方式可以使学生取得这些学习成果，明确对学生已经取得的学习成果进行怎样科学合理的考核评价，明确促进这些学习成果的获得需要与时俱进持续改进教学。

本文从多个方面探索将 OBE 理念引入"Java Web 技术"课程的教学模式：以学生课程学习的能力为导向制定教学大纲，以符合学生个性发展的需求为中心设计教学过程，以学生能力的培养为根本改革考核评价方式，以持续改进的方式构建教学质量体系。

（一）以学生课程学习的能力为导向制定教学大纲

在 OBE 理念中，教师要以学生课程学习的能力为导向制定教学大纲。"Java Web 技

术"课程应该从内外需求开始确定课程的培养目标，在确定课程教学大纲的过程中教师要以成果为导向。教师应该对学生当前的知识水平和动手实践能力有清晰明了的长期规划，同时兼顾学生的个性发展。理论知识详细讲授，项目案例深入解析，以及动手实践训练等相互结合，为学生的动手实践活动提供平台和专业知识的辅导。教师要明确课程对学生动手实践能力的要求，以及社会实践的需求。

教师围绕明确的课程教学目标，提升学生的求新创新精神、实践意识和动手能力。教师在制定教学大纲的过程中，需要从理论上加深学生对课程动手实践重要性的认识，引导学生全面了解动手实践的必要性，将课程理论知识的传授与动手实践活动的规划相互结合。然后从课程动手实践的层面入手，增强每一位学生的动手实践能力，让学生能够组建团队进行项目案例计划书的撰写和答辩，并开展课程的相关实践活动。①

（二）以符合学生个性发展的需求为中心设计教学过程

教师要高度关注"Java Web 技术"课程的信息化发展建设，建立在线开放课程学习制度，线上学习与线下学习相结合，学生可通过在学习通和课堂派等线上平台观看课程的录制视频、参与讨论教师发布的课程问题等方式完成相关知识的课前学习，完善和丰富学习内容。教师要以学生的个性发展建设的需求为中心设计教学过程，高度重视学生内在的心理感受、课程体验，主动学习和动手实践潜能的发掘。教师在设计教学时，应该时刻注意优化学生的课程知识，提升动手技能，端正学习态度，充分保证学生能够全面提升综合学习能力。

在设计课程的教学过程中，主动积极引入基于 OBE 理念的教学方法，着力打破学生的思维局限性，开阔学生的视野，充分调动学生参与课程创新的热情与积极性。邀请专业带头人、专业负责人和行业工程师等优秀人才为学生开展具有前瞻性、科学性和实用性的课程报告讲座，将教师和企业工程师的关于课程的前沿学术发展和最新成果融入课堂教学，将优秀教师和行业工程师优秀人才的动手实践经验带给学生。在实际课程的教学活动中，教师应当充分了解每个学生的学习需求与个性特征，定期针对学生的课程反馈信息进行梳理与总结，不断调整适合学生的教学方式。

（三）以学生能力的培养为根本改革考核评估方式

基于 OBE 理念，教师需要以学生能力的培养为根本改革"Java Web 技术"课程的考核评估方式。教师需要准确检测学生的课程学习成果，不能单纯依赖传统的试卷考试方式，而要切实实施有效的学习过程评价考核。教师需要以学生能力的培养为根本，提高过程评价考核的比重，设定出的评价考核指标应具备可量化性与可操作性。

传统的试卷考试方式无法充分展现学生的动手实践能力，数字化的考核成绩无法反映学生的动手实践能力，应实施全面过程化的评价考核与评价分析，并确保考核手段的科学性、合理性与准确性。学生成长成才的关键是能理论知识联系动手实践，采用科学合理的考核测评方式，可以优化课程的考试考核内容与具体考核模式，准确考查学生运用课程所学知识处理实际问题的能力，提升学生的课程创新能力。

（四）以持续改进的方式构建教学质量体系

将 OBE 理念引入"Java Web 技术"课程，教师需要紧紧围绕学生的发展来确定培养

---

① 张立巍. 基于 OBE 理念的高校经管学科实践课程体系优化的研究 [J]. 中国成人教育，2016（3）：106-109.

目标与课程要求，反思课程的教学过程，以学生发展为重点，坚持持续改进的方式构建教学质量体系。课程建设中要设置基于 OBE 理念的培养方案，课前自主学习、课堂教学和动手实践训练等互相结合，持续促进课程教学质量的提高。教师需要将教学工作和科研成果相互结合起来，将具有前瞻性的课程信息贯穿到课程教学过程中，丰富课程的教学内容，提升课程的教育教学质量。

教学质量是课程的生命线所在，课程建设必须完善教学质量监控体系。不同学生的求知需求、进取精神和实践能力是各不相同的，教师应以学生发展为重点，坚持持续改进的方式构建教学质量体系，引导每位学生树立课程创新意识，不断提升学生的动手实践能力。同时，坚持以学生个性需求为根本，采取学生发展能力优先和学生全面发展的策略，定期考核学生的课程学习效果。通过科学合理的考核评估，发现课程教学效果没有达到预期效果，教师需要对课程的教学模式做出调整与优化，提升学生的课程学习效果。

四、实施基于 OBE 理念的"Java Web 技术"课程的教学模式改革

实施基于 OBE 理念的"Java Web 技术"课程的教学模式改革，教师应该依据成果导向的课程设置原则，按照项目案例设计课程内容，包括理论知识模块和动手实践技能模块，同时拓展课程的综合实践技能模块。优化课程教学内容，可以让学生意识到学习课程的重要性，而且可以培养学生的编程兴趣，有效激发学生的课程创新思维和动手实践意识。

本文以广东科技学院软件工程专业"Java Web 技术"课程为例，探索该课程基于 OBE 理念的实践教学模式。在设计课程的教学过程中，主动积极引入基于 OBE 理念的教学方法，开阔学生的视野。教师需要持续构建教学质量体系，充分调动学生参与课程创新的热情。

（一）根据改革理念对课程目标进行重构

根据应用型本科高校计算机学院的专业培养目标，学生的动手实践能力是计算机专业学生的专业素质和实践能力。"Java Web 技术"课程目标应根据改革理念进行重新构建，从课程知识、实践能力和综合素质等方面，分为理论知识理解层次、课程知识应用层次、知识分析能力层次、综合应用知识层次、过程考核评价层次等多个不同层次，制定每个层次明确的、可评估的、可测量的成果目标与评价标准，便于对学生综合发展能力进行评价。

对于计算机专业的学生，在课程教学中教师可以采用项目化教学方法，要求学生掌握系统的程序分析与设计的方法，也可以设置项目案例的教学安排，要求学生把握课程知识的理解性和思维规律。教师在讲授课程过程中，递进式演绎并分析项目案例的问题，讲解时进行启发性教学，引导学生找出项目案例中内在的规律，引导学生分析问题和解决问题。教师在教学过程中慢慢培养学生对课程的兴趣爱好，将能让学生产生兴趣的项目作为教学案例，充分调动学生课程学习的积极性。学生通过所学的理论知识解决课程的实际问题，更好地适应项目式教学，锻炼学生独立分析课程问题和解决课程问题的能力。

（二）借助线上线下一体化平台，精心设计和优化课程内容

为了提高学生的课程学习兴趣，教师必须精心设计和优化课程内容，让"Java Web 技术"课程真正发挥作用，在计算机专业中起到承上启下的作用。为了更好地调动学生积极性，提高课程教学质量，授课教师可以利用线上平台如超星、学习通，与课程同步布置课

程讨论环节。教学问题的设计要以学生为中心，要有趣生动，让学生积极参与教学问题的讨论。问题的设计应该由易到难，循序渐进，有助于学生综合能力的提升。教师要求学生参与回答问题和讨论，并以小组团队的形式定期进行总结，为学生提供课外讨论课程内容热点的空间。课程资源共享课程突出学生自主化学习，面向学生和教师，为学生成果展示及师生互动提供了良好平台。

优化课程的教学内容，教师需要将课程教学内容与学生计算机专业课程紧密衔接，根据计算机课程的不同需求设计不同的教学内容，让课程教学真正成为专业学习工具。教师不断对教学内容进行补充和适当更新，让课程教学内容与计算机专业的发展保持协调。同时，教师需要围绕学生动手实践能力进行课程教学内容安排，培养学生的创造思维和创新能力。这样教师不仅拓宽了学生的学习关注知识面，而且培养了学生有效利用网络的能力，为教育信息化改革的探索打下了坚实基础。

（三）构建过程式课程评价体系

基于OBE理念构建的过程化"Java Web 技术"课程评价体系，需要重视平时课程学习的技能培养的考核，淡化纸质试题的理论考核，提倡考核评价方式主要采用过程式考核方式。基于成果导向的课程评价指标体系如表1所示。

表1　基于成果导向的课程评价指标体系

评价指标	评价内容
形成性评价	基于学生学习全过程的持续观察和记录的发展性评价
总结性评价	一个单元或者一个模块的阶段性学习结果评价
证实性评价	解释和识别长期的和持续的课程学习效果评价
元评价	评价课程的优点及不足，进行反思与总结

（四）改进以学为中心的教学方法

改进"Java Web 技术"课程教学方法，以学为中心，将OBE理念融入整个课程的教学过程中。目前各高校对该课程以多媒体讲授和灌输式教学为主，采用单一的教学方法，过分强调教师的主体地位。学生很多时候只是被动接受课程知识，课堂相对枯燥无味，无法激发学生的学习兴趣。大部分学生在动手实践的课程设计过程中，只是按照实训指导书的要求和步骤进行，实训内容单一枯燥，无法提高学生的实践技能。这些严重影响了学生课程学习的积极性，不适应高校人才培养的需求。

教师改进以学为中心的教学方法，充分发挥学生在课堂上的主体地位，培养学生的课程创新思维和实践意识，引导学生动手实践和答疑解惑。在教学过程中，教师要将课程的理论知识与实践相结合，围绕理论教学重难点设计课程实践教学内容。学生通过参与课程项目案例开发，逐渐掌握课程的理论知识，并在课程实践中深入学习和不断创新。教师需要培养学生课程动手实践能力，为后续专业课程的学习打下坚实的基础。教师采用多元化教学手段，综合利用线上学习平台的课程教学资源，将线上网络教学与线下传统课堂教学有机结合，满足不同层次学生的需求。①

---

① 卢竹. 基于OBE模式的《客房服务与管理》课程改革研究[J]. 长沙航空职业技术学院学报，2014，6(14)：41-44.

（五）加强课程师资队伍建设

要进行"Java Web 技术"课程教学改革，必须加强具有动手实践意识的高素质和高技能的师资队伍建设。目前的课程教师团队有一定的动手实践意识，都可以熟练掌握计算机专业的相关理论知识，但是不能很好地引导学生将所学的课程专业知识融入动手实践项目。因此，需要对教师进行定期培训，加强教师动手实践意识，引导教师学习动手实践课程教育的系统知识和教学方法，获取动手实践教育的教学素材信息，从而提升动手实践教育成效，提升运用课程专业知识进行课程教学改革的能力。教师需要在教学方法的设计上与课程进行有效的结合，需要因材施教，避免对每个学生都采用相同的教学方法。课程的相关知识更新速度很快，教师需要提高计算机专业知识水平和课程系统知识体系，不断更新自己的知识储备，从而有效开展课程的实践教学活动。

（六）系统设计课程知识体系和实践教学内容

系统设计"Java Web 技术"课程知识体系和实践教学内容。"Java Web 技术"课程是计算机专业的一门重要的专业必修课程，具有较强的实践性，能培养和锻炼学生基本的软件分析与设计能力。围绕课程的专业核心能力培养，教师采用线上线下混合一体化教学模式，打造学生课程学习的闭环，构建课程知识体系和实践教学内容，学生可以大大提高课程的学习效率和学习兴趣，获得预期的实践学习成果。同时，结合计算机人才的需求和发展，保持应用型本科以能力为基本的特色教学模式，推动教学模式创新。

五、改革"Java Web 技术"课程考核评价方式与课程改革实践效果评估

基于 OBE 理念，教师需要改革"Java Web 技术"课程的考核评价方式，同时对课程改革实践效果进行评估，将评估考核融入整个教学过程。根据课程的特点，教师对课程采取过程式课程考核评价的方式，对学生进行考核评价和教学成果的检验。这种考核评价方式注重学生课程学习的过程，能对课程学习过程中的每一个环节进行评价，注重培养学生良好、科学和严谨的学习态度，对学生的成长进行充分和合理的肯定。这种考核评价方式能显著提高学生参与课堂的积极性，使学生认真对待课堂任务，重视学习成果的质量。

传统的"Java Web 技术"课程的考核方式主要是以平时成绩（占 40%）和期末考试成绩（占 60%）作为衡量标准，这样的课程考核评价机制大部分是通过开卷考试、闭卷考试及大作业等书面形式，考核学生对课程理论知识的理解和掌握情况。这种考核方式过分强调学生对知识的记忆，而忽略了学生对课程内容的综合应用能力和创新能力，不能够全面评定对学生的综合能力，考核的结果过于单一片面。

OBE 理念是引导学生根据学习成果而学习，注重学生进行自我超越，不断实现进步。基于 OBE 理念，教师需要改革"Java Web 技术"课程考核评价模式，改变原来的卷面成绩即为学习成果的理念，实行过程式的评价考核机制，在考核形式上注重学生在课程学习过程中的过程性考核。在考核的内容方面，教师要综合课程的多种考核内容，不仅包括对理论知识的理解和掌握情况，还要包括对项目案例的综合运用能力和团队协作能力的考察。在项目任务中，根据学生个人任务的完成情况和学生在团队协作工作中的具体表现，给出科学、合理和公正的考核评价。

同时，根据课堂表现、随堂测验及课后作业等多方面的情况，教师找出学生与最终课程学习成果之间存在的差距，引导学生不断调整学习状态和学习方法，让学生更好地获得

预期的课程学习成果。教师针对课程重点设置课程实训课题,根据学生对实训项目的设计、实施及实训答辩情况,综合考核评价学生解决实际问题的能力、设计项目的能力,使学生从以考试分数为目标的传统教育中转变,从根本上促进学生综合学习能力和创新思维的培养。通过完成项目任务,教师提升学生的课程实践能力,实现OBE先进理念的预期目标,体现该课程教学的特点。

六、基于OBE理念的"Java Web技术"课程教学模式改革总结

综上所述,基于OBE理念的"Java Web技术"课程教学模式改革理念,符合高校计算机专业教育的特点,为人才培养模式的改革奠定了基础,真正实现以学为中心、以课程学习成果目标为导向,将课程培养能力目标具化为课程学习成果。这样的课程实践教学改革有助于培养学生的课程核心能力,对学生获得的学习成果进行科学合理的考核评估,并能持续进行质量改进。

基于OBE理念的"Java Web技术"课程教学模式的探索,对培养学生的课程创新精神、实践意识和实践能力等都具有积极的促进作用,为计算机专业课程教学提供了教学参考和改革思路。教师需要以动手实践教育思想为导向,以动手综合实践能力培养为主导思想,不断加强自身建设,优化课程教学内容,改进教学方法,改进课程考核评价机制。通过教学模式改革,教师可以更好地激发学生的课程学习积极性,培养学生的自主学习能力、团队合作能力和动手实践能力,真正达到高校计算机专业教学的人才培养目的。同时,创新课程教学模式,改变传统教学模式下的课程体系设置、实施模式和评价标准,实现教学做一体化,提升学生的实践能力和综合素质,保证计算机课程教学质量,为社会培养出更多的创新应用型人才。

应用型本科"数据库原理及应用"课程改革

王 雯 邓 超 彭艳红 关向科

摘 要: "数据库原理及应用"是计算机专业一门重要的基础必修课,该课程的教学改革应结合广东科技学院的实际情况,从应用型本科这一角度出发,以培养高层次应用型人才为目标,从存在的问题、课程教学改革、教学实施效果等方面进行探索,加强思政教育与课堂教学的融合,优化教学内容,丰富教学方法,重视实践教学和改革考核方式,研究构建"数据库原理及应用"课程教学新模式,努力培养基础知识扎实、动手能力强并且具有创新意识和爱国情怀的高素质应用型人才。

关键词: 应用型人才;数据库原理及应用;课程改革

一、引言

"数据库原理及应用"是计算机专业一门重要的基础必修课,该课程不仅讲述数据库相关的基础知识、数据库操作和管理维护等基本技术,还讲述了数据库系统设计的方法和步骤,与实际应用紧密相关,是各类程序员和信息系统管理员必须掌握的基础知识和基本技能。[①] 同时,数据库技术是计算机领域中的一项极为重要的基础技术,应用领域十分广泛,几乎所有与信息化建设相关的领域均离不开数据库技术的支撑。学习和掌握数据库系统的理论和方法是掌握现代数据管理技术以及从事科学研究的重要基础和手段。该门课程既有系统的理论知识,又有较强的实操内容,这两方面有机结合,共同培养学生运用数据库系统知识、方法、技术进行数据库应用系统的设计、开发的技能,对于提升学生逻辑思维能力、实践创新能力,增强学生科学素养有着非常重要的作用。

对于"数据库原理及应用"这门课程的教学改革,应该结合广东科技学院的实际情况,以培养高层次应用型人才为目标,优化教学内容、丰富教学方法、重视实践教学、改革考核方式,积极探索"数据库原理及应用"课程教学的新模式。

二、存在问题

(一)教学形式过于单一

根据传统的教学经验,"数据库原理及应用"课程的教学方式仍然采用"三步式"教

---

① 丁丙胜,宋卫华,王勇. 应用型本科院校数据库概论课程教学改革与实践[J]. 黄山学院学报,2020,22(5):5.

学模型，分别是讲授理论、演示课程案例和组织实践。所涉及的教学内容无法与企业实践进行联系，从而无法满足企业对相关技术人才的需求，无法实现"实用性"与"应用型"的有效结合，极不符合广东科技学院"地方性应用型"的办学定位。

在传统的课堂讲授过程中，学生无法自主思考，只能被动接受。课堂上也缺乏真实的企业案例，学生面对枯燥的理论知识，丧失兴趣，体现不出"应用型"的特点。一方面，大多数学生学习的目标就是为了就业，而目前学习的知识不符合企业人才要求，不能帮助学生解决就业问题，因此也不能很好地服务粤港澳大湾区的经济发展；另一方面，学生没有自主探索进行知识构建内化的过程，强行机械记忆的结果就是不求甚解，无法真正领会知识的内涵，久而久之，学生必然失去学习的乐趣和兴趣，课堂效率低下。

（二）教学团队建设不足

现有的教学人员仍然是随机安排的本校计算机教师，没有一个固定的教学团队。然而，混合教学模式涉及多种教学模式及繁复的技术工作，临时组建的团队没办法长期系统地完成课程的备课、教学、评价等一系列工作，同时也会存在社会经验不足、线上新技能更新不及时等问题，导致教学团队建设评价标准不够完善，很难满足混合教学模式对教学团队提出的多角度、多方面技能的要求。

（三）教学内容相对落后

1. 教学案例过于简单

通常的教学流程是在课堂讲授数据库理论知识，依次讲解数据库的建立与管理、数据表的创建与修改、查询语句、视图与索引、触发器与存储过程等编程语句。在实际的讲授过程中，教师往往会设置一个完整的实践案例，这个案例会贯穿课程的整个教学过程中。大多数情况下会选择学生的成绩管理系统作为项目案例，进行数据库原理的讲解以及编程语言讲授。[①] 但很多教材中的案例和教师使用的案例过于简单，与实际应用的学生成绩管理系统数据库有较大出入，更有甚者存在设计不合理、不完善的情况。

2. 教学内容与实际应用脱离

在实际的教学过程中，教师的教学重点大多停留在数据库的编程环境内，而数据库的编程环境仅仅只是系统的后台，实际应用还要进行前台的操作。在实际应用中，开发信息管理系统或者制作网站时，涉及 VB、C++等程序语言以及网页中的数据库编程。在这些环境下，需要进行数据库的前后台连接、编程语言中的数据库语句嵌套等操作。若教学内容仅停留在数据库的后台编程环境中，学生在学习完数据库原理相关知识之后仍旧无法与程序设计课程的内容相结合，无法进行信息系统的开发或网站的制作，无法脱离数据库后台编程环境进行独立操作，缺乏解决实际问题的能力，这不利于计算机专业人才的培养。

3. 教学资源相对匮乏

现有课程建设基础虽然完善但仍有欠缺、不够新颖，已建设完成可供学生自学及参考的课程资源部分包括课程介绍、教学大纲、授课计划、教学教案、教学课件、考核要求、方法手段、教学视频、试卷集锦、实训指导、课程作业、教学心得等基础资源。除此之

---

① 汪婵婵. 游戏项目驱动对计算机语言教学优化的研究——以《C#程序设计》为例 [J]. 电脑知识与技术：学术版，2019，15（3）：3.

外，为了进一步完善该课程的线上教学资源，还需要组建一个专业的数据库课程教学团队。①

（四）考核方式单一

目前专业课中常见的考核评价手段就是平时成绩加上期末考试卷面成绩按一定的比例综合而成（广东科技学院的成绩评定是40%的平时成绩+60%的笔试考试成绩）。其中平时成绩一般是由考勤、作业和测试成绩共同构成。期末试卷由出卷小组根据考试大纲，按照知识点分布制作而成。而这种单一的评价方式也经常在数据库课程中被采用，使数据库课程实践教学更趋薄弱。数据库课程对学生的实践性要求很高，但是由于学生成绩的考核方式，部分教师把重点放在了理论知识的讲解上，导致学生学习数据库只为应付考试。因此，这种方式过于注重学生对理论知识掌握的考核，忽略了对学生运用所学理论分析问题、解决问题的综合能力的考查，不利于学生的应用开发、实际动手能力的培养和提升。

三、课程教学改革研究与实施

"数据库原理及应用"课程在C语言、数据结构、Java程序设计等课程中起着重要的衔接作用，是一门理论性和实践性很强的基础必修课。其先修课程是计算机基础、程序设计课程、数据结构等，后续课程有分布式存储技术、数据挖掘等，重点介绍数据库系统的相关内容。通过本课程的教学，学生能够掌握数据库系统的基本原理、技术和方法，学会使用数据库管理系统，运用所学知识科学设计数据库应用系统。因此，"数据库原理及应用"的教学改革是以培养高层次应用型人才为目标，以提高数据库技术能力和就业竞争力为导向，以服务行业为宗旨，着重从以下几方面进行改革。

（一）数据库课程教学改革的基本思路

1. 在教学目标的制订上尊重社会需求

随着计算机行业飞速发展，数据库技术也时刻在更新，对于"数据库原理及应用"课程教学目标的制订，应避免闭门造车，要主动走到社会上去，走到用人单位中去，对行业的人才需求进行翔实调研，切实了解应用型数据库技术人才的需求情况，了解当下出现的新技术、新思想、新内容和行业的前沿知识，尊重社会需求及人才发展的规律，结合大湾区经济的发展，为促进学生的就业竞争力提供有力保障。②

2. 在教学模式和教学方法的选用上以学生为本

日本著名学者佐藤学曾总结东亚的"统一授课'竞争中应试'的被动式教育模式会造成'记忆事实、公式等基础问题扎实，而创造性思维和多元推理思维薄弱'"的情况，提出"若教学无法激发学生求知欲，无法让学生体验学习的乐趣，无法让学生在学习中发现问题、提出问题，无法让学生利用所学知识分析问题、解决问题，就不是成功的教学"。

由此可见，在后续教学中，教师可以通过改变传统教学模式，以学生为中心，结合线上线下混合教学模式，提升学生的自主学习能力，激发学生的学习兴趣，培养学生分析问题、解决问题的综合素质。

---

① 王瑞芬. 线上线下混合教学模式在统计学中的应用[J]. 教育教学论坛，2020（25）：211-212.
② 陈会平，邓斌. 大数据背景下数据库课程教学改革研究[J]. 科技风，2020（28）：47-48.

3. 对学生实践能力的培养必须贯穿始终

广东科技学院作为"地方性应用型"本科院校，在授课过程中尤其强调理论知识和实践能力相结合，在教学过程中适当增加实践环节的设置，及时利用学习通平台对学生动手能力进行测试，考核评价中加入实践操作环节，并占据一定的分数。同时，校企合作尤为关键，创新班、"3+1"等班级的设立，可以将所学理论知识运用到后续的工作中。

（二）教学目标的定位

在课程教学中，教学目标是总指挥。如何制定出数据库课程的教学目标？需要以市场为导向，充分进行社会调研，要从企业出发，了解企业用人需求，依据这些需求来确定不同专业的学生需要学习什么样的数据库技术，并将此目标细化，制订出教学目标。

同时本课程还应以数据库管理人员的基本要求和职业道德基本原则为指导，将社会主义核心价值观、工匠精神、发展观、传统文化、人文精神、科学素养、创新能力等思政元素与专业技术点相融合，引导学生在法律和制度的框架下收集、存储、管理及使用数据，明确违反法律和职业道德所带来的巨大风险，增强学生的国家认同感，同时激发学生对行业技术发展的信心，使学生成为具有国家安全意识、法治意识、数据伦理意识、社会责任意识和创新精神的德才兼备型人才，成为建设"数字强国"的栋梁之材。

所以，"数据库原理及应用"课程的教学目标除了要学生掌握和理解相关的基础理论知识，还需要强调实践能力和创新能力，同时融入"课程思政"育人目标，特别需要融入学生的爱国情怀，实现由知识培养型到创新实践能力培养型的转变。

（三）教与学观念的转变

传统教学模式的改变主要体现在以教师为主导、学生为中心，此举不仅发挥学生的主体作用，调动学生的积极性，同时转变了教师在组织教学、设计问题、指导方面的角色，充分发挥教师的主导性。在课堂上适当地增加教师和学生之间的互动，可以激发学生学习数据库知识的兴趣，从而引导学生自主思考。

（四）教学内容的设置

"数据库原理及应用"课程应以教学目标为指导、以应用能力和创新能力培养为导向来组织教学内容，对原有的知识点进行优化整合，适当增加应用性强或与实际应用关系紧密的知识介绍，减少理论性强而实际上很少用到的教学内容，例如关系演算、意向锁等。要打破老旧传统的知识体系顺序，重构能够体现"应用型"特点的教学内容。

结合广东科技学院计算机学院近三年毕业生数据统计得出，学生毕业后从事软件开发相关工作的人数达到50%，而数据库课程中数据库的基本操作、数据库系统开发等内容是从事软件开发工作的必备技能。该类学生的"数据库原理及应用"课程围绕"讲解基础知识，训练基本操作技能，培养应用系统开发能力"这条主线来组织教学内容。

1. 基础知识部分

基础知识主要讲述数据管理技术、数据库系统、数据库系统体系结构、数据模型、关系模型、关系代数、规范化理论、数据库安全保护和事务与并发控制等内容，这些内容涉及数据库管理系统的基本概念和基本原理，通过对这些知识的讲述，为后面学习数据库基本操作、数据表基本操作和数据库设计打下坚实的基础。

2. 操作技能环节

根据课程安排，数据库课程会有 20~40 课时的整周实训环节，在这个环节中，学生可以很好地进行项目化实践，从而提高自身的操作技能。一般采用项目式学习方式，教师需根据学生的具体学情进行差异化指导。利用企业真实项目案例进行模拟以及"互联网+"模式，打造自主课堂。教师构建丰富的线上资源，通过线上线下混合式教学方式，进行操作技能环节的教学。

3. 应用开发能力

课堂教学时，根据数据库开发流程，完成一整个课堂案例学习和创建，将知识点融入项目开发过程中，重点培养学生掌握数据库设计基本知识，同时能够提升应用开发能力。在课后，动态引进企业真实项目，以学生自主创新项目大赛为载体，进行数据库应用系统的开发。学生以开发小组为单位查阅资料，按照数据库开发与维护的工作过程进行自主设计实施和记录，教师在任务训练结束后再进行知识的延伸、归纳和贯通，达到知识升华，并且推荐学生课外学习数据库领域前沿知识——阿里云、华为云、腾讯云等，掌握学科前沿。

(五)"课程思政"教育教学与对应知识点设计

1. 数据库概述

了解数据管理技术的发展阶段，区分数据库、数据库管理系统、数据库系统三个不同的概念，掌握数据库系统的体系结构和数据库管理系统的主要功能。

思政要素：

1）用讲故事的方式介绍数据库领域图灵奖获得者的生平事迹，他们成功的路上荆棘多于鲜花，但他们把握时代对 IT 技术的重大需求，站在科技的前沿，善于提出科学问题、凝练科学问题，进而解决问题；他们坚持真理，敢于创新，并不断实践，他们丰富的实践经验和与时俱进的广博知识是取得成功的重要支撑，从而引导学生树立正确的人生观与价值观，培养学生探索未知、追求真理、勇攀科学高峰的责任感和使命感。

2）介绍我国数据库发展历程、我国学者在数据库领域研究的开创性贡献，帮助学生增强文化自信。20 世纪 70 年代末，中国百废待兴，萨师煊教授和王珊教授等一大批专家学者凭借敏锐的学术洞察力，坚定"中国要有自己的数据库"的信心，率先将数据库概念和技术引入国内并开展数据库技术的教学与研究工作。经过几十年呕心沥血的研究和夜以继日的追赶，中国的数据库在经历了起步、跟踪、追赶和并跑四个阶段后，跻身世界数据库前列。

3）中国数据库技术行业在过去几十年间取得可喜成就，从追赶者成为开拓者，一方面让学生感受祖国改革开放以来的飞速进步，老一辈专家学者为祖国数据库的发展事业勇担时代重任、不忘初心砥砺前行的人格魅力和爱国主义情怀；另一方面激发学生的时代使命感和责任担当意识，建立数据强国思想，也对学好数据库课程有更大的动力。

2. 关系数据库基础

掌握数据模型的概念及组成和数据模型的分类；掌握四种数据模型，并区分层次模型、网状模型、关系模型和面向对象模型；掌握关系模型的相关概念，能够运用关系代数进行计算，同时能够运用规范化理论进行最小函数依赖集和规范化的计算。

思政要素：

1）培养学生用事物普遍联系的观点去观察、分析、抽象现实问题的能力，通过抽象客观世界建立数据模型，从而提取有用的信息，为人类社会发展服务，加强学生对马克思主义认识论的再认识。

2）数据模型先后出现了三种形式，通过实践检验，关系模型在现阶段得到最为广泛的应用，这是在实践中坚持和发展真理的体现。

3）讲述"概念模型 E-R 图之父"陈品山的学习和科学研究经历，培养学生沉稳耐心、专心致志的态度，理性、有条理、系统化的思维方式及勇于创新的精神。

3. 数据库语言 SQL

会使用 SQL 语言进行数据库基本操作和数据表的基本操作，熟练掌握数据的增、删、查、改操作，同时掌握视图、索引与游标相关操作。

思政要素：

1）以"社区人口疫情防控管理"案例数据库讲解数据库的功能及应用，并进行数据的增、删、查、改等操作练习，使学生在学习数据库基本操作技能的同时深切感受到中国人的凝聚力，充分认识中国精神，深植爱国情怀。

2）编写 SQL 语句时，增强学生的规范意识，注重细节，养成良好的编程风格，倡导一题多解，弘扬和践行严谨专注、一丝不苟、精益求精的工匠精神。

4. 数据库设计

掌握数据库设计的基本步骤，理解需求分析、概念结构设计、逻辑结构设计、数据库的物理设计和数据库的实施五个步骤的相关方法和涉及的设计内容。

思政要素：

1）通过分组合作完成数据库应用系统设计开发，强化合作意识和集体荣誉感，相互交流，共同发展，培养团队协作能力。

2）需求分析阶段，要充分与客户沟通并能理解用户的需求，就要良好的表达能力和交流能力；并且能把用户的业务转换为系统需求，还要培养透过现象看本质、抽象归纳的科学思维能力；同时需求可能会随时发生扩充和变化，因此还要培养学生以发展的观点看问题的意识，树立严谨求实的设计理念。

5. 数据库安全

理解数据库系统安全的概念和关键技术，掌握角色、权限和完整性控制及数据库的备份与恢复、加密和审计方法。

思政要素：

1）以几个"删库"的案例事件引入。2020 年 2 月，某公司研发中心运维部一位核心运维员工因为自身的情感问题人为破坏了业务数据，导致巨额损失。通过分析删库事件造成的严重后果，引导学生认识到，作为数据的管理者，应具有严谨求实的态度、精益求精的精神。此外，数据管理人员要形成数据隐私保护的规范和自觉，培养学生尊重、保护国家和个人数据、维护信息安全的"数据伦理意识"，遵守职业道德和法律法规，对于任何涉嫌违法的事件，都要保持一颗敬畏的心，在面对诱惑时，严守底线。

2）学习《中华人民共和国网络安全法》《中华人民共和国数据安全法》，并让学生了解这些相关法律、条例、工作方案的通过要经过草案或征求意见稿，作为数据保护领域的专业人员，如何建言献策，从而树立学生的社会责任意识和主人翁意识。

（六）教学方法的改革

在教学过程中，融合不同的方法进行教学改革，旨在不断激发学生学习兴趣，引导学生自主学习自主思考，从而更好地完成教学目标。

1. 案例教学法

"数据库原理及应用"是一门理论与实际应用紧密联系的课程，比较适合使用案例教学法。例如，在讲解"备份与恢复"这一小节的时候，以广东科技学院的教学管理系统相关维护为实际案例，首先提出问题：当我们学校的教学管理系统出现故障时应该怎么办？如何进行数据恢复？接着类比学生每天都会发生的作业文件丢失的情况，他们的解决方法是使用U盘或者云端多处备份存储，引导出同样数据库也可以采用备份的方法提前进行数据库保护，这时学生已经有了对备份的理解，接下来通过实际操作向学生展示如何进行数据库备份，并且如何恢复数据，让学生自己也来进行操作，最后对"备份与恢复"进行总结。

案例教学法有利于激发学生的求知欲，激起学生的学习兴趣，有利于培养学生的知识应用能力，在实际教学中效果良好。

2. 互动式教学法

"数据库原理及应用"课程的学习结合互动式教学法，有利于教师和学生共同归纳和总结解决方法。例如，在讲E-R图中对实体、属性、联系时，可以让学生交流，找出各种生活实例对其进行介绍，让学生参与教学的整个过程，成为教学主体，积极对知识点进行探讨。

互动式教学法在于主题设计和过程控制，教师在与学生互动的过程中，需要进行适当引导，启发学生去主动思考，从而活跃课堂气氛、挖掘学生的潜能、激发学生兴趣，促进师生之间、学生之间相互学习，共同进步。

3. 翻转课堂教学方法

（1）应用思路

在传统教学模式下，教师采用的是直接灌输式的教学，当教学内容简单枯燥且与实际情况存在差距时，学生在学习中所获得的成就感就会降低，最终导致学习兴趣下降。另外，灌输式教学也不利于教师关注学生的学习情况，无法对教学内容进行调整，从而导致学生学习倦怠。

引入翻转课堂后，首先要求教师在教学方式上进行调整。微课、慕课等教学方式是翻转课堂的主要手段，教师通过引导式教学，将学生推到学习活动的前台，确立其主体地位，培养其独立思考、解决问题的能力。① 针对数据库课程的特点，在讲解案例的时候可以采用项目教学方式，将案例内容按照项目实施过程中的需求分析、逻辑设计、物理设计、数据库构建等步骤进行分解，每个步骤中融入知识点的讲解，在使学生掌握课本知识的过程中了解数据库开发的流程。

---

① 魏田田. 翻转课堂教学模式在高职计算机应用基础课程中的应用研究［J］. 齐齐哈尔师范高等专科学校学报，2020（2）：118-120.

在调整教学方式的同时，也要对数据库课程的教学内容进行相应的调整优化。数据库原理的理论部分比较复杂，且前后有一定的联系，此时可以调整教学顺序，灵活安排教学内容。例如，数据的完整性规则、用户自定义数据、域间的约束关系三者既有联系又有区别，在实际使用中容易混乱，教师在安排教学内容时可以将三者归类，制作相应的微课视频，集中讲授三者的关系以及使用情况。除了知识点内容，教学案例也需要进行细化与优化，案例可以按照实际应用情况进行丰富、细化，增加一定的难度，根据难度的不同以作业或小组任务的方式让学生完成。教学内容优化调整的目的最终依然是为课程教学目标服务，提高学生数据库应用能力，为培养专业人才建立良好的基础。

"数据库原理与应用"课程是一门理论与实践并重的课程，在引入以学生为主体的翻转课堂模式后，除在理论的教学方法、教学内容上进行调整外，实践操作部分亦需要进行改进。在实际应用中，数据库的构建与程序开发、网站制作紧密相连，具体项目的开发设计能力直接反映了学生数据库应用与创新的能力。在课程的实践环节，可以通过布置与程序设计相关的任务，锻炼学生数据库应用能力。根据任务难度的不同，可以将其分为个人任务与小组合作任务，在课前要求学生做好相关准备，课堂上由教师引导完成操作。通过与实际应用相关的实践，使学生了解数据库系统开发的过程，体验实际软件开发的步骤，提高团队合作的能力，逐步锻炼其分析与解决实际应用问题的能力。

（2）应用设计

以 E-R 图的绘制为例，进行翻转课堂的应用设计。

1）课下环节。在上课前教师确定本节课的学习任务单，将包含绘制 E-R 图知识点的微课视频、课件以及相应的测试题在线上进行发布。学生所要做的则是根据学习任务单的学习目标进行课程内容的学习，观看微课视频、课件，学习过程中做好相应的学习笔记，对自己存疑的部分进行重点记录，然后完成测试题的任务。学习任务单是学生自主学习的指导，主要包含了学习目标、知识点内容、重点难点。[①] 教师在确定学习任务单的过程中必须合理安排学习进度，适度搭配难与易的任务比例，同时也要注重任务与实际应用的结合度。针对 E-R 图绘制的章节，学习目标定为通过微课视频的观看，学会区分现实关系中的实体、联系以及实体的属性，并将其以图示的形式进行表示。知识点内容包含实体的表示、联系的表示、属性的表示、主属性的选择。重点与难点主要落在实体与联系的区分以及如何进行主属性即候选关键字的选择上。对应于章节内容，课前的任务可以分成问题记录反馈以及完成测试两部分。问题记录反馈主要是由学生记录微课视频观看过程中存疑的部分，测试部分则是完成章节测试题。针对 E-R 图绘制的章节，测试题可以设计为理论与应用两部分，理论部分主要为实体与联系的相关概念，应用部分可以要求学生绘制学生、课程、教师三个实体的 E-R 图。课下环节的完成度会直接关系到翻转课堂执行的顺利程度。教师需要做好监督与督促的工作，收集学生的问题反馈，对课前任务做好分析与批阅，从而确定翻转课堂的主要活动内容，针对课程的重点、难点以及学生普遍存在疑问的内容进行教学活动的设计。

2）课上环节。教师首先分析讲解课前环节测试题中概念主观题的答题情况，对其中

---

① 张渝. 基于微课的翻转课堂教学模式的应用研究——以《数据库应用基础》课程为例［J］. 南北桥, 2020 (23): 25.

出错较多的进行分析，由此引入新课的知识点，然后明确本节课的学习目标以及学生需要掌握的知识与能力。在铺垫完成后，教师需要对本次课的知识点内容进行详细说明，结合课前学生反馈的问题，进行章节难点与重点的进一步讲解。针对 E-R 图绘制的内容，说明部分需要进一步解释实体、联系与属性的概念，在重难点部分主要解释实体与联系的区别以及如何确定实体之间的联系。接下来通过对课前测试题中应用题部分的讲解，帮助学生巩固对概念的理解，在这个过程中教师需要重点解释如何从题干中分析确定实体、如何确定实体的属性以及如何确定实体间的联系。作为课程的进阶可以要求学生将应用题中学生、课程、教师三个实体进行整合，将三个实体的 E-R 通过联系合并成一个；通过整合练习，使学生对于在系统设计过程中整个 E-R 的关系有大致了解。在此基础上，以小组任务的形式，要求学生绘制课程整个项目案例的 E-R 图。该任务的主要难度在于实体的边界确定以及局部实体间联系的融合，在学生完成的过程中教师可以加以指导。小组展示结果后，教师加以点评，并对课程内容要点进行回顾，并布置相应的课后作业，以提升学生绘制 E-R 图的熟练度。

翻转课堂是提升学生主体地位、引导学生自主学习的一种新型教育尝试，适用于以理论与实践并重为特点的"数据库原理及应用"课程。在实际的操作过程中发现，教学的效果很大程度上取决于教师前期的备课质量、学生学习的主动性以及在整个教学过程中教师的评价引导。制作精良的课程资源、确定合理的教学设计、设计有效的评价引导体系，是翻转课堂教学模式中需要进一步研究的内容。①

4. 启发式教学方法

所谓启发，就是以问题为导向，不断地提起学生探究的兴趣，引发学生不断思考，从而解决问题的过程。数据库的学习课堂同样也适合在不同的环节采用启发式教学方法进行教学。例如，在"自连接"这一小节，直接讲述学生容易与"外连接"混淆，这时教师可以抛出相关的问题，如自连接和外连接的区别，让学生自己去探讨两者的区别，同时教师也通过查询例题对学生进行启发，分别使用两种不同的方法进行数据查询，学生操作之后可以直观地看到不同结果，从而得出该问题的答案。通过"提问—启发—引导—探析—解决"这一过程，学生始终处于不断思考的阶段，随着教师的引导，慢慢揭开迷雾。在整个过程中，学生学习的乐趣大大提高，教学效果大有提升。

5. 线上线下混合式评价方法

首先，教师需要在课前发布相应的任务，将每一个任务的重点列出，让学生更好地去理解，然后学生阅读教师所发布出来的任务，再根据完整的讲义以及教学设计，观看相应的教学视频。视频的主要内容是整堂课的重要知识点。由于视频在观看的过程中可以随时暂停或者后退，比较适合学生反复观看，也就是说，学生可以将视频不断地重演，这样可以更好地完成课前的任务。对于那些没有成功完成任务的学生，可以选择在讨论区讨论自己遇到的问题，然后学生之间可以互相答疑解惑，如果讨论过后也未能得出问题的答案，可以将问题汇总给组长，这些问题也可以成为线下课堂解决的方向，最后根据任务完成的情况进行线上评价。

---

① 马丹.《数据库原理与设计》翻转课堂实验研究 [J]. 科技资讯, 2018 (20): 196-197.

其次，课中的线下探究学习。学生在完成线下学习的时候，教师是整堂课的主导，教师需要让学生展示其课上学到的知识。这个阶段主要使用探究性的学习方法，比方说学生可以以小组的形式去学习，再以小组的形式去展示，共同探讨学习的内容。如果学生获得了一些想法，教师应该及时讲出完整的概念，然后鼓励学生表达自己的想法，让学生把理论跟实际结合起来，随后由教师布置好课堂的任务，检查学生的学习成果。在这个阶段，教师主要关注学生学习的进度，尤其是需要让能力比较差的学生的进度和其他学生保持一致，在师生互动、答疑解惑的过程当中，教师除了帮助学生解决困惑，还应该对知识点进行最后的梳理，让学生能够对知识点建立一个整体的架构。

最后，课后的线上自测。学生需要在规定的时间内完成教师在平台上布置的作业，并且按时提交，如果还有相关疑问的话，也可以通过平台进一步完成自主学习，评价系统能够统计出学生的具体完成情况，教师还可以结合学生在线下课堂的表现给予一定的阶段性评价。在这个阶段，教师应该做好相关的分析工作，及时调整下一节课程的进度，并且更新教学资源。

（七）完善"数据库原理及应用"课程教学体系

1. 加强软硬件建设，打造课堂与网络相互补充的互动式课堂

（1）加强软硬件建设更新

提升教育教学效率，加强"数据库原理及应用"课程的软硬件建设，一方面加强实验实训环境的建设，在加强校内实训室软件的更新速度、运行平台的选择的同时，完善校企合作、校校交流类的校外实习基地的建设；另一方面关注教材、在线课程等教学资料的选择与开发，形成与既定的培养方案相匹配的教学支持。

（2）打造在线课程

借助翻转课堂，形成课堂与线上的合作补充。在大数据背景下，大量相关课程的微课、慕课等网络学习资源为翻转课堂提供了丰富的教学资源。课堂教学的优势在于其严谨的系统性和高效的互动性，在线学习的优势在于其资源的丰富性、便捷性和单个知识点逐个击破的通透性。数据库课程教学要充分挖掘课堂教学、在线学习的不同优势，形成课堂和网络混合式教学的相互翻转和有效互补。

（3）加强研学互动

促发师资队伍的内外兼修。教学改革创新的关键在教师，"数据库原理及应用"课程的教师不仅要具有极高的数据库专业素养，还必须实时掌握最前沿的数据库技术和发展前景。一方面，学校要加强教师队伍建设的资源投入，建立健全教师培训体系，开展持续不断的教学培训和教学研讨，鼓励教科研的发展；另一方面，教师自身要主动参与教学改革，主动适应数据库技术快速发展的需要，多参加一些学术讨论专题会议，与企业加强沟通交流，到企业挂职锻炼，参与企业项目研发，多与同行进行交流，以准确把握技术研发和市场应用的前沿信息。

2. 打造阶梯式课程体系，深化课程的结构化配置

以教学规律为执行准绳打造课程阶梯数据库课程的总体教学目标，是在学习离散数学、数据结构、高级语言程序设计等前导课程的前提下，在全面掌握数据库原理和数据库设计开发流程的基础上，熟练运用主流数据库语言进行数据库的设计开发和管理应用，并由此形成适应未来技术更新而继续自主学习的能力。可以进行三个阶段逐级递进的阶梯式

课程设置，以打通课程设置的内在脉络，理顺课程设置的逻辑关系。

（1）以 SQL 标准关系数据库语言为依托的"数据库原理及应用"课程

SQL 标准关系数据库语言是关系数据库语言发展的里程碑，以它为依托解读数据库原理，既便于夯实理论基础，又有利于在掌握标准关系数据库语言的基础上的后期学习。本阶段的重点在于帮助学生全面理解数据库的原理和数据库设计开发的全过程，建立完善、系统的数据库设计开发理性认知。

（2）以 SQL Server 数据库管理系统为平台的数据库程序设计课程

SQL Server 作为关系数据库管理系统的集大成者，目前依然是业内流行的数据库技术，并且由于受当前应用更替成本等因素的影响，在未来一段时期内继续拥有较大的应用空间。因此，掌握 SQL Server 具有实用与可持续学习的双重意义。

（3）延展课程

以 NoSQL、hive、hadoop、impala 等新兴大数据处理方向为重点，结合非 ACID 数据库模型，以及面向对象的数据库系统等新数据库技术，开展延伸课程的学习，最终应用到整体项目开发当中去。这一阶段的课程重点在于帮助学生把握数据库技术前沿发展动态，发展未来自主学习的能力。

3. 构建模拟应用情境下的板块化实践教学和考核方式

（1）构建模拟情境化应用环境，形成对数据库开发的系统性结构化的全景认知

数据库课程的逻辑性和抽象性较强，传统教学按照教材编写顺序逐个章节孤立讲授的方式，往往给学生一种知其然不知其所以然的迷惑感，可以借助模拟情境化应用环境的方式，将教学内容放到学生熟悉、便于理解的模拟情境中去，帮助学生深化理解，提高全局认知。[①] 以数据库原理的教学为例，可以打破教材的内容顺序，以学生身边的图书借阅系统、学生成绩管理系统等学生日常应用的数据库系统引入数据库的概念，从可感知的具体应用过程中分析数据库系统的功能需求，从功能实现的过程引出表的创建管理、表单查询、视图的创建使用、触发器的创建修改等各项操作，从 SQL 数据库语言的具体操作中解读数据模型、数据库结构、数据完整性等相关概念与原理，最终借助思维导图帮助学生形成对数据库系统的基础理论、基本技术和基本方法的理解，以及对数据库设计方法和步骤的系统认知和全面理解。

（2）以项目教学法为依托落实板块化实践教学，强化知识向应用能力的转化

基于数据库课程的操作复杂、灵活多变的特点，在数据库系统设计开发的教学中应结合具体的虚拟开发项目落实板块化的实践教学。以 SQL Server 数据库为例，在掌握基本数据库原理和了解 SQL 标准关系数据库语言的基础上，教师模拟一个项目开发的过程，将创建数据库、创建和使用表、高级查询、视图、索引、同义词和序列、数据完整性、函数和游标、存储过程、触发器、事务和锁、备份和恢复等操作所对应的 SQL 语言指令所形成的知识板块设计成实践教学的具体实训课题，将学生分组后进行逐项实践训练，最终完成"使用 PL/SQL 程序设计语言完成该项目开发并进行管理"的过程。

（3）推进项目化上机考核，引领学习重心

近年来大部分高校的计算机专业的数据库课程考试由传统的纸质闭卷考试转向上机操

---

① 张永才，周方，郝者闻. 数据库原理分类分层次实验教学改革［J］. 福建电脑，2017，33（11）：2.

作，但有效的考试体系的建立还需要持续深化。坚持变应试教育为应用教育的教学理念，将考核评判体系从原来的"知识掌握"的考核转变为"方法掌握"的考核，从原有的"技能积累"的考核转变为"技能应用"的考核。对数据库课程而言，在明确各阶段课程考核重点的基础上，可以以难度适宜的模拟项目开发为考题，以小组团队组合完成特定任务的形式，替代原有的随机抽取操作任务独立完成的考核形式，增强考核和实际应用的对接。

（八）教学手段的改革

教育技术的不断发展衍生出科技辅助下的依托于网络化的教学形式。在过去几年教学发展过程中，慕课、SPOC、微课、翻转课堂和云端大学等线上教学方式开始在教育界出现并且被广泛应用，基于这种情况，人们在学习行为以及教育上的理解也需要重新塑造。网络教学的发展形式仍然不能够脱离互联网信息技术的快速发展，其主要的目标是建立一个能够让教师和学生共同分享的、融合了很多不同学习形式的资源发展平台。可以说，这样的一种教育模式为教师与学生提供了非常宽松和更为广阔的学习空间，能够为学生的在线学习以及终身学习模式等提供无限的机会与可能，能够让学生快速地进行自主学习，并且让学生的整体素质朝着多元化的方向快速发展。

1. 多媒体课件的应用

多媒体教学不是对传统教学手段的全面否定，也不能照本宣科，要与教材、板书、肢体语言等传统的教学手段有机结合，与互动式教学、启发式教学和翻转课堂等协调运用，才能达到最佳的教学效果。

2. 网络教学平台的应用

广东科技学院依托超星学习通平台进行线上课程建立，"数据库原理与应用"课程也是通过超星学习通平台进行信息共享，整合课程专业教学信息，开展教学反思，总结教学经验，提升教学质量。然而，通过网络教学平台开展教学，目前很大程度上依赖于学生的自主性和自觉性，尚缺少有效的监督管理，应在线上学习监督评价方面创新机制方法，针对不同的学生提供差异化的教学服务，真正实现因材施教的目标。

（九）教学评价与考核方式的改革

1. 建立过程化考核教学评价模式

教学评价就是通过项目式教学考核方式，即专业知识与技能占70％，思政考核占30％（过程性评价占10％，终结性评价占20％）。过程性评价主要考核学生德、能、勤、绩，通过学生自评、互评，教师考评进行。终结性评价邀请企业工程师参与考核，专家点评、学生互评、教师复评相结合进行考核。研究过程化考核的差异化，通过对学生进行能力强、能力中等和能力弱的划分，建立分级评价体系。

采用"1+1=2"的教学模式，也就是和企业共同建立"1+1=2"的教学模式改革。第一个"1"表示学生要完成课堂上的理论学习，同时采用混合式教学方法，即建设线上资源库。课前，布置预习内容和思考问题，学生在网上进行学习，并根据问题给出回答。教师可以随时关注线上学生完成情况。课上，根据学生完成问题情况，展开讨论，给出解题思路。课后，再进行举一反三，布置作业，查看学生掌握情况。第二个"1"表示学生要完成企业实训任务。可根据企业对数据库的用人需求，制定为期一周的实训计划，以项目为驱动,让学生学会开发好的项目。邀请校企合作高级工程师进课堂指导学生实训。

2. 采用以学为中心的多元化考核方式

教学评价与考核要避免重视期末考试结果、轻视平时过程,重视基础知识、轻视实践能力的现象。科学的教学评价与考核方式不仅要反映学生对知识的掌握程度,更要体现学生的知识应用能力,尤其是创新能力。经过多年的教学实践,"数据库原理及应用课程"探索出一套较为科学、操作性强的以学为中心的多元化考核方式。

四、教学效果

综合而言,在"数据库原理与应用"课程教学工作开展期间,经历了一学期大数据专业和一学期信息管理与信息系统专业的改革实践,科学地对课程教学进行改革,不仅切实提升了教学效率及质量,进一步增强了学生水平及能力,对学生今后的发展有着很大促进意义。所以,基于加强思政教育与课堂教学融合、研究构建"数据库原理及应用"课程教学新模式,为了能够让教学工作开展得更加顺利,教师应该大力改革和创新,积极利用现代化教学手段,主动对教学理念进行革新,能够从学生兴趣爱好及实际需求层面着手,科学制订教学计划,有针对性地组织开展教学活动。

五、"数据库原理及应用"课程改革总结

随着信息技术的飞速发展,数据库技术与应用作为理论与实践相结合的课程,成为高校学生在学习数据处理中的必备知识。尤其像广东科技学院这样的应用型本科院校,应结合教学和学生实际,在各教学单位的支持下,对教学方式、教学内容、考核方式、实践教学等内容进行改革,使理论教学与实践操作相结合、思政教育与课堂教学相融合,采取多元化的教学思政方式,基于企业情境的实践教学模式,分组完成从数据库设计到开发的整个过程,增强学生的合作精神,激发学生学习兴趣,提升学生分析和解决问题的能力,使学生学会正确处理竞争与合作的关系,有效培养学生坚持不懈、精益求精的职业精神和工匠精神,培养符合社会和行业发展需要的数据库技术应用人才。

基于PDCA模型的物联网专业课程的实训有效性研究

崔康吉　余　亮　蔡新举　王荣福

摘　要： 物联网专业的实训课时占教学计划总课时的50%，实训的有效性与教学质量密切相关。目前实训教学中存在的主要问题是：学生参与度低；实训工作量小；实训项目的创新性与挑战性不足。本文采用PDCA质量管理模型作为改进工具，在Plan阶段，优化实训教案，实训科目按照难易程度与达成目标分为三段，覆盖不同能力的学生；在Do阶段，优化课中实训组织工作，每个组不多于5人，采用轮值负责人制与进度激励制；在Check阶段，实训结果按照完成的阶段赋予基础分；在Act阶段，将实训教案与组织形式进行固化。上述优化措施在"无线传感器网络""ARM嵌入式系统"两门课程中进行实践，有效性达到30%以上。本次研究的创新点是将PDCA四个阶段的过程进行了量化分析，用数据支撑改进。

关键词： 实训；有效性；PDCA；根因分析；教学策略；标准化

一、绪论

（一）物联网专业课程实训有效性的研究背景

物联网专业作为一个处于摸索阶段的新兴专业，各大高校都制定了物联网专业的人才培养方案。学生需要学习包括计算机系列课程、信息与通信工程、模拟电子技术、物联网技术及应用、物联网安全技术等几十门课程，横向技术从硬件到软件，纵向技术从底层驱动到应用开发，课程涵盖范围广、跨度大。如何让理论知识转化为具体的实践技能，是关系人才培养质量的关键；否则，学生就可能会变成万金油，什么都学过，什么都不扎实。

实训是将理论转化为具体实践技能的关键环节，是深化理解课堂知识的关键举措。笔者所在的物联网专业，实训课时占课程计划总课时之比为52%，比重高，是提升学生培养质量的关键环节。在当前的物联网专业实训教学中，存在以下现象：

1）在课内实训环节，80%以上的实训项目使用现成的代码与方案，这些代码通常是由实训设备的供应商提供；不编写代码，不搭接线路，学生对于用例的实现原理理解不深入，客观造成了理论教学内容并没有在动手能力上体现出来。

2）在实训中的组织与实施环节，目前实训的组织形式为分组进行，每组5~6人，实际操作中，每组具有实际贡献的只有1~2人，"搭便车"的现象比较突出，造成了实训的覆盖面不高，实训有效性大打折扣。

3）在综合实训环节，面临的问题是没有固定的实训题目，教师根据自己的授课情况，指定一个实训项目，部分项目比较简单，学生只用不到一半的时间就完成了任务；部分项目没有后备内容，能力较强的学生完成任务后，没有及时增加具有挑战性的项目任务。项目任务的难易程度不能够促进学生的能力提升。

因此，改进物联网实训的有效性，提升学生的应用技能水平，是各高校的一个非常关键的教学工作改进点。

（二）实训有效性的目标要求

实训是职业技能实际训练的简称，指在学校能控制的状态下，为满足行业用人和学生就业需要，按照应用型技术人才培养规律，对学生进行职业技术能力训练的教学活动；实训课程就是为了形成职业综合能力、职业专长技术，胜任岗位并过渡到顶岗实习或就业。[①]

在物联网专业课程中，实训的类型分为三个层次：验证型实训、设计型实训和综合型实训。验证型实训偏重于实验，验证理论知识；设计型实训与综合型实训偏重于设计技能，偏向于职业属性。

教学实施有效性指的是既定教育目标在教学的实施过程中得以实现的程度，在这个过程中，学生是学习的主体，教师起到的主要是引导学生学习的作用。教师需从教学模式、教学内容、教学方法和教学评价等方面进行分析，以提高预期目标的达成程度。[②]

对于有效性的定义，既包含了过程性，也包含了结果性的定义。有效性是指教学对于学生的学习与发展具有较好的针对性和适合性，能有效地促进学生学习与发展。教学的有效性要从学生学习与发展的有效性来判断，凡是能有效地促进学生学习与发展的教学，即为有效的教学。

笔者依照本专业的培养目标要求，对实训教学的有效性目标要求总结如下：①课堂理论知识得到了有效验证；②达成了专业实践的技能要求；③初步具备了职业工作能力要求（心理承受能力、应变能力、合作能力、独立工作能力）。

二、实训有效性的理论研究

（一）实训教学理论的研究现状

实践教育是工程教育的灵魂，目前实践教育缺乏是造成培养出来的工程科技人才质量不高的主要因素之一。[③] 作为工程教育教学体系中十分重要的组成部分，实践教学却始终被高校、教师和学生忽视，较少将实训教学作为一个独立的探讨对象，研究者对实践教学的关注相对较少，也缺乏系统的研究和探讨。[④]

如图1所示，实训教学的过程通常包含四个阶段，分别为教师准备、实习组织、学生操作实践、实习考核。实习有效性的相关理论贯穿在不同的阶段当中。

实训教学的相关理论一般围绕着过程教学、评价模式、教学方式与手段几个方面

---

① 阎泽. 实训基地概念探源与内涵逆思维 [J]. 天津职业院校联合学报，2009（6）：34-38.
② 黄柏江. 高等职业教育课程实施有效性评价模型构建及其内涵分析 [J]. 中国高教研究，2011，(3)：90-91.
③ 陈国松. 我国重点大学本科工程教育实践教学改革研究 [M]. 武汉：华中科技大学出版社，2012.
④ 佟玉强. 大学数学实践性教学模式的构建与实践 [J]. 教育与职业，2013（21）：115-116.

展开。

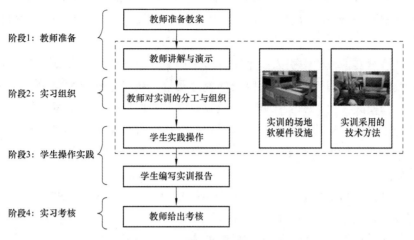

图1 实训教学的主要过程

在金属机械加工工艺实训中引入了巴特勒七要素教学模式①。巴特勒教学过程中包含了七个要素：情境、动机、组织、应用、评价、重复和总结。引入巴特勒七要素情景教学模式，控制好学生的实训过程，利用微信公众平台上的学习资源来丰富其教学内容，引导学生积极探索、发现问题和解决问题，提升学生的自主学习能力；通过实践操作，实验班的学生在自主学习能力、手动操作能力和基础工程知识三方面的提升效果要比对照班的情况更好。以手动操作为例，实验班成绩提升的幅度为4.479 2，公差范围缩小4.479 0；参照班成绩提升幅度为3.177 78，公差范围缩小4.402 24。

在口腔医学的实训中引入PDCA循环教学理论，传统的实训教学按照图1的流程，先讲解，再操作，无法将学生的学习热情及主观能动性充分发挥出来。在Plan阶段，需测试学生的基础实践技能，在此基础上制订教学计划；在Do阶段，所有学生以3~4人一组的形式分组，采取角色置换的教学方法，让他们互相扮演病人、护士和医生的角色，并模拟实际诊疗情景来开展实训操作。在Check阶段，教师可对学生的操作手法及流程是否规范进行仔细观察，并通过批阅实训报告及课后检查的方法，对学生的表现及时做出合理评价，指出并修正存在的不足之处，同时记录为学生的平时成绩。在Action阶段，教师及时将操作中存在的问题反馈给学生，让他们展开有针对性的处理。在PDCA循环中，增加了课前自测摸底的形式，使教学更加有针对性；在Check阶段中，在进行学生考核之后，对存在的不足进行反馈。

采用基于系统评价理论的数控加工实训教学效果评价表。② 首先明确数控加工实训课的评价目的和评价目标，然后按照评价的主要目的与主要目标进行评价指标的确定，从而将一、二级评价指标筛选出来。其中一级指标有三个，包括操作过程、安全意识、学习态度；二级指标有九个，包含编程、输入、空运行、对刀、加工、人身、机床、学习意识、

---

① 谢卓华. 微信支持的高职工程实训课教学效果提升策略 [D]. 桂林：广西师范大学，2018：14-25.
② 王晓明. 基于系统评价理论的数控加工实训教学效果评价表的设计与应用 [J]. 山东农业工程学院学报，2020，37（2）：137-139.

团队合作等。通过对 63 名学生的样本进行分析，参与学生都达到了较好水平，充分说明教学目的已达到。该种方法在使用时没有引入参照对象，综合性的评价方法仅能用于参考。

在工程经济学实训教学中引入了平衡计分卡模式。① 平衡计分卡最初用来衡量商业企业的运行绩效，后来也用于评价高等院校的教育质量。在实训教学过程中，借鉴企业项目投资决策的工作模式，引入平衡计分卡，在教学内容、教学方法、手段以及考核评价方法等多方面进行了改革，从课程成绩、学习过程、专业能力和综合素质四个维度构建了教学评价关键指标体系（KPI），构建了课程实训评价平衡计分卡模型；但是该研究没有提供最终的实施效果。

在实训教学方式与手段上引入了虚拟现实技术应用于模具专业的实训教学②，在实训中同样采用虚拟现实的教学手段③。实训项目的装备结构复杂，零件多，价格昂贵，根据课堂上教师的演示往往无法真正认识到模具的内部构造和工作状态，很大程度上影响了模具实训教学的效果；通过引入虚拟现实技术，创建虚拟的仿真场景，提高了操作训练效果。在电子技术实训中应用 LabVIEW 进行建模仿真④，结合模块电路搭建的实训设置，突破了实验室器件与设备的限制，使实训项目更加丰富。

（二）基于 PDCA 循环的改进理论

PDCA 模型是美国质量管理专家休哈特博士首先提出的，由戴明采纳、宣传，从而普及，所以又称戴明环。PDCA 循环的含义是将质量改进活动分为四个阶段，即 Plan（计划，P）、Do（执行，D）、Check（检查，C）和 Act（处理，A）。其中，Plan 阶段是通过各种方式进行调查分析，从而确定目标体系，并依据目标体系做出具体计划；Do 阶段是根据 Plan 阶段的计划进行具体实施，它是 PDCA 循环工作流中最重要的一环；Check 阶段是对 Do 阶段实施结果的检查过程，通过检查给出实施效果的评价，同时找出影响质量的原因，即问题的所在；Act 阶段是 Check 阶段的延伸，一方面对阶段中成功的经验进行总结和标准化，另一方面对 Check 阶段存在的问题进行处理，以便提升下一次工作的质量。由此可见，PDCA 的工作过程是一个循环上升的过程，每一次 P—D—C—A 四阶段的执行在完成本次目标的同时，又将工作推上一个新的水平，将成功的措施纳入标准流程，不成功的留待下一循环去解决。

实训教学的过程通常包含教师准备、实习组织、学生操作实践、实习考核四个阶段，与 PDCA 循环的四个阶段活动目标高度契合。因此，可以将 PDCA 循环引入实训教学，实现教学质量的提升和改进。

本项目的内容就是围绕物联网专业课程实训这一个具体的教学过程，进行教学质量的改进与提升，使用 PDCA 模型是恰当与合适的。

---

① 王士卿. 本科院校实训课程教学效果评价分析 [C] //廊坊市应用经济学会研讨会论文集，2017：4.
② 熊达. 虚拟现实技术应用于高职模具实训教学的有效性探析 [J]. 现代制造技术与装备，2017（5）：189-190.
③ 杨会. 智能时代基于虚拟现实 2.0 的实训教学 [J]. 职教论坛，2020（5）：69-74.
④ 黄惠玲. LabVIEW 在电子技术实训教学中的应用及意义 [J]. 科技创新导报，2020（14）：231-234.

PDCA 模型针对改进对象的选取，确定了具体项目的实现形式。在数控加工实训中，将每个班级的学期实训看作一个大的 PDCA 循环，将单个实训项目中看作 PDCA 小循环，这些项目开展时间以半天或者一天为主；通过 PDCA 理论在实训课程项目的不断实施，循环滚动，最终提升了本门课程的实训效果。①

在实训教学中将 Java 程序设计作为改进对象，从初始 Plan 阶段就列出该门课程的工程能力目标，在 Check 阶段以 Java 程序员证书通过率为学习效果的评价目标，在 Act 阶段找出学生专项技能的不足之处以及对应理论内容不掌握的部分，重新进行学习。②

在船体装配与检验的课程实训中，将课程内容分为生产准备、船体纸质分段模型制作、钢制船体分段装配和分段检验 4 大项目，又细化为 9 项任务，细化教学任务及目标，充分发挥每位学生的主观能动性，让学生能以多种角色参与实践教学。学生根据教学任务制订每日工作计划并遵照执行，每天课程结束需要总结任务完成情况，若存在问题，需重新制订计划并解决问题，每日的工作任务是一个严谨生产的循环过程。③

在基础护理学实训过程中，将实训分为"四层次、六类别"，包括基本技能、临床思维、综合应用能力和创新发展思维新四个层次，基本实训、基本实验、高仿真模拟训练、创新项目、学科竞赛、临床实习六个类别。每一次的课堂教学都作为一个 PDCA 小循环，与整个课程 PDCA 融合为大循环，形成及时诊断、持续改进的递进式循环。教学考核分数和护理教学质量反馈分数随阶段的变化而呈递增趋势，说明 PDCA 提升了提高人才培养水平，是一种高可行性的教学应用模式。④

上述研究主要提供了最终的实训成绩作为比较，缺乏过程数据。而实训是一个实践性很强的组织活动，PDCA 每个阶段的过程数据非常重要，通过过程考察，才能确定学生的参与程度、实践能力、创新能力。因此本次研究将 PDCA 四个阶段的过程量化作为重点要求。

（三）物联网专业课程的实训教学现状

物联网专业总共有 23 门课程设置了实训项目，除去 3 门公共必修课之外，有 20 门课程属于专业类课程（C 语言、模拟电子技术、数据库原理、数字电路、微机原理、STM32 单片机、Java 程序设计、传感器、无线传感器网络、FPGA 设计等），这些课程是我们的研究对象。

在备选的研究课程中，课内实训的总课时为 172 课时，占总课时的 20%；综合实训占总课时的 32%（280/864）。可以看出，实训的总课时占比为 52% 左右。

1. 实训教学的硬件设施与多人分组

在待研究的 20 门课程中，有 6 门课是属于纯软件类课程，除 PC 机外，不需要任何硬件装备；数字电路基础、模拟电子技术在实训中，有 50% 的项目采用软件仿真，只需要 PC 机即可，其余 50% 的项目需要相应的硬件装备；其余 12 门课程需要专门的硬件装备与

---

① 匡清. 基于 PDCA 理论在高职院校实训中的探究 [J]. 生物技术世界，2014（12）：224-225.
② 杨倩晨. 基于 PDCA 循环工作流的实训教学改革 [J]. 电子制作，2014（12）：82-83.
③ 陈倩倩. 基于 PDCA 模式的实训课程教学改革 [J]. 航海教育研究，2017（2）：79-81.
④ 张瑜. PDCA 循环在高职基础护理学教学诊断与改进中的应用 [J]. 湖北成人教育学院学报，2021，27（1）：56-59.

专用的实验室。

目前实训开设分组情况：因为软件类的实验装备只需要 PC 机，所以可以做到 1 人一组；其他硬件类的实训平均为 5 人一组。因为受到经费与实验空间的限制，短期内情况也不会有很大改观，不作为研究的内容。我们只研究在多人分组的情况下，如何提升有效性。从现有的实训组织形式看，存在以下问题：

1）多人分组中"搭便车"现象突出：在实训过程中，因为没有指令性的项目分工，同时知识性项目的贡献很难直接评判，所以在实训中"搭便车"的现象比较突出。在实际操作中，每个项目组真正扎实贡献的就 1~2 人，甚至出现在优秀学生的带领下，该组的项目最终得分比较高，而同组表现相对较差的学生最终成绩也不差的情况。

2）自由组合分组的过程中，容易出现"强强联合，弱弱相怜"的状况。在实训中，弱组因为理论基础不扎实，动手意愿弱，通常出现无法完成实训任务，或者仅有组长一人有主动性，其他人在一旁观望，进度缓慢。

2. 实训项目中的工作量

实训教学需要体现出"理论实验+技能训练"的综合性，所以实训项目的设计上有不同的偏重点，有些偏理论，属于验证类项目；有些偏实践，属于训练类项目。

不同类型的实训项目工作量不同，如表 1 所示。验证类项目按照例程进行操作即可，硬件组装与软件编写的工作量比较小；综合实训中，通常要提供一个具体的综合项目交付，包含了软件与硬件，工作量比较大。

工作量比：硬件类为更改的硬件器件总数/全部器件总数；软件为新增的代码行数/总代码行数。

表 1　不同类型实训项目的工作量比

实训分类	实训项目分类	硬件更改工作量比	软件更改工作量比
课内实训	验证类项目	<5%	<10%
课内实训	技能训练项目（软件类）	0	<50%
课内实训	技能训练项目（硬件类）	<10%	<30%
课内实训	技能训练项目（仿真类）	0	<50%
综合实训	综合实训	<30%	<50%

当前实训工作量存在的问题有以下几个：

1）任务没有梯度，全班采用同一个任务。有能力的学生没有得到锻炼；因为是同一个任务，最后的实训成绩评判非常困难，拉不开差距。

2）目前的实验装置基本上采用集成试验箱的形式，厂家配套提供了标准的实训用例与对应的源代码。在课内实训教学中，基本使用现成的代码与方案，工作量比小于 10%，学生对用例的实现原理理解不深，客观造成了课堂的理论教学内容并没有在动手能力上体现出来。没有一定的代码更改量，起不到技能提升的作用。

3. 实训项目的与时俱进

目前实训教案最早可查询的年份为 2013 年，通过对比发现，实训项目与内容基本没有变化（C 语言、数据库）；传感器原理与应用、物联网工程技术等课实训教案最早可查询的年份是 2015 年，实训项目与内容基本没有变化。

部分教案虽然留存的时间较新，不代表内容有较大变化。可以初步得出，实训内容与项目基本上有 5 年的稳定度。稳定，意味着没有与时俱进，没有创新。

实训项目更新慢的原因：试验箱通常采用集成方式，功能是固定的；试验箱软件开放程度有限，比如 ARM 2440 处理器实验箱，数学函数没有提供，复杂的图形无法绘制出来；部分试验箱在硬件上提供了接口，但没有提供驱动；配套的软件比较老，更改起来难度较大。

随着技术的进步，电子部件、传感器、处理器的集成度越来越高，功能越来越复杂，无线（蓝牙、Zigbee、Wifi、NFC）应用越来越多。对应物联网的发展趋势，实训项目需要做出一定的更新与改进，才能符合教学要求。

三、基于 PDCA 理论的实训教学设计

（一）学情分析

应用型本科学生的理论基础相对薄弱，在笔者所教授的"传感器原理及应用""无线传感器网络"课程中，学生对于桥式电路等线性电路还能够理解吃透，到电容阻抗、比例放大电路、滤波等非线性电路，就比较吃力了；在教学中他们更容易接受直观感受的教学方式，实训是一种直观效果比较强的教学形式，有助于学生加深理解。

应用型本科学生在学习的主动性上偏弱。在学习过程中，如果出现什么问题或者遇到什么困难，不会主动寻求解决问题的办法，在实训中没有达成目标，也很少去查找原因；部分学生没有合作意识，以旁观者的角色看待实训，认为实训项目的结果"有高个子顶着"，"两人做，两人看，其他人玩游戏"是实训课堂的常态。

如何调动实训课堂的积极性，如何提高学生的主动性，是课题需要研究的内容之一。

（二）PDCA 理论的实训设计理念

1. Plan 阶段：实训教学中的现状分析与目标制订

该阶段的工作分为三个子阶段。

（1）实训教学的现状分析

从前面描述的现状可看出，实训教学确实存在有效性亟待提高的问题。但是，针对物联网专业的实训现状还需要仔细总结，进行量化调查与分析。有了准确的调查，才能有针对性地加以改进。

调查的主要内容包括：课内实训项目的数量、题目、实训硬件与软件载体、组织形式、每组学生的数量、是否有相应的样例与代码、创新内容的比重等；综合实训项目的数量、题目、实训硬件与软件载体、组织形式、每组学生的数量、是否有相应的样例与代码、创新内容的比重、实训中实际操作与拟制报告的时间占比、实训结果的展现形式、评价方式等。

通过上述调查结果，给出完整的现状分析。

（2）实训教学的目标分析

实训的目的是要将所学的理论知识与实践结合起来，培养勇于探索的精神，提高动手

能力，加强社会活动能力，培养严肃认真的学习态度，为以后专业实习和走上工作岗位打下坚实的基础。物联网工程是一个软硬件结合的专业，实训目标应该做到"有难度、有创新、有效果、有提高"。

实训目标的内容应具备以下特征：

1）有难度：既要利用现有的实训条件，又要体现一定复杂度。课内实训软件代码工作量比要大于 30%，综合实训软件代码工作量比要大于 60%，同时硬件有新增器件与连线的具体要求。

2）有创新：实训题目要与当前专业应用联系起来，有新颖性，比如智能家居综合应用、自动驾驶、指纹识别门锁、Zigbee 无线网关、智能扫地机、蓝牙音响等。同时要在现有的项目基础上具备一些独特的创新点。

3）有效果：加深了基础理论的理解，动手能力得到了锻炼。

4）有提高：学生在实训教学中参与度有所提高。

(3) 实训教学有效性提升的原因分析

针对实训现状的调查分析，找出影响实训有效性的关键原因。具体过程包括确定问题产生的原因，找出问题的解决办法，并制定问题的预防措施。

根因分析采用鱼骨图、柏拉图分析法，找出影响实训有效性的最重要的三个要素。

鱼骨图是一种发现问题"根本原因"的方法，也称为因果图。问题的特性总是受到一些因素的影响，通过头脑风暴法找出这些因素，并将它们与特性值一起，按关联性整理成层次分明、条理清楚，并标出重要因素的图形就叫鱼骨图。通过鱼骨图，可以分析清楚影响有效性的原因。

柏拉图分析法基于二八原则，即 80% 的问题是由 20% 的原因引起的，通过找出最重要的根因，起到最优的改进效果。

2. Do 阶段：实训有效性提升的改进措施

针对最重要的要素，从教师、学生、实训题目、实训形式、实验条件等方面，提出改进措施。

Do 阶段的主要改进措施有以下几个：

1）提高实训项目软件与硬件工作量比。

2）时长大于 1 周的综合实训要求有指定的备选题目，这些题目在教委会评审通过。

3）强化实训的形成性评价。

4）综合实训采用答辩形式，答辩人选随机抽取。

5）实训报告的内容更新，课内实训强调理论与实践结合，综合实训强调创新、关键问题的解决、基于用户场景与需求的设计。

根据上述改进措施，提前指定试点课程，进行相应的实训项目研讨、细化，制定实训方案。

初步选定 2~3 门课程，备选的课程包括传感器原理与应用、STM32 单片机技术、JavaScript 程序设计。

3. Check 阶段：实训有效性提升的落地实践与效果确定

根据上述改进措施，提前指定试点课程，进行相应的实训项目研讨、细化，制定实训方案。在试点过程中，定期进行实训实施情况总结，改进实训形式与内容，做到"有难度、有创新、有效果、有提高"。

Check 阶段的主要改进措施有以下几个：

1）提高实训项目软件与硬件工作量比。
2）核实与确认已经完成的实训项目内容。
3）跟踪确认参加实训学生的后期效果。
4）综合实训项目与市场贴合，有创新。

4. Act 阶段：实训有效性改进措施标准化实施

在上述课程试点的基础上，对已被证明的有效措施，要形成实训教学的标准化措施，从而能够推广到物联网专业的其他课程，从整体上保证物联网专业的培养质量。

Act 阶段的主要工作与方法有以下几个：

1）确定实训教学的教学目标。
2）标准化重点课程的实训项目与要求。
3）标准化综合实训的难度等级、创新等级与评价要求。
4）标准化综合实训的形成性评价的过程与结果占比。
5）对未达成目标要求的措施进行分析。

四、PDCA 理论在物联网实训的应用实施

（一）Plan 阶段：有效改进根因分析

本阶段重点研究有效性改进的根因。根因的分析包含三个方面：项目更新程度、工作量不足、组织不当。

项目更新程度：主要分析实训项目的创新性、与时俱进等，分析结果如图 2 所示。

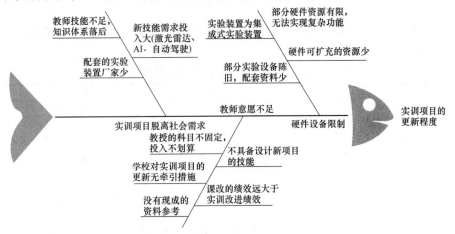

图 2　实训项目缺少更新的根因分析

工作量不足：主要分析实训项目是否有一定的工作量投入、有一定的难度，分析结果如图 3 所示。

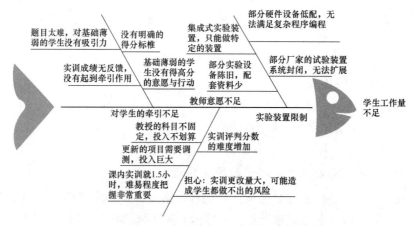

图3　实训工作量不足的根因分析

组织与管理：主要分析在组织形式上影响有效性的根因，分析结果如图4所示。

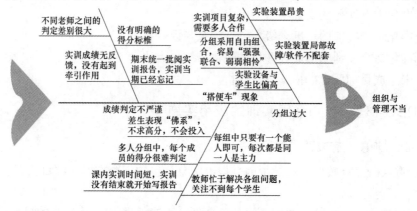

图4　组织与管理不当的根因分析

通过上述根因分析，我们从人、设备、管理组织几个方面找出最重要的改进要素。从教师的角度看，改进对策如表2所示。

表2　从教师角度出发的改进对策

序号	最重要根因	对策
1	课内实训只有1.5小时，难易程度把握非常重要，避免过早做完与做不出的情况；实训更改量大/难度大，可能造成学生都做不出的现象	（1）实训目标设立2个或者2个以上，从易到难 （2）在课堂理论讲解时，先讲解一个容易的实例；实训项目在此实例的基础上实现一个复杂的应用
2	实训项目脱离社会需求	实训项目设计有一个具体的功能（比如自动窗帘、智慧农场）等
3	实训成绩无牵引作用	（1）课后一周内批阅实训报告，并反馈结果 （2）在黑板上设立进度表，对于达成高阶结果的学生，现场予以公布
4	实训内容没有更新，没有与时俱进	加强新知识的理解，建议每学期每个课程更新1~2个课内实训项目

从组织与管理的角度看，改进对策如表3所示。

表3 从组织与管理角度出发的改进对策

序号	最重要根因	对策
1	实训分组过大，人数较多	（1）分组采用"自由组合"的形式不变 （2）每组额定5人。每超过1人，实训成绩起分点低5分 （3）硬件数量不足的对策：实训项目的内容有备选方案，使用不同的硬件组合，充分利用硬件（光照/温度+电机/蜂鸣器）
2	分组中出现"强强联合、弱弱相怜"的情况	实训目标设立2个或者2个以上，从易到难，提供不同的得分选项。兼顾弱组，同时能拉开分数差距
3	每组中只有1~2人是主力，其他组员投入不足	（1）实训任务可分解，比如软件模块分为LCD显示和定时器两部分，可以分头协作 （2）验收方式：采用摇号的方式，随机抽取学生进行讲解实现过程，占实训分数30%；实验结果占70% （3）每组实训设立一个负责人，负责人在组内轮值
4	课内实训时间只有1.5小时，实验没有做完就写报告	（1）聚焦实训，简化课内实训报告要求（减少40%工作量） （2）不要求当堂提交报告，可以课后补交

对于硬件设施部分的根因与改进，因为硬件采购与配置涉及的面广，仅在现有的硬件基础上给出建议，如表4所示。

表4 从硬件设施的改进对策

序号	最重要根因	对策
1	分组过大，硬件设备不足	（1）实训室登记后可以开放，提高设备的利用率；将课内实训延伸到课后 （2）课内实训的牵引性项目：可以在课后完成，给予评分；给学有余力的学生提供机会
2	硬件设备故障率高	改变单片机、无线传感网网络的实验设备配置方式
3	集成式实验装置只能做特定的实验	（1）采用学校补贴+学生自购的形式，做到24小时均可以做实验 （2）引入Proteus/LabVIEW等软件仿真工具，进行仿真操作，减少硬件诉求

（二）Do阶段：优化后的实训教学策略与流程

在上述分析的基础上，对现有的实训教学提出了一些改进措施，总结之后，重在落实。实训教学主要包含四个阶段，分别为教师准备、实训组织、学生操作实践、实习考核。

1. 教师准备与实训教学策略

实训教学的主要目的是验证理论，巩固技能，提升综合能力。实训教案的设计要围绕以下两个策略进行：

（1）策略1：所有的实训项目分段

按照难易程度与达成目标分为三段，分别为基础类、强化类与挑战类。

基础类：验证基础理论，完成基本功能。该项目能够覆盖100%的学生。

强化类：基础理论的强化应用，局部创新应用，热点新技术的应用。该类项目覆盖两个以上的技术点。该项目能够覆盖50%的学生。

挑战类：实现一个综合性应用（能实现一个产品的完整的功能，学生能够使用指针、结构体等复杂编程技能）。该项目能够覆盖10%～15%的学生。

实训项目的设计策略如表5所示。

表5 实训项目的设计策略

项目	课程类型维度	实训项目的设计策略
课程	纯硬件类课程（电工）	基础类：基础理论验证 强化类：实现具有独立功能的模块 挑战类：参考大学生电子大赛试题（区域级、省级）
	软硬件结合（单片机、嵌入式）	基础类：基础功能验证 强化类：综合性功能验证（包含两个以上综合技术点）、复杂功能验证 挑战类：综合类应用（比如智慧农场），需要使用指针、数据结构、运行效率优化等
	纯软件类	基础类：基础教学目标的达成 强化类：复杂单个功能产品的实现（计算器、五子棋等） 挑战类：数据结构、带有简单操作系统
学生与学情	基础薄弱的学生	基础类项目：实训成绩基础分70分
	基础扎实的学生	强化类项目：实训成绩基础分80分
	基础扎实且积极主动的学生	挑战类项目：实训成绩基础分90分

在实训教学准备阶段，教案的设计要满足以下三个要求：

要求1：实训项目能够实现的一个完整的功能。

要求2：实训项目可以分工、可以考核。

要求3：实训项目目标分为三段，即基础、强化、挑战。

下面以ARM嵌入式系统设计这门课程中的"简易电子表"实训项目为例进行说明，实训目标如图5所示。这个项目目标满足了教案设计要求：实训项目要完成简易电子表的全部功能；模块功能（定时器、LED显示、读取EEPROM、扫描键盘与设置、显示）是独立的，组员可以分工协作；整个实训的目标分为三段，即基础应用、强化阶段、挑战阶段，目标难度逐渐增加。

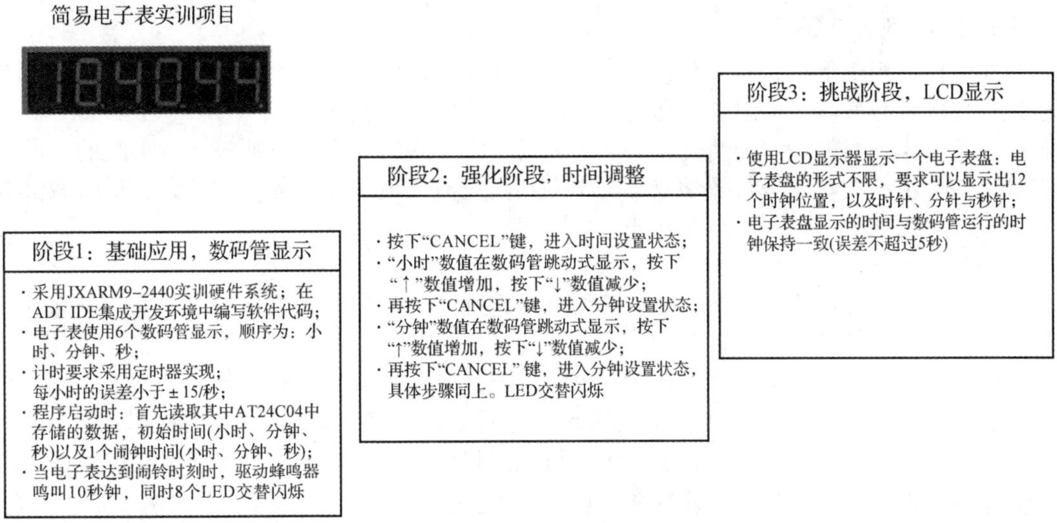

简易电子表实训项目

阶段1：基础应用，数码管显示
· 采用JXARM9-2440实训硬件系统；在ADT IDE集成开发环境中编写软件代码；
· 电子表使用6个数码管显示，顺序为：小时、分钟、秒；
· 计时要求采用定时器实现；每小时的误差小于±15秒；
· 程序启动时：首先读取其中AT24C04中存储的数据，初始时间(小时、分钟、秒)以及1个闹钟时间(小时、分钟、秒)；
· 当电子表达到闹铃时刻时，驱动蜂鸣器鸣叫10秒钟，同时8个LED交替闪烁

阶段2：强化阶段，时间调整
· 按下"CANCEL"键，进入时间设置状态；
· "小时"数值在数码管跳动式显示，按下"↑"数值增加，按下"↓"数值减少；
· 再按下"CANCEL"键，进入分钟设置状态；
· "分钟"数值在数码管跳动式显示，按下"↑"数值增加，按下"↓"数值减少；
· 再按下"CANCEL"键，进入分钟设置状态，具体步骤同上。LED交替闪烁

阶段3：挑战阶段，LCD显示
· 使用LCD显示器显示一个电子表盘：电子表盘的形式不限，要求可以显示出12个时钟位置，以及时针、分针与秒针；
· 电子表盘显示的时间与数码管运行的时钟保持一致(误差不超过5秒)

图 5　"简易电子表"项目实训目标

（2）策略2：优化实训项目，知识点做到广覆盖

课内实训项目通常只有1~2个知识点，相对容易设计。在实训的过程中，尽量考虑将课程以前学过的知识点贯穿起来，为后续的综合实训做好准备。

课内实训的知识点覆盖牵引要求：课内实训的知识点覆盖率要达到100%，综合实训的知识点覆盖率要在80%以上。

以ARM嵌入式系统设计为例，原来的实训项目针对当节课所学的知识点进行设计，每个实训科目一般覆盖的知识点为1个，少数为2个。通过优化原有的科目，每次实训都要将前面学过的知识点串联起来，对学过的知识点反复练习，增强理解。从表6中可以看出，通过合理设置实训项目，平均每个项目覆盖的知识点为3个，每个知识点的覆盖次数大于2次。

表 6　ARM嵌入式系统设计实训项目（部分）

编号	实训项目	知识点					
		GPIO接口	定时器	PWM设置	外部中断	A/D转换	I2C接口
实训1	数码管显示	●					
实训2	LED定时显示/蜂鸣器定时鸣叫	●	●				
实训3	LED亮度调节/蜂鸣器声音调节	●	●	●			
实训4	通过按键控制蜂鸣器/LED闪烁	●	●	●	●		
实训5	定时读取温度数值	●	●			●	
实训6	定时读取温度数值，写入EEPROM中	●	●		●	●	●

2. 实训组织与实施

实训教学组织形式，分为分组合作与单人独立操作两种形式。单人独立操作一般适合于纯软件的课程教学；分组合作适合于偏硬件类型的课程教学。

分组合作是根据一定的情况，将学生分成一定形式的小组，教师根据各小组的共同特点分别与各小组接触，进行教学或布置学生共同完成某项学习任务。它是介于班级教学与个别化学习之间的一种教学组织形式。

(1) 实训分组

实训教学的分组往往是在学期一开始就确定好的，人员构成维持一个学期。分组的好坏对于实训有效性的改进非常关键。

分组方法一般包含如下几种形式：老师分配、自由组合、随机组合。

自由组合的好处是学生之间比较熟悉，协调配合较好，容易出现"强强联合"的情况。有些学生不合群或者能力较弱，没有组愿意接纳。"弱弱联合"的分组，在实训后续项目难度加大时，往往出现集体放弃实训的情况。

教师分配与随机组合的形式，人员之间协调性偏弱，基础较好的学生认为不公平，基础弱的学生则认为有了依靠。

在实践操作上，结合以前的组织形式，进行了优化：

①分组过程分为两个阶段，班级学委组织自由组合、教师最后修订。

②班级学委组织自由组合，每组人数不多于 5 人；每多一人考核的基础分减少 5 分，减少自由组合中的大组现象。

③教师最后修订考虑两种情况：分组时没有安置的学生（留级生、校外住宿生等），"弱弱联合"的组（与其他组调换 1~2 人）。

合理的分组，兼顾了组织合作性、公平性与有效性。

(2) 实训教学中的主动性提升

分组教学中，面临的主要问题是：部分学生是主要参与者与贡献者，部分学生是旁观者与得利者。首先要将实训教学覆盖到每一位学生，才能具备实训有效性评价的前提条件。

笔者在无线传感器网络、ARM 嵌入式系统设计两门课上进行了如下实践：

1) 课前确定实训负责人。在传统的分析实训中，组长是实训任务的责任人，负责本组实训任务的完成与实训报告的拟制。如果组员不积极投入，组长也没有能力改变。为了改变这种现状，每次课内实训设立负责人，负责人完成对本次的结果与实训报告的拟制；负责人在本组内实行"轮值"。这样一种形式，就是让每一个学生都有机会参与其中，将学生从"旁观者"变为"参与者"。

为了提高负责人的积极性，负责人本次的实训成绩额外增加 2 分。

在初始阶段，实训的参与度有了改观，原来不主动的学生在轮值的制度下，同时考虑到本小组的实训成绩，所以也能够积极参与。

经过半个学期，负责人制的效果不如之前。参与度不高的学生基本上保持现状，因为有负责人担责，原来的"组长"变成了"负责人"。

2) 课中实行进度激励。原来的分组实训，只关注本组的达成结果，而没有进行组与组之间的比较。在实训过程中，引入进度激励。在黑板上制作如表 7 所示的进度表。每个实训科目的达成目标分为基础类、强化类与挑战类三段，每达成一段就进行一次验收，组与组之间的完成进度成为各组之间竞争目标。为了增加激励强度，每个阶段完成进度前三名的实训成绩额外增加 3 分。

设置激励后效果改变明显，学生不再仅仅利用课堂时间完成实训，而是积极利用课后时间与星期天时间。在ARM嵌入式系统结构的课程实训中，有两个小组提前做了准备，在实训一开始就完成了阶段1的验收，直接进入阶段2。

经过与对照组的对比，实行进度激励的效果明显，具体数据参考Check阶段的分析。

表7 "ARM嵌入式系统设计"实训进度表

简易电子表	实训目标达成进度		
	阶段1：数码管	阶段2：时间调节	阶段3：LCD显示
实训小组1	6	8	
实训小组2	7	10	3
实训小组3	1	1	2
实训小组4	9	4	
实训小组5	3	2	1
实训小组6	10	6	
实训小组7	4	3	4
实训小组8	8	9	
实训小组9		5	
实训小组10	2	7	

3）课尾进行实训答辩。在上述两项措施实施后，为了强化实训参与度，增加实训结果答辩。答辩人采用随机摇号的方式，选择每组的答辩成员，推动每一个学生参与；同时规定答辩成绩占总成绩30%，集体的荣誉会要求每一位学生都参与。

如果使用常规的答辩，则每组中重复的内容很多（项目目标、项目设计、项目实施步骤、项目结果），时间上也完全不够，所以选择开放性的题目："本次实训中你遇到的两个难点是什么，如何解决的?""在时钟的指针重合时，你是如何实现指针的擦写与重画的?"这样参与的学生就能回答得非常具体，没有参与的学生回答得非常表面，等级评定也比较容易。

（三）Check阶段：实训教学的有效性改进结果评估

实训有效性从实训工作量、学生最终达成的结果进行分析。

1. 实训工作量

以无线传感器网络、ARM嵌入式系统设计课程为例，配套的试验箱厂家提供了标准的实训用例，理论上不编写任何代码就可以运行，但是这样的实训效果欠佳，学生对理论知识理解不深、实践不足、缺乏创新，因此在实训方案与用例的设计上进行了专门的考虑，确保有一定的代码工作量。以无线传感器网络的实训方案设计为例，如表8所示。

表8 无线传感器网络部分实训用例工作量改动

实训项目	实训项目分项	知识点与参考代码（对照组）	实训要求与参考代码（实验组）	备注
项目1：中断实验	实训目标	（1）中断寄存器设置与中断服务函数 （2）按键S1，启动LED灯循环闪烁	通过按键S1启动中断，每按动一次，控制LED灯闪烁频率与组合形式变化	
	代码行数	30	55	代码新增：83%

续表

实训项目	实训项目分项	知识点与参考代码（对照组）	实训要求与参考代码（实验组）	备注
项目2：ADC转换实验	实训目标	（1）ADC 转换寄存器设置 （2）采用温度传感器数值	（1）采用光照传感器 （2）按下 S1 键，产生中断，采样光照传感器值	
	代码行数	24	70	代码新增：190%
项目3：UART收发实验	实训目标	（1）UART 串口寄存器设置 （2）发送特定字符串，收到闪烁一下	按下 S1 健，产生中断，采用光照传感器数值，通过串口发送	
	代码行数	42	102	代码新增：142%

通过上面的设计，每个实训项目的代码工作量比原代码工作量增加80%，代码行数新增45行以上。这个工作量基本保证了在90分钟的课内实训时间内既可以完成，又有一定的创新性。

同理，对ARM嵌入式系统设计这门课程的实训项目重新设计，代码工作量增加30%，行数增加60行以上。

按照软件能力成熟度模型CMM（Capability Maturity Model for Software）认证的要求，成熟软件工程师的代码单日代码量在40~60行。C语言等级考试中机试时间长度60分钟，总共3个题目，修改代码长度大约30行。应该说在实训中分组合作新增45~60行代码是符合要求的。

2. 实训的最终结果

在ARM嵌入式系统设计这门课程中，有两个教学班级：一个是对照组，采用原有的实训项目与组织形式；一个是实验组，采用负责人制+分段激励+最后答辩。每个班分为10个组。

ARM嵌入式系统设计实训进度标表（对照组与实验组）如表9所示。

表9 ARM嵌入式系统设计实训进度标表（对照组与实验组）

简易电子表	实训目标达成进度（对照组）			实训目标达成进度（实验组）		
	阶段1：数码管	阶段2：时间调节	阶段3：LCD显示	阶段1：数码管	阶段2：时间调节	阶段3：LCD显示
小组1	5	7		9	8	
小组2	1	2	1	7	6	
小组3	2	1	2	5	9	
小组4	8			5	5	5
小组5	4	4		2	1	1
小组6	9	6		10	7	
小组7	3	3		4	4	4
小组8	7	8		3	2	2
小组9	6	5		1	3	3
小组10	10			4	7	

实训最终达成的结果比较如下：在阶段1两个班所有组均100%达成了目标；在阶段2，对照组为80%达成了目标，实验组100%达成了目标；在阶段3，对照组20%达成了目标，实验组50%达成了目标。可以说，实验组有10%~30%的有效性改进，如图6所示。

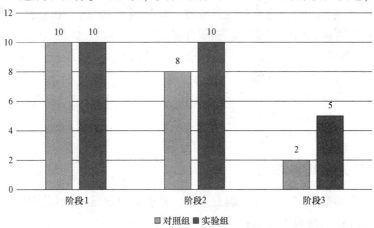

图6 对照组与实验组各阶段达成目标的组数

（四）Act阶段：实训教学的有效性改进标准化措施

实训教学的Act阶段是对实训教学过程中经验总结和存在问题的处理阶段。对PDCA实训教学过程中好的经验进行总结，形成标准化措施，以指导今后的实训教学，形成标准化的教案、组织形式与评价标准。对PDCA实训教学实施过程中存在的问题分析原因，找出问题的根源，以便在下一次实践教学中改正，实现PDCA再循环，从而达到提升实训教学有效性的目的。准备落地与改进的措施从三个方面进行表述。

（1）实训教案的设计

在实训教案的设计上，标准化改进措施如下：

①实训项目要求能够实现一个完整的功能。
②实训项目目标分为三段：基础应用、强化阶段、挑战阶段。
③课内实训的知识点覆盖率要达成100%，综合实训的知识点覆盖率要达成80%。
④平均每个项目覆盖的知识点为3个，每个知识点的覆盖次数大于2次。
⑤超过2周的综合实训的教案需要通过教委会评审。
⑥课内实训项目的工作量新增最少45行代码。
⑦综合实训项目的工作量新增最少200行代码。
⑧开放式答辩问题设计。

（2）实训组织形式

在实训组织形式上，标准化改进措施如下：

①每个分组不多于5人，每多一人考核的基础分减少5分。
②组内人员构成采用自由组合+教师修订的方式。
③每组确定一个组长。
④每次课内实训确定一个负责人，实行轮值制。
⑤实训课中实行进度激励，在黑板上标注各组完成次序。
⑥实训验收按照基础应用、强化阶段、挑战阶段分段验收。

⑦课尾组织人员答辩,答辩人员随机指定。

(3) 实训验收与结果

在实训验收与结果上,标准化改进措施如下:

①基础应用、强化阶段、挑战阶段三阶段基础分别为 70 分、80 分、90 分。
②每个阶段进度前三名的组实训成绩额外增加 3 分。
③超过 5 人的分组,每组每多出 1 人则基础分降低 5 分。
④答辩成绩占比不低于总分的 30%。
⑤课内实训报告简化内容,可以在课后交。
⑥课外实训报告按照论文格式来写。
⑦实训报告在上交后一周给出本次实训分数。

五、研究结果分析与总结

本文以提升实训教学的有效性为研究主线,并在课堂教学中加以实践,获得了一定的成果,也有不足之处,现梳理如下:

(一)研究结果分析

1)笔者通过课堂观察与实践、对物联网课程的教案进行分析、教师访谈等手段,识别了物联网专业实训教学中存在的问题:一是分组实训中,学生参与度低,每个项目组真正做出贡献的就 1~2 人;二是实训项目的工作量小,无新增代码,没有达成实训教学目标;三是实训项目内容没有与时俱进,更新少。为了改善上述三个问题,本文开始进行基于 PDCA 模型的实训教学有效性改进的研究。

2)针对实训教学的有效性改进,实际上是一种质量改进,因此采用了 PDCA 的质量管理模型作为改进工具,结合具体的实训教学课程,进行实践。

在 Plan 阶段,课前完成实训教案设计。改进后的教案将实训目标分为三段,基础应用、强化阶段、挑战阶段;平均每个项目覆盖的知识点为 3 个,新增最少 45 行代码。

在 Do 阶段,课中进行实训组织工作。优化后每个组不多于 5 人,采用轮值负责人制,同时增加进度激励,提升了学生的参与度。

在 Check 阶段,按照阶段给予基础分,同时使用随机答辩的形式确定实训的附加分。减少课内实训报告的拟制时间,让学生有更多的时间投入实训。

在 Act 阶段,将优化后的实训教学的要求固化与标准化。

3)用 PDCA 模型优化后的实训教学在无线传感器网络、ARM 嵌入式系统两门课程中加以实践,实训效果有了较大的提升。根据实验组与对照组的结果分析,实训有效性改进 30% 以上,课内实训新增 45 行代码工作量,通过负责人制与随机答辩两种形式提升了学生的参与度,基本达到了该课题当初设定的目标。由此证明,文章提出的基于 PDCA 模型优化后的实训教学的优化策略是有效的,能够改进传统实训教学模式下存在的一些问题。

(二)研究的不足与局限性

本次研究受到以下方面的条件约束:

1)实训教学的研究对象偏向硬件+软件的科目,对于纯软件科目未涉及。

2)有效性改进后的实践仅有半个学期,包含无线传感器网络、ARM 嵌入式系统设计两门课程,范围还需要进一步扩大。

3）在 PDCA 模型中，整个课程的 PDCA 为一个循环，课程需要进行数个 PDCA 循环，先改进、后落地、再改进，措施会更加精准，有效性达到最优。目前仅实践了一个循环。

基于以上问题，该研究有诸多需要优化的地方。基于 PDCA 模型的有效性优化实践，教案设计相对比较具体，可以用代码量、知识点等衡量；在学生参与度方面，相比传统实训教学有所改进，但是参与度无法准确衡量，还有较大的改进空间。

虚拟现实技术在软件工程课程教学工作中的构建与实践

李跃光　田立伟　李树华　聂　军
刘肃平　谢　备　朱丽宇

摘　要：本课题研究的主要目的是要构建一种新型教学模式，以适应教育教学改革的形势和需要。研究成果主要有：基本构建了虚拟现实技术（VR）与软件工程课程教学相结合的实践教学模式；确立了虚拟现实技术与软件工程课程教学相结合的实践教学模式、课堂教学的基本组织程序；构建了虚拟现实技术与软件工程课程教学相结合的实践课堂教学的三种变式；提出了虚拟现实技术与软件工程课程教学相结合的实践教学模式中的学生学习评价体系。旨在帮助学生快速掌握相关专业技能，更好地深入理解和学习掌握软件工程这门专业课程，同时也促进学生整体素质的不断提高；培养一批教学研究型专业教师，促进学校教师教学专业化的发展，全面提高教师教学质量。

关键词：虚拟现实技术；软件工程；课程教学；构建

一、问题的提出

（一）研究背景

2018年6月，新时代全国高等学校本科教育工作会议召开。会议指出，高等学校要坚持以本为本，推进"四个回归"，要着力推动课堂革命。课堂是学生学习的场所，是育人的主渠道。近年来，随着地方高校不断转型升级，开展校企合作及产教融合成了应用型人才培养的必然选择，对于应用型人才培养效果越来越显著。但是对于课堂教学的重视程度却不够，影响了应用型人才培养质量。应用型课程的教学，要始终坚持因人而化、因时而变、加以促进、因势而新；高校课程教学要充分运用现代网络新媒体等新一代信息教育技术，使其在学校教学工作中的教学活动更加多样化，推动高校应用型课程教学同我国现代网络信息技术教育教学技术相互融合，增强应用型课程教学中的时代感和社会感。

（二）研究现状

1. 软件工程教学的现状

2020年，一份来自我国某地一所应用型职业本科院校的问卷调查结果显示，有69.6%的在校学生反映，他们上的软件工程专业课总是被动地"习惯于照抄老师板书的内容"，而不是主动地去探寻这个问题的正确答案；有71.4%的受访学生表示，"软件工程就是一门枯燥无味的课程",另有许多学生表示"上软件工程课不是玩游戏就是打瞌睡"。这折射出了软件工程课堂教学中普遍存在的问题。不少软件工程教师一直沿用传统的"灌输式"课堂教学方法，课堂教学缺乏问题思辨与理论创新；不少学生对软件工程课程理论学习犹如"复印机"，除了重复阅读前人的教学结论，很少有自己的独立思考。那么，软件工程课程理论学习与课堂教学之间应该是怎样的关系呢？这是本课题的研究问题。当前我国软件工程教育不仅使学校课程教学中的德育功能因教学方法陈旧而显得较为苍白无力，而且也严重压抑了广大学生学习的积极性，不利于培养广大学生的自主思维意识和主动解决实际问题的能力。因此，软件工程课程教学必须尽快进行教学改革。

2. 虚拟现实技术应用于课程教学中的研究现状

虚拟现实技术为人们教学和学习提供了一种教学辅助手段，目前在国外已广泛应用于军事技术教学、体育训练、医学实习和一些大型普通中学的实验教学中。国内各高校在许多教学领域已经进行这种相关的研究。浙江大学在工程建筑设计方面进行三维虚拟场景规划、虚拟场景设计的辅助应用，哈尔滨工业大学在工程人机交互教学方面也有很多的研究成果，清华大学在临场感的课题研究领域颇具教学特色。目前，虚拟现实技术在辅助实验教学方面广泛应用于软件电子技术、机械工程等专业实际教学中，而在其他诸如软件工程等一些计算机工程类专业学科实际教学过程中的应用较为少见。笔者认为虚拟现实技术可以作为一种较好的教学辅助手段，同样也可以将其引入许多类似软件工程等计算机工程类的实际教学过程中，利用这种虚拟现实技术建模语言自动构建三维虚拟场景。在教学进行过程中，根据场景教学内容的不同，它还可以随机自动控制三维场景的教学角度、景观类别，真正达到辅助实验教学的目的。

3. 本课题解决的问题

本课题旨在解决以下应用型课程教学问题：一是应用型课程教学效果普遍较差。如学生对于应用型课程学习和记忆难度大，理解能力弱，自主学习能力缺乏，学习乐趣缺乏等突出问题。二是采用传统式的教育方式的实际教学效果并不好。本课题以普通高校学生群体为教育学习活动中心，采用多种课堂教学方式，帮助培育一种新的师生之间、生生之间互动的课堂教学模式。三是应用型课程实践教学组织困境。现阶段很多高校已经开始注重移动互联网、高科技工程与中国传统应用型专业课程课堂教学之间的有机结合，但是更多高校在具体实施实践阶段依旧以进行课堂教学研究为主，导致高校应用型课程教学的教育空间窄，空间限制大。

（三）虚拟现实技术理论及其实践

虚拟现实技术是 20 世纪末兴起的一种新的综合性虚拟信息仿真技术，是一种人类可以实时创建和自动体验各种虚拟世界的计算机虚拟仿真实验系统。本研究成果主要是基于虚拟仿真技术的深化性研究。虚拟仿真技术可以模拟现实环境，使高校各类应用型教育的获得者能够沉浸到该模拟环境中，从而引导学生坚定理想信念，培养学生的创新创业能力，实现培养目标。对于工程应用型学科课程教学而言，基于工程虚拟化和现实教学技术的软件开发教学课程，能让学生更深入、更微观地观察、理解学习活动是如何发生的，是如何受到外界各种因素（例如政治、经济、文化等）影响的，进而帮助学生高效地进行学习。它打破传统教育教学模式，是虚拟现实技术与高校应用型课程紧密贴合的创新模式。

（四）我校教育教学改革的需要

广东科技学院在开展大学生自主创新与社会实践综合能力课的培养教育方面已经进行了长期而卓有成效的教学探索，也取得了一定的教学成果，例如，近几年在各类高校大学生竞赛中成绩突出，获得"创新杯""蓝桥杯"等各项大赛一等奖。如何不断提高广东科技学院全体学生的创新思维和解决实际问题的能力，提高学生的自主创新意识和科学实践能力？这无疑是当前全体师生都应该重视的一个问题。

二、研究简述

（一）研究目的和意义

1. 研究目的

1）依据现代教学工程理论的基本原理和教学方法，研究构建虚拟现实技术与高校软件工程专业课程教学有机结合的互动教学模式，探索这种模式教学的基本规律，提高软件工程课程教学质量。

2）教育面向的是计算机学院软件工程专业全体学生，充分发挥软件工程专业学生的社会主体作用，培养软件工程专业学生积极参与实践、处理社会实际问题的意识，提高软件工程专业学生独立思考、解决实际问题的能力，促进软件工程专业学生的综合能力、整体素质的全面提高。

3）以创新课题教学研究方式促进教研实践活动，转变教师教育观念，提高教师教育综合能力，培养一批具备创新精神和能力、勇于实践的研究型教师，促进教师的教育专业化教学发展。

2. 研究意义

1）理论意义：本课题致力于探索虚拟现实技术在高校软件工程课程教学工作中的应用，推动应用型课程同信息技术的融合。借助沉浸式 VR 互动教学体验教育云服务平台、VR 互动软件开发，利用各种人机之间互动等新技术带来新奇的互动体验，对丰富实践教学内容，加强师生之间互动，激发大学生学习兴趣等方面具有促进作用。

2）实践意义：由于现代计算机网络通信技术和远程教育技术的蓬勃发展，将来，在高校网络远程教育信息系统中实时传送三维立体化的虚拟现实网络教学信息成为必然的发展趋势。因此，基于三维虚拟增强现实网络技术的应用型课程网络教学对高校建设应用型课程和远程教育都有重大的现实意义。

（二）研究假设

传统的软件工程课堂教学片面强调基础知识和应用技能，忽视了如何全面提高广大学生的理论科学素养和实践操作能力，把这种虚拟结合现实的新技术理念应用到软件工程教学课程课堂教学中，全面深入考虑"以学生为中心"的教学理念，让广大学生在主动参与过程中学习，促进广大学生知识的主动参与建构以及知识、技能和实践体验的主动连接，提高学生课堂教学学习效率；注重教学过程情景的主动创设，让学生在一个虚拟的教学情景中主动学习软件工程课程。创设一个虚拟现实教学过程情景，一是为了让学生的学习兴趣贴近生活，贴近现代社会，激发学生学习兴趣；二是要以承载在教学过程目标情景中的学生态度、情感与核心价值观为目标,在具体的教学情景中培养学生的自学创新意识等;三是承载学生在一定教学情景中所获得的具体软件工程知识,更加具有知识迁移性的价值,更是学生内化了的知识。

假设1:通过摸索创设新的课堂教学活动情景的方法,寻找另外一种方式开展"情景—探究",创设新的课堂教学模式。

假设2:通过分析课堂上教师创设的课堂教学活动情景,激发学生的课堂学习活动兴趣,提高学生积极参与课堂教学的主动积极性,最终有效提高课堂教学质量。

假设3:为每一个学生提供一个参与科学探究的良好机会,所有学生都希望能在提问、动手、交流中得到不同程度的提高。

(三) 课题主要研究的内容

1. 如何结合逻辑课程体系教学,运用逻辑课程体系创新进行虚拟现实技术创新

技术应该是为课程内容整体设计提供服务的,教学实践过程中的各种新型现代化信息教学技术的广泛应用不能喧宾夺主,所以必须努力研究构建一个适合实践教育人才培养的教学目标。应用型实践教学课程应该是将实践信息化与虚拟技术过程中的信息化互相交叉融合的一个逻辑教学管理体系,这对实践课程虚拟教学的有效性和开展也是非常好的,它离不开应用型实践教学课程的实践教学大纲。虚拟现实技术创新实践课程研发应该直接结合整个应用型实践教学技术课程的各个实践教程教学大纲,同时进行实践教学技术设计;或是直接结合具有体现这一课程内容时间维度和知识维度的各个实践教学点,具有体现这一课程内容教学形式维度的各个实践教学点也都应该同时进行教学技术创新研发。我们需要加大对课程虚拟教学技术的研发,要紧紧围绕教学课程的实践教学研究重点,不断创新虚拟环境,使全体学生对于非浸入式的虚拟视觉体验感受更加真实,场景和互动教学模式更加多样。

2. 如何有效结合异地技术资源进行融合虚拟现实技术创新

应用型实践教育课程课堂教学中最大的关键技术难题是受实践教学活动经费、场地、人数、时间等各种因素限制,难以实现课堂全覆盖和多次参观实践教学互动体验。特别是异地有价值的实践教学资源,根本无法主动实现全员参与。一个学校教师能够有效利用实践课堂教学虚拟化和课堂现实化对教学进行技术创新,开发各种学校相关配套实践教学技术产品,可以有效地解决上述关键难题,增加学校实践课程教学资源,增强学校实践课在教学活动中的实效性,能够更加生动地模拟再现原始实践教学活动场景,拓展适合学校实践教学理论的实践活动空间,激发在校学生自主学习、实践联想,调动学生自主学习的实践积极性,丰富实践教育课程课堂教学资源,打造适合学校开展实践课堂教学的新教育特色。

3. 如何有效结合常用的云平台技术进行融合虚拟现实技术创新

虚拟现实仿真技术的虚拟实现,主要利用桌面式独立虚拟现实仿真平台软件、独立站式虚拟实验仿真软件实验室或分布式独立虚拟现实仿真软件平台实现。在这三种技术实现形式中,第二种就是建立"独立虚拟仿真实验室",实现学生浸入式虚拟体验的平台技术,硬件要求与财力资源投入最高。而手机微信客户端平台是目前学生在校日常生活中最主要

的移动互联网络载体。因此，桌面式独立虚拟现实仿真平台软件和分布式独立虚拟现实仿真软件平台上的创新有利于实现与在校学生日常生活的无缝衔接。为此，应建设计算机学院应用型课程教学实践微信公众服务平台，成为一个承载并将虚拟现实技术应用于课堂实践课程教学的信息展示传播平台，推送海量 VR 课程全景教学图片，让更多学生足不出户，轻松快捷完成课堂网络教学参观，实现教学场景的真实虚拟再现。

（四）研究对象

经课题组重复研究，依据高等教育的特点，选择广东科技学院 2019 级软件工程创新班的软件工程课程教学为研究对象。

（五）课题研究过程

1. 准备阶段（2021 年 3 月）

1）2021 年 3 月，成立课题工作领导研究小组，确定课题主要负责人和课题研究人员；同月制订课题研究实施方案和计划。

2）2021 年 3 月 25 日，经"广科模式"之应用型课程研究课题评审委员会评议，并审查批准，课题正式立项为 2021 年度广东科技学院"广科模式"之应用型课程研究课题。

2. 全面实施阶段（2021 年 4—9 月）

1）本课题组全体成员每两周组织进行一次课题学习、交流。先后集中学习了《应用型课程教学模式探讨》等专著；2021 年 4 月 7 日、5 月 25 日、7 月 2 日和 10 月 12 日分别听取了魏中林教授的课题评议讲座。这些学术培训与理论学习，大大提高了本课题组全体成员的专业理论素养和课题研究水平。

2）2021 年 4 月 20 日，邀请广东科技学院计算机学院院长田立伟教授、副院长李树华教授、副院长刘肃平教授、软件工程教研室主任聂军教授、数据科学与大数据技术教研室主任王华等专家，对本研究课题进行了开题论证。专家组经过讨论，一致认为本研究课题充分体现课题研究学术理论的科学性和合理性、研究的教学性和价值性、实践的实际性和可操作性，具备了课题研究的基本研究条件，同意开题。论证会后，根据各位专家的意见，课题组对本研究课题计划与实施计划，进行了进一步的修改。随后，课题组的学术研究工作正式进入全面实施阶段。

3）进行问卷调查调研，分析现状。课题组选择广东省内 3 所应用型高校和江西省 2 所高校进行调研（3 所民办高校、2 所公办院校），对 120 名在校教师和 500 名在校学生分别进行了问卷调查，根据本次问卷分析调查结果提供的相关量化数据资料，分析当前高校应用型课程教学发展现状及主要的影响教学因素，分析主要原因，提出一些具有可操作性的教学建议和改进对策。

4）以广东科技学院计算机学院软件工程专业 2019 级创新班学生为研究对象，依据课题研究总体方案和活动计划，就基于虚拟现实技术的软件工程课程教学模式的基本教学内容程序、教学活动实施指导原则等几个方面问题进行研究探索，构建了基于虚拟现实技术的软件工程课程教学模式。

5）定期组织基于虚拟现实技术的软件工程课程教学模式研讨课。课题组成员每人至少上 4 堂研讨课。

6）先后三次邀请广东科技学院计算机学院教学专业委员会专家来指导课题研究。

7）2021年5月21日，广东科技学院"广科模式"之应用型课程研究组之一——虚拟现实技术在软件工程课程教学工作中的构建与实践课题组组织了一次计算机学院本项目研究课题组成员会议。活动期间，课题组成员李跃光、李树华、谢备来分别执教了一节基于虚拟现实技术的软件工程课程教学模式研究观摩课。与会者对这三堂观摩课给予了充分的肯定，认为这一模式极具推广价值。这极大地鼓舞了课题组成员，推动了课题研究的深入进行。

8）课题组重新审视内涵，推进基于虚拟现实技术的软件工程课程教学模式资源创设与管理。

9）课题研究与教学实践相结合。课题组成员一方面进行理论探索，一方面将基于虚拟现实技术的软件工程课程教学模式在教学实践中加以应用，在应用中发现新问题予以研究再进行总结。这一阶段，课题组成员共发表两篇论文和出版一部教材，其中李跃光老师的论文《模糊综合评判算法在高校课堂教学评价中的应用》发表于《教育进展》2021年第7期；李跃光老师的论文 *An Improve Cuckoo Search Algorithm and its Application* 发表于 SJISR 2021年第9期。教材为李跃光老师在吉林大学出版社出版的《网络安全实训教学》。

3. 总结提高阶段（2021年10—12月）

1）2021年10月，课题组接受了"广科模式"应用型教学组织的中期检查，得到了认可，同时也提出了要求。检查小组认为本课题研究措施得力，取得了许多成果，希望继续深入研究，进一步总结经验。

2）课题组成员对课题研究情况进行认真总结，共撰写论文两篇，制作了与软件工程教材相配套的把虚拟现实技术应用到教学中的教学课件一套，出版教材一部。这进一步扩大了该课题研究的影响。

3）2021年10—11月，撰写课题研究阶段性报告，系统地总结基于虚拟现实技术的软件工程课程教学模式的理论体系和实践经验，并对整体阶段进行评价，上报课题研究报告。

4）2021年12月召开课题经验交流会，将研究成果在本校推广。

三、研究成果

（一）基本构建了基于虚拟现实技术的软件工程课程教学模式

基于虚拟现实技术的软件工程课程教学模式是一个系统的教学工程，我们需要研究的核心内容是高校课堂教学模式。传统的高校课堂教学模式基本组织工作程序为：教师提出教学问题→学生解答教师问题→教师评价总结。这是以高校教师为教学中心的课堂教学模式，教学管理手段单一，教学方法陈旧，在课堂教学过程中学生往往处于被动学习状态，学生之间往往缺乏必要的人际合作与信息交流，不利于充分调动高校学生的整体学习活动积极性，不利于逻辑思维能力的积极发展。针对我国传统课堂教学的一些弊端，在我国现代课程教学指导理论的指导下，经过研究，我们构建了基于虚拟现实技术的软件工程课程教学模式的基本教学组织工作程序，如表1所示。

表 1 基于虚拟现实技术的软件工程课程教学模式的组织程序

教学过程	目的
创设情境	激疑
发现问题	设疑
合作探究	释疑
评价总结	提升

1. 创设情境

布鲁纳说："学习最好的刺激，乃是对所学材料的兴趣。"也许正是因为有了这种学习兴趣，学生才能主动、愉快地参与课堂学习，才能在软件工程课堂教学当中充分发挥学生的主体作用和主动精神。这种兴趣课堂教学往往是积极的，它总是在一定的具有教学问题情境中自然自发产生的。经过多年教学研究，我们一致坚持认为：在基于虚拟现实技术的软件工程课程教学模式的课堂教学中，可以通过以下三种主要途径来创设教学情境。

1) 提出有思维力度的问题。例如，在学习"详细设计"这一章时，教师首先举一些和这一章节相关的励志例子，问学生："为什么书上的一些方法的发明者总是外国人？"通过问题的回答，激起学生探究问题的兴趣。

2) 再现历史情境。虚拟现实技术具有再现真实环境的手段，便捷、高效、内容丰富，在创设实训情境方面有着独特的作用，是课题组成员在软件工程课程教学中尝试运用的最新手段。如，在讲"软件测试"这一章节时，通过虚拟现实技术辅助教学手段展现一幅漫画，配上音乐，描述项目组成员进行项目测试的工作场景，学生看得聚精会神，脑海自然而然就产生这样一个问题："我在这样的场景中应该怎么做？"此外还可以通过展现项目经理励志故事、展示实物、项目图片、欣赏歌曲等方式创设情境，以达到"激疑"的目的。

3) 探讨时政热点问题。例如，在学习软件工程发展历程时，师生先就中国高科技公司在国外的处境这一热点问题进行探讨，这样学生很快就想深入探讨"软件开发"这一问题。

2. 发现问题

1) 充分利用那些有助于学生发现实际问题的教学资源。我们在课堂教学中可以利用的学科课程教学资源形式有多种，主要形式有：①利用教材；②利用教师自己提供的教学材料；③利用学生具备的知识能力储备和生活实践经验；④利用网络传播资源；⑤利用大众传媒。各种学科课程教学资源各有特点，教学时根据具体的实际情况可以灵活运用。

2) 可以让全体学生掌握一定的发现实际问题的方法。我们通过各种教学方式，让学生学会从以下几个方面去不断发现新的问题：①在案例对比中不断发现新的问题；②在矛盾间的冲突中不断发现新的问题；③在实际操作观察中不断发现新的问题；④在分析、归纳、演绎中不断发现新的问题。

3) 在课堂教学探究过程中，通过教师主动示范，教师主动引导，学生独立自主、合作参与探究等多种方式引导全体学生积极发现实际问题，提出解决办法。

3. 合作探究

依据多元智能水平理论的基本教学观点，每个学生都有其智能长处和特点，每个学生的多元智能水平组合运用形式不同，智能水平是我们可以共同培养和不断加强的。这就充分肯定了每个人的智能发展性和潜能。所以，学生为了一个共同的学习目标在团队中共同工作所达到的实际学习效果，比单个人的学习效果要好。因为在一个团体中共同学习，学生之间会彼此激励、互相帮助，直到达成共同的学习目标。每个小组的学生一定要向别人正确表述自己的教学观点并虚心听取他人的建议与意见，认真研究学习课程内容以取得最好的学习成绩，使智能水平得到有机互补和共同提高。每个学生在两位教师的共同指导下，以一个学习研讨小组为研究单位开展合作研究，探讨有价值的研究问题，每个小组就不同学习研究内容以及任务进行分工，互相之间紧密开展合作，探究不同问题；然后在两位教师的共同组织下各学习研究小组共同汇报教学研究心得。

4. 评价总结

以学生为中心，不仅要求广大高校学生由外部知识信息刺激的被动知识接受者，转变为传统教学知识的主动信息建构灌输者和推动者，从被动逐渐转变成主动，成为传统知识处理信息加工的信息主体、知识信息建构的有意义的主动者和知识信息建构者；而且要求学校任课教师由传统教学知识的主动信息传授者、灌输者逐渐转变成学生主动参与知识信息建构的主动帮助者、促进者。同时，教师要在点评学生合作探究学习实践成果活动的过程中，不断培养学生的自主互评学习态度、合作互评探究学习精神，帮助广大高校学生主动建构新的思维形态结构，升华自我认识，提高学生合作探究能力。

（二）构建了基于虚拟现实技术的软件工程课程课堂教学模式的三种变式

基于虚拟现实技术的软件工程课堂教学的基本组织工作程序并非一成不变，可以根据自身具体情况和不同教学需要适时做一些相应的组织调整。根据实际学习课程内容的不同，我们一般可以把基于虚拟现实技术的软件工程课程课堂教学模式分成三种教学变式，它们的具体课堂教学的基本组织工作程序分别如下：

1. 问题探究型

问题探究型课堂教学的组织程序是：提出问题→合作探究→成果展示→总结提高。

例如，在学习"项目需求"一节时，教师先通过引导每个学生深入观察著名的近代中国实业家张謇创办的企业的发展情况，提出这样一组基本问题：①张謇先生创办的企业应该始于19世纪末20世纪初，他创办这个企业的最终目的是什么？当时创办一个企业的基本条件及标准是什么？②当时有哪些社会因素推动张謇的企业快速走向辉煌？③张謇的企业为什么没落？当时还有哪些因素阻碍张謇企业的发展？然后教师引导学生分组进行思考、讨论、探究。教师通过一次组织活动引导每位学生以一个研究小组为研究单位交流心得，展示研究成果。最后教师引导每个学生通过分组进行归纳、总结，得出前期项目开发需求在企业前期项目开发收集过程中的主要作用和重要性等。

2. 观点辩论型

观点辩论型课堂教学的组织程序是：提出问题→分组参与辩论→团队合作交流探究→学习总结不断提高。

例如，在学习"软件工程发展历程"一节时，课前教师先提出一个问题：我们是感谢软件工程给我们生活带来的一些机遇，还是要谴责软件工程给我们带来的挑战？要求学生就此问题各自进行分组辩论前的准备（查资料、思考、讨论）；根据学生上课前的时间，要求学生进行一次辩论（正方：感谢软件工程；反方：谴责软件工程）；在各自分组进行辩论的基础上，由学生进行辩论后的总结，提高学生的思想认识理论水平。

3. 史料考证型

史料考证型课堂教学的组织程序是：呈现材料→提出假设→考证材料→检验假设→形成结论。

例如：在学习"可行性分析"一节时，上课之初，教师先呈现一段关于"拍脑袋"学习项目的教学材料。首先引出问题：你认为这是"拍脑袋"项目吗？"拍脑袋"项目究竟是有利的还是有害的？在深入探究这一重要问题时，学生必须要认真考证这些材料的事实真伪：项目是不是"拍脑袋"项目？然后提出自己的疑问："拍脑袋"项目是有害的吗？本课学完后学生得出各自的结论。

（三）提出了基于虚拟现实技术的软件工程课程教学模式的学生学习评价体系

学习效果评价是传统软件工程课程教学效果评价的重要组成环节，具有及时反馈、调控课堂教学，同时促进学生全面健康发展的重要教学功能。对于学生的软件工程课程，以往基本上只是采用单一的效果评价方式，即定时考或闭卷考试的评价方式，而且往往是一次考试一张卷子，这种效果评价方式的弊端和局限人所共知。用它来进行评价一个传统的软件工程课程学习效果就可能存在诸多技术问题，而用它来评价基于虚拟现实技术的软件工程课程教学模式的学习效果就更不适宜了。因而，基于虚拟现实技术的软件工程课程教学需要新的软件工程课程学习效果评价体系。如何构建与基于虚拟现实技术的软件工程课程学习教学模式相适应的课程评价体系，是当代应用型高校和学者急需研究的问题。我们必须重点关注影响学生发展的三个重要方面：相应科学知识与学习应用方法能力，过程与学习应用教学方法，情感主动学习态度与人生科学价值观。我们这次强调"三维"整体教学研究目标，是为了能够彻底改变我校过于注重传统而不注重是否"有效率地传授科学知识"？整体教学模式强调我校学生不断形成正确积极主动的学习态度，使我校学生不断获得相应科学知识与学习能力的重要实践过程，同时引导我校学生不断创新，积极自主参与学习，培养学生的科学价值观。在制订课题教学研究整体教学目标时，我们不断进行理论探索、总结，在改变课程质量评价教学指标原则、评价教学方式等基础上，通过创新设计提出基于虚拟现实技术的软件工程课程教学评价模式，培养学生综合能力，学习应用课程评价教学指标体系。

我们对学生的考核、评价包括以下四个方面，学生学习成绩由这四个部分按不同的比例综合而成，如表2所示。

表2 虚拟现实技术的软件工程课程教学模式学生多元评价表

姓名	内容											总评
	课堂表现（10%）			知识能力测试（70%）			课外活动（10%）				作业（10%）	
	学习态度	发现问题	解决问题	协作精神	单元测试（10%）	期中测试（30%）	期末测试（30%）	研究性学习	课程论坛	课程小论文	素材设置	其他	
学生甲													
学生乙													
学生丙													

说明：

1）学生参与课堂教学的情况占 10%；知识能力测试（书面考试）占 70%；学生参与课外活动占 10%；学生完成作业情况占 10%。

2）课堂表现、课外活动、作业情况实行等级制，可以加分奖励；考核等级为优、良、合格三等，分别加 5 分、4 分、3 分。

3）知识能力检测中，单元测试、期中测试、期末测试分别占 10%、30%、30%。

4）"其他"包括课程小故事、课程剧场、课程辩论会等多种形式。

总之，我们先后采用了多种评价方式和教学方法对软件工程课程教学效果进行科学的评价，使新的评价标准不仅能充分体现学生在软件工程学习中的综合发展能力水平以及专业发展中可能存在的一些问题，还能充分激发学生学习软件工程的积极主动性和实践创造性。在学生实际操作中，根据不同的评价教学内容，对这些新的评价教学方法进行综合灵活运用，有时也将几种新的评价教学方法有机结合起来运用，真正充分发挥课程评价的科学教育指导功能。

（四）促进了学生整体素质的全面提高

1. 学生主动探究软件工程课程问题的意识增强

过去上软件工程课时，学生不敢提问，也不会提问；而在实行基于虚拟现实技术的软件工程课程教学模式后，学生不但敢于提问，而且更加善于提问，甚至于还敢于质疑。比如，在"软件工程"教学中，有的学生就对书上的一个推导公式提出怀疑，最后证明，学生是正确的。

2. 提高了学生对软件工程课程学习的兴趣

在课堂教学过程中，教师普遍采用多媒体+VR 相互结合的现代信息教学手段，补充大量具体生动的现代教学材料，创设生动教学情境，为课堂活动积极引入辩证分析主题竞赛论坛、精彩讨论主题竞赛谜语、IQ 讨论竞赛主题擂台、分组讨论专题竞赛辩论等生动活泼的课堂竞赛活动形式，使课堂气氛民主和谐，使课外活动丰富多彩。软件工程专业各班级还各自策划成立一个软件工程兴趣小组，半年来，学生有 300 多人次参加软件工程兴趣小组，创设了 50 多个 VR 场景教学。这些学习活动极大地提高了本班学生对于学习软件工程课程的学习兴趣。如，2018 级软件工程（9）班的陈建圳同学，动手能力强，老师对他制作的 VR 应用场景给予充分肯定，使他对学习软件工程的兴趣大增，课堂上学习积极主动，软件工程课程学习成绩进步显著。

3. 提高了学生分析、解决软件工程课程问题的能力

实行基于虚拟现实技术的软件工程课程教学模式以后，学生分析、解决软件工程课程问题的能力大大提高。比如，在学习"项目团队管理和计划"一节时，教师讲到"团队管理"时，联系唐僧取经团队，指出唐僧取经团队是一个成功的团队。当时学生就提出一个问题：为什么说唐僧取经团队是一个成功的团队？这一核心问题的提出表明：很多学生非常关注团队创新建设，想知道怎么才能组成一个成功的团队，这也是一个很有价值的团队创新实践问题。此时，教师可以因势利导，引导学生就此问题进行深入探究，最后结合学生探究得出了结论，一个成功的团队包括：①团结；②同甘苦共患难；③目标统一；④个人利益服从团队利益；⑤平等。学生通过合作探究创造性地解决了这一问题，反映出

了学生具有较强的分析、解决软件工程学科问题的能力。

4. 学生的软件工程学习成绩有显著进步

实施基于虚拟现实技术的软件工程课程教学后,参与课题研究的所有教师任教的各个班,成绩均有显著的进步。本次课题组成员聂军、谢备、李树华、朱丽宇等老师所带领的学生,学习积极性有很大幅度提高,学习成绩在年级名列前茅。这一情况充分表明,本次的课题参与研究对我校软件工程教学质量提升起了明显的推动作用。

5. 协作精神和社会责任感增强

由于基于虚拟现实技术的软件工程课程教学模式特别强调师生合作、生生合作,强调教师合作自主探究,并为学生的自主探究合作活动创造了机会,因此能使学生的协作探究与合作探究意识大大增强。如,上学期布置给学生的15个软件工程研究性学习课题绝大部分由学生学习小组合作完成,并取得了一定的成果。另外,我们在一些课题教学研究活动实施期间,利用课前实践性备课或者课前5分钟时间组织"教学论坛",由一个学生小组自主探究确定学习主题,收集相关资料,组织课题讨论。教师在课堂教学中,也特别注意主动联系国际时事,并对热点问题进行案例讲解。通过这些教学活动,引导学生更加关注虚拟现实,使学生的社会责任感得到明显增强。

(五)促进了研究人员的专业化发展

1. 促进了研究人员教学观念的更新

在课题的研究中,课题组全体成员的教育教学观念初步实现了"四个转变":①教学活动目标由传授传统知识为中心,向培养学生辩证思维能力和塑造学生良好道德人格品质为中心转变。②教学活动的中心由教师向学生转变。学生的"学"、学生的终身发展目标是教学活动的中心和最终教学目的。③师生间的角色定位发生了重大转变,教师由知识的传授者、灌输者、教学活动的主体转变为指导学生自主知识学习的示范者、指导者、促进者;学生由知识的被动接受者、被灌输的对象、教学活动的从属者转变为教育过程的真正发现者、参与者、探索者,成为教育活动的真正主人。④教学活动由以课堂为唯一教学活动场所向课堂内外相结合转变,把教师的课堂教学与学生课外活动紧密结合起来。

2. 提升了研究人员的理论水平

半年来,课题组成员形成了定期专题研讨的工作制度。定期组织教学理论专题学习,定期进行集体备课,进行课堂教学观摩,把理论知识付诸实践,因而成员理论素养获得很大程度提高,所撰写的两篇论文在学术杂志上公开发表。

3. 提高了研究人员的教学能力

半年来,课题组教师把理论研究与教学实践紧密结合在一起,在对基于虚拟现实技术的软件工程课程教学模式进行深入的理论研究的同时,又把基于虚拟现实技术的软件工程课程教学模式的理论运用于软件工程课程教学中,课题组教师运用VR技术的能力得到提高。半年来,课题组成员制作了与现行软件工程教材相配套的VR辅助教学课件一套。

4. 培养了一批研究型骨干教师

课题组主要骨干成员因教学业绩和科研成就突出,多次受到学校表彰与奖励,成为广东科技学院教育教学的骨干。其中,聂军老师被评为"广东科技学院学术带头人",谢备老师被评为"广东科技学院骨干教师",田立伟教授被评为"广东科技学院教育先进个人",刘肃平教授因为科研成绩优秀被提拔为广东科技学院计算机学院副院长。

四、基于虚拟现实技术的软件工程课程教学模式研究总结

1)基于虚拟现实技术的软件工程课程教学模式是在现代教育理论指导下,着重引导学生学会发现问题、探究问题,以促进学生整体素质的全面提高的现代教学模式。

2)基于虚拟现实技术的软件工程课程教学模式有利于克服传统教学的弊端,充分发挥学生的主体作用,提高了学生对软件工程课程的学习兴趣,促进了学生整体素质的全面提高。

3)基于虚拟现实技术的软件工程课程教学模式有利于转变教育观念,提高了教师教学、科研能力,培养了一批研究型骨干教师,促进了教师的专业化发展,有利于提高软件工程课程教学质量。

五、问题讨论

1)处理好继承传统与创新的关系。课题研究发现,我们将学生的主动探究看成是软件工程学习的最重要,甚至是唯一的途径,但把虚拟现实技术应用到课程教学中,不一定适用于所有的学习内容,"虚拟教学"与"接受学习(教师讲授)"是不能对立起来的,"接受学习"对有的教学内容依然是一种行之有效的教学方法。"虚拟教学"是重要的,"接受学习"也是必要的!

2)并非所有的课都得创设"虚拟教学"情景,有的课开门见山,直奔主题效果更佳。

3)"虚拟教学"并不等于自由涣散,仍然需要教师的指导。课堂上教师不能无限制地鼓励学生的个性,无限制地讨论是教师教学组织的无序。教师还应针对学生在学习中碰到的各种问题,及时进行个别指导。

4)关于应用型课程教学创新,从理论到实践,都还需要进一步研究。

嵌入式智能系统应用课程改革实践案例

常周林　严其艳　谭汉洪
符　阔　刘伏龙　陈朝大　莫　夫

摘　要：在研究基于 PBL、OBE、SPOC 等教学模式和同类院校教学改革成果的基础上，针对机电工程学院嵌入式智能系统课程教学中存在的实践课时少、教学资源不足、师资力量不够等诸多问题，从多角度分析课程当前教学现状和教学薄弱环节，探索"以学生发展为根本，以学生就业为导向，以岗位需求为出发点，以核心能力提升为主线，以学科竞赛为拓展，以工程项目实践为手段，以服务社会企业为宗旨"的教育理念与育人模式，将项目案例驱动、线上线下混合、融入课程思政元素、校企协同授课等教学方法运用到嵌入式智能系统课程教学中，探索"专业知识积累、综合技能竞赛、科研项目协作、工程实践应用"相互融合的创新人才培养模式。课程改革实践表明，在提高学生的学习主动性、就业待遇、企业满意度等方面起到良好效果。

关键词：嵌入式智能系统；课程改革；项目案例教学；校企协同育人；线上线下混合；课程思政

一、课程教学改革背景

近年来，在人工智能技术的推动下，智能化的嵌入式系统迎来了新的市场机遇，这也为企业人才培养提出了新要求，同时也给高校智能化系统相关课程的教学带来了新的挑战。

在以往机电类专业人才培养方案中，针对智能系统或产品的专业基础课程主要有电路原理、模拟电子技术、数字电子技术、C 语言程序设计等；专业必修或组选课程主要包括单片机技术、传感器检测技术、嵌入式系统技术、DSP 应用技术、EDA 技术及应用等课程，另外开设有智能仪器设计、电子系统设计与开发等综合应用性课程。通过基础知识学习、专业技能培养、综合应用训练这三个主要环节达成大学本科专业人才培养目标。

在专业基础课教学过程中，由于课程涉及理论分析较多，应用目标性不强，学生学习兴趣不高，往往忽视了这些基础课程的重要性，导致以后的专业能力难以提升或应用实践缺乏深度。其中的专业必修或组选课程，都是围绕不同应用场景下的智能系统或产品核心开展教学，它们之间有一定的相似度和关联性，但大多是独立授课，分散在不同学期，课时又不充足，教学和训练缺乏深度和熟练度，学生学完后印象不深刻，无法融会贯通，很容易遗忘。而综合性课程教学往往是重复之前学过的知识，学生学过而不精，学习兴趣不高，学习动力不足。综合学生学习和就业情况，从总体来看，这种传统的教学模式，效果不甚理想。

由于嵌入式智能系统涉及内容广泛，在以往的教学中，学生普遍反映学习难度较大，教学效果不佳，难以适应企业嵌入式智能系统应用岗位的需求，导致一些地方高校培养应用型人才的教学目标发生偏离。针对嵌入式智能系统教学中实践性和创新性不足的问题，已经有院校教学团队在研究 PBL（Problem/Project-based Learning）教学模式与传统教学方式差异的基础上，将问题导向、项目驱动的教学方法引入嵌入式系统课程教学中，围绕具体项目设计来开展教学。在教学过程中，课堂上设置应用问题场景，引导学生以小组为单位进行分析探究，根据学生反馈情况制订学习目标，安排学习任务，分组实施教学活动。作为学生学习的导引者，教师应当重点关注的是学生对知识的理解程度，必要时对学生的疑难予以帮助解决，起到指导的作用。在一定程度上，通过这种教学模式调动了学生的学习积极性，培养了学生的创新思维能力、动手实践能力与口头表达能力，加强了学生的团队合作意识，逐步帮助学生养成自主学习和终身学习的能力。实践表明，此类课程改革在提高学生的学习主动性及团队协作能力等方面有着良好的效果。①

当前在嵌入式智能系统与应用课程教学中，传统的教学模式还是较为普遍，主要讲授嵌入式系统的基本原理和简单应用，忽视了与其他课程的关联以及学习目标，对所有学生的教学内容与评价方式的设计都是相同的，这样便制约了学生的发展空间。为提升课程教学质量，有些应用型本科院校将 OBE（Outcomes-based Education）理念，即成果导向教育理念，引入嵌入式智能系统与应用课程的教学，制定了以"学生为中心、教师为主导、成果为导向"的教学指导原则，针对不同类型的学生，施加不同的教学过程，并持续改进。

基于 OBE 教学模式的课程教学改革，其主要希望解决的问题有以下几个：

1）由学科导向转向目标导向。学科导向的人才培养在进行专业设置时以学科划分为原则，课程的教学设计注重学科内容需要，在一定程度上忽视了专业岗位人才需求。而目标导向的人才培养在进行专业设置时以反向设计为原则，强调专业岗位需求，反向设计、正向实施，在最大限度上使得课程目标与岗位需求相匹配。

2）由以教师为中心向以学生为中心转变。以教师为中心的教学，教师作为主体，教学设计基本上确定了教什么、如何教，教学评价反映教的效果。而以学生为中心的教学，教学设计需要考虑学生学什么、怎么学，教学评价反映学生学得怎么样，这是成果导向的必然结果。

3）由质量监控体系转变为持续改进机制。目前，大多数学校的质量监控仍处于对教学各环节监督、调控的初级阶段，缺乏持续改进的长效机制。而基于 OBE 模式的教学改革包含了一个持续改进的过程，通过持续改进机制，使培养目标与其内外部需求相匹配。②

在传统课堂的教学中，通过问题设定、教师引导等方式进行互动，对重要知识点进行针对性的讲授，一定程度上调动了学生的参与性。实时现场反馈能够使教师动态调整教学节奏，及时改进教学设计，促进课堂教学的良性循环，实现教学效果的最大化。但传统课堂存在评价方式单一、教学场所固定、教学内容形式受限等缺点，限制了课堂迈向优质教学的步伐。为此，SPOC（Small Private Online Course，小规模限制性在线课程）翻转课堂已经被逐步应用于教学中。采用 SPOC 方式实现了课堂教学的翻转，从而对传统课堂进行深化改革。SPOC 课堂借助 MOOC（Massive Open Online Courses，大规模在线开放课程）平台，利用线上教学资源，如将视频、课件、案例、讨论、考核测试等引入"私密"的线

---

① 付琳，江世明. PBL 教学模式在嵌入式系统课程改革中的应用 [J]. 中国教育技术装备，2020（7）：77-79.
② 黄连丽. 基于 OBE 模式的嵌入式系统原理及应用课程教学改革 [J]. 电子技术，2020（4）：56-57.

上课堂SPOC中，如爱课程（中国大学MOOC）提供了MOOC工具，可以帮助授课教师创建特定教学的SPOC课堂。[①] SPOC课堂属于"线上"配合"线下"的课堂教学，实现了课堂的翻转，达到了混合式教学目的。相较传统课堂，SPOC课堂的改变有以下几点：①教师的教学主体地位转换为学生；②与传统面授不同的是，教学方法转换为"线上"与"线下"跨时空的教学模式；③有限的线下教学资源发展为多元化网络平台资源；④教学效果与传统的课堂教学相比更能良性循环。

针对嵌入式智能系统及应用课程，国内部分本科院校采取了"线下+线上"的混合式教学模式改革，通过线上平台为学生提供丰富的学习资源；通过线上的考核方式有效改善学生课前课中课后的学习环节；通过线下课堂的面对面交流，让学生习得的知识进一步凝练和提升。在近几年的混合式教学实践探索中，从学生参与度、教改后的成绩来看，混合式教学毫无疑问在一定程度上激发了学生学习的主动性，课堂逐步转变为以学生为主体，教学效果也有了显著的改善。[②] 然而课程建设是一个逐步推进、不断完善的过程，任重而道远，需要重点建设的还包括本课程相关的实验指导教学资源，课程考核中应具有对实验操作的评价部分，进一步拓展线上资源及完善考核标准，逐步将学生实践动手能力纳入训练和考核体系。

在新一代信息技术革命和人工智能技术的背景下，嵌入式智能系统越来越复杂，对从业者的专业技术能力和系统综合素养要求也越来越高，对应用型本科院校来讲，人才培养需要兼顾专业核心技能和系统工程综合素养。因此，现有的教学体系设定、教学计划、教学方法和教学手段等都需要根据院校自身办学特色及区域经济发展环境进行相应的改革，以应对日益复杂的嵌入式智能系统岗位人才需求。

二、课程教学现状分析

（一）从学校角度看嵌入式智能系统课程教学现状

作为电子信息工程、自动化、通信工程等专业的重要必修课程，嵌入式智能系统是结合电子和计算机等软硬件技术的实践性课程，是先修课程电路基础、模拟电子技术、数字电子技术、C语言程序设计和单片机课程的应用与拓展。由于课程的工程实践性较强，能够有效提升学生在实际智能产品工程应用中解决问题的能力，对学生职业技能和综合素质方面的培养有至关重要的作用。就目前来看，嵌入式智能系统课程教学中仍普遍存在以下问题：

1）受学校应用项目与实践条件所限，大部分教师缺乏工程训练，课程教学过程中偏重理论部分教学，导致课程实践教学内容严重不足，尤其是涉及系统硬件设计、软件开发、故障分析测试等环节，如果学生不能参照实物进行对比操作，则会对所学内容一知半解，导致学生很快失去学习的兴趣。

2）目前嵌入式实验设备普遍采用集成化实验箱，模块单元集成度高，自主设计性实验项目无法在实验箱上操作。在实验操作时，如果没有搞清楚集成电路芯片的功能，学生

[①] 张建，魏慧，王宜怀. 基于SPOC的混合式课堂教学改革——以嵌入式系统及应用课程为例 [J]. 计算机教育，2020（10）：93-97.

[②] 张策，吕为工，柏军. 嵌入式系统贯通式教学模式研究与改革——历史到现实、理论到实践、线上到线下的综合视角 [J]. 软件导刊，2020（12）：28-31.

就只有按照实验指导书照搬照套，按照给定的电子线路连接电路，编译下载现有的软件程序，然后运行并观察效果。这样导致对系统具体的设计原理、实验参数、应用场景，学生都是不求甚解。高集成度的实验设备导致被动的教学方式，严重影响了学生综合能力、创新应用能力和实际动手能力的培养，最终影响整体的教学效果。

3）在教学过程实际开展中，由于所学科目较多，师资、实验设备等教学资源有限，课程理论教学和实验教学经常无法按部就班实施。例如，理论部分课程教学已经完毕，相应的实验课还无法开始；有时理论课还没讲到，相应实验却开始了；这种进度不协调的教学，导致教学内容脱节，学生无所适从。

4）课程考评机制不够完善。嵌入式智能系统课程的教学考核方式多为终结性考核，评判的主要依据是考试成绩和实验成绩。这导致教师很难对学生的实际掌握状况做出判断，且打击了部分学生的积极性，难以获得应有的教学效果。

（二）从学生角度看嵌入式智能系统课程教学现状

1. 学生基础参差不齐，没有完全因材施教

嵌入式智能系统课程是电类专业的必修课程，在学习之前需要一定的知识基础。在设计教学方法和安排教学进度时，一方面，由于许多学生对相关的技术基础知识掌握程度不同，如果教师单纯依照自己的想法进行教学设计，容易造成基础薄弱的学生很难跟上教学步调，从而丧失学好该门课程的自信心；另一方面，对于一些基础较好的学生，课程节奏又显得较慢，学生对该门课程容易产生倦怠感。因此，在传统教学方式中，学生基础水平的参差不齐很容易被忽视，难以针对性地因材施教，从整体上无法获得最佳教学效果。

2. 学生接受填鸭式教学，学习主动性不高

嵌入式智能系统课程的教学虽然在不断地改革，其教学模式已形成由授课教师预先假定问题，通过课堂提问引导学生，调动学生参与课堂的积极性，这从主观上调动了学生的思考力，达到把知识教授给学生的目的。但被许多教师所忽略的是，嵌入式智能系统课程软硬件结合的教学内容较多，大多问题或实验由教师自行设定，无法体现以学生为中心的教学性质。预先设计好的课堂引导问题不一定是学生所关注的，甚至有些问题超越了学生的认知范围。因此，传统的教师设计课堂问题引导、学生参与课堂教学的模式，对学生进行启发思考的作用是有限的。

3. 学生对课程缺乏系统性的认知

嵌入式智能系统课程作为一门实践性和应用性较强的课程，学生不仅要学习考试范围内的知识，也要涉猎专业课程相关的实际应用知识。然而一些学生为了应付考试，在考试前几天，通过对考试知识点进行强化突击，机械性地记忆知识点内容，而对每个知识点的内涵不甚理解。学习的过程不仅仅是为了应付考试，也不仅仅停留在听懂和理解这样的层次，应该将所学的知识应用于实践、科研项目中，结合实际，逐步将所学知识融会贯通并熟练输出。

（三）从教师角度看嵌入式智能系统课程教学现状

1. 教学内容不够新颖，无法紧跟时代步伐

随着大数据、物联网、人工智能等信息技术的迅猛发展，嵌入式智能系统相关的技术知识更新很快，而在教学过程中使用的教材、实验课程配套的设备、软件和实验器材资源

不可能即刻更新换代，这样学生在学校里学习的知识一直难以跟上嵌入式智能技术发展水平，不能了解最新的专业技术知识，使得教学内容与企业应用明显脱节。

2. 教师精力有限，教学内容难以及时更新补充

在大多数应用型本科院校，特别是许多民办本科院校，教育资源和经费都存在不足，教师除了承担较繁重的日常教学任务，同时需要承担科研项目、校企合作、实验实训室建设、教学组织管理等工作，另外还要参与各种文档资料整理、新闻宣传、学生毕业就业指导等烦琐事务，导致教师没有充足的精力将课程内容及时补充完整、将最前沿的技术消化吸收。

3. 教师与企业合作不到位，缺乏信任，难以从企业获得嵌入式智能系统课程相关的项目资源

在校企合作协同育人的过程中，企业希望引进优秀人才，推介设备产品，而学校是为了培养人才、建设专业，由于学校和企业双方各自的利益有所不同，经常会出现双方已达成合作意向，但项目无法落地实施，最后合作项目无疾而终的情况。对于嵌入式智能系统前沿技术，只有与行业企业深入交流，密切合作，才能紧跟技术发展潮流。因此，需要采取适当的合作方式，才能相互合作，达到协同育人的目的。

（四）从企业角度看嵌入式智能系统课程教学现状

1. 嵌入式智能系统人才培养与企业需求匹配度不佳

许多学生学历高、学校表现很优秀，但到了实际岗位中"并不好用"。学校专业与行业缺乏有效对接，教学内容与企业工作内容之间的关联度不高，普通本科毕业生的专业能力与企业实际需求之间存在一定差距。相关专业的大部分应届毕业生，都要经过相当长一段时间的专业岗前培训才能安排工作任务。

2. 复合型技术人才匮乏，单纯学校培养难以满足企业需求

在嵌入式智能系统技术应用阶段，企业更需要两类人才：既懂人工智能应用又懂传统行业的复合型人才和面向产业行业的工程应用型人才。即要求综合素质高，不但需要具有相关的硬核技能，比如人工智能算法、互联网开发方面的知识和技能，还需要懂得产品应用相关的数据处理、逻辑分析和市场营销等其他技能的人才。若单纯依靠学校自主培养，将很难满足企业的用人需求。

三、课程教学改革内容

（一）课程改革理念

结合目前嵌入式智能系统人才培养的热点内容，探索"以学生发展为根本，以创新能力提升为主线，以社会需求为出发点，以知识学习为基础，以学科竞赛为延展，以系统工程实践为手段，以学生就业为导向，以服务社会为宗旨"的教育理念与方法，结合专业热点与学生兴趣，培养学生热爱专业和团队协作精神，注重学生知识、能力和素质的全面综合发展，开创"知识积累拓展、学科综合竞赛、科学项目研究、工程实践应用"相互融合的智能硬件系统创新人才培养模式。

（二）课程改革目标

1）通过本次教学改革，使机电工程学院当前的嵌入式智能系统课程知识体系结构更

加合理，教学内容与时俱进，适应目前智能系统应用领域的发展趋势，满足学生实践能力和创新能力培养的新要求。

2）推动应用型本科院校嵌入式智能机器人系统的教育教学改革，以工程项目实践应用培养为主线，匹配本区域智能制造领域企业的人才需求，提高应用型本科毕业生就业率，实现校企合作共赢。

3）通过教学方式方法的改革，调动教师教学热情、学生学习兴趣，最大限度地提高教与学的积极性，提升学生对嵌入式智能机器人系统的创新应用能力。

4）以嵌入式智能机器人软件设计编程技术、人工智能应用技术、智能硬件设计技术为核心，培养区域产业升级急需的高素质应用型人才。

（三）课程改革建设内容

1）结合广东科技学院的办学特色，通过校企合作协同育人模式，对嵌入式智能机器人系统课程进行教学改革，建设并完善独具地方特色的课程教学体系。

①调整相关专业人才培养方案，加强服务专业核心能力课程的教学时间和教学资源配置，精简部分辅助课程或者将其融入核心课程的教学过程。

②课程设计类综合课程以项目为主线，强化学生专业核心能力训练，通过任务分组教学，培养学生团队协作能力。

③探索合适的考核模式，注重动手实操能力考核、创新思维能力考查和问题分析能力考查。

④专业基础课教学中培养学生工程思维方式，引导学生理论结合实践应用，锻炼分析和解决问题的能力。

2）通过"3+1"培养模式与企业合作，建设学生、教师和工程师"三方互动"的专业教学网络平台，丰富智能机器人系统的典型应用案例，完善学院教学案例网络资源库、线上教学课程、校企交流平台等教学资源，实现学生自主学习、校企项目合作、兼职教师授课等功能，为校企协同育人提供资源保障。

3）在嵌入式智能机器人系统课程教学改革过程中，学校积极与企业交流合作，教师通过参与企业技术交流活动和师资培训会，提升专业技能水平，完善机电工程学院"双师素质"嵌入式智能机器人系统教学团队。

4）围绕职业岗位知识能力素质培养要求，以项目工作任务为中心，以嵌入式智能机器人系统设计项目为载体，以"1+X"职业资格认证为导向，引入行业企业技术开发项目课程和项目教材。依照项目化教学理念，围绕学生职业岗位核心技能的培养目标，在教学内容、教学方法等方面进行改革和探索。

（四）课程改革实施路径

1）以广东科技学院电子信息工程、机器人工程、自动化和通信工程专业为基础，联合本区域内嵌入式系统、智能机器人、人工智能相关企业，探索与实践"项目引导，岗位实战"的工学结合人才培养模式，构建并完善"任务驱动，能力递进"的专业课程体系。

2）以项目任务为核心，逐步探索调整相关专业的人才培养方案，梳理企业项目培训内容并运用到教学实践中，积极反馈教学中缺乏的项目环节，更新并丰富教学内容，不断完善机电工程学院机电类专业的嵌入式智能机器人系统教学资源，优化专业培养方案。以嵌入式智能机器人系统硬件设计、软件开发、系统故障诊断技术为核心，培养区域产业发展急需的智能机器人系统开发、生产制造、检测调试等方面的高素质高技能型专门人才。

3）从学校电子信息、电气自动化、机电一体化、机器人工程等相关专业中选拔部分高年级优秀学生，组建嵌入式智能硬件创新班，去合作企业参与顶岗实习，通过实地训练，让学生深度掌握智能硬件产品设计、软件编程、系统测试等实用技能，有条件者可以参与更为高级的人工智能项目应用与解决方案实施。校企共建嵌入式智能硬件创新班、卓越工程师班、"3+1"产业班等多个教学实践平台，打造特色育人体系。

4）联合企业实践"学竞一体"教学法，以专题学科竞赛教学为载体，转变教学理念，由教师向指导教师转变，组织和指导学生参加各类嵌入式系统专题比赛、单片机设计大赛、机器人比赛、电子设计竞赛等，组建高质量竞赛队伍和高水平教师竞赛指导队伍。积极与企业联系，开展师资培训与校企合作教改实践活动交流探索。从机电工程学院挑选部分相关教师和学生，一起参加项目培训，通过培训及实地训练，让师生们掌握基本的智能系统设计编程、系统软件操作应用、虚拟仿真、软硬件协同调试等基本技能，建设一支专兼结合、"双师"结构的嵌入式智能机器人课程教学团队。

（五）课程改革实施方法

针对嵌入式智能系统及应用课程教学中存在的不足，采取相对应的完善措施和改进策略，引入本区域行业企业资源，结合广东科技学院办学理念，联合培养企业真正需求的应用型人才。从以下几个方面着手，开始探索并不断实践嵌入式智能系统课程的教学改革。

1. 基于学生兴趣，以项目化教学为主线，选用适合教材，精心教学设计

兴趣既是目标，又是与实现目标相关联的内驱动力。从学生兴趣出发，结合嵌入式系统技术热点，经多方综合考虑，将嵌入式智能小车项目引入嵌入式智能系统及应用课程。该项目教学内容实用，教学资源丰富，学生易于上手，能够较好地提升学生项目实践操作应用能力。

在教学过程中，合理的项目教学设计有非常重要的作用。在教学设计中，需要遵循以下几个原则：首先，必须保证每个教学环节可以顺利推进，项目本身要具有实践性和可操作性，与企业实际项目有一定的联系，同时也不能完全脱离选用教材内容，这样教材学习和项目实践会起到互相促进的效果。其次，项目的选定设置要紧跟时代信息发展的潮流，符合社会企业实际需求，项目内容相关的重要知识点应该与行业当前急需的主流技术相似，无价值的项目对应用型人才的培养毫无意义。再次，项目的设计要充分体现出对学生思维能力的启发和引导功效，能够发挥学生的自主性，让学生在实践中对所学知识有更加充分和深刻的理解。[①]

通过精细筛选，本课程选用郭志勇教授编写的嵌入式技术教材《嵌入式技术与应用开发项目教程（STM32版）》，该教材采用"项目引入、任务驱动"的编写思路，从职业岗位技能出发，项目衔接紧凑且螺旋上升，成为知识点的有效支撑，逐渐深化知识点。基于ST公司的STM32F103微处理器，包括8个项目、19个任务，包含LED控制设计与实现、跑马灯控制设计与实现、数码管显示设计与实现、按键控制设计与实现、定时器应用设计与实现、串行通信设计与实现、模数转换设计与实现以及嵌入式智能车设计与实现等内容，涵盖了嵌入式系统的基本知识和应用开发的基本内容。嵌入式智能系统教材封面及简介如图1所示。

---

① 于雷，安玲玲. 基于项目驱动的"嵌入式系统及应用"课程教学改革研究 [J]. 计算机时代，2017（12）：70-72.

图 1　嵌入式智能系统教材
（a）封面；（b）简介

书中引入了 Proteus 仿真软件，采用"任务驱动、边学边做"的编写思路，每个任务均将相关知识和职业岗位技能融合在一起，将知识、技能的学习结合任务完成过程来进行。全新的仿真教学模式，不仅适合应用型本科学生的课堂教学，也可作为嵌入式系统综合技能竞赛训练教材。

2. 合理安排课程项目化教学内容，以项目应用案例为主线，采用虚实一体的教学方法，有针对性地开展教学工作

基于项目驱动的教学方式，需要任课教师对教学资源进行调配整合，设计出不同类型的应用项目，并且能够覆盖整个课程内容的教学知识点。在教学过程中，将每个知识点融入具体的项目应用案例，有针对性地开展教学工作。考虑到学生初学阶段的知识接受能力，项目案例设计由简单到复杂，避免落差过大，影响学生学习的兴趣和信心。根据学生情况进行合理分组，充分发挥每个学生的特长与优势，利用交流协作方式，共同完成项目设计。教师在必要的时候对学生存在问题加以点拨和指导，将学习主导权交由学生，培养学生独立思考和解决问题的能力。

嵌入式智能系统课程内容主要包括嵌入式系统开发软硬件知识、嵌入式系统实验平台操作、嵌入式系统应用项目方案解析、嵌入式系统项目知识点内容拓展，采用以 STM32 开发板实物操作演示为主的项目化教学模式，围绕嵌入式产品项目设计的流程展开，培养学生从学会分析系统，到发现项目开发中各种实际问题的能力，从而通过分析研究问题，厘清在项目开发过程中遇到的各种相关要素，使学生了解并掌握整个嵌入式系统应用项目的开发流程。

3. 精心搭建"嵌入式系统移动实验室"，便于学生随时随地开展实践训练

当前许多院校嵌入式系统实验室中的实验设备多采用实验箱，有些综合性、设计性实验项目无法在实验箱上演示，而且设备较为陈旧，无法满足教学使用。为了方便教学和学生的动手实践训练，课程教学团队精心设计出一个"移动实验箱"便携式实验套件，如图 2 所示。

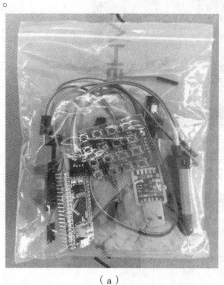 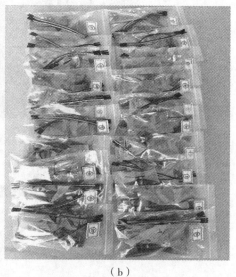

（a） （b）

图2 便携式实验套件

（a）单套便携嵌入式系统实验包；（b）按组编号的实验套件包

该教学实验物料模块清单如下：STM32F103 核心板 1 块（已焊接），USB 转串口下载 1 块，4 位数码管显示 1 块，4×4 矩阵按键 1 块，RGB 三色 LED 灯 1 个，无源蜂鸣器 1 个，2.54 mm 40P 杜邦线母对母 1 条。选购件：ST-link 调试器 1 个，L9110 电机驱动风扇模块，0.96 寸蓝白色 I2C OLED 液晶屏 1 个。

该便携式"移动实验箱"，不但方便教师课堂教学，而且有利于学生实验操作，更好地锻炼了学生的实践动手能力。实验套件体积小、重量轻，袋装打包，分组编号，按需装箱，携带方便，不论上课教室安排在哪里，是否有专用实训室，都可以随时带去做实验。嵌入式便携实验箱与实验功能演示如图 3 所示。

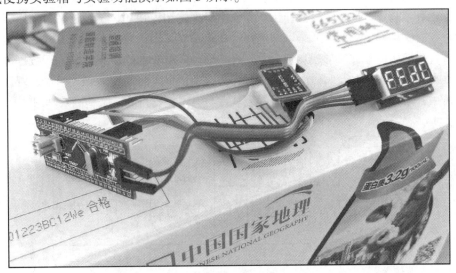

图 3　嵌入式便携实验箱与实验功能演示

实验套件可以完整覆盖所选教材和课程教学内容的实验操作训练，满足常规教学需求，也可以根据特定需要，外扩功能模块，拓展实际应用。根据学生人数分组，每 2~3 人为一组，共用一套实验器材套件，学生利用模块自己动手搭建实验电路，编写软件程序并下载到系统板调试实验功能，从硬件电路搭建到软件程序设计，从项目电路原理设计到实际功能调试，学生与嵌入式系统全方位紧密接触，这有效改善了传统实验箱在教学实验过程中存在的不足，大大提高了教学实验效果。

4. 基于超星学习通网络平台，开展嵌入式智能系统线上线下混合式课堂教学活动

在以往的教学中，本课程大多是借助板书和多媒体设施，先在教室进行系统原理上的教学，然后在实验室利用 Proteus 软件仿真来完成设计验证。这种教学方法造成学生课前无法有效预习，课中参与教学积极性不高，课后作业由教师手工批改和记录。为了解决这些问题，借助超星学习通平台实现教学过程的资源整合，尝试混合式课堂教学模式。图 4 是基于超星学习通平台的混合式课堂教学模式示意。在此教学实践中，主要有以下三个环节：

(1) 课前环节

根据教学大纲和授课计划筹备课程资源，选择教材内容并设计课堂活动。借助超星学习通平台，教师可以上传教学课件、技术资料、知识讲授的视频，还可以上传 Proteus 软件操作的录屏视频。学生课前利用手机 APP 预先学习课程内容并进行课前测试，通过平台群聊区分享学习心得。

(2) 课中环节

根据课程进度，按时发放课程内容和通知，课堂组织学生签到，依情况适时开展提问、选人、抢答、投票、问卷调查等教学互动。针对教学难点部分，录制视频传送至平台方便学生反复学习，提高学习效果；学生的到课出勤和课堂表现均保存记录，按照权重计入期末考核；问题抢答环节激发了学生参与课堂教学的积极性；投票和问卷环节也提高了学生的参与度。

(3) 课后环节

依据教学内容布置适当形式的作业。这门课程作业形式可以多样化，有考查概念性的理论知识，也有考查实践性的编程操作仿真知识。概念性知识在超星学习通平台上以客观题的形式发放；需要编程计算的作业采取纸质作业和超星学习通平台上传附件方式相结合，通过教师直接批改或生生互评，形成良性竞争。系统平台会对学生的作业情况进行数据分析，教师能够根据学生作答情况及时做出反馈。另外，教师也可以将与专业相关的最新资讯发送至平台群聊中，学生实时获取信息，即时发表观点与讨论，支持随时随地高效学习。

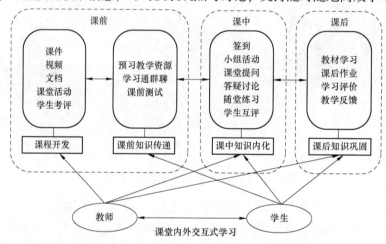

图4 基于超星学习通平台的混合式课堂教学模式示意

教学实践证明，在本课程教学中融入超星泛雅数据化、信息化技术，在一定程度上提升了学生的学习兴趣，活跃了课堂气氛，增强了学生自主学习意识，也有利于培养学生小组合作共同解决问题的能力；依托超星信息化教学平台，开展多种形式的以学生为主体的课堂教学，最终形成线上线下互补性的混合式教学，使师生能够充分感受到信息平台化教学的便捷性，丰富了新形势下的教学新理念，有力推动了新时期的信息化教育教学改革。

5. 结合嵌入式智能系统与应用课程教学内容，融入思想政治教育

在嵌入式智能系统教学过程中，明确专业课程的德育培养目标，注重以实践应用项目为着力点，深度挖掘并有选择地引入思政元素，将爱国主义教育、科技兴国、工匠精神等内容有机融入课堂教学实践。在教学目标制定中，注重"技能"和"德育"相辅相成，同时体现在课程标准中。在课程内容中从产业发展、行业现状、岗位需求等方面融入思政元素。在产业发展方面，以"智能制造2025"为例，阐述我国拥有全球最庞大最完备的制造业体系，以此增强学生的民族自豪感和科技报国的志向；在行业现状方面，我国高端智能装备及先进智能制造领域，目前仍与西方国家存在差距，许多关键技术仍受制于人，

以此激发学生努力学习专业知识,练就过硬本领,攻破技术壁垒,自觉将个人的专业学习融入国家发展大局。

在教学内容上梳理嵌入式智能系统与应用这门课程的思政素材,以"应用项目+思政元素"为载体,分项目和模块,有针对性地开展课程思政的教学研究,将教学过程与产品开发应用过程相对应。如在单片机控制LED(发光二极管)的教学实践中,构建"点亮LED灯—流水灯—三色灯—模拟救护车、消防车、警用灯闪烁"的由点到面的教学模块,一方面培养学生实践动手能力,另一方面引导学生讨论抢险救灾精神的相关话题,从而增强学生的爱国主义情怀和社会主义认同感。在定时器控制设计与实现教学实践中,以天宫空间站发射时火箭倒计时为例设计任务,通过回顾我国航天重大事件,了解老一辈航天人奉献精神,增强学生科技报国的信念和使命感。在传感器信号检测和电机控制教学实践中,以自动避障小车设计为例,探讨我国"祝融号"火星车测控技术,调动学生对高科技的兴趣和热情,增强学生积极投身科技强国建设的责任感。在其他环节教学实践中,也都根据教学内容融入相应的思政元素,按照教学任务、教学项目和学时安排进行具体实施。课堂教学过程中的思政元素示例如图5所示。

图5 课堂教学过程中的思政元素示例

借助超星学习通教学平台,建设了相应的线上学习课程,配合项目化教学、课堂实验与小组协作等方式,将思政元素贯穿其中,增强德育效果。在课前,利用超星学习通平台发布项目任务,学生在线自主学习并完成相应测试;课上教师疑难讲解,小组协作完成项目设计任务;课后通过作业复习巩固所学内容。在教学过程中,教师不但培养了学生的自我管理能力、自主学习能力与独立思考能力,而且培养了学生积极探索、时刻学习的思想意识和科研精神。采用理论与实践相结合的教学模式,学生不但在教学活动过程中掌握了理论知识,也培养了实践动手能力。在参与实践活动中,学生进一步体验到理论与实践的相互关系,提高了正确认识问题、分析问题和解决问题的能力,有助于学生树立正确的世界观,正确理解马克思主义方法论,能够用辩证唯物主义和历史唯物主义理论去解决生产实践中遇到的问题。

6. 聘请优秀企业工程师来校授课,融合教学内容与职业岗位需求

按照智能机器人、智能硬件、物联网终端等应用岗位职业技能对专业人才的资格要求,以产出为导向,结合工程人才通用标准和行业标准,拟定专业人才培养的知识、技能和素养方面的培养目标,通过强化岗位核心技能,有效提升学生就业竞争力。调整修订相关专业人才培养方案,加强智能制造与机器人应用等核心课程的教学时间和教学资源配置,精简部分辅助课程或将其融入核心课程的教学过程中;课程设计类综合课程以智能机器人系统应用项目为主线,强化学生专业核心技能训练,提升学生就业竞争力。

为强化学生专业核心能力,校企联合开展实践教学。如,机电工程学院电信专业聘请深圳信盈达电子科技有限公司(简称信盈达)的优秀工程师来校指导授课,工程师实践授课主要围绕智能云家居系统项目设计对学生进行培训和实践指导,参与企业工程项目培训的有2017级电信本科、2018级电气本科和2018级电信本科等专业学生,整周实训由信盈达工程师和学院专任教师实行"双师"授课指导,完成嵌入式原理及应用、电子系统综合设计的课程设计等实训教学实践工作。

从项目成本管理、整体设计思路、软硬件设计流程等方面,工程师深入详细地分析实际项目中需要注意的问题。通过项目化教学,学生对之前课堂上学习的知识进一步融会贯通,概念变得更加清晰明了。学生对项目比较感兴趣,悉心学习,认真做笔记,积极动手参与项目方案设计和软件编程。

在实践训练过程中,深圳信盈达公司为学生提供企业自研智能家居硬件开发实验平台,授课工程师结合多年工作经验,运用通俗易懂、生动形象的语言为学生重点讲授了智能云家居应用发展前景、工作岗位需求、项目技术内容、设计开发相关文档资料,现场指导学生逐项目模块进行规范操作和演练,并纠正学生操作中存在的细节性错误。在实训现场,工程师、任课教师与学生互动频繁,获得了良好的教学效果。

在实训课程结束后,学生对于"双师"授课的教学内容意犹未尽,对于前沿技术与发展有了更深入的了解,对自身的专业发展方向有了更清晰的认识,实践水平上了一个台阶。工程师来校授课,激励了学院学生努力提高自身的专业能力,专注学习专业知识,再接再厉,为后期的实习工作打下了坚实基础。

企业工程师授课内容深层次融入企业岗位需求,实现了校内教学与实际岗位能力的精准对接,增强了学生的工程项目意识,提升了学生实战水平,有利于更好地为企业培养高素质技术技能人才,实现校企合作共赢。

7. 提高综合性、设计性实验项目比重,为培养复合型应用人才服务

嵌入式智能系统及应用课程实验环节重点突出了设计性与综合性实验项目。通过一些简单的验证性实验,帮助学生加深对所学原理知识的理解;通过与工程实践密切相关的综合性、设计性实验项目训练,从本质上提升学生主动性和实践创新能力。[①] 在实验教学中,学生通过对项目进行深入分析,再分组讨论,然后搜集资料,利用教学实验开发套件自行设计实验方案和步骤,完成项目操作和调试,最后由指导教师对整个实验过程给予评价。

嵌入式系统原理与应用是一门实践性较强的课程,实验课的效果能够很好地反映出学生运用知识解决实际问题的能力和综合素质。目前大多数课程的考核,虽然包含了实验成绩,但实验成绩所占比例太少,难以很好地反映出学生对课程内容的真实掌握程度。

---

① 王玲,彭开香,李擎. 基于工程教育认证的嵌入式系统及应用课程的改革与实践 [J]. 高等理科教育,2017(5):116-120.

为了更为合理地考查学生对所学知识运用的情况，我们采用了新的课程考核方式，评价标准如表1所示，新标准对实验内容进行分类考评，同时提高实验课程成绩所占比例。

表1 嵌入式系统课程考核评价标准

平时成绩（40%）	平时考勤（20%）				
	课堂表现（10%）				
	课后作业（20%）				
	课内实验（50%）	验证型实验（10%）			
		设计型实验（25%）			
		应用型实验（15%）			
期末成绩（60%）	理论考核（30%）				
	机试操作（70%）				

课程考核评价标准着重展现了平时成绩的评价标准，如平时考勤占比为20%，课堂表现占比为10%，课后作业占比为20%，实验成绩占比为50%，其中，由于验证型实验内容相较简单，所占成绩比例占比为10%；在评价系统中，设计型实验主要是反映学生对所学知识的掌握程度和实际动手能力，因此占比设定为25%；而应用型实验内容相对较复杂，多源自企业项目案例，能体现学生运用所学知识解决实际应用的水平，在评价系统中所占比例设定为15%。

8. 采取多样化的教学评价与考核方式，通过课程设计把关提升教学质量

学生对专业知识的掌握程度、分析和解决问题的能力以及团队协作创新能力是采用项目驱动的教学方式所要重点关注的。因此，在对学生进行评价和考核中，需要选用不同的形式：第一，通过课堂提问和随堂练习，对学生平时的学习效果进行评价，通过期末考试对学生最终的知识掌握程度进行考核；第二，在项目实施过程中，根据方案设计完整度、项目总结和设计答辩情况，对学生分析解决实际问题的能力进行考核；第三，通过小组成员商讨、组内+组间互评的方式，对学生自主创新和团队协作能力进行考核。综合上述三个方面，不但能对学生的课程学习状况进行了客观的考核，同时也能对项目驱动教学法在本课程的应用效果做出有效评价，帮助我们发现了在教学改革过程中出现的许多问题与不足，进一步提高了课程的教学质量。①

在传统教学中，最终的成绩考核主要包括平时成绩、实验成绩和期末考试成绩。在一定程度上，这种考核方式确实能够体现学生对本课程的学习情况，但无法有效体现学生的学习过程和实践动手能力，难以适应新形势下课程改革的考核要求。为此，我们对课程设计的考核方式做出了调整，打破原有模式的考核机制，将学生成绩分为以下四部分进行量化考核。

（1）随堂测试

在基础知识教学和案例讲解过程中，任课教师根据教学内容知识点设计客观测试题

---

① 王鹏举，苏秀芝. 基于项目驱动的嵌入式系统课程教学方法探索［J］. 软件导刊（教育技术），2018，17（7）：79-81.

目，通过超星学习通平台，在课堂现场发布测试，学生即时利用手机 APP 在规定时间内做完，此项成绩随即自动计入每个学生的平时成绩。

（2）项目设计日志

本课程教学环节中一个重要的部分是综合性实践项目的设计。在项目制作过程中，除了需要完成分配的设计任务，每个学生同时还需要做好项目设计记录日志。将项目设计整体思路、项目设计方案规划及设计过程中遇到的问题与解决方法等内容通过项目日志记录下来，待项目完成后，指导教师依据项目记录日志的质量进行量化打分，体现出学生在项目设计过程中的学习成绩。

（3）团队参与度和贡献程度

在项目设计实践过程中，由于每个小组内的学生分工有所不同，实际参与程度存在一定的差异，所花费精力和工作量对整体项目的贡献程度都会不一样，因而，通过采用项目组成员自评+组内互评综合打分，体现出团队成员在项目中的参与度和贡献程度。

（4）项目报告和设计答辩

在完成综合实践项目之后，按组提交项目设计报告，每组所有成员参与作品功能演示和设计答辩汇报，答辩小组教师按照一定比例给出项目报告成绩和设计答辩成绩，体现出学生项目设计的最终效果。

学生的最终成绩由以上四部分成绩按比例加权综合得出，并分成优、良、中、及格、不及格五个等级。通过考核方式的改革，最终成绩体现了学生的基础知识掌握程度、项目设计创新能力、团队协作能力、项目报告书写能力和口头语言表达能力，全方位展现出学生在课程学习过程中的完成情况。

9. 积极组织学生参与各类嵌入式智能系统设计竞赛，提升学生核心能力

通过举办学科竞赛，提高学生综合素质，培养学生思维创新能力，构建学生解决实际问题的思维意识。由于信息类专业技术知识更新速度快，企业对学生的实践能力和创新能力要求越来越高，因而强化学生的工程实践能力已经成为信息类专业人才培养的重要目标。[1] 构建完备的专业学科竞赛体系，积极组织和鼓励学生参与各类赛事，不仅提高了专业的知名度和学校的办学能力，同时切实提高了学生的培养质量，提升了其在社会中的竞争力。为此，嵌入式智能系统教学团队充分发挥学科竞赛的优势，以"蓝桥杯"大赛为依托开展特色课堂，吸收有潜力的学生参与教师科研课题，培育学生的研究创新精神，提升学生的专业兴趣，逐步提高学生的项目实践动手能力。教师在课程内容讲解中融入相关的学科竞赛题目，如一些比较抽象的算法分析设计与较难理解的数据结构等，为了便于学生理解，在课堂上采用案例启发式和问题驱动式教学，结合实际应用问题，逐步激发学生思考，以应用案例报告形式讲解分析，有效提高了学生的学习兴趣和创新能力。

联合本区域行业教育机构和智能硬件企业，组织嵌入式智能产品设计竞赛。为了进一步深化广东科技学院与企业的产学研和协同育人合作，培育更多高水平大学生科技创新团队，提高学生的应用创新实践能力，学院与深圳信盈达科技有限公司联合举办了广东科技学院"信盈达杯"智能产品创新设计竞赛，竞赛设计内容范围涵盖智能机器人、可穿戴设

---

[1] 朱亚丽. 基于职业技能大赛的《嵌入式系统及应用》课程教学改革方法研究 [J]. 电脑知识与技术：学术版，2020，16（18）：171-172.

备、嵌入式系统应用（城市交通、医疗、港口物流、环境监测、多网融合等）、消费类电子、数字电视、GPS 导航、智能手机、数字家电、多媒体、视频编码解码、图像处理、安防监控、无线通信、信息识别、工业应用、医疗卫生领域等嵌入式软硬件设计项目。

每个参赛队由 3～4 名学生组成，可跨学院、跨班级自由组队。要求参赛队提交纸质方案，方案包含竞赛题目、可行性分析、可操作性、市场化分析、成果形式等内容，竞赛专家组将根据方案进行评估，择优选出参赛队伍进入初赛。初赛阶段将举行 3～5 次培训，由信盈达的一线工程师分解各个题目的具体功能和技术需求，并提供一定的技术指导。决赛阶段，各参赛队提交样机一台、论文报告一份，同时准备 PPT 和相关竞演视频，由竞赛专家组根据现场答辩情况、作品完成情况，与信盈达技术专家一起商定，最后评出最终获奖作品。

实践证明，以专业学科竞赛为依托，开设特色专项培育，是学生拓展专业知识和提升能力的一条有效途径。学科竞赛充当学生学习的"加油站"，让学生找到了学习专业的兴趣和动力，对新生和低年级学生具有极大的激励作用，为学生的后续就业提供了良好的竞争力和专业成长机会。

四、课程教学改革成效

（一）学生对课程学习兴趣越来越高

在应用型人才培养的背景下，嵌入式智能系统与应用课程建设的实施遵循两条主线齐头并进的原则。以课堂教学改革和课外竞赛实践活动为核心，两者相辅相成，互相促进。在课程建设与改革过程中，教学内容项目案例系统化，学科竞赛常态化；通过不同途径和手段，将学科知识融会贯通起来，使学生的课程学习不拘一格。通过持续几年的课程建设与实践，教学改革成果已初步见效，主要表现在以下方面：

1）在学生的毕业设计中，与嵌入式智能系统相关的设计作品类型、数量相较于往届有大幅提升，从智能家居、物联网设备、智能机器人到智能物流分拣系统、无人车巡检、无人机应用，覆盖涉及范围广，作品设计基于情景式应用，功能性、系统性也有所提升。

2）在各类嵌入式智能系统相关竞赛活动中，学生积极性较高，报名参与人数有大幅提升，竞赛获奖率有所提升。特别是在全国青年科普创新实验暨作品大赛、"蓝桥杯"全国软件和信息技术专业人才大赛、全国大学生电子设计大赛、广东省工科大学生实验综合技能竞赛等大型综合技能赛事中，成绩优异，表现突出，部分获奖证书如图 6 所示。

图 6　近年机电工程学院学生参加嵌入式系统相关竞赛获奖证书（部分）

3）近几年来，学生对嵌入式智能系统课程教学工作比较满意，教师评价平均得分为93.5分，课程及教学工作得到绝大多数学生的肯定，如图7所示。

图7 学生对教师和课程教学的评价

（二）人才培养质量受到企业高度认同

从2018年起，机电工程学院开始针对电子信息工程开展基于项目驱动的嵌入式智能系统及应用课程教学改革，逐步取得了良好成效，有力推动了学校应用型人才培养模式的教学改革。通过课程教学的不断改革实践，学生对课程的学习兴趣不断提高，自主学习意识显著增强，学习效率整体上明显提高，在独立思考、勇于创新方面的能力得到一定的锻炼。经过项目训练和专业竞赛打磨，积累项目实践经验，帮助学生在实习和就业过程中更快地适应岗位工作，由实习学生转变成上岗员工的过渡时间有效缩短，学校的专业人才培养质量受到相关企业的高度认可。

经过多年的教学与改革，结合嵌入式智能系统与机器人应用人才培养的热点内容，提出"以学生为中心,围绕嵌入式智能系统岗位核心技能,以社会企业需求为出发点,以专业知识为基础,以学科竞赛为延展,以系统工程实践为手段,以学生就业为导向,以服务社会为宗旨"的教育理念与方法,注重学生知识、能力和素质的全面综合发展,逐步摸索出以"强化企业岗位核心技能+精准对接企业用工需求"的嵌入式智能系统应用人才培养新模式,通过对该人才培养模式的不断改革和实践,取得了丰硕的教学成果,并培养出数百名匹配企业岗位需求的高素质嵌入式智能系统行业应用人才。

(三)校企合作协同育人教学成果显著

基于此教学改革理念和人才培养模式,机电工程学院先后完成机械电子工程专业实践教学中"工匠精神"培育研究、"智能制造背景下自动化专业应用型人才培养模式研究"、"改革实践教学模式,强化应用型工科专业学生创新能力培养——以广东科技学院电类专业人才培养为例"等多项省级教改课题任务;成功培育了"校企共建信盈达CDIO创新实践平台""智能机器人视觉识别技术应用研究""智能机器人师资队伍教学能力培养模式研究""面向应用型本科的智能机器人系统课程体系改革实践"等一大批教育部产学合作协同育人项目;成功申报并承担"人工智能背景下机器人工程专业产教融合人才培养模式研究""粤港澳大湾区智能机器人学院建设研究"等多个省级教改项目研究工作;组织在校学生参加全国大学生机械创新设计大赛、广东省工科大学生实验综合技能竞赛、全国青年科普创新实验暨作品大赛、全国大学生电子设计竞赛、"蓝桥杯"全国软件和信息技术专业人才大赛等大型比赛,表现出色。其中,2016年广东省工科大学生综合实验技能大赛荣获一等奖;2019年第六届全国青年科普创新实验暨作品大赛全国总决赛中获得一等奖;2019年和2020年第十、十一届"蓝桥杯"全国软件和信息技术专业人才大赛全国总决赛获得一等奖。

近两年来,学院与广东汇邦智能装备有限公司、固高派动(东莞)智能科技有限公司、广州丰桥智能装备有限公司、深圳信盈达科技有限公司等多家企业联合开设"机器人创新班",采用"3+1"校企合作协同育人模式,以就业为导向,强化岗位核心技能、培育实际工作综合素养,提高毕业生就业竞争力,缩短工作岗位适应时间,为机电类专业毕业生就业率保持在98%以上提供了有力保障。近几年的改革实践证明,这种教学改革探索取得了较好的效果,培养的机电类专业人才深受智能制造企业和学生家长的好评。

五、嵌入式智能系统课程教学改革思路

针对不同专业,通过对嵌入式智能系统课程进行相应的教学改革,使课程更好地服务于各个专业的人才培养,使机电工程学院当前的嵌入式智能系统课程教学体系结构更加合理,内容与时俱进,适应目前各大行业领域的发展趋势,满足学生实践能力和创新能力培养的新要求。另外,受条件所限,在一些方面也存在不足,需要进一步探索适应就业市场需要的高素质应用型研发人才培养的新模式。

(一)课程改革方面

本课程改革主要从以下几个方面进行。

1. 调整和优化课程内容,学即所用

嵌入式智能系统课程以物联网技术、智能机器人、人工智能应用为核心,围绕市面流行的嵌入式系统应用,内容涵盖智能系统基本软硬件知识、嵌入式系统实验操作平台、嵌

入式系统项目设计与分析、嵌入式项目知识点拓展与应用实践等。本课程采取 STM32 开发套件实战的项目化教学模式，以嵌入式系统项目的开发流程为主线，从理解市场需求到项目设计开发，培养学生解决各种实际问题的能力，在分析问题的同时，厘清嵌入式系统项目开发过程中的各种相关要素，使学生逐步掌握整个嵌入式系统项目的开发流程。

2. 构建课程教学资源平台，方便教学

教学实践证明，在本课程教学中，应精选符合学情的在线课程资源融入网络教学平台，实现课程的线上教学资源管理，完成课程重点内容回顾、问题答疑、随堂练习、软件编程讲解、学生分析讨论等教学环节。依托超星泛雅信息化网络教学平台，开展多种形式的以学生为主体的课堂教学，在一定程度上激发了学生的学习兴趣，活跃了课堂气氛，增强了学生自主学习意识，也有利于培养学生小组合作解决问题的能力，最终形成线上线下互补性的混合式教学，使师生能够充分感受到信息化教学的先进性和便捷性，丰富了新形势下的教学新理念，有力推动了新时期的信息化教育教学改革。

3. 创新考核及评价方式，实践导向

通过改革试点，嵌入式智能系统课程的考核成绩由平台考核成绩、课内考核成绩和课外考核成绩组成。平台考核成绩主要以网络平台视频学习时长和次数、平台上项目讨论状况和课后作业等形式进行考核；课内考核成绩主要按出勤、课堂参与表现状况、项目设计完成度和考试测验成绩等进行考核；课外考核成绩作为辅助项，主要包括参与课程相关的竞赛获奖加分和参加与课程相关的科研项目工作加分，如大学生创新创业训练项目等。考核重点关注的是学生对专业知识的掌握情况、分析和解决问题的能力，以及协作、创新能力，既能对学生的课程学习水平做出公平公正的考核，也可以从多个角度对学生的技能素质做出评价，进而全方位反映课程的整体教学效果。

4. 校企合作，增加学生实战经验

为了让学生更快适应企业的需求，联合本地高新技术企业，校企共建创新教学实践基地，组织师生企业调研实践，紧跟行业发展动态。聘请企业工程师进校授课，交流项目设计、产品研发的经验，并展示部分有特色的实践实训项目，让学生与社会"亲密接触"，丰富了学生的项目实战经验。

在实验室硬件建设、培养方案和课程大纲的修订、嵌入式智能系统教材的编写、师资团队的建设与完善等方面也进行了改革与实践，取得了一定的成绩，但仍需要继续深化课程改革，巩固已有成果。

(二) 课程教学改革中存在的不足之处

1. 大多数教师理论基础扎实但实践经验不足

嵌入式系统的技术发展日新月异，课程的实践应用性较强，嵌入式系统课程教师不仅需要具备扎实的理论基本功，还应具有较为丰富的项目实战经验。但是目前大多数教师理论基础扎实但实践经验不足，需要积极采取企业挂职锻炼等措施，鼓励教师到企业中去进修学习和接受专业培训，提升教师的项目实践能力。另外，积极争取与本地企业联合横向科研，由教师组成科研团队参与项目研究，进一步丰富教师的项目经验。

在课程建设中应积极探索建立以专业应用能力证书认证项目为载体，实现学校专业教学目标与企业岗位能力需求的无缝对接，以专业应用能力职业资格认证制度为核心的高校人才培养模式。

2. 课程对思政元素的挖掘和融合方式依然不够全方位和深层次

在实际教学中，教师没有投入足够精力去深度挖掘与教学内容相关的思政元素，学生在学习过程中难以深刻体会，无法形成思想共鸣，有时甚至会出现反感的情绪。对此，专业教师需要与思政教师协同合作，组成相互支撑的课程团队，共同探索思政元素与专业实训内容之间的内在联系，从时代背景、行业趋势、职业素养、家国情怀等方面探寻和积累教学素材资源，探索两者间恰当的融合方式，开发高质量的课程思政教学资源，进一步提升教学设计的层次。

（三）课程改革的措施

1. 提升课程团队师资队伍素质

为了全面提高师资队伍的整体素质，以培养高素质应用型嵌入式系统人才为目标，不断加大教学团队师资队伍的建设力度，优化教学团队的学历结构和职称结构，科学合理地配置教师资源。根据"工程教育专业认证标准"以及"卓越工程师教育培养计划"的要求，不断完善师资培训体系，重点培养中青年骨干教师，保证嵌入式系统课程师资队伍建设的可持续发展。加强课程教学团队与本区域企业以及同类高校间的交流沟通，积极组织课程团队教师参与嵌入式系统相关企业的工程项目教学培训活动，完善工程项目设计的实际经验，扩充教学实践案例资源库，建成一支能够适应嵌入式系统新技术发展、满足嵌入式系统课程教学改革需要的优秀教师队伍。

2. 深化产教融合，校企协同育人

加强学生工程教育实践环节，引进优质企业资源，精心打造校内特色实训课程。通过"3+1"培养模式与企业合作，建设学生、教师和工程师"三方互动"的专业教学网络平台，丰富嵌入式智能系统的典型应用案例，完善教学案例资源库、网络教学课程、在线交流平台等教学资源，为校企合作协同育人提供资源保障。推动科教结合、产教融合的协同育人模式创新，形成产教一体、互补共赢的智能制造人才培养生态圈。

电子产品开发岗位核心技能导向下的循环递进式课程体系构建研究

刘勇求　常周林　杨立波
严其艳　陈朝大　谭汉洪

摘　要：本研究在调研本土电子信息行业现状、追踪毕业学生就业情况、结合岗位招聘信息的基础上，针对地方应用型本科传统电信类专业人才培养难以紧跟区域行业发展步伐、实践教学针对性不强、校企互动性不足、学生双创能力不够等弱点，系统梳理嵌入式单片机系统开发岗位核心能力，以"新工科""学生为中心"，以"就业导向"为理念，搭建"政府职能部门引导、行业企业细化职业标准、校企联合培养"的育人平台，根据企业岗位需求设置课程主线，构建循环递进式课程体系，实施"三对接+三融合"育人方案，推动传统工科专业升级，解决粤港澳大湾区嵌入式单片机系统开发应用技能人才短缺的困境，提升校企合作的深度，提高传统电信类工科专业人才培养质量。

关键词：岗位核心技能；循环递进式课程体系；双创能力

一、研究背景

"十三五"以来，我国电子信息产业持续快速发展，产业规模、产业结构得到大幅提升。同时5G通信的到来推动了信息产业优化升级，技术创新使得电子信息产业呈现出蓬勃发展之势。目前，我国已成为全球最大的电子信息产品制造基地和最大的电子产品消费国。"制造业自动化"和"制造业信息化"作为现代加工业、制造业的高科技标志和发展趋势，为电子产品设计开发创造了广阔的人才市场空间。

2021年8月9日，广东省人民政府正式印发《广东省制造业高质量发展"十四五"规划》（以下简称《规划》）。《规划》提出，半导体与集成电路、新能源等十大战略性新兴产业是"十四五"推动制造业高质量发展的重点方向。明确了"十四五"时期广东省推动制造业高质量发展的定位目标，提出努力打造世界先进水平的先进制造业基地、全球重要的制造业创新集聚地、制造业高水平开放合作先行地、国际一流的制造业发展环境高地"四个定位"。

广东省新一代电子信息产业企业数量多、总量规模大，是主要支柱产业之一。据统计，广东省新一代电子信息产业总量占比高、市场主体多、发展速度较快，是推动全省工业增长的重要引擎。统计数据显示，2020年广东以数字经济、新一代信息技术等为代表的新经济不断发展壮大，全年新经济增加值同比增长3.0%，占地区生产总值比重25.2%。

分地市看，增加值总量较大地市主要有深圳（3 706.31 亿元）、东莞（1 017.06 亿元）、惠州（456.59 亿元）和广州（304.58 亿元）。总体来看，电子信息产业在广东省工业中占据重要地位，初步形成了以深圳为研发中心，东莞、惠州等市为生产基地的珠江东岸电子信息产业集聚区。

《东莞市国民经济和社会发展第十四个五年规划和2035年远景目标纲要（草案）》聚焦构建具有国际竞争力的现代产业体系，坚持以先进制造业为根基，提出实施"强、大、精、优"的产业体系发展工程，具体包括做强新一代电子信息、高端装备制造等优势产业。目前，东莞市政府发布了一系列发展战略和总体部署，将需要大量信息技术、新能源、新材料、先进制造业、现代服务业等战略性新兴产业和高新技术领域，掌握核心先进技术，对产业发展有重大影响的创新创业型人才。现阶段东莞地区、珠三角地区以及粤港澳大湾区对于智能电子设计人才的需求量十分巨大。随着华为公司迁移到东莞并推出5G通信，东莞地区的电子信息产业呈现出蓬勃发展之势，为我院相关专业发展起到更大的推动作用。在此背景下，顺应区域经济发展潮流，结合我校办学特色、学生素质与东莞及周边地区电子开发企业的发展现状与特点，稳步构建我校电信类专业"四位一体"人才培育平台，围绕嵌入式单片机系统开发岗位核心技能，精准对接企业用工需求，实施"三对接+三融合"育人方案，设置了岗位核心技能精准定位的循环递进式课程体系，逐步探索独具广科特色的电信类专业应用人才培养新路子。

二、电信类专业人才培养的现状分析

自2011年开办本科教育以来，我校机电工程学院陆续设置了电子信息工程、通信工程等相关的传统本科专业，两专业现有在校本科生889人，2021年毕业生为134人，电子信息工程已顺利通过新增学士学位授予专业审核评估。为了满足学生实习实训的需求，我校已经与广东气派科技有限公司、广东华高通信有限公司、深圳创维无线技术有限公司等10多家企业建立了校企合作关系，这对专业的理论教学环节和实习实践环节的开展具有良好的支撑作用。基于本区域产业结构特点和发展趋势，近年来又开设了智能制造工程专业，面向未来布局，逐步构建起以嵌入式单片机系统为教学核心的电信类专业人才培养新体系。

本研究以我校电子信息工程、通信工程、自动化等相关专业为载体，联合东莞相关电子产品设计与开发企业，探索与实践"项目引导，岗位实战"工学结合的人才培养模式，构建并完善"任务驱动，能力递进"的专业课程体系；校企共建智能制造产业学院，建设有一支专兼结合、"双师"结构的教学团队；以单片机软件硬件设计能力、嵌入式软件硬件的设计与开发能力为核心，在专业教育中融入创新创业（简称"双创"）理念，激发学生的创新意识，挖掘学生的创业潜能，培养区域产业升级急需的单片机、嵌入式开发等方面的高素质、高技能型专门人才。

（一）存在的主要问题

1. 应用型本科传统工科专业人才培养与电子设计行业发展需求的适应度不强

粤港澳大湾区尤其是东莞地区的电子信息行业的飞速发展，特别是5G时代的来临，对电子设备和信息系统的设计、开发、制造、应用、管理等方面的高素质技术应用型人才提出了更高的要求。而传统工科专业人才培养中，从顶层设计、培养目标到课程体系结构等都难以紧跟行业发展需求。以应用型本科教育为根本，紧跟行业发展步伐，创新人才培养模式改革，全面提升专业人才培养质量，显得格外重要。

2. 教学课程体系针对性不强，教学内容与产业岗位核心能力匹配度不高

随着东莞信息化产业转型升级，区域中小型企业对单片机、嵌入式开发工程师工作岗位的需要持续更新，然而教学内容却存在岗位核心技能要求不清晰、专业培养目标中相关培养方向核心课程技能点与职业岗位核心技能不协调等问题。

3. 校企合作交互性较弱，无法形成长期高效的合作机制

在与企业开展联合教学的过程中，学校难以将教学模式与企业实践学习方式进行有效的对接，影响了整体的教学质量。在这种情况下，学生在学习过程中，很难快速融入企业的实践培训，无法全面掌握企业运营中的具体技能。

4. 学生实战经验缺乏，"双创"能力不足，就业优势不明显

封闭式教学模式以课堂教授为主，不利于培养学生在生产第一线的实践能力，应用型学生应该系统掌握电子产品设计、产品制作的完整过程，在项目实践中全面提升学生"双创"能力。

(二) 解决问题的对策分析

1. 深入调研，分析电子信息行业发展现状，定位嵌入式单片机系统开发岗位

梳理岗位人才需要，追踪从事嵌入式单片机系统开发相关工作毕业生，结合岗位招聘信息，将嵌入式单片机系统开发定位为我院电子信息工程等传统工科专业主要就业方向之一。

2. 理论探讨，探索合理的人才培养路径，构建多方联动育人平台

由政府职能部门、重点企业、行业协会、学校四方成立电子产品开发教学委员会，针对电子信息产业结构调整和升级，工艺技术与方法更新需求，系统梳理嵌入式单片机系统开发岗位核心能力，通过校企共建、信息共享、技术交流等方式，汇聚人才、项目、技术和资金等多方资源，结合人才培养定位，动态调整人才培养方案，实现产业与人才培养方案对接，促进产教融合。

3. 实证研究，重构课程体系和教学内容，搭建循环递进式课程体系

精确定位嵌入式单片机系统开发岗位需求，科学设置 C 语言程序设计、单片机原理及应用、高级程序设计 C、嵌入式原理与应用、电子系统设计与开发等主干课程，借助模拟电子技术、传感器等关联课程中的电子产品开发案例充实岗位能力，设置"电子技术/电子工工艺实习→C 语言程序设计→印刷电路板设计与制作课程设计→单片机原理及应用→传感器与检测技术/计算机控制原理→高级程序设计 C++→嵌入式原理与应用→智能仪器/电子系统设计与开发→毕业设计"递进式课程体系。其中，对于 C 语言程序设计、单片机原理及应用等核心课程，学生分段分步学习，只有完成上一级的考核任务，才可进入下一级学习阶段，若没有完成考核任务，采用课余项目教学班方式，查漏补缺，加强相关理论课程学习，培养核心能力，直到达到考核标准；其他相关课程重点突出嵌入式单片机开发岗位所需相关知识和技能的培养，如电子技术/电子工艺实习中强调单片机外围电路及相关元器件的选型与使用，创建循环递进式课程体系。

4. 特色育人，丰富先进教学方法和手段，提高教学质量

升级教与学的方法，推行教师进项目、学生进企业、教学进现场的"三进"模式，实

践性强的内容按生产管理要求和工艺技术规范进行教学。例如，在广东国际机器人及智能装备博览会等现场教学，核心课程由企业工程师教学；以全国"蓝桥杯"等技能大赛为抓手，打破传统专业实践课程模式，跨专业、跨年级、跨课程范围，形成校企协交叉型的教学指导团队和学生兴趣型的学习团队，选拔兴趣浓、动手强、基础好的学生成立"机器人创新班"；针对性开展特色实训周、专业综合技能竞赛月、专业竞赛培育计划等，在技能培养的过程中植入课程思政，促进职业教育和"双创"能力协调发展；与深圳信盈达等企业联合办学，成立"3+1卓越工程师班"，其中"3+1"产业班采取校内、企业"双导师"制，毕业实习和毕业设计/论文在企业完成；实施以职业资格证书置换相关科目学分的制度，实现毕业证和职业资格证双证融合，以培育学生实践能力、创新能力、职业素养，增强其岗位适应能力；"卓越工程师班"以"毕业即就业"为目的，对接具体的企业进行针对性项目化教学。

5. 成果提炼，完善过程考核和评价机制，打造地方应用型本科特色

以"实践能力和适应能力，规则意识、诚信意识与创新意识"为核心，以"三对接"为指导，促进"创教、科教、产教"三融合的持续发展，加大过程性考核力度，加大职业素养、创新设计、论文及其答辩等考核权重，使成绩评定更加科学化、多元化，能更合理地检验教学效果，逐步形成"抓素质、提能力、强实践、重创新"的地方特色应用型本科育人模式。

三、改革目标和内容

（一）改革理念

1. 新工科建设

2018年10月，教育部、工业和信息化部、中国工程院联合发布《关于加快建设发展新工科 实施卓越工程师教育培养计划2.0的意见》，推动各地各高校着力建设一批新型高水平理工科大学、多主体共建的产业学院和未来技术学院、体现产业和技术最新发展的新课程等。

2. 学生为中心

坚持以人为本，遵循教育规律和人才成长规律，以德为先、全面发展、终身学习、因材施教、知行合一。顺应国际教育发展趋势，以学生自主学习发展和学校培养为主体，产学结合，专业教师应在日常教育教学工作中进一步加强新理念的学习和消化，逐步融入日常的教育教学工作，对现有课程和教学模式进行思考和改进，进一步明确应用型人才培养的目标，逐步适应新的发展，让学生学习更贴近实际，注重培养学生的思维和创新能力，让学生在学中做、做中学，最大限度地发挥学生主观能动性。

3. 就业导向

坚持学校立足地方的办学定位，以学校和学院制定的"十四五"发展规划的总体目标为依据，发挥区域优势，以现代企业和社会需求为根本，既强调理科的应用性与原理知识，又强调工程教育的设计性与人文素养。对就业导向的理解要遵循继承与发展的原则，既提倡学生学习内容的学科交叉融合，又提倡对专业发展知识的更新升级。明确学生的学习方向和职业发展方向，加强与区域产业行业的合作，有针对性地进行学习和培养，力争

把学生培养成既有一定理论知识,又具有较强实际操作能力的社会需求的综合型应用人才。

(二)改革内容

以新工科、学生为中心、就业导向为理念,搭建"政府职能部门引导、行业企业细化职业标准、校企联合培养"的四位一体育人平台,根据企业岗位需求设置课程培养主线,构建循环递进式课程体系,实施"三对接+三融合"育人方案,形成"抓素质、提能力、强实践、重创新"育人特色的"433"育人体系,如图1所示。

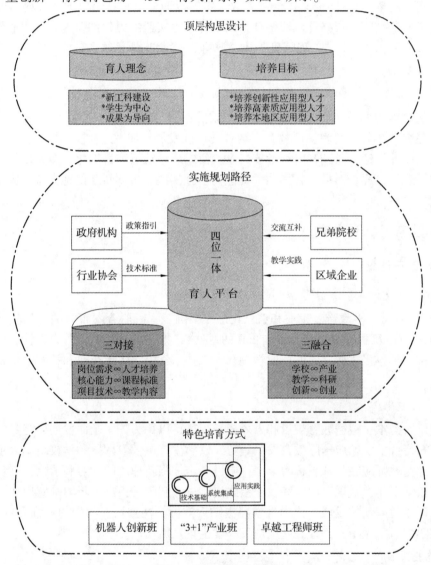

图1 "433"育人体系

"4":四位一体构建育人平台。通过政府、学校、行业协会、企业构建四位一体育人平台,将平台汇聚的硬件资源、项目案例、人力资源、企业文化、职业标准等融入人才培养全过程。

第一个"3":三对接完善人才培养方案。对接产业发展,以就业为导向,契合新工科，结合我校应用型人才定位，确立嵌入式单片机系统开发作为电子信息工程、通信工程等传统工科专业的核心能力之一，设计基本技能、核心能力、职业素质结构，制定人才培养方案。对接岗位核心能力，优化课程标准，设置课程培养主线，构建"主干课程引领、关联课程辅助、课程设计历练、企业实践磨砺"循环递进式课程体系，采取分段分步学习策略，只有完成上一级的考核任务，学生才可进入下一级学习阶段，若没有完成考核任务，采用课余项目教学班方式，查漏补缺，返回加强相关理论课程学习，培养核心能力，直到达到考核标准。对接技术更新，充实教学内容，把企业的前沿工程案例纳入教学，突出实践，强化应用，精心设计并持续优化教学内容。

第二个"3"："三融合"促进教学方法和手段改革。与企业联合办学，引入工程师教学，将知识、能力和素质有机融合，促进产业与教学融合；以教学为基础，指导和推进科研发展，将科研课题分解作为教学示例，促进教师将科研与课堂教学结合；以学为中心，采取分段分步教学手段，采用TBL、PBL、CBL、虚拟仿真等多元化方法，开展分组研讨、项目设计、实物制作等丰富多彩的教学活动，促进科研与教学的融合；以学生为中心，结合学生兴趣爱好和生源特点，依托行业和企业，构建以能力素质为导向，以专业实践课程、创新创业课程为两翼，以专业技能大赛为抓手，以企业工程案例为切入点的教学平台，创新实践教学项目，努力提高学生创新能力，促进职业教育与"双创"能力融合。

（三）改革目标

1. 专业核心课程技能点与职业岗位核心技能的有效对接

根据我校服务区域社会和经济发展的定位，结合东莞信息化产业转型升级，针对区域中小型企业对单片机、嵌入式开发工程师工作岗位进行调研，剖析岗位核心技能要求，依托专业建设指导委员会的指导，使专业培养目标中相关培养方向核心课程技能点与职业岗位核心技能无缝对接。循环递进式课程体系与岗位核心技能对接如图2所示。

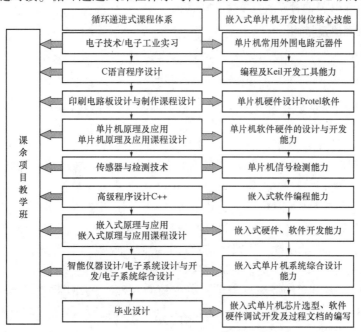

图2 循环递进式课程体系与核心技能对接

2. 职业素养培养与高质量就业的深度融合

立足东莞，紧跟时代信息步伐，与企业联合开发课程，如与信盈达等企业开展校企协同育人"3+1"卓越工程师创新班，把其前沿工程案例纳入教学。聘请企业工程师讲授传感器与检测技术课程设计、单片机原理及应用课程设计、电子系统综合设计，实现与校内专任教师交替教学，提高学生创新能力和解决实际问题的能力。挖掘专业教学中的辩证思维、职业素养、爱国情怀等思政元素，结合本土科技企业（如华为）的重要论述，在技能培养的过程中植入课程思政，力争实现技能和德育的共同发展。

以全国电子竞赛、"蓝桥杯"等技能大赛为抓手，针对性开展特色实训周、专业综合技能竞赛月、专业竞赛培育计划等，培育学生实践能力、创新能力、诚信意识、职业素养，增强其岗位适应能力，促进学生的高质量就业。

3. 终结性考核与过程性考核的有机结合

将企业职业技能培训内容替代学校课堂教学，如与广东每通测控科技股份有限公司等开展"3+1"产业班，学生在大学四年级在企业从事面向就业岗位的工程训练，完成毕业设计。联合优质企业协同育人，校企共建开放式学生创新实践平台，开展自主性、个性化、趣味性科技创新活动，增强学生工程认证能力，同时允许学生通过考取职业资格证书、实物制作、企业实践项目，置换相关课程科目学分。发展科技创新社团，实施创新创业训练计划，从"德、智、能、技、勤"等多维度进行考核。

4. 专业课程与思政课程同向同行，形成全员、全程、全方位大格局

以课程思政为抓手，提高团队特别是中青年专业课教师的政治理论水平和人文素养，不断提升把思想政治工作贯穿教学全过程的能力；提高电信类工科专业人才培养质量，确保"同向同行、协同育人"；建设一支具有自觉"育德意识"、较强"育德能力"、良好的"德育素养"和传承"德育精神"的教师队伍。

（四）改革方法及措施

1. 改革方法

从顶层设计、教学方法、课程内容、信息化教学方法手段等入手，开展线上线下混合式教学，提高教师课程群建设意识，融合学科思政教育，打造课程群教学团队。具体如下：

（1）加强顶层设计，完善人才培养方案

加强学院顶层设计，聚焦团队教师的全体智慧与力量，制定德才兼备的人才培养方案，实施"433"育人方案，完善教师课程评价、激励及考核机制。结合嵌入式单片机岗位开发方向，邀请东莞相关院校、企业和行业专家，制定出符合本地企业需求的嵌入式单片机人才培养目标和专业技能标准，同时参与就业职业标准、业务流程、作业规范、教学及实践项目设置，对教学设计、实践操作及企业生产的设备、工艺、工装、产品等相关知识进行点评，并提出建议。围绕企业岗位需求，提升学生专业核心技能，按照"学中做，做中学"的思想，突出"围绕岗位需求，突出核心技能"的培养主线。学校配合企业制订顶岗实习计划，组织实施顶岗实习，以企业管理方式进行管理，按企业需求进行人才培养。

(2) 以服务地方行业为目标，重塑教学内容

针对嵌入式单片机开发岗位，以课程体系为统筹，以行业发展为牵引，优化教学内容。立足东莞，面向工程，紧跟现代科技步伐，及时更新教学案例，把企业的前沿工程案例纳入教学；突出实践，强化应用，与企业联合开发课程，引入工程师教学，强化应用型人才培养，提高学生解决实际问题的能力。

(3) 以培养创新能力为导向，优化互动式教学环境设计

以理论知识学习为铺垫，以掌握解决实际问题的能力为最终要求，教学内容精心构造，及时动态更新。针对嵌入式单片机开发岗位所需的核心技能，进行课程内容重塑。对照工程师的工作要求，把工程案例纳入教学，如信盈达的智能手环项目。有效促进学生知识、技能和洞察力的发展，进而为后续综合设计、技能竞赛等打下良好的基础。将教学内容与现代信息科技相结合，充分激发学生创新性思维，组织操作性强、可任务化的教学活动，构建适合学生探究学习的良好环境，设计充分发挥学生主动性和创造性的互动式教学设计。

(4) 以学为中心，开展多维度教学

在课堂教学过程中，结合我院应用型人才培养定位，考虑我院学生生源特点和兴趣爱好，以学为中心，教学方法灵活多元。将信息技术与课堂深度融合，采用多维度教学方法，开展丰富的教学活动，加强师生互动、生生互动，营造和谐的师生氛围，打造高效学习课堂。如，"单片机原理及应用"课程采取线上线下混合式教学，课前教师线上发布资源、布置预习；学生自主学习、在线交流。课中教师组织分析、课堂评价；学生仿真操作、协作探究。课后教师总结反馈，学生自我提升。教学实施过程中以学为中心，均以小班授课，融合课堂派、慕课、微课等信息技术，采用TBL、PBL、CBL、虚拟仿真、工程师教学等多元化方法，开展分组讨论、项目设计、电路制作与测试、仿真调试、网络学习、课堂延伸等活动，这些活动有效地唤醒学生的自主意识和合作协助意识，进而提高教学效果，使学生在兴趣中学习专业技术，加强了专项岗位能力培养。

(5) 以赛促教，推进电信类专业项目化课程改革

将专业课程与电子产品设计技能大赛紧密结合，形成教学新局面，优化实训项目，完善课程实训体系；通过专业技能大赛的组织与参与，以赛促学，调动了学生自主学习专业知识、提升专业技能的积极性；通过技能大赛的组织与参与，以赛促建，加强实训基地建设，进一步加强嵌入式单片机相关专业实训室建设与改造。增加创新性、综合性实验、实践比例，及时修正岗位技能与课程标准的偏差，构建循环递进式课程体系；将企业新产品、技术研发等项目成果纳入教学，如信盈达公司的智能手环、智能家居，设计接近工程实际、知识交叉的实验内容，实现技术更新和教学内容对接；突出工程训练和职业素养的培养，促进职业教育与创新、创业教育的融合；将教师的科研项目、学生大创项目，竞赛成果等引入教学，实现教科研与教学的融合。

(6) 深化课程思政建设，落实立德树人

根据我院应用型人才培养办学定位，结合我院学生抽象思维弱、直观思维强、实践兴趣浓的特点，探索德育以专业教学为载体，高效实现德与育的有机结合的路径。提高思政内容与专业课程的联结性、针对性、时效性和吸引力、感染力，努力将思政教育的相关内容融入课堂。充分利用本课程教学中蕴藏的丰富德育资源，在教学过程中灵活自然地渗透课程思政元素，让德育赋予教学新的内涵和价值。用自主科技创新激发学生的自豪感和创

新热情，养成辩证思考问题的习惯，养成科学、严谨、团队协作的职业素养。以理论知识学习为铺垫，以掌握解决实际问题的能力为最终要求，教学内容精心构造、及时动态更新。针对不同专业所需的核心技能，进行课程内容重塑。挖掘课程教学中的辩证思维、职业素养、爱国情怀等思政教育元素，将其有机融入课程教学，增强学生对专业的认可度，树立正确职业道德观。将教学内容与现代信息科技相结合，充分激发学生创新思维，组织可操作性强、任务化的教学活动，构建适合学生探究学习的良好环境，进行充分调动学生主动性和创造性的互动式教学设计。

  专业教师的课程思政意识是育人的关键，也是专业教师综合素质和能力的集中展现，其效果受教师人格特质、知识储备、从业态度、人生情怀、沟通技巧等诸多因素的影响。课程思政教育的涵育功能主要体现在"立德"和"树人"上，教师必须结合各自专业特征，提高学科专业认知，将专业知识上升为思想认识，探求专业的思政元素。通过网络学习、参观学习、专家座谈等多种方式，定期组织全体教师学习课程思政相关的方针、先进做法。要注重引导学生树立正确的"三观"；引导学生形成良好的职业精神，激发学生爱国情怀，增强专业认同感，引导学生自觉践行工匠精神。从顶层设计、教学方法、课程内容、信息化手段等入手，提高教师课程思政意识，融合学科思政教育，打造大网络思政格局的课程思政教学团队。团队梯队培养目标如图3所示。课程思政团队梯队阶段进程如图4所示。

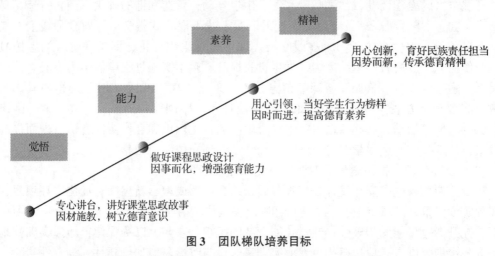

图3 团队梯队培养目标

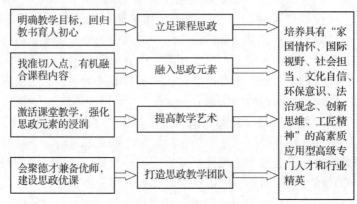

图4 课程思政团队梯队阶段进程

（7）建设学生、教师和企业能工巧匠"三方互动"的专业教学资源平台

校企共建多功能校内外实训基地；建立以学院为主体、多方参与的教学质量监控与保障体系；构建以嵌入式单片机为核心的特色课程体系；发挥专业优势开展社会服务，带动更多企业共同协作，互利共赢。依托东莞部分知名电子信息企业、培训机构及合作院校在珠三角地区进行嵌入式单片机教学资源成果推广，让更多学校能够利用教学资源成果进行人才培训，联合培养相关专业学生。学院和企业联合建设体系完整、特色鲜明、开放共享的人才培养创新实践基地，形成"教学、实践、科研、竞赛多元协同，互动互促共创新"的人才培养模式。以学生为中心，实施"3+1"培养模式，选拔部分优秀学生重点培养，让学生逐步掌握上岗必备的嵌入式单片机编程、系统操作等核心基本技能，去意向企业顶岗实习，强化实用技能。利用世界大学城云空间、超星等教学平台建设多名校级优质课和在线开放课程并成功通过验收。目前超星云平台资源包括多门课程教学大纲、教案、课件、教学视频、实验指导书、习题库、试卷库、企业工程案例、历年电子制作大赛作品等，师生可以随时随地在线学习互动。

2. 改革措施

1）构建电信类工科专业新结构，面向未来布局新兴专业，培养与区域产业发展相匹配的电子产品设计高素质应用型人才。创新人才培育模式，着力打造特色鲜明的应用型电信学科专业平台，专业课程设置全局统筹协调，促进多学科交叉与深度融合，完善电子设计领域专业整体布局。

2）强化岗位核心技能，有效提升学生就业竞争力。调整修订相关专业人才培养方案，加强嵌入式、单片机、C++等核心课程的教学时间和教学资源配置，精简部分辅助课程或将其融入核心课程的教学过程；课程设计类综合课程以嵌入式单片机系统开发应用项目为主线，强化学生专业核心技能训练，提升学生就业竞争力。

3）聘请工程师来校授课，有机融合教学内容与职业岗位需求，按照嵌入式单片机系统开发岗位职业技能对专业人才的资格要求，以产出为导向，结合工程人才通用标准和行业标准，拟定专业人才培养的知识、技能和素养方面的培养目标。

4）深化产教融合、协同育人，加强学生工程教育实践环节，引进优质企业资源，精心打造校内特色实训课程，培育与产业衔接的"双师型"教师发展机制。通过"3+1"培养模式与企业合作，建设学生、教师和工程师"三方互动"的专业教学网络平台，丰富机器人系统的典型应用案例，完善学院教学案例资源库、网络教学课程、在线交流平台等教学资源，为校企合作协同育人提供资源保障。

5）联合本地高新技术企业，校企共建创新教学实践基地，组织师生企业调研实践，紧密跟进行业发展动态。利用校内外企业资源，拓展校企合作的广度与深度，共建实践基地，打造工程教育开放融合新生态。推动科教结合、产教融合的协同育人模式创新，形成产教一体、互补共赢的电子产品开发人才培养生态圈。

6）深挖教改项目潜力，促进校企多方位融合。依托质量工程项目和协同育人项目，以重点专业、教学团队、精品课程建设、实践环境建设等项目建设为突破口开展专业建设；实现"人才培养目标对接企业岗位需求，课程和教材对接企业岗位技能，教学实践对接项目开发"，创新教学模式与方法；邀请企业与工程师驻校，共同商讨专业建设，共同研究项目开发，共享师资人才队伍。

四、改革成效及应用

(一) 改革成效

1. 人才培养质量显著提升,彰显应用型本科地方特色

立足东莞,面向工程,以就业为导向,通过深入调研,精确定位企业人才需求,从本土化应用型人才的内涵出发,凝聚政、企、协、校四方合力,在"新工科建设""以学生为中心"理念指导下,完善了电子信息工程等传统工科专业的人才培养方案;根据企业岗位需求设置课程培养主线,构建循环递进式课程体系;紧跟电子产品开发技术更新步伐,教学内容引入前沿工程案例。积极实施教师进企业锻炼、工程师进课堂兼课的"双向互进、双师互动"常态机制,组建教学科研能力强、职业素养高的教学团队,实施机器人创新班、"3+1"产业班、"卓越工程师班"特色育人方式,实现以学生创新科研活动中的平台式共享,以学为中心,打破传统专业实践课程教学模式,采用多维度教学方法;全方位、多元化培养学生工程实践能力和创新能力,逐步打造"抓素质、提能力、强实践、重创新"的地方特色应用型本科模式。在多年的教学与改革过程中,结合电子产品开发应用人才培养的热点内容,提出"以学生为中心,以岗位核心能力提升为主线,以社会企业需求为出发点,以专业知识为基础,以学科竞赛为延展,以系统工程实践为手段,以学生就业为导向,以服务社会为宗旨"的教育理念与方法,注重学生知识、能力和素质的全面综合发展,逐步摸索出以"强化企业岗位核心技能+精准对接企业用工需求"的电子系统设计人才培养新模式,构建了基于"三对接""三融合"的四位一体育人平台。

2. 孵化出一批科研和教学成果,实现科研与教学的同频共振

以学生为主体,在职业技能培养过程中融入创新创业能力培养;以教师为主导,把科研、教研课题的研究融入教学,通过日常的教学、教研推进科研的深入开展,使科研和教学进入良性循环。通过对该人才培养模式的不断改革和实践,取得了丰硕的教学成果,并培养出数百名匹配企业岗位需求的高素质智能嵌入式单片机应用人才。基于此教学改革理念和人才培养模式,我院先后完成"电工电子实验教学中心""强化应用型工科专业学生创新能力培养——以广东科技学院电类专业人才培养为例"等多项省级教改课题任务;成功培育了"校企共建信盈达CDIO创新实践平台""嵌入式Linux师资培训""人工智能相关专业师资培训""数字化智能工厂仿真实验室""智能制造师资队伍教学能力培养模式研究"等一大批教育部产学合作协同育人项目;成功申报并承担"粤港澳大湾区智能机器人学院建设研究"等多个省级教改项目研究工作。

自项目开展研究以来,电信类各专业师生创新能力也逐步大幅提升,实践创新成果丰硕,突破性地获得了广东省青年讲课比赛一等奖1项,广东省青年自然科学基金项目1项;专利授权36项,其中发明专利2项,实用新型专利34项;教师发表相关论文15篇;担任教育部产学合作协同育人项目6项;省级质量工程项目6项,校级质量工程项目18项;建成实验教学示范中心1个。

3. 大幅提高学生"双创"能力,就业质量水涨船高

实践证明,近年来我院电信类毕业生职业素养、工程实践能力和创新能力大幅提升。组织在校学生参加全国大学生机械创新设计大赛、广东省工科大学生实验综合技能竞赛、全国青年科普创新实验暨作品大赛、全国大学生电子设计竞赛、"蓝桥杯"全国软件和信息技术专业人才大赛等大型比赛，表现出色，荣获国家级奖项 18 项，省级各类奖项 111 项。其中，2016 年广东省工科大学生综合实验技能大赛荣获一等奖，2019 年第六届全国青年科普创新实验暨作品大赛全国总决赛获得一等奖，2019 年、2020 年连续获得"蓝桥杯"全国软件和信息技术专业人才大赛全国总决赛一等奖。每年嵌入式单片机产品开发专业的毕业生供不应求，且工资待遇比学校毕业生平均水平高 30%~50%。电信类各专业毕业生就业情况良好，用人单位评价毕业生"专业技术能力优秀、创新实践能力强"，对毕业生满意率达 98%。近两年来，学院与广东每通测控科技股份有限公司、固高派动（东莞）智能科技有限公司、深圳巴伦技术有限公司、深圳信盈达科技有限公司等多家企业联合开设"机器人创新班"，采用"3+1"校企合作协同育人模式，以就业为导向，强化岗位核心技能，培育实际工作综合素养，提高毕业生就业竞争力，缩短工作岗位适应时间，为电信类专业毕业生就业率保持在 98% 以上提供了有力保障。教学改革探索取得了较好的效果，培养的电信类专业人才深受电子产品设计与开发企业和学生家长的好评。

（二）推广及应用

1. 探索新工科建设和人才培养新路径

打破校内学科界限，盘活校内、校外资源，针对岗位核心能力进行专项培养，夯实第一课堂专业能力，拓宽专业实践能力；支持学生创新创业项目孵化工作，提高专业竞赛能力，为传统工科专业学生找到"适合做、喜欢做、就业前景好"的就业方向，提升学生就业竞争力，为地方应用型本科探索出了新工科建设和人才培养新路径。

2. 校内全面推广实施，同类院校学习借鉴

本成果把培养岗位核心技能作为提升教学质量的主要抓手，针对机器人创新班提出的应用项目化教学模式，在我院电信类专业得到推广应用，并取得良好的教学效果，同时与众多本地企业建立合作关系。教学成果吸引了阳江职业技术学院、宁夏大学新华学院、广州南洋职业技术学院等多个同类院校学习借鉴。

3. 省内行业企业充分肯定，社会反响强烈

西门子、上海 ABB 工程有限公司、信盈达等省内知名企业对我院人才培养质量给予了充分肯定，持续与我校就教学实践基地、实验室建设、师资培训等多方面深度合作。越来越多的知名电子产品开发企业与我校进行校企合作，如香港科学园与我校联合开设"大湾区科技成果转化创新班"、中天联科国际信息产业园与我校联合开设"机器人创新班"等。2020 年我院师生获得第六届全国青年科普创新实验暨作品大赛国家一等奖，东莞阳光网等多家媒体进行了报道，进一步提升了学校的知名度和影响力。2021 年与西门子工业软件（上海）有限公司联合成立了西门子智能制造产业学院，与上海 ABB 工程有限公司联合成立 ABB ability 智能互联产业学院，与广东省机械研究所有限公司、固高派动（东莞）智能科技有限公司、广东统一机器人智能股份有限公司成立机器人产业学院。推动产教深度融合，积极整合校企双方优质资源，推动高水平专业群建设，着力培养未来新兴产业和新经济需要的高素质复合型新工科人才。

（三）努力方向

1. 以工程教育专业认证为抓手，积极推进课程体系建设

1）建立符合工程教育专业认证要求的人才培养目标。依据我国工程教育认证标准的

毕业要求，从现代电子信息工程师所需要的知识、能力和素质要求出发，确定人才培养目标和毕业要求。

2）适应产业需求，动态调整专业方向设置，构建"三结合"一体化课程体系。伴随新一代信息技术的迅速发展和应用的不断深化，电子产品行业未来呈现出不断细分化和专业化态势，云计算、物联网、人工智能等新技术、新应用不断涌现，这就要求我们紧跟行业市场趋势动态，不断调整专业方向设置，以适应新时代下经济社会高速发展的需求。结合产业发展需求和地方应用型本科专业教育的特点，设计理论与实践结合、课程与职业资格标准结合、专业教育与素质教育结合的一体化课程体系。

3）创新校企协同育人培养机制。在加强专业基础理论和技能教学的基础上，形成以能力培养为主线的人才培养新机制，即"专业能力—工程能力—就业能力—综合创新能力"有机结合的人才培养机制。逐步完善基于"1+X"证书制度的电信类课程教学模式，提升高素质复合型职业技能人才的培养能力，加强与周边院校、企业交流互动合作，通过资源共享、合作共赢、协同育人等策略，推进并拓展"1+X"证书制度的嵌入式单片机课程教学模式，为周边院校和区域电子企业人才培养服务。探索和创新项目化教学方法，构建以课程群项目—专业综合训练项目—工程化训练项目—必做项目—选做项目—开放项目为核心的系列化项目载体。

4）加强师资培养，提升教师的工程实践能力。教师队伍的质量直接决定了教学质量，只有建设一支"双师双能"型的教师队伍，才能保障人才培养方案的有效执行。为此，今后我们在专业教师队伍的建设中，不但要提升教师教学能力，还应借助校企合作之力为教师提供平台，方便其参与实践；在兼职教师队伍建设中，要不断引入优质的企业一线技术人员。加强教师工程实践能力，更好地满足人才培养、专业建设和教学改革的需要。

5）企业元素渗透到教学考核环节，改变传统的考评体系。在教学课程成绩评定上改变传统的仅靠期末试卷定成绩的方法，增加实践能力考核机制和评判机制。将实践能力培养纳入培养考核标准，缩小理论考试成绩在最终成绩中的比例，增加实践成绩的比重，充分提高学生参与实践的积极性，激发学生的学习动机，进而有效地培养学生的自学能力，为走向工作岗位奠定基础。建立完善的毕业生跟踪反馈和社会评价机制，学院负责研究和制定毕业生跟踪调查与信息反馈工作的方案和措施，用于对培养目标与培养体系的持续改进。

2. 以学科竞赛为驱动，积极推进教学改革

1）竞赛项目内容的解构与重组。选择符合专业建设需要的项目，通过对基于竞赛项目内容解构与重组的课程内容进行重新编排，设置每一章节内容所涉及的目标任务，使任务驱动在课程教学中得到实际应用。

2）以开放性实验室储备创新创业人才。成立电子设计爱好者协会，开放部分实验室，在开放实验室中营造科技创新的学习氛围，开展"基础培训、设计作品、优化设计"。通过学科竞赛磨砺团队的合作能力与创新能力，为建立创新创业团队提供雏形。

3）构建"梯队式、跨专业"参赛队伍。在参赛队伍建设中，在高低年级、不同专业间进行合理分布，通过合理分工完成竞赛项目，进而提高学生的团队协作能力和合作意识。

"一课双师"协同教学改革探索
——以服装专业为例

陈长美　王　萍　陈明伊　刘小秀　程晓莉

摘　要：高职院校的"一课双师"（校内教师理论教学+企业兼职教师实践教学）协同教学模式因其较强的实践应用优势被应用型本科院校借鉴，并发展成灵活多样的"一课双师"协同教学模式。本文通过分析国内高职院校与应用型本科院校"一课双师"协同教学模式，总结广东科技学院服装专业实施"一课双师"协同教学的特色和实施效果，分析广东科技学院服装专业在实施过程中出现的问题，针对这些问题提出相应的对策，并根据广东科技学院服装专业实施"一课双师"协同教学的经验，提出了服装专业实施"一课双师"协同教学的路径，以期吸取经验教训，进一步提升课程教学效果。

关键词：一课双师；协同教学；服装专业；路径

一、现状研究

（一）研究背景

1. "一课双师"协同教学产生的背景

"一课双师"协同教学是在校企合作、产教融合背景下产生的教学模式。最初，学校培养的人才与企业需求脱轨，尤其是校内教师实践教学内容与企业实际实践脱轨，学生不能够学以致用，学校希望引进企业的能工巧匠提升学生的职业能力，拉近人才培养与企业需求之间的差距，采用的模式一般是校内教师负责理论部分教学，企业兼职教师负责实践部分教学。随着校企合作的深入、专业的复合型以及云平台线上教学技术的发展，"一课双师"教学模式不断进行创新与发展。

"一课双师"是一种创新的教学组织形式，指由不同身份背景的校内外教师组成协同教学团队，共同制订授课内容和进度计划，完成同一门课程的教学任务，通过分工协作、各司其职，展开应用型人才培养的研讨式教学机制。[①]

这里的"不同身份背景的校内外教师"可以是来自企业的能工巧匠、业务骨干，也可以是来自其他专业或院校、同行的专家能手。

"一课双师"协同教学与传统的教学模式相比，主要特征是一门课程两位教师，根据

---

① 徐先航. 基于"一课双师"的应用型本科产教融合模式探究[J]. 新商务周刊，2020（19）：193.

课程内容需求，"一师"是本校课程专任教师，"一师"是对"另一师"的互补，两师协同完成"一课"的任务；教学场地可以是校内，可以是校外企业实训基地，也可以是网络平台。

"一课双师"协同教学不同于"双师型"教师教学，"双师型"教学是一位校内专任教师同时兼具理论教学和实践教学能力，还是一课一师授课形式。

2. 广东科技学院服装专业"一课双师"协同教学改革介绍

广东科技学院服装专业在2019—2020学年实施"一课双师"协同教学改革，探索"一课双师"协同教学改革的课程内容、课程实施效果和协同教学组织方式。

（1）服装配饰设计"一课双师"协同教学改革

服装专业2019—2020学年第一学期"服装配饰设计"课程聘请潮绣大师、非物质遗产传承人、名绣企业总经理蔡小苹女士和本校专职教师王萍老师共同授课。

"服装配饰设计"课程共计32课时，其中16课时是绣花内容，本校专任教师对于广东刺绣，尤其是粤绣和潮绣这种地方性比较强的传统刺绣技法，知识还是欠缺的。教改的目的是把在校专任教师薄弱的一部分交给专业的人士，和本校教师形成优势互补，更重要的是本校教师可以随学生一起学习，把这一部分的非遗技法学会并传承下来，应用到现代设计中去。

对于潮绣这种非遗技艺来说，一直是辈辈相传的，相关书籍比较少，即使有一部分书籍也没有涉及针法与技巧等内容。教学改革出发点是让学生在学习潮绣的同时，激发他们对中国传统元素的探索欲和学习动机，能够应用到服装服饰设计中去。

教学改革后，这16个课时安排给潮绣大师蔡小苹女士上课。因为时间的关系，课程组经过商议，确定教学计划与内容，最后与学校专任教师共同完成授课任务。

（2）服装制板与工艺"一课双师"教学改革

2019—2020学年第二学期的"服装制板与工艺"课程的主要教学内容是男西装和大衣的制板与工艺。为了让课程的内容紧跟市场发展，聘请东莞衫匠西装高级定制经理倪东希先生讲解西装定制的前景和服装定制量体等知识。倪东希先生根据自己多年在男西装定制中的经验，结合市场需求和高级定制服装的流行趋势，为学生讲解定制与量体方面的知识。

服装定制的重要环节就是量体，"量体裁衣"自古有之，量体数据的准确性直接影响服装成衣的穿着效果，量体也成为一种独立出来新兴职业。这个职业要求从业者不仅要掌握量体的知识、量体方法，还要熟练使用量体设备和工具。

在定制量体的过程中往往会遇到很多特殊体型，针对这些特殊体型，在量体和板型结构设计时需要特别处理，定制量体师在实践中总结出了丰富的经验，这些是学生在书本上无法学到的。由企业经验丰富的定制量体师为学生进行专业的讲解，把在校教师薄弱的一部分内容交给专业的人士，和本校教师形成优势互补，同时也让本校教师随学生一起学习，把这一部分知识学习后进行总结归纳，在今后的教学中更好地加以应用。

（二）项目研究意义

1. 充分发挥"两师"优势，取长补短

应用型人才的培养注重学生的实践能力，引进企业人员进行实践教学，与本校教师知识与技能结构互为补充。

教师与企业人员工作特征决定了他们在教学上的优劣势。企业人员数年在同一个岗位上深耕，他们积累了丰富的经验，这些都是在校专任教师所欠缺的，引进企业人士授课，可以向学生传授这些实战经验，弥补专任教师的不足。而校内教师在教学组织、教学方法和教学理论的优势以及对学生的了解又独具优势。"一课双师"协同教学能够充分发挥学校教师教学经验、企业人员技术实战经验的专长，优势互补，取长补短。

2. 让学生了解市场最新资讯，学习最新知识与技能

服装具有流行时尚的特征，流行本身是具有时效性、周期性的，每一年每一季流行的服装都会发生变化，服装设计需要紧跟市场流行趋势，所以服装设计相关课程内容除了设计的理论知识，也要了解市场上流行的元素。"一课双师"协同教学中，来自企业的设计人员可以带来最新的时尚潮流讯息。

科学技术的发展也对服装产业产生很大的影响。首先是服装材料的发展，如防辐射、防晒等新型功能性面料出现，或新型纤维的发现与使用，例如玉米面料、牛奶面料、纤维面料。其次是服装相关设备的发展，例如数码印花机器的出现、三维设计软件的技术发展、智能生产流水线设备等。这些材料与机器设备的发展与更新，会导致专业相关知识与技能的变化与更新，企业人员能够把这些新知识或新技能及时传授给学生。

3. 服装专业"一课双师"协同教学实践经验

本课题进行广东科技学院服装专业一整学年"一课双师"协同教学改革实践的探索，有助于总结"一课双师"协同教学经验，反思实践过程中取得的成效和出现的问题，未来服装专业可以借鉴相关经验，并进一步优化"一课双师"协同教学模式。

二、研究内容

（一）国内高校"一课双师"协同教学模式现状研究

"一课双师"协同教学因其较强的应用性特征，在高职院校和应用型本科院校有不同形式的应用与推广。高职院校与应用型本科在"一课双师"协同教学方面既有相同点，也有不同的教学模式。

1. 高职院校"一课双师"协同教学模式现状

职业教育具有社会性、职业性和实践性的基本属性[①]。高职院校需要与企业紧密联系，大力推进校企合作。"一课双师"协同教学在高职院校的推广与实施中，校外教师主要是来自企业的能工巧匠，教学改革则侧重于实践性教学。

为了确保课程目标的达成，需要安排校内教师与校外教师共同担任课程的教学任务，组成一个课程教学团队，根据课程目标，共同商讨课程内容、制订课程计划，协同完成课程教学任务。高职院校"一课双师"协同教学模式主要有以下两个方面：

（1）"双师"分工协同教学模式

这种方式是指专业核心课程由专任教师负责理论课程的讲解，由企业富有经验的主

---

① 于万成. 校企合作创新之路 [M]. 北京：机械工业出版社，2020：9.

管、业务骨干负责实践环节的教学，为学生建立逼真的职业氛围，实现学生与职业岗位的无缝对接。①

概括起来就是一门课程由校内教师负责理论教学，校外教师负责实践教学，由双方教师共同协商授课内容、授课计划，共同完成课程教学。

这种教学模式是职业院校中实施较多的模式，它把课程教学内容划分为几个模块，实践模块由企业兼职教师承担。例如广西职业技术学院沈云、黄富革发表的《高职校企合作"一课双师"模式的教学实践》一文提到，在"网络综合布线与施工"课程教学过程中，聘请网络公司的技术人员来给学生讲授施工实用技术，工程的验收、招标、投标与评标等校内专任教师不熟悉的内容②。

郑州铁路职业技术学院朱彦龙在《高职院校"一课双师"教学模式探索》一文中提到，"光通信技术与应用"课程实施"一课双师"协同教学，把课程内容分模块教学，再把模块分为项目，项目中理论部分由校内教师主讲，实践部分与前沿技术由企业兼职主讲。③

"一课双师"分工协同教学模式之所以成为目前职业院校采用较多的模式，主要是因为它能充分发挥校内外教师的优势，形成校内教师重理论、企业人员重实践的"1+1>2"效果。校外兼职教师主要源于企业的技术人员，负责核心课程的实践教学，实现学生实践操作与企业需求无缝对接。

高职院校另外推行较多的"一课双师"协同教学模式是校内理论教师+校内实训指导教师形式④，这种方式是校内理论教学能力较强的教师和实践能力较强的教师（教师具有企业实践的经验）共同完成一门课程的教学任务。这种"一课双师"协同教学模式因为"双师"都是校内教师，具有较强的课程教学稳定性。

（2）"一师"辅助"另一师"的模式

高职院校"一课双师"协同教学中的"一师"辅助"另一师"的模式有两种：一种是校内教师辅助校外教师教学，课程的主讲教师是校外教师；另一种是校内教师是主讲教师，校外教师起辅助作用。

校内教师辅助校外教师的"一课双师"协同模式，主要是指专业的实践实训课程或理实一体化课程中实践比重多的课程由校外教师主讲，校内教师相当于助教来辅助校外教师。葛璇在《环境艺术设计专业一课双师协同教学模式探究——以重庆工商职业学院为例》中提到，在"施工工艺流程与预算报价"这门课程中，课程的知识重点在于对实际项目的操作与经验，因此来自企业的兼职教师在这门课程中具备明显的优势，课程就会以实战经验较为丰富的兼职教师为主、专职教师为辅。⑤

---

① 李敏."一课双师、三模块、四阶段、五评价"——专业群服务区域经济发展的人才培养模式［J］.人文之友，2020（23）：344.

② 沈云，黄富革.高职校企合作"一课双师"模式的教学实践［J］.文化创新比较，2019，3（26）：100.

③ 朱彦龙.高职院校"一课双师"教学模式探究［J］.科技视界，2018（29）：77.

④ 芦琴."双高"背景下高职院校安全管理基础课程"一课双师"教学模式探究［J］.杨凌职业技术学院学报，2021，20（6）：73.

⑤ 葛璇.环境艺术设计专业一课双师协同教学模式探究——以重庆工商职业学院为例［J］.美术教育研究，2019（5）：118.

校外教师辅助校内教师的形式，由校内教师主讲。这种教学模式中，校外教师主要起参与式辅助作用。校外教师对校内主讲教师的辅助作用主要是参与课程教学大纲的制定，提供企业案例资料，丰富课程资源。

无论是"双师"分工协同教学模式还是"一师"辅助"另一师"的协同模式，都是为了提高学生的实践动手能力，有助于提升学生的职业能力。

2. 应用型本科院校"一课双师"协同教学模式现状分析

应用型本科在培养人才方面也要强调校企合作以及提高学生的实践应用能力，而"一课双师"协同教学模式的优势也决定了应用型本科会借鉴高职院校的成功经验，推广并实施这种教学模式，只是应用型本科在实施"一课双师"协同教学模式上更加灵活。目前在应用型本科院校中，"一课双师"协同教学模式主要有以下几种：

（1）校内专职教师理论教学与企业兼职教师实践教学协同模式

校内专职教师理论教学+企业兼职教师实践教学是高职院校推行"一课双师"协同教学的主要教学模式。这种教学模式最大的优势是"双师"可以取长补短，实践教学贴合企业实际、应用性强，一些应用型本科院校就直接借鉴并采用与实施了这种双师协同教学模式。

荆楚理工学院电子信息工程学院的赵娟在《校企混编"一课双师"教学模式研究》一文中将"一课双师"的授课形式划分两种：一种是针对专业核心课程，由校内教师进行教学组织、教学管理和理论课的授课，企业工程师负责该课程的实验或实践操作；另一种是针对实训类课程，由工程师制定并实施实训的项目内容，专任教师组织学生参与实训，负责学生实训期间的生活。①

校内专职教师+企业兼职教师模式因其较强的实战性，成为提高学生实践应用能力的重要模式之一。

（2）校内理论教师与校内实践教师协同模式

学校通过招聘或培养实践能力较强的教师作为实践教师，或是独立承担实践教学的任务，或是在实训时协助专业教师对学生实训进行指导。这种"双师"都是本专业的专任教师协同教学，相对而言具有较强的教学稳定性、可掌控性，在应用型本科院校同样得到推广实施。

广东科技学院服装专业的部分理实一体化课程，学生在实训的时候有经验丰富的实训教师在一旁指导，协助主讲教师完成课程实训任务。

（3）不同专业背景的专职"双师"协同模式

不同于职业院校的职业性较强的特点，应用型本科在实施"一课双师"协同教学的时候，会根据课程的特征选择不同专业或学科背景的专任教师进行"一课双师"协同教学，尤其是针对一些跨专业或跨学科的复合型课程，"一课双师"协同教学能够实现专业或学科知识互补，打破单一专任教师的专业或学科知识的短板。

杨博、张蕊在《"一课双师"型教学模式下的新闻专业英语教学》一文中，对"新闻专业英语"课程，由两名教师，即新闻专业教师和英语专业教师根据各自领域的专长，以

---

① 赵娟. 校企混编"一课双师"教学模式研究 [J]. 南方农机, 2018, 49（2）: 27.

实现学科整体目标为目的，进行教学资源的深度整合，由两位专业教师按照教学计划要求，分别承担教学的不同任务，共同完成教学目标。①

卢阳、牛艳梅在《〈跨国公司财务管理〉"一课双师"教学模式探索与实践》一文中也对"跨国公司财务管理"课程进行了"一课双师"协同教学，要求财务管理专业背景的专业教师和税收专业背景的专业教师共同备课，共同上课。通过课程讲授，理解学科差异，纠正学科的可获得性偏误，在教学实践中不断完善教学设计，实现教学相长。②

隔行如隔山。这些跨专业或跨学科的课程，如由一位专业背景的专职教师授课，专职教师在短时间内无法对其他专业做深入的研究以及熟练的实践；如寻找企业相关人员授课，一旦涉及相关理论知识就无法系统的逻辑性教学。然而，高校跨专业或跨学科课程越来越常见，所以不同专业或学科背景的教师共同授课应运而生。

（4）线上专家与校内专职助教协同模式

线上专家+校内专职助教的"双师"协同教学模式是线上线下混合式教学的一种，是在新冠肺炎疫情期间线上教学普及的背景下发展起来的一种新的"双师"协同教学模式。这种教学模式是线上线下混合式教学方式，只是线上教学是校外教师，线下教学是校内教师。

这种"双师"协同教学模式最初在中小学中推广，尤其是比较偏远的地区，借助名师的网络视频学习，校内教师对视频内容进行辅导与答疑。这种"双师"协同教学模式也成为高校在疫情期间采用较多的教学方式。

吴万琴的《"双师教学"方式在应用型大学教学中的应用——以〈移动应用开发〉课程为例》一文中提出，采用线上线下相结合的"双师"教学方式，当教师缺乏企业研发经验时，由高质量视频课程补其短板，提高教学效率，以提高学生的实际开发能力。③

在疫情期间，停课不停学，很多课程借助线上的方式，线下组织教学，针对线上视频答疑、辅导、批改作业、组织考核等方式共同完成一门课程的教学任务。

总之，应用型本科课程的口径比高职院校宽，在实施"一课双师"协同教学的模式上，课程的选择和"双师"的选择也更加灵活与多样化。

3. 广科服装专业"一课双师"协同教学的特色分析

广科服装专业实施的"一课双师"协同教学模式主要有两种，一种是主讲教师+实践指导教师模式，这种"双师"协同教学模式与其他院校是相似的，聘请实践能力强的教师作为实训课程的指导教师，辅导主讲教师完成课程实训任务。

另外一种教学模式是校内教师+企业兼职教师模式。不同于其他院校的校内教师理论教学+企业教师实践教学模式，我们要求企业人员完成一个独立模块的理论与实践教学，这个模块是校内教师知识与技能结构所欠缺的。例如，"服装配饰设计"课程引入非物质文化遗产潮绣的技法与应用；"服装制板与工艺"课程引进服装定制量体师的内容。这些

---

① 杨博，张蕊. "一课双师"型教学模式下的新闻专业英语教学［J］. 黑龙江教育学院学报，2016，35（10）：143.

② 卢阳，牛艳梅.《跨国公司财务管理》"一课双师"教学模式探索与实践［J］. 创新创业理论研究与实践，2019，2（11）：112.

③ 吴万琴. "双师教学"方式在应用型大学教学中的应用——以《移动应用开发》课程为例［J］. 兰州文理学院学报，2019，9（33）：109.

教学内容都是传统服装专业课程体系中没有的或欠缺的，但是随着社会的发展，这些新职业（服装定制量体师）又给专业学生带来新的知识与就业机遇，那些非物质文化遗产（潮绣）又在新的时代中焕发出新的活力，成为服装设计的重要灵感来源之一。

但是这些企业的兼职教师同样存在教学组织和教学方法不足的问题，所以在兼职教师整个教学的过程中，需要校内教师辅助课件制作、课堂管理与组织学生。

通过"一课双师"协同教学实施，开阔学生的视野，丰富学生的专业知识，师生都学习了最新的知识与技能。这些课程无论是学生评教还是教师评价，都反馈良好。

（二）广科服装专业"一课双师"协同教学实施过程中遇到的问题及对策研究

1. 广科服装专业在实施"一课双师"协同教学改革过程中遇到的问题

广科服装专业在实施"一课双师"协同教学的实践中有其他院校的共性，也有自己的特色，所以在实施"一课双师"协同教学的过程中既有校内教师+企业教师模式的共性问题，也有自己的个性问题，主要问题有以下几个方面：

（1）企业技术人员来校上课的积极性不高

技术过硬且符合课程教学要求的企业技术人员不好找，即使有符合课程教学条件的企业人员，也需要这些人员有来校上课的意愿、一定的时间和企业的支持。

企业运营中每个岗位都有特定的工作任务，如果委派技术过硬的人员来学校上课，会影响其所在岗位的工作任务，对于企业来说委派技术骨干到学校授课的意愿不高，积极性不足。

虽然说校企合作重要连接点是人才的培养，但是在目前人才流动性大的背景下，对于学生毕业后是否留在企业单位的不确定性，也导致企业与技术人员来校上课的积极性不高。

（2）校内专任教师的积极性不高

校内专任教师在开展"一课双师"协同教学中，要与企业兼职教师一起讨论和分析授课内容、方法和手段，为企业兼职教师的教学实施做好各项教学准备，并在教学过程中全程辅助兼职教师进行教学活动，但没有相应的激励措施，很多专任教师被动配合教学实施，缺乏主动探索和提高"一课双师"教学水平的方法及手段。[①]

广科服装专业在实施"一课双师"协同教学过程中，课时费用只发给校外兼职教师，校内教师因为没有相应的激励措施，又需要全程协同跟进校外兼职教师的授课和课后作业与辅导，所以校内教师的积极性不高。

（3）校外教师不是非常关注学生的学习效果

校外兼职教师虽然有意愿把知识和技能传授给学生，把学生教好，但是由于教学时间的关系，以及校外兼职教师的临时性和流动性特征，校外兼职教师不能像校内教师那样，花时间去了解不同学生对知识与技能的学习和掌握程度，了解不同学生的学习特征与性格特点。所以课堂上，校外兼职教师相对而言，互动性不高，对学生了解不够，基本上是"一言堂"，讲完授课内容或示范操作技能后，剩下的就交给校内教师，如果校内教师不能较好地带领学生一起消化授课内容，很难取得良好的学习效果。

---

① 沈云，黄富革. 高职校企合作"一课双师"模式的教学实践 [J]. 文化创新比较研究，2019，9（26）：101.

校外兼职教师因为工作的原因，一般不愿与校方签订长期的授课合同，这个学期的授课任务完成，下个学期因工作调动可能就没有时间过来授课，这种不稳定性也导致校外兼职教师不会花时间去了解学生，关注学生的学习效果。

(4) 校外教师稳定性差

广东科技学院服装专业在实施"一课双师"协同教学的时候，因为校外教师授课的内容是非物质文化知识或新兴的知识与技术，寻找满足教学条件和具备这方面知识同时兼具一定学历层次的兼职教师是可遇不可求的，再加上企业工作的时间安排，所以校外兼职教师较难形成稳定的队伍、固定的授课时间，导致具有一定的不确定。

即使是专业的核心课程选拔的来自企业的能工巧匠，也因为自身工作繁忙（服装企业因为服饰产品流行周期短、更新快，工作强度相对较大）以及企业与个人的积极性不高，相对较难形成稳定的兼职教师队伍和固定的授课时间。

这种校外兼职教师的不稳定性，可能会导致"一课双师"协同教学的碎片化和随意性。

2. 问题的对策研究

(1) 对"双师"的激励措施建议

"双师"积极性不高，最主要的原因还是激励措施不到位，所以想要提高校内外教师的积极性，就需要有相应的激励措施。

从专业层面来说，建立"双师"的奖惩措施、保障措施来调动"双师"的积极性。对于校内的教师，给予一定的奖励，例如绩效奖励、评优评先加分等奖励措施，鼓励校内教师积极开展"一课双师"协同教学。

对于校外教师的奖励，经费保障是第一位的。同时与企业建立良好的合作关系，企业才能支持与选派合适的人员来校上课。建议企业给予来校兼职教师一定的激励措施，调动校外企业和兼职教师的积极性。

(2) 加强"双师"的教师队伍建设

要形成良好的可持续发展的"一课双师"协同教学，学校需要自上而下建立相应的校外教师兼职制度和奖惩措施，同时明确"双师"的职责与任务。

对于"一课双师"协同教学，尽管学校自上而下建立了相应的规章制度与薪酬制度，在进行"双师"队伍建设的时候，也需要具备以下几个条件：

1) "双师"都应具有一定的政治素质与道德修养，能够引导学生树立正确的思想与价值观，潜移默化地培养学生的职业素养。

2) 兼职教师对授课内容有较深的理解，对实践技能能够熟练操作，对职业岗位比较熟悉。

3) 校内教师具有较强的课程管理、组织能力和沟通能力，并且有较强的责任心和强烈的学习意愿。

在兼职教师的建设中，拓宽兼职教师的渠道，积极寻找符合条件的兼职教师，并建立相应的兼职教师数据库。加强与校企合作的连接点，创造校企双赢互利的局面，促进"双师"的双向流动。

在校内教师队伍建设中，教研室或课程组选拔符合条件的青年教师，在协同兼职教师的过程中，不仅能积极主动向兼职教师学习，提升专业的实践应用能力，还能够帮助兼职教师提高教学水平。同时也积极促进专任教师去企业培训或实践，达到"双师型"教师要求。

（3）提前筹划"一课双师"协同教学方案，形成一定的教学稳定性

在开始制定人才培养方案的时候，讨论并形成"一课双师"协同教学改革方案，把需要实施"一课双师"的课程列出来，选拔符合条件的青年教师，组建课程组。

课程组根据课程目标，讨论重构课程内容。服装专业可以采用任务驱动的项目式构建课程内容，也可以根据兼职教师的学历层次和专业知识，采用模块化教学，即兼职教师负责某一模块的理论与实践教学。协同教学方法可以是灵活多样的，可以采用传统课堂的方式，也可以采用网络平台视频的形式，上课的地点可以是在教室、公司或其他地方。

积极寻找合适的兼职教师，与课程组教师结对，结对教师负责与兼职教师联系交流沟通，形成教学的相对稳定性。

（三）服装专业"一课双师"协同教学模式的实施路径探究

1. "一课双师"协同教学的基本要素分析

"一课双师"协同教学的基本要素是"一课"和"双师"。这里"一课"是指专业的一门课程，它可以是专业核心课程、专业实践课程，也可以是跨专业跨学科组选课程，或选修课程。专业核心课程有时候需要按照课程内容由浅入深连续几个学期持续讲授，例如，"服装制板与工艺"课程连续开设三个学期；有时候一门课程只开设一个学期，例如，"服装配饰设计"只开设一个学期。

"双师"是指两位教师，他们共同完成一门课程的授课任务。"双师"中，"一师"是本专业教师；"另一师"可能是实践教师（可能是校内专职，也可能是校外企业兼职），可能是跨专业、跨学科的其他理论教师，也可能是来自行业的行家能手。"另一师"对课程的参与，可以是现场参与、课程资料案例参与建设和云平台视频或远程指导等形式。

高职院校与应用型本科"一课双师"协同教学方式，概括起来有理论教师+实践教师、理论教师+理论教师、主讲教师+助教、主讲教师+辅助教师、线上线下不同教师五种不同的协同教学模式。

2. 服装专业"一课双师"协同教学实施的路径探究

服装专业的实用性强，强调实践环节，从教学环节的服装效果图绘制、服装结构设计、服装工艺练习、专题设计训练等，到最终实现服装的设计、生产、品牌运营等，服装设计思维的物化过程、服装设计作品的产品化过程，是服装实践教学的最重要内容。[①]

实践教学尤其是符合企业用人需求的实践教学在服装专业的人才培养方案中尤其重要。"一课双师"协同教学是服装专业推进校企产教融合的重要手段，能够在课堂上引进企业岗位工作流程、项目实战实践，校企共建课程资源。

根据广东科技学院服装专业一个学年"一课双师"协同教学的改革实践经验，总结在实施过程中的问题与成功经验，提出服装专业"一课双师"协同教学的实施路径，旨在今后能够更好地实施"一课双师"协同教学，不断探索"一课双师"协同教学模式，实现课程教学目标。

---

① 朱洪峰，晁英娜. 基于产教融合的服装专业实践教学体系构建［J］. 纺织科技进展，2021（4）：58.

(1) 重梳课程体系，确立实施"一课双师"协同教学的课程

对于服装专业来说，如果要开展"一课双师"协同教学，最好提前计划，在人才培养方案开始制定时，就组建来自专业、企业或行业的专家探讨需要开展"一课双师"教学的课程，以及在教学的哪个阶段开展"一课双师"协同教学。

服装专业比较适合一课双师协同教学的课程有：①跨专业课程，例如，"服装专业英语"课程，专业教师熟悉外贸跟单流程和专业术语，但是英语翻译与口语差，英语专业教师对专业术语的理解与应用也不太理想，这种情况下"一课双师"协同教学是比较理想的教学模式；②专业教师欠缺知识与技能，并且不能通过短时间学习或培训掌握的课程，例如，"服装配饰设计"中非物质文化遗产——潮绣的知识与技法；③专业核心课程或专业实践课程涉及实时更新的市场，或企业操作层面的实践；④专业随着技术发展根据实际应用情况新开设的课程，例如，"服装智能制造""服装虚拟三维设计"等根据企业需求而设置的课程，自身师资跟不上知识与技术更新的速度。

教研室主任、专业带头人等主要骨干教师根据专业教师知识结构特点，督促相关人员形成"一课双师"协同教学相关文件和奖惩措施，组建"一课双师"教学团队，鼓励校内外教师积极开展"一课双师"协同教学。

(2) 提前计划，根据课程目标，探讨合适的"一课双师"协同教学模式

确定了"一课双师"协同教学中的课程，接下来就要探讨"一课双师"协同教学模式。对于服装专业来说，不同的课程，实施"双师"协同的模式也不相同。首先，教研室主要成员要对自身师资的知识结构与能力有深入的理解，对人才培养目标的实施路径有所认识，并对教师团队未来建设与提升有计划；然后根据课程目标与自身师资队伍特点，探讨合适的"一课双师"协同教学模式。

对于自身教师不能通过企业短期实践、顶岗实习或培训进修掌握相关知识或技能的课程，"另一师"自然是课程的主讲教师，"一师"处于辅助地位。但是如果可以通过"另一师"视频或平台资源作为辅助教学的，"一师"就成为课程的主负责人。

提前讨论并初步确立"一课双师"协同教学模式后，鼓励课程教学团队积极寻找合适的另一师，并建立兼职教师资料库，与"另一师"和其所在企业建立良好的合作关系。

(3) "一课双师"协同教学的课程设计与实施

根据课程目标确定了"一课双师"协同教学模式后，接下来就要开展与实施"一课双师"协同教学。根据广东科技学院服装专业不同课程开展"一课双师"协同教学的经验，在实施的过程中需要注意以下四个方面的工作：

1) "一课双师"协同教学的课程教学内容重构。无论哪一门课程，采用何种"双师"协同教学模式，在开展"一课双师"教学之前都要组织课程教学团队，根据课程目标，对课程内容进行梳理、解构，再根据"双师"的特长对课程教学内容进行重构，明确"双师"的授课内容，提高兼职教师的教学效率。

以"服装制板与工艺"课程为例，这门课程最后一个学期的教学目标是掌握男士量体方法和男西装、大衣制板与工艺制作，要求学生掌握男西装、男大衣两个项目的结构设计、工业制板和工艺制作，并能灵活应用到同类别各种变化款式的制板与工艺制作中。专业专职教学团队具备男西装和男大衣基本款式的制板和工艺制作的相关理论知识与基本制作技能，具备结构变化的相关知识和工艺处理方法，课程组成员可以完成基本授课任务并达成教学目标。

随着时代的发展，定制服装价格越来越亲民，定制服装企业也越来越多，传统的量体裁衣借助现代先进设备与互联网又重新占据一定的服装市场，服装量体师这个新兴的岗位应运而生。

服装量体还采用传统的量体工具与量体方法，借助来自企业的"另一师"把这个新兴岗位的最新知识与技能传授给学生。

课程组教师把这门课程的内容重新梳理，根据课程内容与课时，把这门课程的理论知识和操作技能重构为男装量体方法与实践、男西装、男大衣三个项目。把男装量体方法与实践交由来自企业的兼职教师负责。正如多数来自企业的兼职教师一样，本课程的企业兼职教师不熟悉学生，缺少教学经验，需要校内教师全程跟进协助完成教学任务。

在实施"一课双师"协同教学前后，这门课程的教学目标没有变，课程内容中，对传统的男西装基本款结构设计、制板与工艺制作，男西装、男大衣基本款工艺制作和男大衣的应用制作，男装量体使用传统的软尺等内容加以重新组织。实施"一课双师"协同教学前后的课程内容与课时分配如表1所示。

表1 实施"一课双师"协同教学前后的课程内容和课时分配

实施之前	项目	男西装基本款式结构设计、制板与工艺制作	男大衣基本款式结构设计、制板与工艺制作	男大衣应用
	课时	20	12	16
实施之后	项目	男装量体方法与实践	男西装项目	男大衣项目
	课时	8	16	24

课程内容可以根据工作项目采用项目导向、任务驱动的方式，可以根据知识结构或工作情境等方式对相应的知识或技能进行重构。课程组需要根据课程目标以及"双师"的教学目标，对课程整体内容进行分解，按照一定的方式再有效组合，对每一次课程内容进行有效设计，提高教学效率。

2)"一课双师"协同教学的"双师"教学组织。"双师"教学组织的形式与教学模式息息相关，模式不同，教学组织的模式不同，"双师"在课程中的地位也不相同。一般来说，"双师"根据不同的学生学情和教学模式，协同完成教学任务。

在服装专业的实践中，兼职教师因为对学生和教学设备不熟悉，在上课的时候需要校内教师以助教的形式在一旁协助。这对校内教师的要求比较高，不仅要熟悉项目涉及的相关理论知识，也要学习与熟悉新设备、新知识，还要有责任心。

兼职教师上课之前，校内教师需要与兼职教师及学生沟通好上课的地点、时间、学生主要学习情况和上课内容，准备好上课需要用的工具、文档资料，进行授课准备工作。甚至根据学生的情况和教学的需要，把学生分好组，在兼职教师上课的过程中，协助兼职教师小组之间的轮换实践或协助指导实践。

课后，需要校内教师组织学生练习实践，协助兼职教师批改作业、录入成绩、归档教学资料，以便后期存档保存。

由此可以看出，在服装专业的"一课双师"协同教学实践中，课程的主要负责人是校内专任教师，把课程中的一部分校内教师欠缺的知识和技能交由校外兼职教师负责。

3)"一课双师"协同教学课程思政研究。如今，思政教学走进课程教学，要求在专业课程教学过程中融入思政教育，实现全程育人、全方位育人。

课程思政是最近几年开展的，校外兼职教师尤其是来自企业的兼职教师没有接触过这方面的内容。那么，校外兼职教师在上课的过程中怎样切入思政教育？怎样把教学内容与思政教育融合到一起，把思政元素融入课堂？

服装专业在"一课双师"协同教学过程，因为校内教师是课程主要负责人，经过课程组深入讨论与挖掘思政元素。要求校外兼职教师在上课的过程中，对学生进行思政教学，向公司的优秀员工或行业榜样学习。同时，把这些兼职教师的优秀品质、职业品德和行为规范渗透在教学中，引导学生发现并学习兼职教师的优秀品德、职业素养和行为规范。

对于实践性较强的服装专业来说，校外兼职教师容易接受的思政元素还有工匠精神和职业道德。工匠精神是比较容易在实践教学中切入且容易被企业兼职教师接受的思政元素。很多校外兼职教师都是来自企业的能工巧匠，他们能够具有一技之长，就是因为具有专注、追求完美、一丝不苟的工匠精神。

兼职教师在教学实践过程，教导学生在实践中不要急于求成，沉下心，把每一条线织好，把每一工艺细节处理好。达不到要求的重新做，达到标准和要求的才能够进入下一道工序。在这种一丝不苟的严格要求下，培养学生的工匠精神。在对学生进行专业知识、操作技能培养基础上，增加高尚品行的塑造和健康身心的培养内容，构建起"品行、身心、知识、技能"四个维度的职业核心素养框架。[①] 这就要求学生在学习知识与技能之外还要爱岗敬业、团结合作、乐观向上，这种职业素养也比较容易得到企业兼职教师的认同，容易在教学中结合职业要求及行业榜样中去发掘并导入课堂教学。

服装专业在"一课双师"的协同教学中，"服装配饰设计"内容是中国非物质文化中的潮绣，所以相对比较容易切入中国传统文化在现代产品上的应用，让学生了解传统文化的灿烂并增强中国文化自信心。另外，在学生学习潮绣针法实践中，导入工匠精神。

4)"一课双师"协同教学效果评价。服装专业的"双师"教学质量评价分为校内教师与校外教师评价，校内教师教学质量评价与其他教师的基本相同，校外兼职教师评价主要由教研室同行、学生和校内专任教师评价构成。校内专任教师因为全程协同跟进校外兼职教师教学，相对是比较了解的，所以也参与对校外兼职教师的评价。

教研室同行主要通过听课评课和学生座谈的方式来对兼职教师进行评价；学生评教以填写匿名问卷的形式，让学生对兼职教师的教学方法、教学内容和教学效果进行评价；校内专任教师主要采用填写反馈表的形式对校外兼职教师进行评价。

"一课双师"协同教学的学习效果，主要是通过平时作业质量、项目作品或成果的质量来评价的。

服装专业开展"一课双师"协同教学的两门课程因为课程性质不同，学习效果采用的评价方式也不相同。服装配饰设计中绣花这一块的理论知识与实践都由校外兼职教师负责，而且课时比较多，所以在考虑学生学习效果评价的时候，采用过程考核，即把平时学生的表现以及作品质量列入考核范围。另外一门课程的校外兼职教师对学生学习效果的评价，主要采用平时成绩平均值方式。

三、关于"一课双师"协同教学的思考

随着复合型人才以及应用型人才的需求增大，跨学科跨专业的课程、校企合作课程逐

---

① 张驷宇. 职业核心素养培育研究：内涵与路径 [J]. 无锡商业职业技术学院学报，2020，6（20）：101.

渐在专业课程体系中出现并占据一定的比例，"一课双师"协同教学也会慢慢变成常规教学的一部分。

目前在高职院校中，为了提高学生的职业应用实践能力，"一课双师"协同教学主要采用校内教师进行理论教学、来自企业的兼职教师进行实践教学的模式。本科应用型院校为了培养学生实践应用能力，直接照搬借鉴了这种校内教师+企业兼职教师的模式。然而应用型本科培养人才与职业院校培养的人才具有不同的要求，所以在实施"一课双师"协同教学的模式上更加多样化，例如，跨专业课程由两位不同专业背景的教师共同完成一门课程的教学任务。

云平台与互联网的发展又为"一课双师"开辟出新的协同教学模式，例如，"另一师"的视频教学补充、网络直播课堂，让不同地区的优秀课程内容视频以及行业专家、企业能工巧匠不受时空限制，校内专任教师协同教学模式更加多样化。可以是其他专家在线负责课程的主讲，校内教师以助教的形式辅助答疑解惑；也可以是其他专家以客串的形式讲授一个擅长的知识点，或以视频补充的形式共同完成课程教学，即现在提倡的线上线下双师混合式教学模式。

广东科技学院服装专业在实施"一课双师"协同教学过程中有成功的经验，也有一些问题，针对这些问题，提出了相应的对策，以便以后优化"一课双师"协同教学模式。

无论哪一种"一课双师"协同教学模式，都是为了弥补专业自身师资的不足，借助其他师资的优势，以期更好地完成课程目标，进而达到人才培养的目标，为社会培养需要的应用型人才。

OBE 理念下服装专业计算机辅助设计类课程建设研究

程晓莉　陈思云　吴雪凯　陈雨蒙　靖则隐

摘　要：在服装专业计算机辅助设计类课程中，以原有的教学体系、内容及传统教学模式等教学，已经难以满足现代服装行业对服装设计人才能力的需求。应用型本科高校中，以 OBE 理念为指导的课程建设和改革可以促进技术人才的培养，提高应用型人才培养质量。本研究以 OBE 理念为指导，根据课程毕业要求改革课程教学目标、教学内容、教学模式、课程考核评价，在教学的过程中融入课程思政，并对改革前后的效果从以上四个方面进行比较，目的是提高本课程的教学质量，圆满完全本课程的教学目标，提升本课程的教学效果。

关键词：OBE 理念；应用型本科；计算机辅助设计类；建设改革

一、OBE 教学理念

（一）OBE 教学理念概述

OBE（Outcome-based Education）是一种新型的教育理念，指教育系统的每一个组成都围绕学习的目标和成果，每个学生毕业时都应该达到学习目标。OBE 理念已经在世界范围内得到普遍认可，美国 1994 年就有了 OBE 计划，并在以后多年一直使用。2012 年欧盟提出教育要聚焦学习成果并在成员国中推广。世界上最具影响力的本科工程学位互认协议是创立于 1989 年的《华盛顿协议》，该协议就全面接受了 OBE 的理念。2013 年我国被接纳为《华盛顿协议》预备成员，2016 年 6 月 2 日成为正式会员。自此，OBE 理念在我国高校中流行开来。[①]

OBE 也称学习结果导向教育、目标导向教育或需求导向教育，是当前高等教育改革的主流思想。成果不是某一个阶段，如一周、一学年或者一门课结束后的学习结果，也不是学生完成规定的所有课程后所达到的最终学习结果，而是我们期望学生在学习历程结束后能够取得的学习成果。相对于传统的学科导向重视知识输入来说，成果导向教育理念更关注学习成果输出，学习成果是学生毕业时能带走的最大能力，即顶峰成果（Culminating Outcomes）。这种基于实现预期成果输出的过程，更注重学生是否获得学习成果及获得什么样的学习成果，学生成果驱动整个教育环节的运行。

---

① 舒丹丹. 基于工程教育专业认证理念的应用型人才培养体系建设研究 [D]. 大庆：东北石油大学，2019.

（二）OBE 教学理念特征

OBE 理念所具有的教育特征具体表现在学科教育目标、教育过程与教育效果等层面，是以教育目标实施教育方案反推的教育理念。① 在 OBE 理念下，专业教育注重以学生群体为导向，以教育效果为基础，以此来不断优化教育过程。该理念的教育特征还体现在各学科教育工作者借助教育活动使学生习得实用性职业技能，基于学生学习成果，着重关心学科教育目标的最终实现程度。另外，OBE 理念的根本目的在于着重培养学生的个体挖掘能力与独立思考意识，使其在习得专业技能的基础上，提高综合素养水平，让学生积极参加到实践活动和任务中来，在实践活动中深入体会、领悟理论知识，从而较大程度提高学生的思考能力、团队合作能力与创新能力等。在实际教学中，以 OBE 理念为指导，学生可以根据自身特长树立未来发展目标、明确发展方向。同时，在新颖的教育模式影响下，多数学生均可基于个体发展目标设计可行性学习方案，从而更有效地提升个体专业技能水平和综合素养。

二、计算机辅助设计类课程建设现状及存在问题

（一）本类课程性质特点及建设现状

本类课程是服装专业重要的专业基础课程，学生运用计算机进行服装设计工作，从而达到设计目的和取得创新成果。相较于传统徒手绘图，计算机辅助设计具有快捷、便利等优势。服装设计与工程专业招收的学生是理工类的，他们以前完全没有接触过素描、色彩等美术类的课程，美术功底薄弱，在手绘服装效果图方面，大部分的学生会感觉比较吃力，尤其是对于服装人体、面料的表现方面。计算机辅助设计类课程可以规避学生手绘弱势，解决大部分学生绘制人体及服装面料的难点和痛点，运用网络等资源实现服装效果图的快速绘制，使学生更美观、更合理、更准确地表达自己的设计理念。因此，计算机辅助设计类课程在各高校的服装专业都十分受重视。但是在实际的教学中，由于教学理念、教学模式等相关问题的存在，本类课程的教学质量并没有达到预期的效果。

（二）本类课程教学中存在的问题

广东科技学院计算机辅助设计类课程是服装设计与工程专业的专业基础课程，主要包括三门软件课程和两学期的计算机辅助设计实践课程。在教学的过程中，发现了一些亟须解决的问题。

1. 计算机辅助服装设计类课程的设置存在问题

本专业开设了三门计算机辅助设计类课程，分别是 CorelDRAW、Photoshop 和 AI，这些课程分别开设在第三、四、五学期，课程之间的关联度不大，学生存在学完一个软件忘记上一个软件的现象，类似于猴子掰玉米。存在这种现象的主要原因是，三个软件都可以独立完成服装设计的工作，学生学完一个软件后觉得自己完全可以运用本软件完成服装效果及款式设计，从而忽略其他软件的应用学习，导致三个软件全部学完后，只对其中一个软件的应用较为熟悉，其他两门课程的教学目标是没有完成的。而且在实际的绘制服装效

---

① 王晓娟. 基于 OBE 理念的翻转课堂教学模式在"C 语言程序设计"课程教学中的应用研究 [J]. 佳木斯大学社会科学学报，2021.03.

果图的过程中，三个软件是可以结合使用的。根据对企业及其他高校的调研发现，Corel-DRAW 软件因为其性能和优势不如 AI 软件，已经逐渐在高校的课程设置中退出，所以更多的是应用 PS 软件及 AI 软件进行融合，这样就极大地增强了软件之间的互补性，提高了绘制服装效果图的速度。

2. 教学内容重复性的问题

三个软件课程单独开设，但是教师所讲的内容存在一定的重复性，如教师上课的基础脉络是软件工具的讲解（不重复，因为每个软件的工具都不太相同）、服装款式、图案、配饰、效果的绘制（存在重复性），重复性的内容容易导致学生对课程产生厌倦，失去课程本身的新颖性，影响学生学习的兴趣，从而影响课程的教学质量及效果。

3. 教学的理论部分存在以"软件为中心"的问题

三门课程的教学都是以理论讲解软件操作为主要内容，先对软件的各项操作命令进行详细全面的理论讲解，然后进行针对性的反复操作练习，以达到熟练使用软件的目的。由于课时的限制，加之软件工具较多，工具讲解的时长影响了软件辅助服装设计的学习时长，教师需要不断地进行均衡，但还是存在课程内容时长分配上的矛盾，这也导致软件辅助服装设计部分内容的讲解过于浅薄，没有深度，并且没有从整体去理解软件的实际应用价值，通常会出现能使用单个或几个常用的操作命令，但不会综合应用的现象。

4. 教学资源及教学模式存在的问题

本类课程采用传统的教学模式，即课上教师进行理论及实操的演示讲解后，学生进行实操练习，教师对其进行指导。在课堂上，因为有教师的存在，学生在实操过程中的任何问题都可以得到及时的解决，但是在课后完成平时作业的时候，就存在很多学生遗忘部分课堂知识，作业做不出来，或者自己通过其他的方式做出来，但由于细节把控不到位，而影响整体的效果。这些现象表现出来的是教学资源的欠缺及教学模式不适应现阶段的教学，使得学生的学习时间仅仅存在于课堂上，课前及课后处于空白的状态，而且学生在完成平时作业时，不能对课上的内容进行不断的复习，导致出现不会做、做不好的现象，这些都影响了教学及学生学习的效果。5G 时代对于建立课程的教学资源提供了良好的条件，可以使学习超越时间及空间的限制，变得随时随地能学习。为了保障教学资源的充分应用，教学模式、方法、手段的改革也显得尤其重要，对于实现应用型本科人才培养的目标及满足学生学习的需求、提高课程教学质量、完成课程教学目标有极重要的作用。

三、OBE 理念下的计算机辅助设计类课程建设

基于 OBE 模式的应用型人才培养理念打破了传统的教育理念，注重在增强学生专业能力的同时，提升学生处理问题和解决问题能力，并能够有效提升职业素质，保证实践教学的质量，真正培养出适应社会和市场需求的实用型、技术型、应用型人才。

（一）OBE 理念下建设改革的意义

1. 有助于培养对接产业需求的应用型人才

从国际惯例来看，专业认证制度的建立都是与执业准入或职业注册制度挂钩的，专业认证是执业准入或职业注册制度的重要基础。工程教育专业认证促使地方本科高校应用型人才培养主动对接产业需求，构建与产业结构需求相适应的应用型人才培养体系。鼓励地

方本科高校、行业企业、科研院所进行全方位、多层次的合作，共同优化课程体系，研发教材，更新教学内容，搭建实习实训基地，建设"双师双能型"教学团队，使毕业生满足岗位对人才素质的要求，能够胜任相关领域的工作。专业认证强调应用型人才培养目标与毕业成果产出相一致，促进人才链、产业链与创新链的有效衔接，加强就业、产业、创业的相互融合，实现地方本科高校、科研院所、毕业生和产业多方共赢，培养适销对路的应用型人才。

2. 有助于保障应用型人才培养质量

2013年，首份《中国工程教育质量报告》问世，首次尝试将工程教育培养目标达成度、办学条件支撑度、质量监测保障度、学生和用户满意度作为分析指标，用大量数据和事实客观呈现我国工程教育取得的主要成绩，分析其中的深层次问题，并有针对性地提出进一步提高工程教育质量的对策与建议。工程教育专业认证的结果不是认证结束，而是以不断整改和优化为出发点，持续完善整个人才培养的全过程。从质量检测保障度来看，工程教育专业认证评定学科专业质量，不断地合理优化学科专业建设，促进学科专业向更加成熟的方向发展，提高专业育人时效性。工程教育专业认证能够深化地方本科高校教学改革、管理与建设，能达到以评促改、以评促教的目的。以课堂教学作为主渠道，促进理论知识与实践知识相结合，以深化实践教学为着力点，注重培养学生的动手能力、实践操作能力。工程教育专业认证逐步完善我国高等教育教学质量管理和监控体系，保障了我国地方本科高校应用型人才培养质量。

3. 有助于实现应用型人才国际化

面对21世纪全球化的竞争环境，应用型人才要具有国际视野。要借鉴国外高等教育的优质资源与成功经验，推进我国应用型人才培养在教育理念、学术标准、科学研究与质量保障等方面与国际接轨。以工程教育专业认证为抓手促进国际化应用型人才培养，吸收国内优质的教育资源和办学理念，以认证促建设、以认证促改进。鼓励高校与境外高校、行业企业开展广泛的国际交流与合作，中外联合办学，共同加强应用型人才培养，实现中外合作高校间学生互换、学分互认、学位互授。增强师资队伍的国际化意识和工程实践能力，建立产学研合作教育联盟，改善高校教学条件，提高我国工程教育质量和国际权威性，提高我国工程教育国际发展水平，对我国工程领域应用型人才走向国际具有重要意义。

（二）OBE理念下本类课程建设探讨与实施

计算机辅助设计类课程是服装专业的基础必修课程，通过本类课程的学习，旨在使学生掌握运用设计软件绘制服装效果图及款式图的能力。计算机辅助设计类课程是服装设计中连接理论与实践的桥梁和纽带，能将想法快速地转换为效果图，在服装设计人才培养中发挥着重要的作用。计算机辅助设计类课程主要包括两大部分，一是理论知识讲解，二是实操练习。通过研究发现，现行的计算机辅助设计类课程教学存在一定的问题：理论方面教师上课时主要采用以知识驱动和满堂灌为主的教学方法，忽略了学生的主体作用；实操练习依然是教师先进行实操，随后将案例发给学生进行相应的实操练习，考核的标准是学生所做效果是否与教师所做效果相同，学生并没有对所做的实操内容进行思考，只是机械地完成了实操任务。

为了提高本校服装设计应用型人才的培养质量，计算机辅助设计类课程的改革势在必行。针对以上教学问题,我们借鉴国内一流大学的教学经验和成果,按照 OBE 的理念对本类课程的建设和改革进行了较为深入的探索。

1. 毕业要求的确定

OBE 的教学设计遵循的是反向设计原则,宏观设计是产出导向的,其逻辑起点是内外需求,如图 1 所示。① 首先,培养目标设计。根据外部需求(包括国家、社会及教育发展需要、行业、产业发展及职场需求,学生家长及校友的期望等)和内部需求(包括学校定位及发展目标、学生发展及教职工期望等),确定毕业生在毕业后一段时间(一般为 5 年左右)能够取得的职业和专业成就(即培养目标)。其次,毕业要求设计。根据培养目标确定学生毕业时应具备的知识、能力和素质(即毕业要求)。再次,教程体系设计。根据毕业要求(常常将其细化为指标点)确定课程体系。毕业要求实际上为毕业生构建了一个能力结构,而这个能力结构的实现依托于课程体系。② 传统的课程教学设计(微观设计)是教材导向的,其逻辑起点是教材。教学内容由教材确定,课程教学目标由教学内容确定,而 OBE 微观教学设计的逻辑起点是毕业要求,毕业要求(指标点)决定了课程教学目标(课程教学产出),再以此产出为导向进行反向设计,依次设计教学内容与教学评价,最终形成教学大纲。

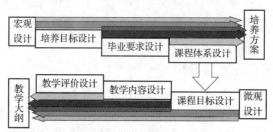

图 1 成果导向教学宏观与微观设计的逻辑关系

OBE 的课程教学设计是产出导向的,其逻辑起点是毕业要求,其毕业要求必须逐条地落实到每一门具体课程中,通过课程教学才能达成。服装专业计算机辅助设计类课程主要面对的企业岗位是服装设计师、服装设计师助理及其他行业的设计岗位,通过对企业、同行、学生进行市场调研,同时对工程认证毕业要求指标进行分解,本课程的毕业要求主要有四个方面:①工程知识,掌握软件工具及菜单的使用方法及技巧;②问题分析,在绘制服装零部件、辅料、配饰、效果图中会遇到各种各样的问题,首先教会学生如何进行分析,了解达到此效果需要使用哪些工具及菜单、参数如何设置等,以便解决问题;③设计/开发解决问题方案,服装设计师及服装设计师助理必须具有一定的设计开发的能力,能够设计开发新款,使品牌在市场上具有市场份额,计算机辅助设计类课程不但需要学生学会使用软件绘制服装效果,同时也需要学生具有一定的设计开发能力,将想法转化为成品;④终身学习,计算机辅助设计类课程不断强调终身学习的重要性,也将改变传统的教

---

① 焦连升,马闯,刘金玉,等. OBE 理念下的应用型本科高校中化工原理课程教学改革与实施——以河北民族师范学院为例 [J]. 高教学刊,2021 (7):7-12.
② 王子宜,师海雄,陈倩,等. 新工科背景下以 OBE 为导向应用化学专业课程教学改革与实践 [J]. 广州化工,2021 (21):142-143+152.

学模式及方式，突破学习只局限于课堂的学习形式。计算机辅助设计类课程毕业要求及要求指标点如表1所示。

表1 计算机辅助设计类课程毕业要求及要求指标点

毕业要求	毕业要求指标点	支撑其达成的课程
1. 工程知识：掌握各软件中工具、菜单命令的应用及操作方法	1.1 了解各软件的对于制作服装效果的适应范围 1.2 理解各软件的优势及不足点，在应用的过程中做到合理应用 1.3 掌握各软件的基本知识 1.4 掌握各软件工具及命令的使用方法	Photoshop CorelDRAW AI
2. 问题分析：掌握具体问题的分析方法，能应用于相关案例	2.1 掌握具体问题的分析方法 2.2 能够对案例进行分析，根据分析结果提出解决相关问题的方法	Photoshop CorelDRAW AI
3. 设计/开发解决问题方案：能根据软件工具、菜单命令、面料、图案、配饰等单元的学习，分析主题，提出设计方案，并获得最终的服装设计效果	3.1 根据服装设计大赛要求具有设计整体服装效果图的能力 3.2 根据服装设计大赛要求开发设计方案，解决实际问题的能力	Photoshop CorelDRAW AI
12. 终身学习：具有终身学习的能力	12.1 教学过程中，不断强调自我学习及终身学习的习惯	Photoshop CorelDRAW

2. 教学目标的设计

OBE教学目标的设计原则是课程教学目标决定于毕业要求（指标点），必须支撑毕业要求的达成。[①] 计算机辅助设计类课程毕业要求支撑指标点主要分为三个方面：一是工程知识方面，掌握各软件菜单及工具的使用方法及技巧。二是能力方面，分析问题、解决问题及设计能力。在使用软件绘制服装面料、辅料、图案、效果等的过程中，会遇到各种问题，需要设计者根据需要绘制的效果来分析应使用软件的工具及菜单。解决问题，即分析问题和解决问题的能力。同时在使用软件绘制服装效果图时，还需要一定的设计能力，需要设计者具有一定的设计知识与技能，故计算机辅助设计类课程安排在成衣设计课程之后，运用成衣设计课程的理论知识指导软件设计实践，同时将设计的草图转化成美观的成品。三是课程思政方面，终身学习的能力。人常说"活到老，学到老"，可见终身学习的重要性。培养学生终身学习的能力，让他们在社会中能够立于不败之地，扩展学生职业的长度与广度，在工作中学习，在学习中工作，不断提升自我的价值。对应这样的毕业设计要求，计算机辅助设计类课程教学目标如表2所示。

---

① 单明广，钟志，于蕾．OBE理念下的教学改革研究——以电子技术类课程为例[J]．工业和信息化教育，2021（3）：51-54．

表 2　计算机辅助设计类课程教学目标

序号	课程教学目标
1	知识应用能力：掌握软件中工具的基本应用方法，并能将其应用于解决绘制服装图案、面料、配饰、效果中的实际问题
2	设计分析能力：能够运用所学知识，根据绘制效果分析需要使用的软件工具及命令
3	设计/开发解决方案：根据设计主题进行设计方案开发的能力
4	沟通能力：能够在遇到复杂的绘制问题时与业界同行及社会公众进行有效沟通和交流
5	终身学习的能力：具有自主学习和终身学习的意识，有不断学习和适应发展的能力

3. 教学内容的设计

如前面第二部分本类课程教学内容存在的问题所述，在以往的教学中，三门软件课程是独立的，相互之间没有任何联系，学生在学习的过程中存在"猴子掰玉米"等问题，导致学生的学习效果较差，课程的教学目标无法有效完成，所以以往的课程体系及教学内容不能适应现代的教学及学生。OBE 理念，便于我们组织教学的内容和任务，也便于我们探索有助于毕业要求达成的教学方法。针对学生的实际情况，我们对计算机辅助设计类课程的教学内容进行了改革。

根据课程教学目标及课程体系，计算机辅助设计类课程的教学内容将分为两大部分、三个阶段。两大部分是理论知识和实操练习内容，三个阶段是基础阶段、进级阶段和高级阶段。在基础阶段，主要教学内容为 PS、AI 软件的基础知识及软件操作等基本内容，如 PS 软件中钢笔工具、画笔工具、橡皮擦工具、蒙版、文件、编辑、图层、滤镜等菜单命令的使用，图层、色彩、画笔等面板的使用及参数的设置等，让学生掌握软件的工具、菜单等基本操作方法，能够运用此理论知识完成简单的案例制作；在进级阶段，主要教学内容为 PS、AI 软件绘制服装零部件、款式图、服装面料、图案、配件及单个服装效果图，在此阶段，学生将运用软件工具、菜单、面板、图层等相关知识进行服装的绘制，在学习新技能的同时，也对第一阶段的知识进行巩固与复习，加深学生对软件的掌握，解决了学生对于软件学习"猴子掰玉米"的问题，真正实现软件的相互使用及高效使用；在高级阶段，主要教学内容为运用 PS、AI 软件绘制系列服装效果图，引入服装设计大赛，制作整体的服装设计大赛相关作品，学生在绘制整体效果图的同时，对第二阶段学习的知识进行整合，将第二阶段学习的知识进行整体的统筹与运用，将个体转化为整体，同时使用 3D 软件，使学生能够将平面的效果图转化为三维效果。在第三阶段的学习中，要求学生参加服装设计大赛，在参加大赛的过程中，需要学生具有计算机知识和问题分析、设计/开发解决方案、终身学习的能力，极好地完成教学目标。教学目标的完成也促进计算机辅助设计类课程毕业要求的实现，使培养的学生更能够满足企业、岗位的需求，体现应用型本科的培养特点。课程教学内容设计如表 3 所示。

表 3　课程教学内容设计

知识	阶段	教学内容
理论知识	第一阶段	1. PS、AI 软件的基础知识及软件操作等基本内容 2. 软件工具、菜单等基本操作的方法 3. 完成简单的案例制作

续表

知识	阶段	教学内容
实操练习	第二阶段	1. 用 PS、AI 软件绘制服装零部件、款式图、服装面料、图案、配件等 2. 绘制男装、女装、童装服装效果图
	第三阶段	1. 用 PS、AI 软件绘制系列服装效果图 2. 引入服装设计大赛，制作整体的服装设计大赛相关作品 3. 3D 软件的使用

OBE 课程教学内容设计的要点是课程教学内容要能支撑课程教学目标的达成，课程教学内容要与课程教学方式相适应。为达成表 2 所示的课程教学目标，教学内容与教学方式一并进行设计。课程教学目标可以通过讲授与实操的形式实现，而课程教学目标 5 需要采用专题设计与线上学习的训练方式实现。①

在计算机辅助设计类课程大的教学内容框架下，第一阶段的学习支撑教学目标 1 和 5。为了更好地支撑课程教学目标 1 的达成，在教学的构成中引入在线教学视频，使学生反复观看学习软件工具的基本使用方法。第二阶段的学习支撑教学目标 2 和 5。为了更好地支撑教学目标 2 的达成，在教学的过程中引入企业真实案例及秀场图片，学生通过参加企业款式图、效果图绘制的项目及秀场图片的临摹，达到熟练应用软件工具的目的，在绘制的过程中分析绘制中存在的问题以及绘制方法的解决方案，学生也需要通过反复观看在线视频的方式找到解决问题的方法。第三阶段的学习支撑教学目标 3、4。为了更好地支撑教学目标 3、4 的达成，在教学的过程中引入 5 个服装设计大赛项目，以小组为单位（每个小组人数不超过 3 名），通过沟通交流合作，开发设计和大赛主题相匹配的服装效果图。

4. 课程教学模式的设计

（1）传统教学模式的教学状况

过去计算机辅助设计类课程主要采用教师上课进行实操讲解，学生课后根据教师所讲内容完成课程作业的教学模式。计算机辅助设计是一门实操性很强的科目，需要学生熟练掌握软件工具的应用及制作面料、图案、服装的每种效果的技法，然而在传统的教学模式下，学生不能够熟练掌握相关知识和技巧，不具备熟练使用软件绘制服装效果的能力。随着智能化和 5G 时代的到来，传统的教学模式很难实现课程教学目标，也培养不出符合行业需要的人才，学生与教师的互动如果仅限制在课堂内，忽略了课堂外的交流，无法及时在课外向学生分享课内的知识和解决学生的问题，就会极大地影响学生的学习效果。②

（2）学习通平台的建设

新冠肺炎疫情的到来，改变了上课的模式，所有的课程均从线下搬到了线上。计算机辅助设计类课程运用钉钉教学平台进行直播，在完成课后作业时学生可以通过观看回放对

---

① 沈海娜，支阿玲. 基于三维技术的服装艺术设计专业"计算机辅助设计"课程教学改革实践 [J]. 美术大观，2018（11）：130-131.

② 樊继群. 地方应用型本科院校商务英语专业全程立体实践教育培养模式构建 [J]. 淮南师范学院学报，2020（6）：69-74.

课上所学的知识进行巩固和消化，从而顺利地完成课后作业，极大地提高了教学效果，学生的好评度远远高于采用传统的教学模式。鉴于这次上课的模式，计算机辅助设计类课程建设团队成员积极在超星学习通平台进行课程资源的建设，资源包括教学 PPT、视频、作业、课程素材包等，方便学生自主学习。课前，学生根据教师上课内容进行提前预习以及在学习通上针对有疑问或者不懂的问题进行提问；课中，教师仍然讲授全部内容，并根据实际情况解答学生的疑问；课后，学生可根据自身学习情况观看教学 PPT 及视频，完成作业，同时教师也可在学习通课程群中了解学生的学习情况。

（3）线上线下混合式教学模式

为了体现 OBE "以学为中心"的理念，摒弃传统教学模式存在的弊端，计算机辅助设计类课程采用线上线下混合式的教学模式。① 课前、课中、课后三阶段进行线上线下无缝衔接反复混合，基于线上线下混合式翻转课堂教学模式的主要特征是学生自由选择时间完成线上在线课程的学习任务，然后将自己不理解的问题记录下来。线下课堂教学时间用于检查线上学习情况和解决问题，讲解难以理解的概念和拓展应用。教学内容的讲解不再占用线下课堂时间，使教师有更多时间与学生进行一对一的沟通交流，由学生轮流讲解线上学习内容。这种混合式教学模式进一步培养了学生的自主学习能力、交流合作能力、口头表达能力、理论算法编程仿真能力等，符合应用型人才培养要求。

（4）计算机辅助设计类课程线上线下混合式教学模式典型教学案例探析

下面以服装配饰设计——纽扣绘制内容为例，基于线上线下混合式教学模式，主要的教学流程设计如下：

1）课前线上阶段，教师通过学习通平台进行任务的布置，学生观看绘制纽扣的相关视频，在观看视频的同时学生应记录在绘制纽扣时需要使用的相关工具及技法等关键点，便于完成测试。同时，学生也需要记录自己在观看的过程中有疑问的地方，这些疑问可以通过平台或线下上课找教师进行解答。

2）课中线下阶段，首先，教师根据线上学习的效果进行课程内容的重难点讲解，尤其是学生疑问最多的，进行重点讲解与实操演示。如，在绘制纽扣的过程中，很多学生对于钢笔工具中的对齐方式及组合方式疑问较多，而且在观看视频的时候，大部分学生没有关注到使用此工具时绘制形状的顺序问题，从而导致纽扣效果绘制不出来。其次，学生根据教师的讲解及实操演示进行自主练习，教师进行一对一指导。计算机辅助设计类课程的实操性较强，学生需要通过不断的练习，掌握知识与技能。最后，教师在课后再次强调课程内容的知识点，指出在指导的过程中学生存在的普遍问题，真正地实现"以学为中心"的目的。

3）课后线上阶段，教师通过学习通平台布置作业，学生通过再次观看视频消化课内知识，真正做到知识无死角，通过自己的反复学习完成课程作业。如还有不理解的知识点，可通过学习通平台、微信等进行询问，以确保有质量地完成课后作业。教师同时还需要对作业进行及时的评价，了解与掌握学生对于本知识点的掌握程度，以便采取合理的应对措施，确保学生的学习效果。典型案例教学课程设计如表 4 所示。

---

① 李立. 基于 MOOC 的翻转课堂在高校经济管理教学中的应用 [J]. 教育与职业，2015（34）：103-105.

表 4　典型案例教学课程设计

教学环节	时间/分钟	教学方法与手段	教学形式
课前预习	20	超星学习通	课前（线上）
巩固旧知	10	提问、线上测试	课中（线下）
课程导入	5	图片展示	课中（线下）
纽扣绘制	30	讲授、演示、提问	课中（线下）
学生临摹实操、教师指导	40	超星学习通	课中（线下）
课堂小结	5	讨论、归纳总结	课中（线下）
课后复习与反馈	30	超星学习通、微信	课后（线上）
作业	课后拓展练习		

5. 课程思政的设计

2020 年 6 月 1 日，教育部印发《高等学校课程思政建设指导纲要》（教高〔2020〕3 号），提出"把思想政治教育贯穿人才培养体系，全面推进高校课程思政建设，发挥好每门课程的育人作用，提高高校人才培养质量"。"艺术学类专业课程，要在课程教学中教育引导学生立足时代、扎根人民、深入生活，树立正确的艺术观和创作观。要坚持以美育人、以美化人，积极弘扬中华美育精神，引导学生自觉传承和弘扬中华优秀传统文化，全面提高学生的审美和人文素养，增强文化自信。"这就为计算机平面设计专业课程思政建设指明了方向。计算机辅助设计类课程是服装设计与工程专业的专业必修课程，同时也是实践性较强的课程。这类课程开展课程思政，教师要注重学思结合、知行统一，增强学生勇于探索的创新精神、善于解决问题的实践能力。同时，在课程中教师要注重教育和引导学生弘扬劳动精神，将"读万卷书"与"行万里路"相结合，在实践中增长智慧才干，在艰苦奋斗中锤炼意志品质。从企业用人需求中也可以看到，很多单位将能吃苦作为录取的首要条件。通过全面推进课程思政建设，为社会培养有用的应用型人才。

（1）课程融入思政元素的必要性

计算机辅助设计依托 Photoshop、AI、3D 设计软件进行教学，学生在日常的学习中掌握了软件的基本工具和操作方法，但离真正达成本课程 OBE 理念下的育人目标还存在一些差距，故需要将思政元素融入课程教学中，提高学生创新精神及解决问题的能力。

（2）课程思政元素与专业课融合

在课程思政设计中，主要将创新精神、解决问题的能力、劳动精神、职业素养、服装美学等元素融入专业课程，培养学生成长成才。[1]

1）融创新精神于教学。创新精神是指具有能够综合运用已有的知识、信息、技能和方法，提出新方法、新观点的思维能力，以及进行发明创造、改革、革新的意志、信心、勇气和智慧。计算机辅助设计课程在成衣设计课程之后开设，需要学生运用成衣设计的专业知识，借助计算机软件绘制服装效果图、款式图、零部件等，在设计的过程中需要学生具有一定的创新精神，才可以使设计的服装更具有艺术性、审美性和市场性。

---

[1] 左言文. 思政融入成衣基础工艺设计课程中的探索与实践 [J]. 化纤与纺织技术, 2021（7）: 146-148.

2）融解决问题的能力于教学。在服装专业计算机辅助设计类课程的教学中，教学团队一直秉承"授人以鱼不如授人以渔"的教学理念，此教学理念也体现了"以生为本"的教育思想，培养学生解决实际问题的能力。如在讲授课程内容服装艺术效果面料的制作时，需要运用网上的图片资源进行效果的合成与制作，教师在讲课的过程中，不是将图片下载好直接应用，而是在上课的过程中进行网络图片的搜索及下载，再将图片进行效果处理，应用在服装面料的制作上。这样的讲授，主要目的是让学生直观地理解与感受在处理这类面料制作效果时应该如何进行，从而培养学生解决实际问题的能力。

3）融劳动精神于教学。吃苦耐劳精神是中华民族的传统美德，也是职业设计师必须具备的专业素养。在运用软件绘制服装效果图、款式图等设计的过程中，需要花费大量的时间与体力，需要学生沉下心，这样才可以实现较好的效果。在企业中，服装设计师需要不断地根据客户的要求进行修改，吃苦耐劳及劳动精神就显得尤为重要了。这也体现了我国的一句老话："吃得苦中苦，方为人上人。"

4）融服装美学元素于教学。服装设计是一项融合美学的学科，在教学的过程中，需要不断强化学生的美学概念，提高学生认识美、感受美、体验美、欣赏美与创造美的能力，将中华传统的设计元素运用美学的观点进行讲解，让学生了解并在后期的设计中加以运用，引导学生自觉传承和弘扬中华优秀传统文化，增强文化自信。

6. 课程考核评价设计

改进教学考核方式，切实考查学生所学知识的吸收内化情况，督促教师实现教育目标是时代赋予我们的使命。采用混合式教学模式，要求线上线下综合考核，构建多元化过程评价体系。[①]

建立基于超星教学通平台的测试体系发送的数据分析，教师根据课前任务完成情况实时把握学情、精准设计教学，根据课中的互动和课后的表现及时调整教学，根据数据进行分层、个性化辅导。

积极探索多种考核方式，采用机试答卷、现场演示、讨论分析、设计方案、参加大赛、作业展示等多种途径的考核评估模式，形成过程性的综合考核模式。

学习借鉴 PS 技能大赛鉴定的思路，制定课程知识要点评分标准，包含技能评分标准，并且建立相对应的在线题库。

综上所述，在对学生的评价指标中，从学生德、能、劳等多方面进行考量[②]，增加学生职业素养的演示和实践动手能力的评价权重，把创新设计、章节测验任务点、课堂讨论等纳入成绩评定，提升课程学习的深度和挑战性。既要强调形成性评价，又要重视总结性评价，对学生的学习内容、在线学习时间、课后作业与测验完成情况等进行及时有效的评价，激发学生学习兴趣，促进其深度学习。学生考试成绩作为教学评价的重要组成部分，能直观反映学生知识掌握情况。计算机辅助设计类课程是专业基础必修课程，为加强学生参与度，采用线上线下评价相结合、过程考核与期末考核相结合的成绩评价方式，总体考

[①] 娄海峰，杨金林，潘翔伟，等. 基于项目驱动的数控技术"闭环"实践教学改革与实践 [J]. 浙江理工大学学报（社会科学版），2017（6）：577-584.

[②] 章庆勇，秦学姣，马花萍. 基于 OBE 理念的高等数学考核指标体系设计 [J]. 科技风，2021（33）：113-115.

核成绩=过程考核（线上考核）×0.4+期末考核（线下考核）×0.6，具体情况如表5所示。

表5 课程考核评价设计

考核形式	考核内容	考核指标	权重
过程考核	课堂考勤	课前扫码签到	5%
	线上学习	观看视频、课件、案例	5%
	课堂表现	课堂讨论、课堂互动、分组任务等	10%
	章节测验	所有章节测验	10%
	课后作业	课后作业的完成度	10%
期末考核	期末考试	对本学期全部课程内容进行总体考核	60%

四、课程改革实施效果评价

服装专业计算机辅助设计课程改革与实施，是以广东科技学院2018级学生受体展开的。根据OBE理念的"反向设计"原则，现对2018级与2017级服装专业本科生从以下几个方面进行分析比较，检验改革的初步效果。

（一）期末考试成绩情况分析

2017级与2018级的学生考试均采用机试、闭卷的形式，考试时长90分钟，试卷的难易程度相同，2017级参加考试的学生人数是79人，2018级参加考试的学生人数是99人。从期末考试成绩的占比来看，2018级学生80分以上的占比远远高于2017级学生，而70分以下的占比又低于2017级；2017级学生的优秀占比是29.1%，2018级学生的优秀占比是49.5%，优秀占比提高了20.4个百分点。从期末成绩对比来看，改革后的效果是优于改革前的。大部分学生掌握了运用软件绘制服装效果与配饰，2018级学生整体使用软件绘制服装面料与辅料的能力较好，而且在考试的过程中，2018级学生的考试时长较2017级学生有所缩短，大部分学生可以在考试结束前5分钟完成考试。期末考试成绩情况分析如图2所示。

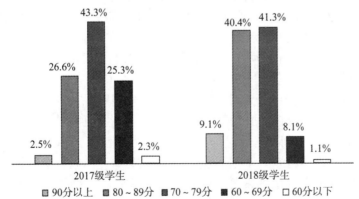

图2 期末考试成绩分析

（二）平时成绩情况分析

本课程共布置平时作业6次，2017级与2018级课时相同，平时作业的布置内容与难易程度也基本相同。平时作业分别是钢笔工具应用案例、画笔工具应用案例、服装配饰应用案例、女装效果图绘制、男装效果图绘制、整体系列服装效果图绘制。平时成绩分析如图 3 所示。从图 3 中可以看出，2017 级 6 次作业的优秀率均低于 2018 级学生。尤其第五次与第六次平时成绩，对比明显，对比度较大。这说明，利用新的教学理念、教学模式与方法，学生实现课前、课中、课后全方位的学习，尤其学生在完成平时作业时，可以反复观看教师视频，不断内化知识，故学生在完成平时作业时更加有把握，作业更有质量，所以平时成绩高于 2017 级学生。而且在平时的软件使用方面，2018 级学生整体软件使用的能力较强。

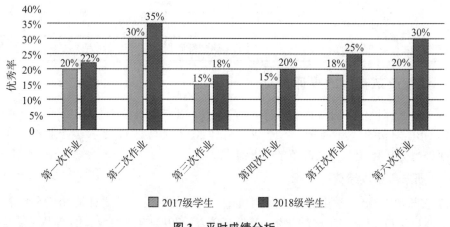

图 3　平时成绩分析

（三）参加服装设计大赛

2017 级与 2018 级学生在上计算辅助设计类课程期间，参加服装设计大赛的种类和数量相同，大赛主要考察学生服装设计及运用软件绘制服装效果图的能力，主要参加的大赛是福建省举办的"海峡杯"、广东省创意设计产业研究会举办的"学院奖"。在参加大赛的过程中，2017 级学生反映最为突出的问题有两个，一是服装面料的绘制，二是服装效果的整体排版。2017 级在教学的过程中没有建立相应的教学资源，学生对于面料和排版的知识在课堂或平时作业中已经掌握，但随着时间的推移，有些知识发生遗忘现象，导致在绘制服装面料时出现不会表现的问题。此外，2017 级学生在绘制面料的过程中还存在运用网络图片资源进行面料再设计的能力不足，学生表现面料的方式过于单一化，或者面料表现得没有质感，从效果图中完全看不出是何种面料。根据 OBE 理念，课程的教学目标没有完全的达成。根据 2017 级参加大赛中存在的面料表现问题，在 2018 级学生教学过程中，建立教学资源库，学生可以在参加大赛的过程中反复观看自己需要面料的绘制技巧，在授课的过程中，也强调"授人以鱼不如授人以渔"的教学理念，强调培养学生思考及解决实际问题的能力，学会运用网络图片资源再设计面料的效果。所以在参加相同的服装设计大赛时，2018 级学生整体效果图的表现尤其是面料的表现优于 2017 级学生，获奖人数也高于 2017 级学生。

（四）学生学习的积极性与主动性

学生学习的积极性受自身和外界等因素的综合影响，学生学习的积极性与主动性直接影响学生的学习效果。按照 OBE 理念，学生的产出是教育的终极目标，而影响终极目标的实现其中之一就是学生学习的积极性与主动性，要想提高学生学习的积极性与主动性，就需要长期且不断改进教学内容、教学方式方法等。2017级学生采用传统的教学方式授课，学生学习的主动性与积极性相对较弱，学生对于知识的掌握程度也较浅薄和不牢固，经常会出现忘记学完的知识、不清楚软件之间的区别与互补性等情况，从而导致学生学习不够系统，知识之间存在重复性等问题。2018级学生在授课的过程中，采用OBE理念，重新架构了教育目标、学习目标，根据目标整合了教学内容，建立教学资料资源库，实现了课前、课中、课后一体化的学习，极大地提高了学生的学习积极性与主动性。积极性与主动性的提高，主要体现在学习的产出方面，如期末考试成绩、平时作业水平及参加设计大赛获奖等；这些成绩的取得，反过来也提升学生对本门课程的学习兴趣，形成良性的循环。

五、基于OBE理念下的计算机辅助服装设计类课程教学改革总结及意义

本课程设计并实施了基于OBE理念的计算机辅助服装设计类教学改革，以学习产出为主要指导思想，体现"以学为中心"的教育理念，学生学习的积极性与主动性有所提高。根据产出的效果，课程的教学目标基本完成，改革初见成效。但是计算机辅助服装设计的教学改革是一项长期且艰巨的任务，根据OBE理念的主旨思想也需要持续且不断改进。我们将对学生的学习成果进行量化分析及总结，再次分析实施的教学内容、教学模式、教学设计、课程考核等，从中发现问题并解决问题，提出相应的改进措施，从而使教学形成一个良性的、改进的、循环的闭合回路。

基于OBE理念下的计算机辅助服装设计教学改革具有理论与实践的双重意义。在理论上，更加突出应用型本科人才培养的重点是"应用"，培养应用型人才，从毕业要求到课程考核的整个环节都应该重点体现"应用"二字，"应用"二字的体现主要表现在保证学生掌握实践教学部分的内容，达成教学目标。对计算机辅助服装设计教学改革的研究，可以很好地解决传统教学中与应用型人才培养不相适应的方面，改革传统教学正向设计、正向实施中存在的问题，以适应应用型人才培养的要求，从而提高学生分析问题、解决问题、开发设计及终身学习的能力，对服装专业专业工程认证起到一定的引领作用，同时也希望对其他的应用型本科院校的课程改革提供一定的参考与借鉴。

混合式一流课程建设探索与实践
——以"立体裁剪"为例

陈思云　程晓莉　陈明伊
王　萍　靖则隐　李　楠　谭立平

摘　要：一流课程建设是提高教学质量、实现人才培养目标的重要保证。应用型本科高校如何以"一流课程"建设为抓手，打造高效课堂，如何基于应用型人才培养目标呈现"两性一度"，是在课程建设和实践中值得探讨的课题。本文对"立体裁剪"这门课程开展了混合式教学，在课程建设中从教学团队、教学设计、课程思政设计、课程考核方式等方面，通过产教融合的方式对课程资源库进行建设，在此基础上对课程的教学设计进行完善，体现本科教育"两性一度"的要求，给其他课程建设提供一定的借鉴。

关键词：应用型本科；一流课程；混合式；教学模式

一、一流课程建设思路与目标

（一）一流课程建设思路

以习近平新时代中国特色社会主义思想为指导，贯彻落实党的十九大精神，落实立德树人根本任务，把立德树人成效作为检验高校一切工作的根本标准，深入挖掘各类课程和教学方式中蕴含的思想政治教育元素，建设适应新时代要求的一流本科课程，让课程优起来、教师强起来、学生忙起来、管理严起来、效果实起来，形成中国特色、世界水平的一流本科课程体系，构建更高水平的人才培养体系。①

在课程内容上，要体现"两性一度"的高质量要求，即课程改革的内容要体现高阶性、创新性和挑战度，要让学生跳起来才能够得着。

在课程形式上，要体现信息技术与教育教学的深度融合。现在大学生了解互联网应用技术，思维比较活跃，接受新事物快，他们获取知识的渠道是非常多元化的，所以在课程形式上一定要注重现代化信息技术、智能设计、新工艺、新技术。善于应用现代化智慧课堂，才能使学生的学习有效度和满意度得到根本保障。

在课程标准上，要体现改革的多样性创新发展。"一流课程建设，要从原先金字塔型的一个标准，变成为五指山的多样化标准。"要体现因校制宜、因地制宜的特色发展和多样化

---

① 张娟，蒋凯．"双一流"背景下地方本科院校数学与应用数学专业培养计划探索与实践［J］．教育教学论坛，2020（23）：233-235．

创新。一流课程形成新发展阶段大学的"金课"标准，树立信息时代教育教学的质量标杆。

（二）一流课程建设目标

教育部对一流课程建设提出，要着重从教学理念的先进性、课程设计的创新性、课程内容与资源的科学性和时代性、教学效果的显著性等多方面考察课程的"两性一度"，并要围绕"五个一流"的建设目标。

1. 一流的教学团队是一流课程建设的关键

一流本科课程建设和教学最重要的是要有一支结构合理、高素质、专业化、教学水平高的教学团队。在一流课程建设过程中，教学团队是建设主力军，他们在课堂教学中的理念、教学方法和手段、技能展示、口才表达等直接影响着教学效果及人才的培养质量。因此，一流课程建设要求有高水平的教学团队支撑，打造一流的教学团队是一流课程建设的关键。

2. 一流的教学内容是一流课程建设的核心

一流的教学内容是要坚持以立德树人为本，根据专业特点细分能力目标选取教学内容。在课程体系建设中，要能充分体现应用型能力的培养，必须注重基础知识、重视能力应用、增强职业素养。课程内容要规范完整，能够弘扬社会主义核心价值观，能够体现出专业的前沿知识，并能把新工艺、新技术、智能设计等融入教学内容，以最新科研成果、前沿理论知识、最新趋势等优化和补充教学内容，使其充分体现科学性、先进性与前瞻性，真正使课程优起来。因此，一流的教学内容作为课程建设的核心应具备先进性、创新性、科学性和系统性等特征。

3. 一流的教学方法和手段是一流课程建设的技术条件

教法制约着学法，所以教学方法和手段是教师传授知识和技能的技术条件，在教学中运用科学、合理的教学方法与运用现代化的教学手段能提高学生的学习兴趣，显著提高教学质量，并取得一流的教学效果。运用企业案例式、问题启发式、小组互动式等多种教学方法，善于发现现代教育技术的创新应用，使用网络多元化交互式教学，通过线上线下的资源，以图像、声音、视频等媒介将教学内容和技能传授给学生，更能激发学生的学习兴趣，提高学生的学习积极性，也有利于学生自学能力、实践能力、分析问题与解决问题能力的培养，有利于学生个性和才能的全面发展。

4. 一流的教材是一流课程的载体

教材是教师的最基本工具，是教学的知识载体，也是提升教学质量的重要途径。一流的教材建设是一流课程建设的基础。在课程建设中采用优秀获奖教材和自编特色教材更能突出课程特色和优势。教材要与时俱进，要结合行业的发展，体现教材的时代性和前沿性。"一流的教材"，就是以科技创新为源泉，以新的教材体系为基础，结合教学实际，修订教学大纲，开发建设以纸质教材为基础，以网络课程建设和学科专业网站建设为依托的集纸质教材、电子教材、网络课件、网络课程、实验教程、习题集、试题库、电子教案、系列参考书和辅助教材等构成的一流立体化教材。①

---

① 张如庆，冯德连. 一流课程建设的思路与实践——以安徽财经大学《国际经济学》课程建设为例［J］. 铜陵学院学报，2019，18（5）：107-109+121.

5. 一流的教学管理是一流课程建设的制度保障

完善健全的教学管理制度是一流课程建设的基本保障,规章制度的执行是保证一流课程建设的重要手段,而规范完整的教学档案,是科学管理的重要体现。教学管理既包括对参建教师的管理,也包括对学生学习过程的管理。一流的教学管理是指建立科学、规范、完善与健全的教学管理制度,它将为一流课程建设提供制度保障。要建立课程建设岗位负责制度,使所有参与建设的教师切实履行相应的建设职责;要建立主讲教师聘任制度和激励机制,对参建教师在教学改革立项和教学工作等方面实施双向激励;要建立教学效果的多元评价制度,包括学生评教、同行评价和专家评教等;要规范课程建设档案和教学档案,它是科学管理的重要体现。对学生学习过程的管理应以考核为引导,要建立包含过程性考核和终结性考核的多元化考核制度,过程性考核重点考察学习过程,终结性考核重点测试学习效果,以此引导学生朝着会学习、善思考、能创新的方向发展。①

二、一流课程建设的现状及存在的问题

(一) 教学内容陈旧,缺乏创新性

目前应用型本科院校的专业课程基本上依据教材内容进行授课,在建设中没有体现行业发展前沿和最新技术等内容。教学中的信息资源内容没有及时按行业的发展趋势进行更新和充实,难以满足信息时代的教学需求。教学内容按最基础的知识点,不注重知识点的应用和创新,普遍没有高阶性,缺乏创新性,在授课过程中学生学习专业的深度和广度不够,与行业的发展需求不匹配。教学案例跟不上时代化,缺乏先进性、创新性、科学性、系统性。教学内容课程思政体现不够。教学内容作为一流课程建设的核心,在教学内容的设计上,要在保证深厚理论基础的前提下,与时俱进地根据学科发展的最新动态,广泛吸收本学科领域的最新科研成果与前沿理论知识,及时反映实践最新趋势,调整优化教学内容,使其充分体现科学性、先进性与前瞻性。

(二) 资源互补性不明显

在一流课程建设资源中,大部分课程没有发挥专业特色优势,特别是线上课程资源,基本上是课本的电子复读机,不能体现线上优势,导致学生线上学习积极性不够,容易产生疲劳。大部分教学视频就是课堂实录,没有精简提炼,缺乏对课程重点内容和难点内容的把握。线上线下教学资源课程体系不完整,教学内容扩展性不够,导致线上线下互补资源不明显。

(三) 线上资源使用率不高

一流课程的自建网络课程的前期建设力度较大,基本上按课程建设要求完成验收合格,但此后便不再更新,造成教学内容陈旧,缺少前沿性、创新性和挑战性内容。在教学应用中,学生觉得线上教学资源就是教学课件、教案,没有太大的吸引力,导致自主学习积极性不高。师生缺乏互动性,没有发挥网络课程的优势,使用率不高,线上学习的效果不好。

---

① 孔令强,尹超,于萍. 精品课程建设及实现途径的探究[J]. 内蒙古农业大学学报(社会科学版),2006(4):237-239.

三、"立体裁剪"一流课程建设的探讨与实践

(一)建设思路和教学目标

1. 建设思路

服装设计与工程专业一直坚持走产学研结合的发展道路,树立了以行业、企业为依托的产学研结合的专业建设理念,成立了以行业企业专家、专业技术人员、设计总监为主要成员的专业指导委员会,组织并开展了有效的工作。在课程建设过程中,行业企业人员参与了课程的项目确定、学习情境选取、真实项目任务等共建课程,为立体剪裁课程的建设和发展指明了方向,使课堂对接企业,学生对接岗位,实现学校的"专业、课程"与企业的"岗位、技能"无缝对接。立体剪裁课程通过产教融合的方式拓展资源,带动本专业其他核心专业课程的建设,进一步提高人才培养质量,满足服装类企业对生产、设计、管理、销售等第一线高素质技术应用型人才的需求,在同类专业中起到领先示范作用。

2. 教学目标

立体剪裁课程通过对服装行业和企业进行市场调研,针对相关专业人才定位、功能定位、服务定位制定人才培养方案,形成了核心、技能、支撑、延展等模块的课程体系。确定以"重基础、强能力、促创新"为人才培养目标。"重基础、强能力",指重视基础,强调基本功的练习,严谨认真、精益求精,强化工匠精神。"促创新",指鼓励学生勇于探索,敢于挑战、创新和求异,培养不断探索的精神,以旧引新,促进知识迁移,提升创新思维能力。教学目标一览表如表1所示。

表1 教学目标一览表

知识目标	1. 了解服装行业现状和发展趋势
	2. 了解服装的新工艺、新技术和新材料
	3. 掌握"立体裁剪"基本知识、方法和规律并能利用人体工程学知识分析面料与人体的空间关系及处理方法
	4. 了解"立体裁剪"工艺特色、工艺手段、工艺手法
能力目标	1. 具备面料造型应用能力
	2. 具备各类服装基本"立体裁剪"的操作能力
	3. 具备一定的服装造型创新设计能力
育人目标	1. 树立正确的人生价值观,有专业使命感和责任感
	2. 有较强的工作责任心和良好的职业道德,有团结协作、友善互助的精神
	3. 有一定的创新设计和实践能力,弘扬工匠精神
	4. 有家国情怀

(二)建设内容

1. 教学团队建设

在教学团队建设中重视教师自身能力培养,引导教师回归教学、热爱教学、研究教学。积极鼓励教师参与专业培训学习,定期开展教学研究活动,组织共同备课、听课、评

课等方式提高教学团队的课程开发能力、教学组织能力、教学育人能力、教研教改能力。在一流课程建设过程中努力打造一支实践能力强、教学水平高、专兼结合、优势互补的"双师结构"教学团队。"双师素质"专职教师达到100%，引进企业技术人员作为兼职教师共同建课授课。

（1）提升教师课堂教学设计能力

想要一堂课达到预想的教学效果、实现教学目标，课堂教学设计至关重要。在混合式教学中，如何设计线上线下混合也是关键。课堂教学环节包含线下授课、线上自学、线上线下答疑、课堂总结、讨论互动、随堂测试、实践练习等多个环节。教师不仅要具备一定的专业理论知识和专业技能，在授课过程中还需要有一定的教学设计能力，根据课程章节及学时的分配，思考如何分配每个环节的时间，如何达到"以学为中心、以教为主导"的教学理念。"立体裁剪"教学团队非常重视教学设计能力的培养，组织团队教师参加教学技能提升培训班、微课设计培训班、课程思政建设与教学设计研修班等多种形式的培训。教学团队坚持每周组织一次主题式教研活动，加强教研室集体备课制度，教研室定期组织教学观摩课和教学竞赛活动，通过互相听课，组织公开课、观摩课、讲课比赛等活动提高教师的教学设计能力。

只有专业教师教学环节设计能力不断提升，才能确保教师通过有限的教学时间，最大限度地实现课堂教学效果，提升课程教学质量。

（2）提升教师线上教学设计能力

在网络教学常态化的趋势下，网络平台授课已成为现代大学专业课程教学的另一种重要的教学模式。在混合式教学环节设计中，教师应根据服装专业课程的特点，不断地摸索、学习和实践，在教学过程中思考如何将网络平台的教学资源与线下教学互补，发挥线上课程资源独有的优势，通过网络教学资源达到较好的效果。广东科技学院教学中使用的网络平台主要是超星、中国大学慕课、粤港澳大湾区在线开放课程联盟平台等。"立体裁剪"课程以实践练习为主，以项目任务为主导，线上教学主要侧重基础技能和拓展技能的学习和测试。整个课程学时较少，只有48学时，线下集中实践练习的时间远远不足，必须设计学生线上自主学习环节。教师提前录制重难点的教学视频，并提前发布任务，学生通过课前预习，可有效地避免学时不够、影响实践练习的弊端。在线上课程资源中加大设计作品上传与讨论部分环节，所有学生可通过上传的作品加强学习及讨论，提升学习积极性及主动性，提升教学效果。

（3）加强教师教育教学能力培训

"立体裁剪"课堂教学中更多的是需要教师的示范教学，这就要求专业教师具备娴熟的专业技能与操作水平。为了能更好地将专业知识传授给学生，以及在课堂教学中对学生的实践操作给予充分的指导，教师要具备一定的专业技能水平。随着行业的发展，新技术、新科技不断更新，教师也要跟上时代的步伐，不断提升自己，提高职业技能和教学水平，以培养出符合市场需求的人才。因此，团队教师不断加强自身的专业技能提升训练，积极响应学校下企业实践政策，到企业去学习锻炼，并促进产教融合。另外，教师可以考取专业技术资格证，使专业技能得到进一步的提升。聘请校外专家以及服装行业企业技术人员来校培训，为专业教师提供专业学习机会，以此提升专业教学能力，并推进实施"一课双师"制度，优势互补。同时，开展教学互听互评活动，以推动教师教学水平的提高。

（4）加强教师教学研究能力的培养

教师教学研究能力的培养是提高教学能力的一个重要途径。"立体裁剪"教学团队始终坚持教育教学改革，积极探索教学方法，定期开展教研活动，以提高学生工程意识、实践能力和创新能力。在教学探索的过程中不断总结经验，寻找课程改革研究的课题。在教学课题研究的开展过程中，进行针对性的教学资料查找，通过网络或书籍收集各种可借鉴的教学经验，并整理成文。因此，通过教学课题研究的深入，教师的专业能力也得到提高，这对专业教师教学能力的提升将起到重要的辅助作用。大学专业教师教学研究能力的培养，在课程建设及专业建设过程中发挥着极为重要的作用。只有通过深入的教学研究，对课程的内容及课程目标才会拥有更为深入的理解。[1]

2. 教学内容设计

在整个课程体系设计中，强调以能力为核心，以知识为依托，将课程目标定位于培养三方面能力，即培养服装制板师和服装设计师的款式分析能力、结构设计能力、板型修正能力等的职业技能，分析、解决问题的方法能力，以及团队合作的社会能力。并始终将工匠精神、创新精神、职业素质、职业道德、职业态度培养贯穿整个课程教学内容中。

"立体裁剪"课程以"重基础、强能力、促创新"为目标，坚持"以学生为中心，基本技能和创新能力训练并重"，践行OBE的教学理念，精简理论部分的内容，扩大实践应用范围。"立体裁剪"课程分为基础知识篇、项目实训篇、欣赏分析篇三大模块。"立体裁剪"基础知识篇主要讲授"立体裁剪"的操作方式与形成原理。在这部分中，一方面介绍从"立体裁剪"到平面裁剪的转换方式，另一方面讲解如何修正平面板型，使之更符合人体的客观规律。通过这两方面的学习，学生将能够由平面到立体、由立体到平面自由地转换服装板型，并具备基本的设计常识。项目实训篇主要讲述"立体裁剪"的手法与优势，学习更多的款式设计，从经典款式入手，运用创意立裁方法进行创造性的款式设计。在这部分中，学生不仅仅学习更多的服装款式，更能举一反三，掌握创造设计的精髓。欣赏分析篇主要通过对大师、优秀作品的欣赏，让学生了解各设计大师的设计风格，并通过欣赏，提高学生的立裁设计素养，培养审美情趣，发展学生的创造力及想象力。

（1）重构教学内容体系，提升课程的高阶性

"立体裁剪"是服装设计与工程专业一门理论性、技能性、实践性相结合的新兴专业课程，旨在培养学生的操作能力和创新能力等。为达到教学目标，单靠课堂教学是远远不够的，还应增强学生的求知欲，合理开展课后教学活动，构建有效的教学环节，激发学生学习兴趣和积极性，培养学生的实践能力和创新能力，积极推进素质教育。探索和完善开放的、多层次的实践实验环节以配合多层次课堂教学，提高学生的动手能力和分析解决实际问题能力。

（2）融入企业项目，提高课程的挑战性

"立体裁剪"课程内容要突出对学生职业能力的训练，企业的真实案例是课程培养学生实践能力和职业能力的重要载体，将岗位需求融入校内课堂教学，以工作任务为中心组织课程内容，有利于学生职业技能的形成。通过收集和更新企业或行业的真实案例，把承接企业的订单作为主要实践任务，了解市场需求，挖掘流行趋势，把握新业态、新特点和新模式。视频案例可以包括企业文化、生产流程、制作工艺、专家访谈、专家讲座等。文

---

[1] 顾春华. 一流课程建设背景下服装专业教师发展路径探索[J]. 科技风, 2021（3）：137-138.

字案例和视频案例相结合，更有利于学生在网络互动教学平台上进行自主学习。

(3) 融入专业竞赛亮点，提高课程的创新性

以赛促教、以赛促学、以赛促改、以赛促建的理论基础是以学生职业发展和人生价值的实现为本。专业竞赛融入教学内容，打造成一个大学生创新创业的平台，服装专业毕业设计成果大部分能够在这个平台实现由设计作品转化为服装产品。通过加强与企业的合作，实现毕业生创新创业梦想。采用"赛教一体"的方法，融入竞赛促进学生深入学习课程，提高学生的参与度，激发学生学习课程的积极性，培养学生对于服装设计的兴趣，培养学生的创造力与创新性，培养解决服装设计的创新科技问题与应用问题的能力。通过提高学生创新思维能力，让学生能深入探索、创造，成为创新型和应用型人才。

(4) "全覆盖+更新快"的混合式资源库建设

基于混合式一流课程建设，在线资源库建设的目标应该是构建一个符合产业发展趋势的知识素材库，有利于学生快速接触最新的产业动态，例如数字化与智能化服装生产技能、虚拟穿衣与设计等，在线课程群共享共用、互融互通、相互组合、易扩易用。全覆盖是指内容与形式相结合的全方位资源库。资源库在建设过程中，需注重资源库的制作品质。首先，在资源库的收集上注意时效性及代表性。服装设计时效性尤为重要，案例、视频、图片的时限要求为不超过两年。在素材品牌的选择上，要求是业内具有一定影响力的服装品牌。其次，在资源库的制作上注意将企业案例转换为教学案例。企业的素材注重的是企业一线实践操作，教学结合实际考虑案例的组织、任务的承接、学生的接受能力等因素。

3. 课堂教学设计

混合式教学模式的课堂教学设计的好坏，直接影响着教学效果。混合式教学模式设计需要以现代教学和学习理论为指导，如建构主义理论、掌握学习理论、有效教学理论、激励理论、关联主义理论等，只有在理论的指导下，才可能有最优的教学设计和最佳的教学效果。教无定法，贵在得法。在教学策略方面，需要结合教学的内容，采取多种策略的组合。情境策略、任务驱动策略、启发式策略、协作式策略、先行组织策略等，每种策略都有其优势，教师需要随机应变，精心设计，合理应用。总而言之，在课堂教学实践过程中，课堂教学设计是创新的活动，需要教师根据实际教学的需求，不断去实践、摸索和总结，这样才能真正实现信息技术与课程的深度融合。

(1) "信息+共享"的在线教学方向设计

运用信息技术能很好地解决学生技能和课程共享的要求。信息技术与教育教学相结合，线上与线下、信息与技术、教与学等方面进行融合，改变传统教学手段，提供学生随时随地学习的便利性，不受场地与时间的限制，也提供给学生不同的教学模块内容。"立体裁剪"课程主要是解决服装结构的基本知识与技能，在线开放课程平台能很好地解决课程教学的使用需求，从而打造宽基础、精技能的课程在线教学方向设计。

(2) "产教+协同"的混合式实践教学设计

引入职场真实案例，实现学校的"专业、课程"与企业的"岗位、技能"无缝对接，邀请合作的服装企业把产品设计、打板、缝制样衣、自动化生产等，由企业技术人员现场操作演示产品制作过程，学生可以通过观看企业的视频了解企业真实案例、行业发展趋势和对岗位技能的要求，补充了课堂实践。另外，企业把自身品牌设计风格、打板软件、打

板尺寸、打板技术等通过网络学习平台培训学生和教师，教师可以无缝对接企业技术，提升教学质量，学生能真正掌握企业要求的技能。

(3) "时效性+多维度"混合式互动教学设计

教学互动是课程的重要组成部分，课程在线互动教学设计主要采取的原则是线上实时互动加多维度互动。实时互动指的是教学互动涉及课前、课中、课后建设的各个部分。在课前的学习任务提出、学习视频导入、企业真实案例、课程知识分享，到课中的任务实操、答疑解惑、方案整改，再到课后的任课教师与企业兼职教师评价、实训任务巩固等，各个环节实时全方位地进行在线互动教学设计。如，在课前设置了第一次课学情问卷调研的互动设计，调研学生对工作职责的认知、服装技能操作的了解、前期课程的知识储备等内容。课后环节设置了专项测验的教学设计，如在服装设计课程任务中，设计了企业最新季度主题款式开发的专项测验，从而检验学生分析问题和解决问题的能力。

在线互动教学设计，还强调互动的多维度。首先强化线上与线下的互动。线上互动可以通过信息化课程平台来进行，线下的互动则需要通过实训室、校内实训基地、校外实训基地来完成。其次，多维度还体现为师生互动、生生互动、企业专家与学生互动。企业专家与学生的互动，可以体现为课程任务的导入，也可以是实训任务的指导、后期课程作业的评定。

4. 教学模式实施

在教学中采用三阶式混合式教学模式。课前"知问"：教师"设问、知问"，学生自学、提问。课中"导学"：组织交流，难点演示、互助解疑；引导认知，探究深问；渗透方法，总结归纳；检验效果，落实应用。课后"助学"：问题整理；教学反思，分层助学，反思提升。

(1) 课前"知问"

通过表格式教案为学生明确章节的自学内容，发布线上学习指南，引导学生基于学习通的线上资源进行自主学习，学生按明确任务点完成学习目标，通过自学教材、网络教案、视频等相关材料，完成表格式教案中的教师设问。学生可以将自学中出现的疑难问题记录讨论区中，教师通过线上了解学生所提问题，为课上"导学"环节做好准备。线上学习指南如图1所示。

图1 线上学习指南

(2) 课中"导学"

教师依托学习通平台向学生发布课前测试题，了解学生对上一节课的知识掌握情况，随后教师总结重点难点，让学生巩固旧知识，并导入本节课的教学内容。在智慧课堂中教师发布讨论主题，引导学生交流预习的成果，通过师生交流、生生交流等多向互动，提出尚未解决的问题。教师根据学情分析布置任务，展开本节课的重点内容，并围绕任务实施进行讨论，明确任务内容。在课堂上，教师对任务进行剖析，对重点难点进行示范和总结等。课中教师指引学生进行项目训练,学生结合学习通的资源进行任务分析、协作探究、临摹练习等活动,结合学习通的视频资源进行临摹实践,从而掌握基础知识,具备一定制作能力。在实践过程中学生采用团队合作,教师全程进行指导,并密切关注学生实践情况,然后教师针对重难点知识设置问题链,搭建认知桥梁,学生在教师引导下深入探究、大胆质疑,力争通过合作学习等方式自主解决问题。最后,教师引导学生归纳知识,发现规律,总结方法。教师通过课上练习或测验等方式,了解教学效果;学生通过练习,巩固、落实知识与方法,检验学习效果。

(3) 课后"助学"

课后学生在线上查阅拓展资料,将知识应用迁移。学生还可以线上开展案例分析、讨论、解疑和课后练习,进行更深入思考,勇于创新。在混合教学模式下,构建"立体裁剪"的教学素材资源库是进行混合教学的基础。从学习内容来看,知识可以分为基础性知识和应用型知识,其中"立体裁剪"基本理论为基础性知识,而与生活生产实际密切相关的知识为应用型知识;从资源的呈现形式来看,主要有PPT课件、教学视频、拓展知识。通过简单的制作步骤、示范的视频讲解,引导学生发散思维,提高创新能力,把握高度性,让学生在学习中具备挑战性。

混合式教学设计流程如图2所示。

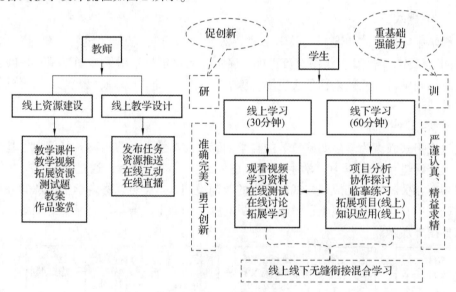

图2 混合式教学设计流程

5. 实践教学条件的建设

(1) 校内实训设备与实训环境

服装设计与工程实验实训中心目前有服装工艺室、服装制板室、服装立裁室、服装面料实验室、服装印染室等,能满足课堂一体化教学的需要。实验实训中心全天对服装设计与工程专业学生开放,利用率高,使用率平均每周为26~28小时。

(2) 校外实践基地的建设

与多家校企合作单位进行深度合作,组建校企联盟委员会,并在此基础上孵化了多个服装工作室。邀请企业技术人员讲座、上课,并将企业的项目直接与教学相结合,共享共建课程资源，使课堂对接企业，学生对接岗位；依托网络学习平台，实现学校的"专业、课程"与企业的"岗位、技能"无缝对接，为课程的实践教学提供真实的工程环境，让学生能够了解企业实际、体验企业文化。通过校企项目式教学，提高学生创新思维能力和工程实践能力。目前建立的校外实训基地如表2所示。

表2 校外实训基地一览表

序号	基地名称	建立时间
1	东莞市士磊纺织有限公司	2018年
2	广州牛公社服饰实业有限公司	2018年
3	深圳影儿时尚集团有限公司	2018年
4	广东缝家信息科技有限公司	2019年
5	广东衫匠互联网科技有限公司	2019年
6	赛维时代科技股份有限公司	2020年
7	东莞名绣世家文化传播有限公司	2020年
8	东莞市圣伊莉服装有限公司	2020年
9	东莞市伊卓服装有限公司	2021年
10	深圳市再登科技有限公司东莞分公司	2021年
11	东莞市花瓶服装设计有限公司	2021年

6. 教学评价和反馈的设计

教学评价是新的混合式教学模式的重要环节，采用了多元评价机制，实现了总结性评价和过程性评价、定量评价和定性评价、教师评价和学生评价、个人评价和小组评价、章节测试和期终测试的多元教学评价的"混合"。在超星教学平台上，学生学习的过程，包括资源的访问、测试的结果、活动的参与、作业的评分等，都有全过程的记录，形成了学习的电子档案，这是过程性评价的数据支撑。[①] 教学反馈需要及时，超星教学平台可以实现对学习过程的实时监测，教师要通过教学平台数据的统计，及时解决学生的疑问，及时指导学生的自主学习和小组协作学习，及时对测试和作业任务进行评分或评价，及时对学习有困难的学生进行必要的帮助。总之，超星教学平台使实时的教学反馈成为可能，解决学生学习的"拦路虎"，增强了学习的自我效能感，调动了学习的积极性和主动性。此外，对于学生自主学习，教师要采用一定的激励机制，通过点赞、增加经验值等方式激励学生更好地完成学习任务。

在一流课程建设过程中，立体剪裁课程主要根据学校提供的考核标准执行，构建了基于多目标（知识目标、能力目标、价值目标）、多方式（定量与定性相结合、形成性与结果性相结合）、多主体（学生自评、生生互评、教师评价、家长评价、社会评价）的评价体系。评价方式采取的是"过程+结果"。"线上过程"主要是课程的线上签到率、视频的观看时间及数量、课程在线活动的参与次数等环节。"线下过程"主要是课堂表现、到课

---

① 李海东，吴昊. 基于全过程的混合式教学质量评价体系研究——以国家级线上线下混合式一流课程为例 [J]. 中国大学教学，2021（5）：65-71+91.

率、作业完成情况等环节。"线上结果"主要是项目任务完成情况，文档是以电子版形式提交、成品是以照片形式提交。"线下结果"主要是期末考试、随堂考、大作业等形式考核评价。在考核评价设计中，可由校内教师、企业兼职教师和学生互评小组，同时对课程的实践作品进行评价，实时得到学生学习效果与教学效果的反馈。

1）突出过程评价与阶段（以工作任务模块为阶段）评价，结合课堂提问、训练活动、阶段测验等进行综合评价。

2）强调目标评价和理论与实践一体化评价，培养学生分析结构的能力，引导学生以职业能力为工作任务，主动学习。

3）评价时注重学生动手能力、分析并解决问题的能力，对在学习和应用上有创新的学生应在评定时给予鼓励。

课程评价构成及比例如表3所示。

表3 课程评价构成及比例

评价	具体内容
线上学习成绩（20分）	视频学习、随堂测验、讨论区回帖、作业提交、作业互评等
线下成绩（40分）	考勤、个人作业、团队阶段性考核、创新性成果等
期末考核（40分）	定性任务制作
自选动作（附加分10分）	论文、专利或作品发表、创新创业大赛、专业比赛等

（三）课程思政设计

2018年10月，教育部发布《关于加快建设高水平本科教育全面提高人才培养能力的意见》，特别提出了为了实现高水平本科教育，要"强化课程思政和专业思政。在构建全员、全过程、全方位'三全育人'大格局过程中，着力推动高校全面加强课程思政建设，做好整体设计，根据不同专业人才培养特点和专业能力素质要求，科学合理设计思想政治教育内容。强化每一位教师的立德树人意识，在每一门课程中有机融入思想政治教育元素，推出一批育人效果显著的精品专业课程，打造一批课程思政示范课堂，选树一批课程思政优秀教师，形成专业课教学与思想政治理论课教学紧密结合、同向同行的育人格局"。这对本科的"课程思政"建设提出了更加具体的要求。2019年8月14日，中共中央办公厅、国务院办公厅印发《关于深化新时代学校思想政治理论课改革创新的若干意见》（以下简称《意见》）。《意见》是我国当下各类学校思想政治理论课改革的指导性文件，重点阐述了新时代思想政治理论课的重大意义和总体要求，强调了对教材体系、教师队伍的建设等重要内容。《意见》中也能看到"课程思政"的内容，将"协同效应"作为第四点归入基本原则，体现了各类课程与思政课相互配合，共同提高学生思想政治素养的重要性。从以上文件中我们能看出，推进"课程思政"实践是党对于高校实现"立德树人"根本任务的重要要求，也是高校进行教学改革的必要环节，所有高校都应积极行动起来，发挥思政元素在课程育人中的重要作用，将"思政课程"与"课程思政"协同推进，源源不断地培养德才兼备的社会主义建设者和接班人。[①]

---

① 郝志庆. 高校深入推进课程思政建设研究［D］. 石家庄：河北经贸大学，2021.

课程思政指以构建全员、全程、全课程育人格局的形式将各类课程与思想政治理论课同向同行，形成协同效应，把"立德树人"作为教育的根本任务的一种综合教育理念。首先，"课程思政"是一种教育教学理念。高校所有课程都具有传授知识培养能力及思想政治教育的双重功能，而课程思政就是要求高校各类课程充分发挥其内在的价值引领、知识传授和能力培养的功能。其次，"课程思政"也是一种思维方式，教师在教学中要有意、有机、有效地将思想政治教育与本课程的教学内容相结合，把人的思想政治培养作为课程教学的目标放在首位。最后，"课程思政"并不是要把专业课改造成思政课模式或者将所有课程都当作思政课程，改变专业课程的本来属性，而是要求深入挖掘各类课程中的思想政治教育内容，将其转化为社会主义核心价值观具体化、生动化的教学载体，并将之融入课程教学，充分发挥课程的思想政治教育功能，在"润物细无声"的知识学习中起到理想信念层面的精神指引作用。

专业课课程思政主要是根据相关文件精神，充分利用高校所掌握的资源，深入挖掘专业课中的育人功能，使得专业课既能传授知识培养能力，又蕴含思想政治教育理念。在传授专业知识和技能的同时，对大学生世界观、人生观、价值观，尤其是在专业精神、职业道德等方面做出更具针对性的指导，以实现思想政治教育与专业知识体系教育的有机统一，使高校真正成为培养德智体美劳全面发展人才的高校。

1. 课堂教学目标和思政育人目标

（1）总目标

"立体剪裁"课程根据服装行业转型对人才培养的新要求，确定文化引领、革新为先、匠心铸魂的课程思政建设思路。通过融入课程思政元素、德育元素，将教书和育人紧密结合，提升学生家国情怀、社会责任、工匠精神等思想政治素养，充分激发大学生创新热情、创新动力、创新意识，切实提升大学生创新能力，实现知识传授和价值引领有机、有效统一，推动思政课程向课程思政的立体化育人转型。

（2）具体目标

1）情感、态度、价值目标：在潜移默化中将思政元素融入课程教学的全过程，提升学生家国情怀、社会责任、工匠精神等思想政治素养；通过发掘课程本身的思政元素充分激发学生创新创业热情，培养学生创新意识，提高学生创新能力，从而培养学生的自信心，使其热爱科学，勇于探索和创新，形成正确的人生观和价值观。

2）知识及能力目标：通过课程思政与知识体系融合，学生能更好地掌握课程知识体系，培养创新意识、突破思维定式，了解思维方式，掌握创新思维方法，参与创新实践活动，强化创新思维训练。

3）过程与方法目标：改变传统思政说教、讲授为主的教学方法，通过课程思政与课程知识体系及主题教育活动、多元化的课堂教学方法、形式多样的创新创业训练活动等融合，将体验式、参与式、路演、场景模拟、翻转课堂与讲授结合，营造自主、合作、探究的学习氛围与学习机制。

2. 思政元素与专业课融合

在课程思政设计中，主要将工匠精神、服装职业素养、服装大国情怀、服装美学等元素融入专业课程，激励学生成长成才。

（1）融工匠精神于课堂

工匠精神作为技能型人才的核心要素，应在课程教学目标中体现。服装行业的传统工艺作为匠人精神的具体体现，要最大化发挥教育的时代进步性，将匠人精神融入课堂和课程计划，更好地发挥专业课程教学培育工匠精神的作用，增强培育工匠精神有序性和有效性，大力开发专业课程中蕴含的教育元素，激发学生信仰，培养敬业守信、精益求精、敢于创新的精神。

（2）融行业职业素养于课堂

在课堂中注重学生职业能力、创新创业精神、可持续发展能力的培养，将职业道德、职业精神融入思政教育工作。正确引导学生的"三观"，将核心价值观与岗位职业素养相结合，帮助他们树立崇高的职业理想和正确的职业态度。在课后作业中，鼓励学生团队合作，培养学生创新能力。

（3）融传统元素于课堂

传统文化是中华文明的突出反映，是我国灿烂文明、历史思想文化和观念形态的具体特征，其中的自强不息、厚德载物、忧国忧民、以德化人、和谐持中等思想，对当代大学生的素质教育具有极大的借鉴和传承意义。将中国传统文化尤其是服饰文化的精髓带入服装工艺基础课程，让专业"课程思政"建设真正地活跃起来。

（4）融美育于课堂

美育，又称美感教育，即通过培养、提高人们认识美、体验美、感受美、欣赏美和创造美的能力，达到具有美的理想、美的姿态、美的品格和美的素养的目的。美育是学校教育的重要组成部分，要渗透和落实到每门课程的教学中。服装专业核心课程要融入美育，让学生从不懂到懂，从不会到会，接受美的体验，理解美的标准与美的和谐，从而提高审美情趣，开拓创造美的思路。

四、关于一流课程建设的思考

"立体裁剪"课程具有很强的专业性、实践性和创新性。在教学过程中，教师应当认真贯彻理论联系实际的原则，以培养学生的专业学习兴趣入手，提升学生的独立思考能力和发现问题、分析问题、解决问题的实际能力，通过教学方法和教学手段的改革，增强课堂效果，充分体现教学理念的先进性、课程设计的创新性、课程内容与资源的科学性和时代性，提高教学效果，最终实现一流课程建设目标。本文对"立体裁剪"这门课程开展了混合式教学模式改革，在课程建设中从教学团队、教学设计、课程思政设计、课程考核方式等方面，通过产教融合的方式对课程资源库进行建设，在此基础上对课程的教学设计进行完善，体现本科教育"两性一度"的要求，在一流课程建设过程中主要概括为以下几个方面。

1）加强教师团队建设。在教师团队建设中，重视教师自身教学能力培养，加强对"双师型"教师和企业兼职教师的培养。

2）基于岗位需求的课程内容开发与设计。在整个课程体系设计中，强调以能力为核心、以知识为依托，教学内容要体现挑战性和高阶性。

3）"信息+共享""产教+协同""时效性+多维度"教学设计。实现信息技术与课程的深度融合，实现学校的"专业、课程"与企业的"岗位、技能"无缝对接，实现线上实时互动加多维度互动教学设计。

4）融"做、学、教"为一体的教学模式设计。以学生为主体，让学生在"做中学，学中做"，变被动学习为主动获取知识，培养学生自主学习能力，提升教与学效果。

5）实现高效多样化评价。构建基于多目标、多方式、多主体的评价体系，实时得到学生学习效果与教学效果的反馈。

"网络营销"课程应用型教学设计与实践

王金良　袁　丹　李淑华
陈青梅　皮颖鑫　李　英

摘　要：在金课建设理念下，对兼具应用性、普及性的"网络营销"课程进行系列创新型教学设计与实践，以更好适应新时代要求的一流本科课程建设势在必行。基于此，本课题研究定位于课程团队在建的省级线下一流课程、省级课程思政示范课程，从"网络营销"课程建设的现状和存在问题出发，重构该课程的理论和实践教学内容及教学模式，基于课程思政理念、OBE理念、CDIO理念重组"网络营销"课程的教学体系，进行系列教学改革实践，且给出了具体的教学实施案例，力图为应用型本科专业的课程改革提供一种可借鉴的模式与思路。

关键词：网络营销课程；课程思政；OBE理念；CDIO理念；教学改革

一、"网络营销"课程的教学现状剖析

在当前网络经济蓬勃发展之际，无论是互联网企业还是大量传统企业，都需要网络营销人才。早在2011年7月，百度推广就正式推出了"百度认证"知识培训体系及认证服务，提供有关网络营销的理论知识及实践课程，并一度成为最抢手的培训课程。目前诸多高校也都开设了"网络营销"课程，并纷纷由一般课程向精品课程、重点课程转化。截至目前，在中国大学MOOC上有9门"网络营销"在线开放课程。我校"网络营销"课程虽设立较晚，但成绩明显，相关发展历程如下：2014年，立项为校级优质课程，开始学习资源建设；2015年，立项为校级精品资源共享课程；2016年，立项为省级精品资源共享课，着手对照省级精品资源共享课建设标准，在世界大学城、超星学习通平台构建课程学习资源；2019年，结项省级精品资源共享课；2020年，立项为省级线下本科一流课程；2021年，立项为省级课程思政示范课程，并荣获省级课程思政示范优秀案例"二等奖"。

在取得良好成绩的同时，广东科技学院"网络营销"课程也存在以下一些问题：

（一）课程教学存在的主要问题

1. 教学模式方面

目前"网络营销"课程理论教学体系主要分为两种：一种是以市场营销理论为基础的延伸模式，即在传统市场营销理论基础上添加与网络相关的技术知识，理论体系相对完善，但在具体的网络营销实践中缺乏可操作性；另一种是以互联网技术为核心的网络技术模式，这种模式侧重于网络技术知识和技术方法，但对于具体的网络营销方法与策略应用

讲述较少。①

2. 教学内容方面

作为一门知识更新较迅速的应用技能教学课程，"网络营销"需要基于所学理论基础，在实践中进行操作、模拟乃至实战经营。然而，目前很大程度仍局限于营销案例的分享和剖析，网络营销策划书的撰写，或网络营销方法的简单应用，还没有真正且全面让学生接触网络营销的模拟操作，缺少网络营销实践操作乃至实战的训练。

3. 考核方法方面

目前较常见做法是"平时成绩（40%）+期末考试（60%）"。在平时成绩考核中，出勤率和课程作业所占比例较大。显然，理论方面的测试与评价发挥了举足轻重的作用。

"网络营销"是一门应用和实践性较强的综合性课程，与实践联系起来的考核才更具可行性和科学性。譬如，有些学生对网络营销很感兴趣，自己尝试进行微商实践、淘宝小店、直播营销，甚至小有收获。这些学生将课堂所学实实在在地应用于实践。学生从亲身实践中获得的知识远非一张理论方面的试卷能概括和衡量的。因此，仅以这种相对传统的考试来评定学生成绩，并不能真正反映学生对该课程的掌握程度和应用能力，更忽略了对学生实际能力的评价。

（二）影响课程教学的主要因素

广东科技学院作为一所应用型的本科院校，其同一般普通本科相比具有鲜明的技术应用性特征。在培养规格上，应用型本科培养的不是学科型、学术型、研究型人才，而是培养适应生产、建设、管理、服务第一线需要的技术应用人才。应用本科以适应社会需要为目标，以培养技术应用能力为主线设计学生的知识、能力、素质结构和培养方案，以"应用"为主旨和特征构建课程和教学内容体系，重视学生的技术应用能力的培养。②

1. 学校层面

基于广东科技学院的定位和校本特色，"网络营销"课程在授课过程中出现上述问题的学校层面的主要原因可以归纳为以下三方面：

（1）缺乏相应的保障制度

学校层面主要通过相应的规章制度影响课程的建设，进而影响课程的实际效果。当前课程的内容建设主要由各专业的课程团队完成构建，以专业带头人或专业负责人审核的方式进行课程设计，在整个内容设计过程中几乎全部是由校内人员完成的，忽略了企业相应岗位的实际需求，从而导致所设计的课程内容与实际需求有差别，不能很好地实现应用型人才培养的办学目的。为解决这一问题，可通过制度的方式要求课程内容尤其是核心专业课程的内容建设增加校外企业的审核环节，以增强课程内容应用性和实用性。

（2）项目审核指标指导性不强

当前在学校层面主要通过科研项目、教改项目以及课程建设类项目引导各教学团队进

---

① 蒋文杰，程宏. 基于学生能力提升的"网络营销"课程教学及考核[J]. 高等工程教育研究，2010（S1）：159-161.

② 耿玉，张东平，时焕岗. 应用型本科院校专业实践教学体系探索与实践[J]. 实验室研究与探索，2021，40（8）：216-220.

行课程建设，而这些项目多以一般性的指标进行最终审核，没有突出强调项目与企业对接的程度以及项目的实际效果。

（3）课程建设分类不够精确

虽然"网络营销"课程已经作为电子商务专业和市场营销专业的一门核心课程，但两个专业的特点和人才培养方向还是有所不同的，因此课程内容在构建过程中应结合专业特点，有所侧重。例如，市场营销专业更多地强调网络营销的方法和技巧，而电子商务专业则应侧重于网络营销基础技术的讲解和传授。但是在实际建设过程中，采用的是一刀切的方式进行建设，显然不利于应用型本科人才的培养，最终影响课程的实际授课效果。①

2. 教师层面

教师作为课程教学实施的主体，在很大程度上影响和决定着课程的教学效果。结合当前课程实际教学情况，影响"网络营销"课程教学效果的教师层面原因有以下三个方面：

（1）课程教学团队结构不够合理

"网络营销"课程的授课团队主要由电子商务教研室的教师构成，平均年龄在33岁左右，其中副教授1名、讲师4名、助教1名，整个教学团队中缺乏较高资历的课程成员，从而导致课程建设中缺少一些专业性的建设意见。

（2）实践型教师偏少

整个"网络营销"课程团队绝大部分成员属于理论型教师，具有相关实践经验的教师很少，5名课程团队成员中，只有1位有企业实践经验，其他教师没有企业实践经验，导致在授课过程中对实践性知识和技能讲解不够透彻，进而影响学生学习课程的积极性。

（3）教师再学习力度不够

作为社会当下比较热门的一个岗位，由于互联网变化迅速，网络营销类岗位所需掌握的知识和技能也在不断更迭，因此作为课程的授课教师必须经常学习，尤其要参加一些行业的前沿技能学习，才能培养出符合人才市场需求的高素质应用型人才。而当下"网络营销"课程团队的教学成员参加该类的技能培训或学习机会较少，同时教师授课任务或其他事务较多，进而导致其在这方面的再学习力度不够，最终导致课程实践技能或理论的前沿性和实用性不够强，无法吸引学生的注意力。

3. 学生层面

学生作为课程教学的接受方，其学习态度和学习兴趣在很大程度上影响着课程的教学效果。学生主要在以下几个方面影响着课程的教学效果：

（1）学生对课程认知度不高

在实际课程学习过程中，很多学生并没有真正了解"网络营销"课程在所学专业或未来就业、创业中的积极作用，而是将其当作一门普通的课程进行学习，由于没有足够重视或与未来职业生涯进行关联，所以整体学习目标不明确，学习动力不强。

（2）学生自我学习能力有待提高

一门课程要真正实现其培养目标，不能只依赖于课堂和教师，还需要学生课后进行深入学习和探索，但目前广东科技学院的大部分学生在这方面的自学能力还有待提高。尤其

---

① 蒋文杰，程宏. 基于学生能力提升的"网络营销"课程教学及考核［J］. 高等工程教育研究，2010（S1）：159-161.

是在手机等移动互联网工具出现后，学生的学习积极性和自我控制能力大大受到影响。

（3）学生更偏好实用型知识或技能

广东科技学院的学生普遍存在一个特点，对实用型的知识和技能非常感兴趣，且对该类知识的学习积极性也比较高，但是由于授课教师理论型偏多，所以在激发学生学习积极性方面存在一定的难度。在实际过程中，可以通过校企合作与企业共同构建课程内容，并引用部分企业师资，由企业师资教授实践性强的内容或技能，进而解决校内教师实践技能欠缺的问题，同时也可以激发学生的学习积极性。

二、"网络营销"课程的教学体系设计

（一）"网络营销"课程的整体教学体系

1. 基于教学内容的设计

在"网络营销"课程中，教学内容的选取为"岗位导向"。随着互联网和电子商务的发展，网络营销在企业品牌塑造和促进销售等方面的作用与效应日益增强，企业对网络营销岗位的需求量逐年上升，尤其是中小企业对网络营销人才的需求数量增长速度更快。① 以"岗位导向"选取教学内容的流程如图1所示。

图1　以"岗位导向"选取教学内容的流程

网络营销岗位涉及不同的职位，每个职位都对职业能力具有一定的要求。作为电子商务和市场营销等专业的核心专业课程，网络营销课程应突出操作性和实践性，根据网络营销岗位（群）的职责和要求，重点培养学生的网络营销职业能力，使学生更好更快地适应企业，做好本职工作。② 因此，选择能够强化网络营销职业能力的课程内容是网络营销教学首先要考虑的问题。总的来说，需遵循以下原则：

1）职业岗位分析，分析网络营销职业岗位能力。
2）工作任务分析，分解网络营销岗位工作任务。
3）学习领域选取，进行工作能力、素质要求的序化并据此选取学习领域。
4）学习情境开发，根据课程单元的具体内容开发学习情境。

2. 基于教学组织形式的设计

"网络营销"课程的教学分为理论课程和实践课程两大部分。理论课程为教师精讲教材理论，分为网络营销认识、网络营销环境分析、网络目标市场选择与定位、网络营销策略、网络营销方法、网络营销策划与实施六个章节；实践课程为学生主导实践项目，分为网络营销环境分析、网络目标市场选择与定位、网络营销策略制定、网络营销方法制定、网络营销策划与实施五个实训，如图2所示。

---

① 冯曦涓. 互联网+形势下高职教育翻转课堂教学模式研究［J］. 科技通报，2017，33（10）：248-251.
② 方玲玉.《网络营销实务》工学结合课程开发的实践尝试［J］. 职教论坛，2008（16）：11-15.

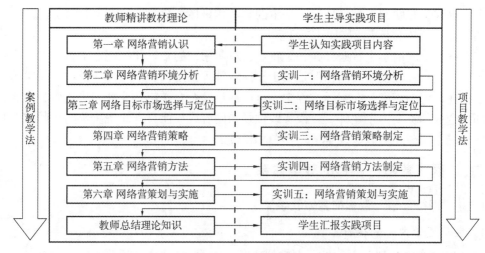

图 2　教学模式设计

理论课程主要采用案例教学法，实践课程主要采用项目教学法，理论与实践的学习交替进行，通过理论和实践结合展开教学，把项目运作所需知识和技能与教学内容有机结合。

（二）"网络营销"课程的理论教学体系

在"网络营销"课程的理论教学部分，主要采用案例教学法。案例教学法是一种先进的教学方法，起源于20世纪80年代哈佛商学院的MBA（工商管理硕士）课堂教学。至今，案例教学法已经成为工商管理学科、应用经济学学科、统计学学科等人文社科学科的重要教学方法。案例教学法可以提升学生的参与性，达到教师与学生、学生与学生之间共创高品质课堂的教学效果。在"网络营销"课程中实施案例教学有助于培养高校教师的教学技巧与能力，不断提升教学水平；更有助于激发学生的学习兴趣，掌握更系统的网络营销知识体系，促进学生创新能力的不断提高。

1. 理论教学体系构建的依据

案例是案例教学的核心和灵魂，哈佛所采用的案例都是来自商业管理的真实事件，通过案例教学法让学生主动参与进来，深入体验案例角色，利用对真实世界的实例分析，代替对传统理论教学的依赖。案例教学使学生了解企业实施网络营销的方法、网民参与营销活动的互动过程以及网络营销热点，培养学生以前瞻性的眼光洞悉行业发展趋势的能力。在"网络营销"课程的理论教学中以案例教学方法为主，在案例的选取方面需要遵循以下依据：

（1）选取的案例要注重典型性和代表性

典型案例往往是公认的有代表性的案例。案例应能明显反映教学知识点，使学生能够快速抓住重点，透彻理解知识点。比如，病毒性营销案例"可口可乐的在线传递活动"，既能反映病毒性营销的本质、传播思想，又能体现对传播途径的灵活运用，还紧密结合了当时的热点事件。这是一个经典的利用QQ即时通信工具进行的病毒性营销案例。

（2）选取的案例应注重时效性

新时代的大学生对这些新生事物有天然的亲近感和极强的接受能力。搜索引擎、博客、微博等营销平台仍然举足轻重，微信、公众号、小程序、知乎、喜马拉雅、抖音等移动端的营销平台和营销案例不断花样翻新。这就需要对课程内容和课程案例进行相应调整，比如删减经典营销方法 E-mail 营销的内容，增加新媒体营销、大数据营销内容和案例。

（3）选取的案例要具有趣味性和启发性

趣味性案例是备受欢迎的，对培养学习兴趣是极其有益的。案例选取时可尽量选择趣味性较强的案例。如 Blendte 搅拌机的视频营销、优衣库在社交网站的互动营销排队游戏、支付宝的锦鲤微博营销等。趣味性是一个饵，案例具有了启发性才能让学生思考探究问题，达到活学活用的目的。

2. 理论教学活动的主要环节

网络营销案例教学是以典型网络营销活动为研究对象，在教师指导下展开营销情景的描述和体验，引导学生对案例进行思考、分析、探究和讨论的教学活动。教学活动需精心设计和导演才能达到应有的教学效果，具体环节如图 3 所示。

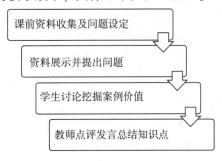

图 3　案例教学法环节设计

（1）课前资料收集及问题设定

网络营销案例资料应尽量收集全面数据，其来源要可靠。资料包括公司背景、产品特点、营销环境、营销目标策划、受众分析、营销过程和效果及其图文和音频、视频佐证材料等。依据资料导出相关理论或提出讨论问题。

（2）资料展示并提出问题

案例展示过程中要重点突出、脉络清晰，尽量采用图表、音频、视频等多媒体形式。问题应该具有较强的可讨论性。

（3）学生讨论挖掘案例价值

此环节需要教师具有较强的课堂管控能力，既能点燃学生的热情，又能控制好节奏。课堂讨论绝不是教师提问学生回答，应该是学生针对教师的问题和引导，积极思考，踊跃发言，相互质疑和佐证。教师通过自身的热情和语言的组织来激发学生的发言热情，引导学生分析和思考问题，有效利用班级里的意见领袖来烘托讨论的气氛。

（4）教师点评发言总结知识点

教师对学生激烈的讨论进行总结，主要总结学生的讨论情况、独到见解、思想碰撞的过程和重点结论，给予正面的分析和鼓励。

（三）网络营销课程的实践教学体系

在"网络营销"课程的实践教学部分，主要采用项目教学法。项目教学法就是在教师的指导下，将一个相对独立的项目交由学生自己处理，信息的收集、方案的设计、项目的实施及最终评价，都由学生自己负责，学生通过该项目的进行，了解并把握整个过程及每一个环节中的基本要求。项目教学法最显著的特点是"以项目为主线、教师为引导、学生为主体",具体表现在:目标指向的多重性,培训周期短、见效快;可控性好;注重理论与实践相结合。① 项目教学法是师生共同完成项目、共同取得进步的教学方法。具体而言,在教学设计上确立以培养学生职业能力为主体的课程教学目标,通过结合课内"网络营销"和课外"网络营销实践项目"展开教学,把项目运作所需知识和技能与教学内容有机结合,具体分为以下五个步骤:

1. 确定项目教学任务

使用项目教学法开展网络营销课程,需要确定项目教学法的任务,学生在明确任务的前提下继续下一步工作。项目教学法中,学生需要根据项目制定订货、运输、推广策划以及销售等工作计划,并对营销过程中可能出现的问题做好备用方案,尽量模拟真实的网络营销环境,确保项目教学法的有效性。例如,项目教学任务是为白酒做网络营销方案,学生首先需要了解白酒的生产厂家,该厂家在哪个区域内有自己的旗舰店,或是在哪些地区有代理商等信息,通过网络营销提高其品牌知名度,争取网络上和旗舰店中能够同时销售。学生需要根据白酒项目的任务目标和厂家对网络营销的具体要求,制订营销计划,提高白酒在网络中的知名度,进而实现线上、线下同时销售的目标。此外,在网络营销过程中寻找合作代理商,共同为白酒销售提供渠道和销售思路。

2. 做好项目教学的准备工作

教师需要结合项目目标,制定与学生能力相符的指导方案,指导学生独立完成网络营销项目方案。而学生需要做的准备工作主要是搜集项目资料,不仅要掌握厂家提供的资料,还需要从网络中查找相关品牌的资料,掌握相关品牌的网络营销模式,综合各类信息,进而制定独特的网络营销方案。例如,做奶片项目的网络营销方案,学生需要掌握网络上其他品牌奶片的营销方案,找出其中的优势和弊端,在自己设计营销方案的过程中利用其优势,改善其弊端,完善自己的网络营销方案,扩大该品牌奶片的影响力。

3. 制订项目教学计划

教师需要根据项目制订教学计划。在落实项目阶段,将学生分组,分别撰写项目网络营销计划书,而每个小组中的成员履行自己的职责。教学计划中学生应明确分析产品的优势、发展走向以及目前市场中该产品的竞争力,明确建立网络营销渠道的目标并确定营销渠道的作用;同时,完善网络营销渠道管理制度,发挥渠道的价值。此外,项目教学计划中要指导学生细化为项目制定的网络营销方案,方案中应具体到每天的工作、营销中涉及的各项费用等。同时,明确规定各小组中成员的基本工作。根据项目制订教学计划,是网络营销课程中落实项目教学法的关键环节。

4. 落实项目教学

落实项目教学的具体工作,学生以小组的形式撰写项目网络营销计划书,小组成员不仅需要做好自身的工作,还需要做好工作记录,且及时了解项目整体的进度情况。同时,对于落实项目工作中遇到的问题也需要进行记录,并提出相应的解决对策。学生在撰写项

---

① 胡建锋. 应用型人才培养的现实困境与逻辑路径——兼论"项目教学法"的适用性 [J]. 中国职业技术教育,2021(26):24-29.

目计划的过程中，思考项目落实的整体过程，思考项目计划中是否存在不足，以便在撰写计划的过程中及时解决，且学生可以在这个过程中学习到新的网络营销知识。此时，教师的主要工作是指导学生撰写营销计划书，尽量为学生提供大胆的创意；同时，组织学生展示本小组阶段性的实践营销成果，以及学生在项目网络营销学习中的体会、经验等。此外，教师要指导学生建立有效的合作学习，使学生在项目教学法中合作学习、相互帮助，共同完成网络营销项目。

5. 验收项目教学成果

验收项目教学成果，教师不仅要考核学生的网络营销成果，还需要结合学生在日常学习中的表现，进行综合性评价；同时，教师需要采用多元化的项目验收评价制度。例如，教师安排每两个小组互相评价，评价对方的项目完成情况、项目成果以及学生在项目中可以学习到哪些知识等；教师综合评价各小组的项目成果以及学习效果。同时，教师建立项目档案，在档案中填写学生的项目学习简历，为学生争取良好的工作机会。教师在验收项目教学成果的过程中，应注意全面评价，避免片面评价影响项目教学法的实施，善于利用全面评价的方式提升网络营销教学效果。验收项目教学成果是项目教学法的最后一步，也是重要环节，因此，教师应采用科学的评价方式进行验收，保证项目教学法在网络营销课程中发挥重要作用，从而体现出项目教学法的实际价值。

三、"网络营销"课程的教学改革实践

融合课程思政元素，基于OBE和CDIO理念对"网络营销"课程实施分层次教学，比较教学效果，以选择更为合适的教学范式。

（一）基于课程思政理念的教学实践

课程思政不是一种由单纯的对高校思想政治教育的理性认识、理想追求所形成的思想政治教育理念和观念体系，而是一种融合了思想政治教育、手段与程序组合的方法。[1] 课程思政需要全员参与和运作，融合思想政治教育，促使学生生成和发展社会所期待的思想政治素质。

1. "网络营销"课程思政的设计原则

"网络营销"课程思政的设计需要综合考虑人文、社会、法律、环境、安全健康等多种因素，对网络营销领域典型问题、案例等进行"分析—研究—设计解决方案"，使学生获得网络营销领域相关的职业规范训练及个人与团队角色，以及沟通和管理能力训练，以期更好地培养适应粤港澳区域发展的应用型、高层次、综合性、复合性网络营销人才。[2] 在整体的设计中，坚持以下两个原则：

（1）以学为中心原则

思政教育的效果相对技能来说是比较隐性的。如果教育引导不能让学生入脑入心，形成学生认同，教育效果是很难保证的。只有以学为中心，进行针对性的教学设计，才能最终取得"网络营销"课程的教育教学效果。

---

[1] 周琳. 新时期高校课程思政建设的创新思路研究 [J]. 教育理论与实践, 2021, 41 (27): 34-36.
[2] 田玲, 周晓璐. "课程思政"融入专业核心课程体系的创新探索——以《网络营销》课程为例 [J]. 电子商务, 2020 (9): 88-89.

（2）渗透疏导性原则

教育本身蕴含着润物无声的渗透原则。理论知识最终的评价效果是寻求学生的认同。在"网络营销"课程的教育过程中，需要循循善诱、积极引导，将课程内容逐一剖析，提升学生学习的自主性。

2. "网络营销"课程思政的内容选取

《高等学校课程思政建设指导纲要》对课程思政内容给出了明确的范畴，指出"需要紧紧围绕坚定学生理想信念，以爱党、爱国、爱社会主义、爱人民、爱集体为主线，围绕政治认同、家国情怀、文化素养、宪法法治意识、道德修养等重点优化课程思政内容供给，系统进行中国特色社会主义和中国梦教育、社会主义核心价值观教育、法治教育、劳动教育、心理健康教育、中华优秀传统文化教育"。具体而言，应做到以下五点：一是推进习近平新时代中国特色社会主义思想进教材、进课堂、进头脑；二是培育和践行社会主义核心价值观；三是加强中华优秀传统文化教育；四是深入开展宪法法治教育；五是深化职业理想和职业道德教育。

进一步结合"网络营销"课程性质，拟定了该课程思政内容选择的标准：①坚持立德树人根本；②符合社会主义核心价值观；③贴近学生专业领域；④知识与思想价值引领相互渗透；⑤历史案例与现实案例相结合；⑥以热点、行业新闻为引领。

3. "网络营销"课程思政的内容设计

在课程思政理念下，"网络营销"课程需要进一步突出应用型本科人才培养理念，改变以往课程内容教学方法单一现状，实现课程内容的剖析，并巧妙与学生素质教育融合。对此，本门课程的课程思政内容设计，如表1所示。

表1 "网络营销"课程思政内容设计

序号	课时安排	教学项目	课程思政点	融入方式与教学方法	思政育人预期成效
1	4	课程导入	强化网络意识形态管控	时政结合：什么是营销？在网络营销中需不需要强化网络意识形态关键管控？若需要，具体如何实施	学生在提升课程兴趣的同时，能辩证看待网络营销，养成关注时政热点的好习惯
2	4	项目一 网络营销认知	杜绝和远离恶意网络营销	视频赏析：《焦点访谈——揭自媒体乱象，恶意营销危害大》	学生对网络营销形成较为完整认识，学会"信息节食"，形成正确价值观
3	4	项目二 网络营销环境分析	引领学生树立高雅的文化观念	话题讨论：在世界网络文化背景下，如何理解中国传统文化"和而不同""天人合一"的观点	学生在认知我国优秀文化的同时，提高文化选择与包容能力，能在信息与多元文化时代中不受庸俗文化风气影响，吸收真正文化营养

续表

序号	课时安排	教学项目	课程思政点	融入方式与教学方法	思政育人预期成效
4	4	项目三 网络市场与消费者分析	弘扬勤俭节约理念,做理性消费者	视频赏析:《要消费,不要消费主义》	学生进一步提升消费认知,学会做一个理性的网络消费者,养成勤俭节约的习惯
5	4	项目四 网络营销调研	诚信、求真务实在工作和生活中的作用	案例分享:调研数据失真的斯坦福监狱实验及深圳湾疏浚工程环评报告,引申诚信、求真务实的重要意义	学生形成求真务实的认知,无论是日常作业还是毕业论文中都一律严谨认真对待
6	4	项目五(一)网络市场细分	如何寻找和培育核心竞争力	案例分析:切入格力空调的市场细分案例,引导学生根据人才市场及个人爱好探索并形成自身核心竞争力	学生能基于个人兴趣爱好、特长初步寻找并形成自身核心竞争力
7	4	项目五(二)网络市场定位	顺境与逆境的辩证关系	红色革命故事:引入农村包围城市的革命故事,引导学生正确树立战略规划,学会逆境中定位和逆袭成长	学生可以提升对逆境的正确认识,培育积极乐观向上的心态
8	4	项目六 网络营销品牌策略	如何维护国家、企业、自身的品牌形象	案例分析:引入康师傅与康帅博,今日头条与今日油条等案例,引导学生树立正确品牌观及产权保护意识	学生提升对品牌的认知,重视对品牌形象、国家形象、学校形象和个人形象的树立与维护
9	4	项目七 网络营销价格策略	如何抵制免费的诱惑和陷阱	热点结合:将免费定价策略与诈骗界的"三大王炸"结合	学生形成正确价值判断,可以自觉抵制诈骗活动
10	4	项目八 网络营销渠道策略	如何做一个靠谱的人	知识延伸:结合网络中间商的选择依据,引导学生对信用、能力的深思	学生能够对信用和能力加以思考,学会成为靠谱人
11	4	项目九 网络营销广告与促销策略	如何在广告策划中加入梦想力量,提升感染力	视频赏析:华为宣传片《Dream it Possible》,体味广告创意策划和梦想的力量	学生可以增强在逆境中坚持的能力,并培养爱国情怀

续表

序号	课时安排	教学项目	课程思政点	融入方式与教学方法	思政育人预期成效
12	4	项目十 网站建设与营销推广	网络信息安全保护	案例分析：1号店员工倒卖用户数据，探讨如何保护用户隐私并实现精准营销	学生可以提升对个人信息的重视和保护能力，在多元化信息的网络环境中不信谣不传谣
13	4	项目十一（一）网络营销方法	弘扬中国传统文化，增强文化自信	热点结合：以李子柒微博运营成功案例引导学生思考如何利用新媒体平台讲好中国故事，向世界传播中华传统优秀文化	学生可以思考并学习如何利用微博来传播中华优秀传统文化，增强民族自豪感，并培育爱国情怀
14	4	项目十一（二）网络营销方法	媒体大数据的误区，坚持立场，不做"键盘侠"	电影解析：《狩猎2020》，基于大数据理念，打通"育人最后一公里"，引导学生正确分析、提炼数据，不做"键盘侠"	学生可以形成正确的是非价值观，尊重科学和事实
15	4	项目十二 网络营销策划	学习习近平总书记关于创新思维的重要论述	时政结合：引入习近平总书记重要精神理念，如"问题是创新的起点，也是创新的动力源""不创新就要落后，创新慢了也要落后"等	学生培养与提升创新能力的同时，养成关注时事、读重要文件的好习惯
16	4	网络营销策划书汇报与分享	培养良好心态，正确对待别人的批评	在策划书的汇报中鼓励同学互评，并指出项目中的不足之处	学生可以养成良好的团队合作能力，并能正确接受自我批评和他人批评

（二）基于OBE理念的教学实践

OBE是成果导向教育的简称，是一种先进的教育理念，强调以学生为中心，以产出或结果为导向，注重学生学习能力和实践水平的培养。[①] OBE的重点是：想让学生取得怎样的学习成果？为什么要让学生取得这样的学习成果？如何有效地帮助学生取得这些学习成果？如何知道学生取得了这些学习成果？

OBE模式更关注学生的学习成果，即学生在毕业时应拥有的、面向实际工作岗位的知识、能力和素养。基于OBE理念的教学模式则更注重根据学生的毕业要求（预期学习成果）来确定培养方案、教学计划、教学模式和课程体系等。

1. 基于OBE理念的"网络营销"教学框架

OBE理念以学生取得的预期学习成果为导向，实施OBE模式应基于对学习成果的定

---

① 张妍. 基于CDIO理念的应用型本科专业课程改革的研究与实践 [D]. 苏州：苏州大学，2020.

义、实现、评估和使用，在课程目标、教学模式和考核评价之间构建起逻辑闭环体系，如图 4 所示。

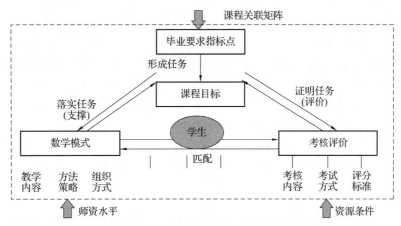

图 4　基于 OBE 理念的"网络营销"教学框架

课程目标明确了学生学习成果的标准，向上支撑毕业要求的达成，向下决定教学模式和考核评价方式的设计与实施，是课程融入 OBE 教学体系的逻辑接口。

教学模式是立足课程目标、选择课程教学内容、设计支撑课程目标达成的主要教学环节及各环节拟采用的教学策略、方法与手段，以帮助学生取得预期学习成果。[①] 在"互联网+教育"背景下，教师应充分利用移动网络教学工具，开展灵活多样的教学活动，激发学生的内在学习动力，使其形成积极的学习态度。

考核评价是以课程目标为导向，运用合理的考核方式和有效的技术手段，对能够反映教学过程和学习成果的数据进行收集、分析和解释，以评判课程目标的达成情况，从而分析学生是否取得了相应的学习成果，并发现教学过程中存在的问题，为教学的持续改进提供支撑。

2. 学习成果分析阶段

专业层面的毕业要求（预期学习成果）最终要落实到课程上，分析课程对专业培养目标的支撑及贡献是开展 OBE 的重要环节。结合广东新科技学院实际情况，将学生毕业要求（预期学习成果）分解为"知识、应用、整合、价值、情感和学习"六维一体的培养目标，据此梳理了电子商务专业毕业要求，明确了"网络营销"课程对电子商务专业培养目标和毕业要求（预期学习成果）的支撑，如表 2 所示。

表 2　课程培养目标支撑毕业要求表

目标	毕业要求（预期学习成果）	课程培养目标
知识	掌握电子商务领域的基础理论和知识	掌握网络营销相关知识、理论和策略
应用	能够为企业策划适应实践发展的网络营销方案，能灵活运用多种方法、技术和手段在多平台、多渠道开展网络营销工作	掌握网上市场调研工具和方法；能够应用网络营销理论与推广工具，为企业设计网络促销方案，撰写和实施企业网络营销策划书

---

① 何晓瑶. 论建构地方本科院校新文科应用型课程体系［J］. 高教学刊，2021（6）：108-111.

续表

目标	毕业要求（预期学习成果）	课程培养目标
整合	能够根据数据分析结果提出辅助营销和管理决策的方案和建议	能够整合应用网络营销的基本原理和网上数据采集工具，分析和评价网络营销热点问题
价值	具有良好的人文修养、科学素养、网络文明素养和商业诚信品质，理解并遵守职业道德和规范，践行社会主义核心价值观	理解并遵守网络营销人员必备的职业道德和素质，能保障网络营销信息的真实性、准确性、规范性和可靠性，践行社会主义核心价值观
情感	具有较好的表达能力，能够撰写完整的电子商务相关文案和文档，并与合作伙伴、客户、社会公众等进行有效沟通与交流	具有企业家精神和互联网创新创业思维，能够撰写网络营销策划报告和实施网络营销方案，能进行成果展示，开展有效的沟通与交流
学习	养成自主学习和终身学习的习惯，适应不断变化的技术和商业环境	能够利用多种方式，开展自主学习，提升自主学习能力

3. 实现学习成果阶段

明确了课程培养目标和课程内容后，就要进行课程设计，构建合理的课程体系，确保教学活动有序和高效地展开，使学生实现学习成果，如图5所示。

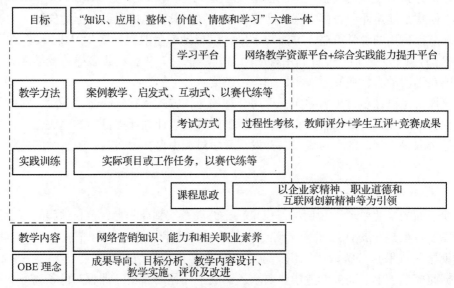

图5 基于OBE理念的课程体系

在教学实施中，要注意OBE理念的落实。依据课程培养目标，将教学内容、考核标准、教学资源和教学模式层层落到实处，有理有据地来进行教学方法改革与实践，以便有效地支撑毕业要求（预期学习成果）。

要注意"课程思政"教育的有机融入和明确。课程思政内容以"企业家精神"为引领，紧跟时事，结合学生特色和关注点，与专业知识、网络特点紧密融合，不刻意、不脱节、不突兀，润物细无声，网上和网下教学资源均要有机融入，明确到每一个章节的具体内容，以利于学生主动接受、吸收和应用。

4. 学习成果评价设计阶段

基于OBE理念的"网络营销"课程学习成果评价机制为"过程考评+结果考评"的方式。最终成绩由平时成绩和期末成绩构成，其中平时成绩占40%，包括课堂出勤（15%）、各环节任务完成的质量（10%）、完成项目的积极程度（5%）、各组之间以及组员之间的背对背评价（5%）、教师对学生课堂表现的评价（5%）；期末成绩占60%，为期末试卷考试结果。加大课程过程考核的占比，更好地了解学生对于理论知识的掌握情况与运用情况。

为了让学生更好地了解企业对知识结构与能力结构的需求，调动学生参与课程项目的积极性，对项目和细分任务采取阶段性考核，由学生进行汇报演讲来展示小组结果，由专业教师和企业人员对各组展示结果进行综合打分，针对排名先后给予相应的奖惩措施，为综合评分高的小组和学生提供项目实践的相应机会。这样不仅调动学生项目参与的积极性，同时也向企业展示学生的综合素质，为学生就业和校企合作提供契机。

5. 教学实施案例

下面将以"网络市场分析"单元为例，介绍"网络营销"OBE课程实施要点及主要步骤。OBE要求任课教师先明确课程教学目标，并对课程教学目标进行分解，让学生通过学习过程完成自我实现的挑战，再根据成果反馈对原有的课程教学进行进一步整改。

(1) 课程教学目标确定及分解（学习成果分析阶段）

对学习成果的考评，要充分考虑社会、学校、学生和用人单位等相关方的要求与期望，要求能够直接或间接测评。"网络营销"课程中的"网络市场分析"单元的学习目标主要包括：掌握从事网络营销必备的营销理论和知识；掌握实施网络营销的方法和技巧；能够对网络市场做出合理分析并制定网络营销战略；了解网络营销的理论前沿及发展动态；具备分析和解决网络营销实际问题的基本能力等，如表3所示。

表3 "网络营销"OBE课程教学目标分解表

目标分类	目标分解	知识单元
知识目标	掌握网络营销的基本概念和理论	网络营销的相关理论和基础
	掌握网络营销市场分析的内容	网络营销市场分析
	掌握网络市场调研方法	网络营销顾客行为分析、网络营销市场调研
	了解网络营销的理论前沿及发展动态	网络营销新领域
能力目标	分析和解决网络营销实际问题的基本能力	
	交流沟通能力	
	适应发展能力	

(2) 构建研究性教学模式（实现学习成果阶段）

"网络营销"课程以"网络市场分析"单元为例，分为五个模块：一是课堂理论传授模块，由教师向学生讲述相关的基本的概念和理论；二是小组讨论模块，由小组成员之间讨论项目的选择，以及各项目之间的比较结果，并最终确定项目实施方案；三是小组项目实践模块，根据前期的理论知识和项目实施方案进行实践，根据要求完成项目；四是成果展示模块，各小组分别通过项目报告和答辩的形式展示本组的项目成果，并由其他组成员对本组成果进行评价反馈；五是理论提升模块，根据项目实践的结果，总结项目完成过程中在理论上的突破与发现。在整个课程的教学过程中，五大模块环环相扣，形成"理论—实践—理论"的闭环，构成了OBE理念下"网络营销"课程的完整授课体系，用学生的学习成果来评价教学效果。

（3）学习成果评估（学习成果评价设计阶段）

"网络营销"课程采用基于学习成果的评估方法，这种评估方法贯穿整个课程学习的活动中，是一个综合的系统评价体系，最终成绩由平时成绩和期末成绩构成，如表4所示。

表4 学习成果评估表

平时成绩（40%）	课堂出勤（15%）
	各环节任务完成的质量（10%）
	完成项目的积极程度（5%）
	各组之间以及组员之间的背对背评价（5%）
	教师对学生课堂表现的评价（5%）
期末成绩（60%）	期末试卷考试结果（60%）
总成绩=平时成绩（40%）+期末成绩（60%）	

（三）基于CDIO理念的教学实践

CDIO是在2004年创立的一种全新国际工程教育理念和实施模式，代表了构思（Conceive）、设计（Design）、实现（Implement）、运作（Operate）四个阶段。该模式需要学生在"做中学"和"基于项目的教育和学习"理念中，实现基础知识、个人能力、团队能力和系统能力的提升。[①] CDIO的重要思想可归纳为以下五点：①以科研为动力，实现跨学科人才的培养；②以职业活动为导向，提供未来职业适应能力与从业能力；③以实践问题为导向，让学生在解决实践问题中提升知识和技能；④强调学生主动学习，实现知能并举；⑤凸显教、学和能力评价一体化，实现专业评价循环机制。

1. 基于CDIO理念的"网络营销"教学框架

"网络营销"是一门注重实践性与操作性的课程，不仅需要教授学生网络营销的基础理论、方法和应用工具，学会运用理论方法与工具分析已有问题并寻找最佳方案，即"学中做"；还要培养学生在网络营销实践应用中及时发现问题并创新性解决问题的能力，即"做中学"。因此，"网络营销"课程教育需要做到"学中做"与"做中学"并重。CDIO理念强调学习者对相关内容重构，进而实现理论知识基础、个人学习能力、团队协作能力和系统把握能力的综合提升。[②] 这与"网络营销"课程教育的理念也是非常一致的。基于CDIO理念，"网络营销"课程教育模式将从"构思—设计—实现—运作"四个环节进行

---

① 张妍. 基于CDIO理念的应用型本科专业课程改革的研究与实践［D］. 苏州：苏州大学，2020.
② 于航，郭亚辉，成玉梁，等. 基于CDIO现代工程教育理念"食品卫生学"课程教学改革与实践［J］. 食品与发酵工业，2021，47（18）：315-320.

设计，具体的框架如图 6 所示。

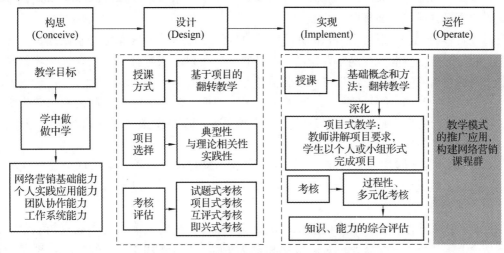

图 6 基于 CDIO 的"网络营销"课程教学体系框架

2. 构思阶段

结合 CDIO 教学大纲对应用型本科人才能力的要求及行业对网络营销人才能力的需求，"网络营销"课程会更加注重对人才的全面培养。在课程教学中，应注重将学生的"做中学"和"学中做"相结合，着重提升学生的网络营销基础与应用能力。在新媒体时代，复合型网络营销人才还应具备较好的团队协作能力，并能基于工程系统视角对企业的网络营销应用提供有益的思路和解决策略。

整体而言，基于 CDIO 的网络营销课程教育在构思阶段需要思考如何更好地激发学生的创新思维，充分调动学生学习兴趣，将"做中学"与"学中做"结合，培养与提升学生的网络营销基础、个人实践应用、团队写作和利用工程系统思维创新性解决网络营销相关领域的能力。

3. 设计阶段

鉴于传统网络营销授课中的学生参与度不高，以及课程教育实践考核不太够，本课题基于 CDIO 理念，主要从授课模式、项目选择、考核评估三方面进行网络营销的课程设计。

（1）授课模式

传统的教学模式以教师和教材为中心，进行灌输式教学，侧重对网络营销相关理论基础的讲解，缺少网络营销实践技能的训练，学生容易出现所学知识不理解、不牢固的问题，进而失去学习兴趣。

CDIO 理念下的网络营销课程教学一改传统填鸭式教学模式，从企业实际项目出发，基于课程内容提炼课程项目，提出具体的任务要求、实施条件、任务目标、任务讲解和任务完成性考核等内容。在项目的实施过程中，采用阶梯式层层递进方式提升项目的难度，提升学生学习兴趣。

（2）项目选择

由于 CDIO 理念下的网络营销课程采用基于项目的任务驱动式教学，其项目选择是否具有典型性、与理论相关性及实践的难易程度都将影响网络营销课程的授课质量。① 对此，在具体的项目选择中应凸显以下几点：

1）所选项目的典型性。任务驱动式教学的目的是帮助学生巩固理论基础知识，并培养学生的实践应用技能。在网络营销的项目选择中，可以适当选择典型行业、企业的经典案例或网络营销的实际岗位，以进一步提升学生学习兴趣。

2）所选项目与理论的相关性。源于企业实际岗位、贴近实际、与理论知识较为吻合的实践项目更具有启发性。项目与理论有一定相关性可以帮助学生将理论与实际相融合，做到知行合一。

3）所选项目实践的难易程度。所选项目实践起来的难度系数太高的话会让学生望而生畏，难度系数太低又会拉低学生的学习兴趣，弱化学生发现问题和解决问题的能力。

(3) 考核评估

传统考核方式注重课程最终的期末笔试成绩，致使学生将注意力过多放在网络营销的基础理论上，忽略了网络营销的策略应用和方法实践。基于 CDIO 理念的网络营销课程在考核中以过程性考核为主，囊括了平时考核和期末考核两部分。具体而言包括以下内容：

1）平时考核：涵盖课堂考勤（20%）、作业（30%，如随堂测试等）、课堂表现（30%，主要包括课堂讨论、小组专题汇报、案例研讨等）、课外创业实践（20%，如各类竞赛、社会调查等）。

2）期末考核：以非标准化考核形式为主（占比 60%），采取网络营销大讨论、网络营销方案推广、网络营销策划路演等多途径，充分发挥学生的主体作用。

4. 实现阶段

为了更好地贯彻 CDIO 理念，在教学的实现阶段，以项目为载体、学生为主体、教师为引导，以网络营销实践与应用的能力培养为目标，更好地推行网络营销课程教学。在该阶段，教师承担指导监督作用，基于理论知识设计网络营销的实践应用项目，并为学生讲解项目的相关注意事项和主要考核指标；学生则需要对项目内容进行分析，并以团队形式分工协作。

5. 运作阶段

在运作阶段，教师需要制定项目教学评价细则，师生根据评价细则完成相关评价。从时间上评价应该涵盖教学前、中、后，从内容上涵盖项目的理论知识、项目的完成度、项目拓展延伸等几个方面。基于具体项目的量化评价反馈，引导学生根据评价反馈，找出自己在学习中存在的问题和不足，教师也可以针对问题及时调整教学计划。课程团队也可基于"网络营销"课程教学，进一步促进营销类课程群的教学改革。

6. 教学实施案例

"网络营销"课程的第三篇为"网络营销策略"。针对该篇章的内容，我们设计了以"网络营销策略分析"为主题的实践项目，需要学生任选一个企业，针对该企业的空白市场设计一个新的产品，并为该产品制定具体的网络营销策略。

---

① 严小燕，郭珊珊，邹艳艳. 旅游电子商务课程教学改革路径探索——基于 CDIO 理念 [J]. 山西财经大学学报，2020，42（S2）：129-132.

在该项目的实践中，教师将项目实践的相关知识逐一剖解，融合本章节网络营销策略的知识中逐一讲解，让学生带着问题学习。而设计的相关匹配项目不仅可以巩固学生先前的理论知识，还可以激发学生的自我效能感、价值观，激励学生积极参与，真正成为课堂的主体。

四、研究结论与展望

（一）主要研究结论

本课题首先对应用型课程改革的相关核心概念和理论基础进行了较为认真的研究和分析；接着基于"网络营销"课程教学的现状调查剖析该课程教学中的存在问题，并进一步基于理论和实践两方面对课程的教学模式进行设计；最后从课程思政、OBE、CDIO 三个视角给出了该课程的具体实践案例，以验证其教学效果。主要结论有以下三点：

1）目前"网络营销"课程的主要问题有：教学模式不利于学生适应能力的培养、教学内容不利于学生创新能力的提升、考核方法不利于学生实际能力培养等。具体体现在三个层面：一是在学校层面，缺乏相应保障制度，项目审核指标指导性不强，课程建设分类不够精确；二是在教师层面，课程教学团队结构不合理，实践型教师偏少，教师再学习力度不够；三是在学生层面，学生对课程认知度不高，学生自我学习能力有待提高，学生更偏好实用型知识或技能而忽略了理论相关知识学习。

2）作为一门应用性和实践性较强的综合性课程，"网络营销"课程不能仅仅局限于营销案例的分享和剖析、网络营销策划书的撰写，或网络营销方法的简单应用，而应该融合杜威的活动课程理论、泰勒的课程编制原理、混合式学习理论、建构主义学习理论等教学设计理论，从理论和实践两方面进行教学的组织形式设计。具体而言，理论课程可以采用混合式教学和案例教学法，实践课程主要采用项目教学法，理论与实践的学习交替进行，通过理论和实践结合展开教学，把网络营销项目运作所需知识和技能与教学内容有机结合。

3）随着金课建设、一流课程建设、课程思政等理念的提出与不断推进，"网络营销"课程需综合采用对分、翻转课堂等多方式教学，不断挖掘课程中的思政元素，融合 OBE 和 CDIO 教学理念，从课程目标、课程内容、课程评价等多方面进行分阶段、分流程设计，真正实现"网络营销"课程由讲授到翻转的学习转变。

（二）研究特色与创新

1. 研究视角的创新

目前关于课程改革的研究较多，但应用型本科课程改革的相关研究还处于探索阶段。已有课题更侧重基于系统和整体思维对应用型本科人才培养范式研究，有关某一门课程改革的相关课题较匮乏。

本课题拟以 OBE 和 CDIO 理念为指导，对"网络营销"课程进行具体的开发和实践，从教学内容、教学方法、教学考核评价等多维度进行重组和革新，可对应用型本科的专业类课程改革研究起到一定推动作用。

2. 研究方法的创新

目前有关课程改革的研究，以定性分析为主，提出该课程改革的思路或优化路径。而本课题以"课程现状分析、课程模式设计、课程实施与反馈"为指导,提出课程模式设计,并综合对比对课程教学改革进行了定性分析,后期将进一步结合问卷调研对课程的学情和现状进行定量的综合分析,得出更为有益和综合性的结论,也对应用型本科院校其他专业类课程改革和实践提供可借鉴的思路。

(三)研究不足与展望

1. 研究不足

本课题从应用型课程教学改革的核心概念和研究理论出发对"网络营销"课程进行了具体的设计与实践,受课题组学识、能力、时间等限制以及多方面外在因素的影响,本研究存在以下不足:

1)由于时间因素的限制,本课题研究中暂未加入学期前测与学期后测的对比研究以获取更多统计数据加以分析。另外,未对基于 OBE 理念和 CDIO 理念的教学模式进行对比分析,使得结论的说服力有待进一步提升。

2)OBE 和 CDIO 视野下的专业课程设计应用于"网络营销"课程是可行的,但由于该课程的实践性较强,基于 OBE 理念的课程设计和基于 CDIO 理念的课程设计相对具有一定针对性,对于该课程设计思路与策略能否应用于不同专业的该课程中,或是否适用于其他高校的相同课程,还值得进一步研究。

2. 研究展望

教育教学改革并不是一蹴而就的,而是一个持续更新的过程。有关教学改革的理论也较多,本课题主要基于 OBE 和 CDIO 理念,以"网络营销"课程为例,进行探索和实践。由于教育活动的限制、教育活动的复杂性,以及校本特色等诸多因素的存在,在推广本课题的"网络营销"课程范式时,可能会出现结论不一致等现象。

对此,课题组后续将结合课程展开深入实践,不断增加研究深度和扩大研究广度,并及时总结研究成果。同时,进一步深入课堂,与学生直接接触,了解教学现状,关注学生个性化需求,不断完善和优化课程设计。此外,对课题研究进度进行适当调整,也会及时融入较新且有一定普适性的教学改革理论,以更好提升本课题相关研究结论的普适性。

"以学为中心"应用型人才培养模式资产评估课程群教学改革探索

郑晓燕　张志华　马彦杰　许文达　周　丹

摘　要：在应用型人才培养模式下，资产评估课程群进行了"以学为中心"的教学改革探索。在该探索中，教学团队细化了应用型人才培养的大目标，将其分成知识、能力和素养目标，进而重构了资产评估课程的教学活动。同时，教学团队分析了客观存在的学情，提出分为理论课堂和实践课堂的解决方案。在理论课堂的开展中，深刻地思考了教育学、心理学的经典理论，并切实提出解决问题的办法。在实践课堂中开展了多维导师、实践报告和产学研拓展的探索。在研究的最后，讨论了多维的考核机制，提出切忌以一张笔试试卷评价一个发展中的学习个体，认为学生的潜力是无穷的。

关键词：应用型人才；以学为中心；线上课程；混合式教学

一、资产评估课程群改革的背景

随着对教育研究的不断深入，传统的"以教师为中心"的课堂教学模式不再适应社会的发展。这种教学模式以教师为主导，学生的参与度比较少。通过相关学者的调查发现，人们在获取知识的过程中，仅仅通过视听，知识不容易在大脑里留下深刻印象。而相关知识在传授过程中，学生的积极参与可以提高学生接受知识的效果。教育部发布的《关于一流本科课程建设的实施意见》指出，"课程是人才培养的核心要素，课程质量直接决定人才培养质量"。为贯彻落实习近平总书记关于教育的重要论述和全国教育大会精神，落实新时代全国高等学校本科教育工作会议要求，必须深化教育教学改革，必须把教学改革成果落实到课程建设上。根据国家相关政策精神，顺应时代发展，利用信息化技术手段，开展多元化的线上与线下相结合的课堂，同时要从"以教师为主导"的教学模式转变为"以学生为主导"的教学模式，学生才是课堂教学的主人。教师在整个课堂中起着引导者和指导者的作用，提高学生的学习主动性，使学生由被动填鸭式的学习转为主动创新的学习，达到人才培养的目标，提高人才培养的素质。

二、资产评估课程群改革的现状及分析

（一）现状

1. 课程群的基本概况

资产评估是一门系统介绍资产评估理论和方法的课程，内容包括总论（资产评估的一

一般概念和基本理论)、资产评估的基本方法（市场法、成本法和收益法）、单项资产评估（机器设备评估、不动产评估、无形资产评估、企业价值评估）等。本课程的特点是理论性与实践性兼并，尤其注重实务操作的讲解，力图使学生在学完本课程后，具有初步的评估素养和能力。本课程的先修课程是经济学、会计学和财务管理等。由于本课程具有实务操作性强、计算多、涉及知识面广等特点，因此，在教学中应针对学生的具体知识水平和能力，做到教学内容能与学生先前所学的知识结合，以课堂讨论、作业、案例分析的形式加深学生对本课程的基本理论与基本方法的理解和掌握。

结合该专业课程一般的共识，经过本教学团队的多次讨论，资产评估课程群涵盖了以下课程，包括资产评估基础、资产评估学及其相应的实训课。这类课程均是基于资产评估这一核心内容，针对不同的受众群体衍生的课程安排。因此，关于该课程群的探索适用于以上课程，课改的影响幅度较广，实用性较强。

对于资产评估专业的学生群体，资产评估是核心基础必修课，是资产评估专业学生学习的重中之重。本课程在对资产评估的理论、概念等进行系统介绍的基础上，着重对评估基本方法进行重点介绍。本课程的特点是，理论性与实践性兼并，尤其注重实务操作的讲解，力图使学生在学完本课程后，具有初步的实践操作能力。

对于非资产评估专业，本课程属于普通高等学校经济学类、工商管理类、管理科学与工程类专业本科生选修课程，是为了拓展学生的专业知识广度，培养学生运用基本理论知识的能力，增强学生专业功底及基本技能而开设的课程。课程教学目的在于，学生能够将本课程内容与以前所学的会计学、财务管理学，以及经济管理基础知识联系起来，具备从事资产评估工作的基本素质。通过本课程的学习，学生对资产评估的基本概念、理论、评估方法有较全面而深入的掌握，并且能够独立地进行案例分析，完成简单的资产评估项目，具有正确的评估思维。因此，本课程的开设不但拓展了资产评估知识，也巩固了以往的先修课程，使它们有机地联合在一起，学生的专业能力得到了极大的提升。

课程群的建设对于资产评估专业及资产评估课程来说至关重要，可以说课程的教学成功了，资产评估专业学生的培养也完成了大部分工作，因此有必要投入一定的师资力量严抓资产评估课程群的建设。

2. 课程群的实施对象

通过对以上课程的界定，资产评估课程群根据基本课程和衍生课程，其受众有不同的群体。

（1）资产评估专业学生

资产评估专业学生涵盖了大一到大四的学生，对于具体不同的科目，受众所在年级不一样。"资产评估基础"的受众是大一学生。大一学生的课堂参与互动的欲望和积极性比大二、大三、大四的学生要强得多，学习态度端正，学习热情很高，课堂互动活跃，为课程教学改革的推行奠定了基础。

（2）非评估专业学生

"资产评估学"的受众则是金融工程、投资学、会计学等财经类专业学生。该课程一般安排在大四上学期，或者大三下学期。此时，学生已经临近毕业，对自己的规划较为清晰，目的性强，有独到的个人见解，这和资产评估专业课程的受众群体差异较大。

3. 课程群的特点

虽然资产评估课程群涵盖了"资产评估基础、资产评估学"等不同课程，但是该类课程都有以下特点：

(1) 应用性课程特性

该类课程都是应用性课程。资产评估，不管是单项资产评估，还是评估基础或总论，其目的都是讲述如何进行资产评估，最终呈现的工作结果是编制专业的评估报告，也以学生是否会编制资产评估报告为唯一的教学要求，课程的应用性强、实操性强。

(2) 考证类课程特性

资产评估课程涉及的专业证书有资产评估师和房地产估价师。

对于资产评估师，大四的学生就可以报名，考4门课，成绩4年内有效，成绩有效期周期比较长。相对于注册会计师来讲，资产评估师的难度还是低很多，本科阶段的学生通过努力可以将这个含金量比较高的证书攻克下来，这对于学生未来的工作发展具有重要的作用，能提高学生就业的竞争力，有利于学生找到一份满意的工作。

房地产估价师主要是对房地产进行估值，是比较专业的工作。就中国目前的市场状况来说，房地产是价值高的资产，如果估价不准确，会给企业或者个人带来较大的损失。因此，房地产估价是非常重要而有价值的工作。

资产评估课程群涉及了以上两个证书的考证科目，因此为考证类课程，以考证为导向。

而考证课程有很鲜明的特点，就是知识点繁多、计算量大，特别是该课程群涉及了两个专业证书，庞大的知识量对于教学的开展是很大的考验。

(3) 跨专业跨学科知识特性

资产评估课程群的课程不但涉及的知识点繁多，计算量大，而且所考核的知识综合程度高，呈现跨专业跨学科特点。在评估的过程中，所使用的知识点不仅仅是评估知识本身，还包括许多会计类、财务管理类、经济类和统计类知识。因此该门课程的开设必须以财务会计、财务管理、经济学和统计学等课程为基础，知识体系较大，对学生要求较高，学生必须熟练掌握先修课程，才有可能做到对该门课程融会贯通。

(二) 分析

资产评估类课程的传统教学模式以教师讲授为主，同时结合板书、PPT等教学方式完成知识的传授。教师在课堂上完全处于主导地位，学生处于一种被动的学习状态，填鸭式教学导致学生学习兴趣不高。教学主要存在以下问题：第一，传统教学模式效率较低，效果较差；第二，对于传统教学模式，学生学习兴趣缺乏；第三，知识点难度大；第四，知识点繁多而散乱；第五，学生注意力难以坚持。

通过上述分析，可知与传统的课堂教学模式相比，"以学为中心"的教学模式更加适应当代社会的发展，学生可以更好地内化知识、掌握知识，成为学习的主人，而不再是被动地接受学习。本项目以资产评估专业的核心课程"资产评估"为教学实践，研究"以学为中心"课堂改革的方法、路径和思路等，并为学院其他考证课程的教学改革提供一定的参考。

总而言之，以往课程没有体现"以学为中心"，教学效果不甚理想，未能达到预定教学目标，人才培养差强人意。针对以上大环境和课程存在的问题，课程组提出课程教学改革技术路线，如图1所示。

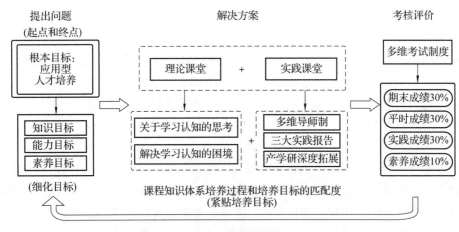

图1 课程教学改革技术路线

三、资产评估课程群改革的目标

著名教育学家拉尔夫·泰勒在其经典教育学著作《课程与教学的基本原理》里，提出了学校应力求达到何种教育目标？这个提问值得每一个教育者深思。

（一）改革的根本目标

教育部明确提出，要引导一批本科高校向应用技术类高校转型。国务院印发的《国务院关于加快发展现代职业教育的决定》（以下简称《决定》），要求全面部署加快发展现代职业教育。《决定》明确了加快发展现代职业教育的指导思想、基本原则、目标任务和政策措施，提出"形成适应发展需求、产教深度融合、中职高职衔接、职业教育与普通教育相互沟通，体现终身教育理念，具有中国特色、世界水平的现代职业教育体系"。培养应用型人才是这类学校的重点首要任务。在国家的号召下，我校也在应用型人才培养上努力探索。

那何谓应用型人才？应用型人才是相对于纯理论研究而言的人才。比如，统计学这门学科，分为数理统计和应用统计，数理统计方向主要是对数理统计理论进行研究，需要比较扎实的数学功底，而应用统计主要是直接应用统计理论或者利用模型解决实际问题。通过对比可以分析出，应用型人才能够较好地解决实际问题，更快地创造社会价值。因此，除了严抓学生的理论知识，由于学生的动手能力对标毕业后的工作实践能力，所以这项能力的培养也绝不可忽视。

产教融合是应用型人才培养工作的关键，具体体现为将应用型人才培养目标引入课程改革，这是整个课程改革工作的重中之重。以应用为导向的课程规划设置起了决定性的作用。根据目标导向，有必要重新思考审视人才培养方案及课程安排，进而重构具体的教学内容。争取和用人单位联合培养人才，举办校企合作协同育人，让我们的课程在校园里的理论讲授环节也能和实际应用接轨。

（二）改革的具体目标

在具体改革中，我们有必要将应用型人才培养的大目标体系细化为各个小目标。经课程群教学组和专业带头人的共同探讨，认为应用型作为一个共性理念，具体到教学培养过程中可分为以下几方面：

1. 知识目标

第一，理解和记忆资产评估概论的专有名词、概念。

第二，理解和应用资产评估基本方法，对评估报告进行解读。

资产评估知识目标陈列表如表1所示。

表1　资产评估知识目标陈列表

	具体能力
资产评估知识目标陈列	1. 理解和熟悉资产评估的基础概念 2. 掌握资产评估基本方法 3. 掌握机器设备评估 4. 掌握不动产评估 5. 掌握流动资产评估 6. 掌握无形资产评估 7. 熟悉企业价值评估 8. 掌握评估方法的选择和解读

2. 能力目标

第一，能运用资产评估知识进行评估案例的分析和评价。

第二，能创造性地提出有效解决评估实践问题的思路和方案。

第三，能基于资产评估知识开展研究性学习，提升评估报告的汇报展示与方案呈现能力。

资产评估能力目标陈列表如表2所示。

表2　资产评估能力目标陈列表

专业能力	社会能力	方法能力
1. 能正确评估机电设备价值 2. 能正确评估长期投资资产 3. 能正确评估流动资产 4. 能正确评估无形资产 5. 能正确评估整体资产 6. 能对实际评估项目制定合理的评估程序 7. 能对实际评估项目进行价格影响分析 8. 能对实际评估项目进行评估方法的选择、分析和计算	1. 有强烈的事业心、高度的责任感和正直的品质 2. 讲诚信，遵守职业道德与法规 3. 具有团队合作精神 4. 思维严谨，工作踏实，勤奋努力 5. 有良好的沟通协调能力，有较好的语言表达能力 6. 自学能力 7. 服务意识 8. 开拓创新能力 9. 政策与法规的理解和利用能力 10. 创业能力 11. 应变能力 12. 吃苦耐劳	1. 理解工作任务的能力 2. 制订工作计划的能力 3. 解决实际问题的能力 4. 自主学习新技术的能力 5. 数据分析与处理能力 6. 总结工作结果的能力 7. 创新能力 8. 组织协调能力

3. 素养目标

第一，培养承担社会责任、以人为本的价值观和商业伦理精神。

第二，培养运用评估思维识别问题、分析问题和解决问题的专业素养。

第三，培养学生评估和专业核心课程的多学科融合能力，训练立体的知识结构和形成综合人才。

4. 审视专业课程体系与毕业核心能力的支撑度

专业建设归根结底，落脚点在于课程的建设，而课程建设不可脱离人才培养和知识目标。知识目标虽然只是以上目标体系中的一环，但是对于人才培养的落地举足轻重，教学团队应时刻审视人才培养知识目标体系，认真把关具体内容，构建完善的专业体系。

课程体系与毕业要求的支撑关系可以体现课程设计的科学性，是课程责任人制定教学大纲的依据，是教师设计教学内容、教学方法、考核方式、内容和评分标准的依据，也是判定课程目标达成情况的依据。资产评估专业以人才培养目标和对毕业生的基本能力素质要求为基础，通过教学研讨等活动组织全体教师共同学习和理解应用型人才培养有关理念，研究毕业要求及细分的观测点与课程的支撑关系，针对每一个毕业要求观测点，进行课程配置，并确保各课程的教学目标与毕业能力要求相关联。在此基础上，经过课程组教师共同讨论，确定能有效支持毕业要求达成的课程目标、教学内容、教学方法以及考核方式。

在审视专业课程体系与毕业核心能力的过程中，应注意课程安排的几个要点：

第一，应以符合市场人才的需求为导向。例如，加入 Python 等数据应用软件的学习，舍弃一些过于陈旧的数据处理工具。

第二，注意专业课程体系与毕业核心能力的支撑关系。

第三，符合现代人的持续发展理念。

第四，评价效果与时俱进。

社会发展日新月异，人才培养方案也应时刻思考是否能适应时代的发展。当然，时刻审视我们的目标并且调整方案，并不意味着以往的教学计划就是错误的，反而是对变化的外部环境的最佳应对策略。

四、资产评估课程改革的内容

在《课程与教学的基本原理》中，教育家拉尔夫·泰勒提出了教育者应如何帮助实现已定的教育目标。在具体实践中，这个环节就体现在教育组织者的课程传输中，也就是如何利用更高效的教学方法开展教学活动。

（一）理念模式

根据应用型人才培养的目标导向，结合校企合作创建产学研结合的资产评估课程培育模式，开展真正的产教融合。

对于广义的课堂，应该理解为理论与实践两部分。根据以上教学目标和学情分析，课程组进行了教学活动设计，教学设计路线如图 2 所示。

"以学为中心"应用型人才培养模式资产评估课程群教学改革探索

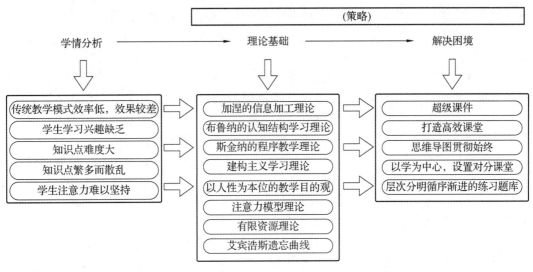

图 2 教学设计路线

(二) 应用型人才培养的理论课堂

教学的主要目的是学生是否达到学习目标,特别是在"以学为中心"的理念下,一切教学活动均是围绕学生服务。但是学生怎样才能更有效率地达成教学目标,我们有必要探究学习认知的机制和了解学习认知的困境。只有符合人类认知模式的教学才是最有效率的教学。美国教育技术专家巴巴拉·西尔斯和丽塔·里齐均说:"教学设计深深地植根于学习认知理论。"

1. 教育学关于学习的著名理论

学习理论在发展过程中,对教学设计影响最大的莫过于行为主义、联结-认知主义和建构主义三种。这三种学习理论,是划分三代教学设计并指导其发展的理论界标。从传统的角度看,行为主义的观点在教学设计的应用中占据支配地位。今天,这一领域强调认知心理学的应用,同时有很多人把建构主义作为进一步的指导原则。

教育学领域关于学习的著名理论有以下几种:

(1) 加涅的信息加工理论

1974年,加涅利用计算机模拟的思想,利用当代认知心理学的信息加工观点来解释学习过程,展示了学习过程中的信息流程,并且提出了学习和记忆的信息加工模型。

加涅认为,任何一个教学传播系统都是由"信源"发布"消息",编码处理后通过"信道"进行传递,再经过译码处理,还原为"消息",被"信宿"接收。该模型呈现了人类学习的内部结构及每一结构所完成的加工过程,是对影响学习效果的教学资源重新合理配置、调整的一种序列化结构。

后来,加涅在对学习活动进一步分析的基础上,又把与学习过程有关的教学划分为以下八个阶段:

一是动机阶段。所谓动机,就是使学生明白学习的意义,学习是为了提升自己的能力,将来回报国家和家人。

二是了解阶段。了解阶段是一个相互的过程,教室在上课之前需要了解学生的学习背景。他们的先修知识有哪些?与将要开展的课程联系有多大?同时学生也应该对将要开展的课程有一定了解，如这门课学习之后对未来的学习和工作有什么作用。

三是获得阶段。教师通过开展教学活动把知识传授给学生，学生通过授课获得知识。在这个过程中，教师采用不同的教学方式，学生获得知识的效果是不一样的。

四是保持阶段。在学生获得知识过程中，有的知识给学生留下深刻的印象，或者教师通过不断重复的方式，让学生把这些知识牢牢地记在脑海里面。比如，在正式上专业课程之前，教师将一个令人感动的抗疫故事引入课堂，学生们都深深地被故事感动了，留下了深刻的印象，即使下课了，还能够把这个故事分享给身边的朋友。

五是回忆阶段。因为人们的记忆力是有限的，人们在接受知识之后，不可能记得教师讲授的所有知识。通过相关知识的调查，大部分人刚刚上完课之后还会记得70%左右，随着时间的推移，能够记起来的部分会越来越少，所以需要不断地加强记忆和运用，这样才能把所讲授的知识牢牢掌握，并内化为自己的知识进行运用。

六是概括阶段。在此阶段，教师提供情境，使学生学到的知识和技能以新颖的方式迁移，并提供线索，以应用于以前不曾遇到的情境。

七是作业阶段。在此阶段中，教学的大部分活动是提供应用知识的时机，使学生显示出学习的效果，并为下阶段的反馈做好准备。

八是反馈阶段。在此阶段中，学生关心的是他的作业达到或接近他的预期标准的程度。如果学生能够得到完成预期证实的反馈信息，对强化学习过程将有很大的影响。

（2）布鲁纳的认知结构学习理论

布鲁纳在教育心理学方面做出了极大贡献，曾有媒体评价他"也许是自杜威以来第一个能够对学者和教育家谈论智育的人"，这足以看出布鲁纳在学术界的崇高威望。

布鲁纳反复强调认知结构对外的张力，认为认知结构是个体拿来认识周围世界的工具，它可以在不断的使用中自发地完善起来。学校的教学工作主要是帮助学生掌握基础学科的知识，并以此为同化点来完成对知识结构的更新，促使学生运用新的认知结构来完成对周围世界的感知，这就是有机体智慧生长的过程。因此，布鲁纳主张教给学生学科的基本结构，主要是让学生掌握概括性程度更高的概念或一般原理，以有利于后继新知识的同化和顺应。

布鲁纳同时提倡有效学习方法的形成。在布鲁纳看来，人类具有对不同事物进行分类的能力。人的学习其实就是按照知识的不同类别把刚学习的内容纳入以前学习所形成的心理框架（或现实的模式），有效地形成学习者知识体系的过程。布鲁纳认为，人类的知觉过程也就是对客观事物不断进行归类的过程。所以，他提倡教师在帮助学生学习的过程中，不仅要提供必要的信息，而且要教会学生掌握并综合运用对客观事物归类的方法。

此外，布鲁纳主张学生的发现学习。所谓发现是指学习者独自遵循他自己特有的认识程序亲自获取知识的一切方式。布鲁纳反复强调，教学是要促进学生智慧或认知的生长，他认为，教育工作者的任务是要把知识转换成一种适应正在发展着的学生的形式，以表征系统发展的顺序，并以此作为教学设计的模式。由此，他提倡教师在教学中要使用发现学习的方法，学习的实质是主动形成认知结构。

（3）斯金纳的程序教学理论

斯金纳认为程序学习的关键是编制出好的程序，为此他提出了编制程序的五个基本原理：

一是小步子原则。把学习的整体内容分解成许多小的片段，这些片段知识按照难度和逻辑逐渐增加排成序列，使学生循序渐进地学习。

二是经过强化的行为趋向于重复发生。所谓强化因素就是会使某种行为在将来重复发生的可能性增加的任何一种"后果"。例如，当某种行为的后果是受人称赞时，就增加了这种行为重复发生的可能性。

三是依照强化对象的不同采用不同的强化措施。人们的年龄、性别、职业、学历、经历不同，需要就不同，强化方式也应不一样。如，有的人更重视物质奖励，有的人更重视精神奖励，就应区分情况，采用不同的强化措施。

四是及时强化反馈原则。所谓及时强化反馈就是通过某种形式和途径，及时将工作结果告诉行动者。要取得最好的激励效果，就应该在行为发生以后尽快采取适当的强化方法。一个人在实施了某种行为以后，即使只是领导者表示"已注意到这种行为"这样简单的反馈，也能起到正强化的作用。

五是正强化比负强化更有效。所以，在强化手段的运用上，应以正强化为主；同时，必要时也要对坏的行为施以惩罚，做到奖惩结合。

（4）建构主义的学习理论

随着计算机和网络教育应用的飞速发展，教育心理学正在发生着一场革命，人们对它的叫法不一，但更多地把它称为建构主义的学习理论。在建构主义里，教师的角色应该是学生建构知识的忠实支持者、学生学习的高级伙伴或合作者。所谓忠实支持者，是指教师应该学会尊重学生思想、建议、兴趣等，而且教师应该认真思考每位学生不同的个性，针对不同的个性开展不同培养方式，而不是像传统的教学方式，只是一味地进行输入，而没有反馈，或者对于反馈不进行鉴别和思考。所谓学生学习的高级伙伴或合作者，是指教师与学生之间关系的转变，这种关系更加趋于双方之间的平等，双方建立更多的信任关系，有问题及时提出来，不要互相抱怨，或者不及时解决。高级的合作关系是双方互相信任，共同努力，共同进步。

教师要成为学生建构知识的积极帮助者和引导者，其实这对教师的要求比传统教学要高很多。传统教学教师的身份是"传道受业解惑"，这些问题可能是基于书本上的，教师比较容易找到参考答案。而新的教学模式，教师是积极帮助者和引导者，这对于授课知识无论在深度和广度上要求都高了很多，否则当学生提问的时候，教师无法回答，就可能造成比较尴尬的局面。从另一个角度说，这也是教师身份的转变。在这种模式下，教师和学生的身份更加趋于平等，教师对学生在学习过程中遇到的困难提供帮助，用合适的方法引导学生自主学习，提高创新能力，让学生成为学习的主人，养成良好的学习习惯，培养终身学习的意识。

（5）以人性为本位的教学目的观

马斯洛指出，学习的本质是发展人的潜能，尤其是那种成为一个完整的人的潜能。学习要在满足人最基本需要的基础上，强调学习者自我实现需要的发展；人的社会化过程与个性化过程是完全统一的。因而，许多人本主义教育家认为，教育的根本目标是帮助发展人的个体性，帮助学生认识到他们自己是独特的人并最终帮助学生实现其潜能。人本主义者强调，学校教师在教学中应重点帮助学生明确学习目标和学习内容，创设能促进学生学习的良好心理氛围，保证学生在充满满足感、安全感的情境中，通过教师安排的合适的学习活动，发现学习内容的价值、意义，使学生成为充分发展的人。

人本主义认为，在教学过程中，应以"学生为中心"，这是其"自我实现"教育目的的必然产物。教学以学生为中心，让学生成为学习的真正主体。人本主义强调，在教育教学过程中应重视对学生的认知、情感、兴趣、动机、潜能等内心世界的研究，尊重每个学生的独立人格，保护学生的自尊心，帮助每个学生充分挖掘自身潜能、发展个性和实现自身的价值，并力图证明外部的学习要求与每个人具有的生长趋势是一致的。同时认为每个人具有先天性的友爱、求知和创造等潜能。这些潜能必须发挥出来，人的自我实现则是人的潜能不断得到发挥的一种动态的、形成性的过程。教育的主要功能是创造最好的条件促使每个人达到他所能及的最佳状态，帮助个体发现与他的真正自我更加协调的学习内容和方法，提供一种良好的促进学习和成长的气氛。因而，教师在教学过程中尤其要重视学生的情感体验，设身处地地从学生的角度去理解学习过程和学习内容，帮助学生了解学习的意义，建立学习内容与学生个人之间的联系，指导学生在一定的范围内自行选择学习的材料，激发学生的学习倾向，培养学生自发、自觉的学习习惯，实现真正意义上的学习。

（6）认知心理学关于学习的著名理论

1）注意力模型理论。注意力模型最近几年在深度学习的各个领域都被广泛使用，无论是在图像处理、语音识别还是自然语言处理的各种不同类型的任务中，都很容易看到注意力模型的身影。了解注意力机制的工作原理对于关注深度学习技术发展的研究者来说有很大的必要。注意力机制源于对人类视觉的研究。在认知科学中，由于信息处理的瓶颈，人类会选择性地关注所有信息中的一部分，同时忽略其他的可见信息，这种机制通常被称为注意力机制。人类视网膜不同的部位具有不同程度的信息处理能力，即敏锐度。只有视网膜中央凹部位具有最强的敏锐度。为了合理利用有限的视觉信息处理资源，人类需要选择视觉区域中的特定部分，然后集中关注它。例如，人们在阅读时，通常只有少量要被读取的词会被关注和处理。因此，注意力机制主要有两个方面：决定需要关注输入的哪一部分；分配有限的信息处理资源给这一重要部分。认识注意力模型机制对教学的实践也大有裨益。

2）有限资源理论。认知心理学家丹尔尼·卡内曼认为，个体的专注力容量是有限的。以有限的认知资源处理信息，越复杂越需要更多的认知资源，当认知资源被用光，如果出现另一个刺激时，大脑则无法处理。

3）艾宾浩斯遗忘曲线。遗忘曲线由德国心理学家艾宾浩斯研究发现，描述了人类大脑对新事物遗忘的规律。根据人体大脑对新事物遗忘的循序渐进的直观描述，人们可以从遗忘曲线中掌握遗忘规律并加以利用，从而提升自我记忆能力。该曲线对人类记忆认知研究产生了重大影响。

2. 解决学习认知的困境

课程改革一直是教育界的热门课题，前人也对该领域提出了很多有益的思路，例如BOPPPS、对分课堂、项目教学法和情景教学法等。在对教学对象进行学情分析后，结合教育学和认知心理学的理论支撑，根据本课程的特殊性，课程团队开展教学改革工作。教学团队探索着如何解决学习认知的困境，打造经得起打磨的应用型理论"金课"。

（1）建设超级课件

课件是多媒体教学设备下对于教学资料的统称，但狭义情况下专指教学PPT。超级课件是指集合课程教学团队力量建立一个最优化、最高效的课件，甚至精益求精地、极致地优化教学安排，使学习受众能在最短的时间里最深刻地掌握尽可能多的知识点。

超级课件理念受启于学而思教育和衡水中学教研理念。主攻数学的培优教育，统一由中心总部的教研团队设计和开发课程。集团内部集齐所有精英力量研发一个统一的教学课件，可谓精益求精。衡水中学的教师团队深耕教学知识点，优化讲解方案，集体进行教研活动。集中团队力量对教学课件进行精益求精的优化很有必要，这不依赖于多么先进的教学设备或多么新鲜的教育理念，甚至它还有点传统。但是不断改进、不断优化的教学安排对于课程设计，特别是对于知识点繁多、知识难度大的课程却是永不过时的。

超级课件可谓最强大的教辅资料，应由教学团队共同商量，群策群力，共同打造。

另外，由于"资产评估"课程的小众性，很多教材或教辅资料并没有得到一致的认可，关于知识点的表述值得商榷。因此，"资产评估"课程很依赖教师和教师团队的教学经验和评估实践经验。并且大多数考证教材和目前在校生的能力不吻合，如果直接照搬官方的考证教材资料学生感觉很吃力。我们应因地制宜地编制合适的辅助资料。

（2）打造高效课堂

财经学院开设的专业涵盖了许多考证课程，其中资产评估就是资产评估师考证的核心内容之一。考证课都有知识点繁多、理解难度大的问题，学生也深感学习压力大。因此，教师很有必要优化教学安排，使学生在最短的时间内最深刻地掌握尽可能多的知识点，打造一个高效的课堂。而打造这个高效课堂依赖于一系列的策略。

利用思维导图法高效教学，数字平台监管每一个课程受众，手机变成答题器。将所有的资料上传整理到数字化平台，并且利用该平台开展教学活动，不但深受学生欢迎，而且也会提高教学的监管效率。学生手中的手机不再是违禁品而是教学活动必备的答题器。

对于教学活动数字化，我们课程教学团队已经积累了不少研究成果。例如，团队负责人郑晓燕老师已经申请了"资产评估"在线课程，并且目前团队已经着手超级课件的建设。超级课件一旦完成就可以进入在线课程的录制。在线课程对于整个课程的数字化建设无疑是关键的。

（3）思维导图贯彻始终

认知心理学家布鲁纳的认知结构学习理论强调学科基本结构的掌握。布鲁纳强调，"不论我们选教什么学科，务必使学生理解该学科的基本结构"。教学的目的是理解各门学科的基本结构。学习就是在原有认知结构的基础上，经内部认知活动而扩大原有认知结构或形成新的认知结构的过程。

思维导图是高质量概括知识结构的图形。思维导图对于知识点繁多的课程体系非常有必要。它用简要的语言和图把各个知识点串联起来，不但有利于学生把握知识整体体系，而且还利于学习的记忆。因此在授课环节应尽可能多地使用思维导图引入和回顾知识点，使学生不断得到刺激，高效掌握知识点。并且，用思维导图法可以杜绝学生盲目陷入知识学习的误区。

此外，思维导图还能够不断提醒以往所学知识，考虑了记忆的遗忘曲线，提高了记忆的留存率。

（4）以学为中心，全程设置对分课堂

"以学为中心"不但是广东科技学院教学改革的大趋势，也是全国教学改革的大趋势。我们不再是传统教学——教师"一言堂""满堂灌"的模式，教学活动应该站在学生角度安排和优化。具体来说，学生的参与度要大，特别体现在学生动脑程度的深入方面。被动学习只会让学生产生厌学心理，主动学习、代入感地学习才最有效率。

但是对于考证类课程,如果大量时间安排给学生分组进行项目活动,再讲述总结,则难以完成考证课程的教学目标。因此课堂教学团队采用对分课堂模式,讲解了知识点后安排学生配套练习,而且练习的时间基本达到1∶1的比例。

(5)精选练习,形成层次分明循序渐进的练习题库

根据以上课程实践设置了对分课堂,安排了1∶1的练习时间,但是课堂时间也是有限的,因此练习题目应该优中选优。练习题应该涵盖所述的知识点并且有所拓展,难度也应形成层次分明的递进关系。从题量上,一般一个知识点配置两个左右练习,而且两个练习目的应不一样,第一个练习目的是理解知识点,第二个练习目的是掌握知识点。让学生通过多个练习一步步地掌握知识,完成教学目标。

资产评估课程教学团队将每堂课的设计分为三大环节:课前+课中+课后。课前在超星学习通创建在线课程,每周给学生布置下周线上学习任务,引导学生提前预习。课中在超星平台,利用团队建设的超级课件重点讲述知识点,再以1∶1的时间给每一个知识点配置两道左右练习题进行训练。练习题的选择注重层次分明循序渐进,练习一的学习目标是理解知识点,练习二的学习目标是掌握知识点,通俗地讲就是不用看书也能完成练习。课后以录制的线上微课视频供学生回放巩固知识点。其课堂设计展示如表3所示。

表3 "以学为中心"课堂设计(以对分课堂模式为例)

课前		线上微课视频——预习	
课中	前5分钟	回顾上次课知识点	
		思维导图引入,目标学习法	
	重点	利用超级课件讲解知识点①	练习一——理解知识点
			练习二——掌握知识点
		利用超级课件讲解知识点②	练习一——理解知识点
			练习二——掌握知识点
		利用超级课件讲解知识点③	练习一——理解知识点
			练习二——掌握知识点
		利用超级课件讲解知识点④	练习或专题讨论
		……	……
	后5分钟	总结本次课知识点	
		思维导图强化总的知识体系	
课后		线上微课视频——回放巩固	

(三)应用型人才培养的实践课堂

应用型人才更加注重实践动手能力,强调理论和实践相结合。本课程应以资产评估过程为主线,参照专业评估人员的职业资格标准,体现基于职业岗位分析和具体工作过程的课程设计理念。课程教学充分体现理论实践结合、任务驱动、项目导向的教学模式,突出学生职业能力的培养及职业素质的养成,增强学生的岗位适应能力,实现毕业与上岗零过渡。培养方向应以面向工作过程、就业为导向,具体应注意以下三点:

1. 强调三大评估报告实践的重要性

资产评估专业的实践不同于其他专业。同是经管大类的会计专业，实践就是用相关软件记账，制作会计报表，评估专业的工作成果则是制作评估报告。然而评估实践更多的是依赖评估人员专业的知识体系和独到的眼光。因此传统的整周实训可以改成调研实训课，以便编制完整的实训报告。并且根据评估对象的不同，可以设置三类资产评估报告作为考核内容——项目价值评估、房地产价值评估和企业价值评估。

这三类评估报告的制作，可以根据实践安排，和校企合作单位联合举办调研实训周以保证学生完成。例如，项目价值评估可以开展学校的项目评比"我心目中的奶茶店"，房地产评估则和评估事务所联合编制"××房地产评估"，企业价值评估则需要完成"××企业价值评估"，并且评估报告可以选择作为工作成果保存起来展示。

2. 建立多维导师制，联合打造应用型人才

应用型人才培养下的课堂实质上是理论课堂+实践课堂的结合，学生的培养目标也是多维知识体系的综合。面对这样的高要求，单一教师很难满足这样的教学目标。因此同一学生同一知识课程也应开展$1+n$的多维导师制，以延长课堂线和知识面。具体可设置专业导师、企业导师和思政导师等多维导师制，多方一起打造立体的应用型人才。

3. 产学研深度拓展，建设产教融合平台

应用型人才比以往的人才培养更侧重动手能力，而最好的实践平台非企业莫属。因此学校完成理论教学后，应搭建校企合作培养平台，融合产学研进行深度拓展，把学生放置于企业中面对市场要求，尽早打造过硬的实践能力，避免学生毕业就直接面对社会、面对市场的阵痛。不但如此，学校随着影响力加大，还可以和地方政府合作，开展和建立二手房地产评估交易数据库，为地方二手房市场交易定价提供客观的参考。

以房地产评估为例，在完成了理论学习之后，将安排为期两周的实训周对标实际的房地产评估报告，联合执业的房地评估师来训练学生的业务能力。

房地产评估价值在二手房的交易里起了关键作用，无论是从购买者还是从政府角度，合理客观地评定房地产价值至关重要，因此，房地产评估工作意义重大。带领学生提前进入市场，接触真实的社会环境，不但能培养学生较强的业务能力，也能为区域经济发展做出贡献。

五、资产评估课程群的思政教育

在课程教学中融入思政元素，有目的、有计划、有技巧地以潜移默化的方式将社会主义核心价值观体现在教书育人的过程中，帮助学生更客观、全面地认识和理解世界，树立正确的世界观、人生观和价值观，使德育与智育有机结合与统一。将思想政治教育融入课程学习，不但使学生更好地掌握评估学理论，而且能实现知识传授和价值引领的有机统一。

根据应用型人才培养方案的素质目标，课程教学应融入思政元素。资产评估课程教学团队坚决拥护思政进课堂，因此团队计划每月均举行一次思政教育，一次15分钟左右。具体的思政案例体现在具体课件的单元设计中。

六、资产评估课程群改革的考核评价

在教育学经典《课程与教学的基本原理》里,如何评估学习组织的有效性,是拉尔夫·泰勒提出的最后一个命题。应用型人才培养强调了多种能力的结合,人才培养既要考核理论又要考核实践动手能力,既要考核专业能力又要考核思想素质,既要在短期内给出成绩又不能忽略学生的后续发展潜力,因此考核也应该是多维的过程性考核制度。

(一)多维考核制度

课程教学团队认为,评价考核应由四部分组成:期末考试、平时成绩、实践成绩和素养成绩。而且每一环节都可分解为具体的考核点,每一考核点都有完善的考核标准支撑。在评价过程中,切忌以一张笔试试卷评价一个发展中的学习个体。

多维考核制度表如表4所示。

表4 多维考核制度表

成绩	期末成绩	平时成绩	实践成绩	素养成绩
占比	30%	30%	30%	10%

1. 期末成绩(30%)

期末成绩即传统的试卷考核,占学生总成绩的30%。从知识方面进行考核,分为客观题和主观题两种类型,各占50%。客观题包括单项选择题、多项选择题和判断题,主要是对基础知识和基本理论进行考核。主观题包括计算题和案例分析题,主要是对分析问题、解决问题的实际应用能力进行考核。在课程改革过程中,各题型的具体分配比例还会根据情况变化而适当进行调整。

2. 平时成绩(30%)

平时成绩更加侧重过程考核,占学生总成绩30%。考核过程又可细分为以下几方面:

(1)考勤

考勤占平时成绩的40%。考勤利用超星学习通平台进行签到并且做好记录,期末一次性导出。根据实际出勤数与总应出勤数之比得到出勤的实际成绩,并对迟到、事假、病假等进行扣分。

(2)作业

作业占平时成绩的30%。作业成绩由作业或随堂(单元)小测组成,其中作业又根据提交时间和完成质量进行打分,随堂小测由超星学习通平台自动批改生成分数构成。每次作业或随堂小测按照满分100分来计分,以平均分乘以权重作为最后的作业成绩。

(3)课堂表现

课堂表现占平时成绩的30%。课堂表现由课堂提问、抢答、案例讨论、话题讨论、精神面貌、学习态度、课堂互动的参与度和正确度组成,根据课堂互动参与的情况综合评定。

3. 实践成绩(30%)

作为应用型人才培养,实践考核必不可少,占学生总成绩的30%。该部分由实践导师根据实践工作——三大评估报告的编制质量评定。

4. 素养成绩(10%)

素养成绩对标应用型人才培养目标里的素养目标。和学生接触更多,更了解学生的人应该是辅导员,同时辅导员也可以是学生的思政导师,该部分成绩可以由思政导师评定。

(二)学生学习成果评分标准量规

考核是一项长期的工作,学生不可能一蹴而就,也不可能每个项目都是完美的,课程组对于学习成果给出了评分标准量表,如表5所示。

表5 学习成果评分标准量表

成果	标准			
	不达标 (0~59分)	基本达标 (60~70分)	达标 (71~84分)	优秀 (85~100分)
知识掌握和理解	对资产评估理论知识理解和掌握较差,表述错误较多	对资产评估理论知识理解和掌握较好,表述有部分错误	对资产评估理论知识理解和掌握很好,表述错误较少	对资产评估理论知识理解和掌握极好,没有表述错误
理论应用	对资产评估相关理论应用能力较差,不能很好地将所学理论知识应用于实际问题的分析	对资产评估相关理论应用能力较好,能够利用所学知识,进行基本的分析,并能够解决实际问题	对资产评估相关理论应用能力很好,善于对问题进行深入分析,并提出解决方案	能充分地利用资产评估所学理论知识全面分析问题并提出解决方案
问题分析	分析能力有限,缺乏中心思想和逻辑线索	分析能力较强,逻辑整体连贯,但存在部分错误与模糊之处	分析能力强,内容连贯一致,论证到位	分析问题能力很强,条理清晰,逻辑明确,阐释充分

七、资产评估课程群改革的基本成效

(一)资源建设

广东科技学院资产评估课程教学团队成立时间尚短,且评估专业也仅经历了四届学生。但经过过去几年的学科建设,已经取得一定的成绩,在学科建设上积累了一定经验。

教学团队已经建设了一定容量的网络课程资源库,包括课程大纲和标准、课程进度计划、PPT课堂授课课件、视频课堂、作业训练、实训指导书等,开展网上答疑、实时互动教学,利用云空间开展远程教学、专业技能训练、问题研讨及答疑和作业批阅等。一方面丰富的教学资源满足了学生的求知欲,另一方面现代化的教学手段和媒介能够让教学与时俱进,提高教学质量。

对于已有的教学资源,教学团队进一步进行整理,做到了所有教学资料的数字化,有利于教学的传承与创新。在传统教学方法的基础上,开拓与在线教育相结合的教学设计方向,具体如下:

(1)实现教学资源的积累和整合

由于资产评估课程建设时间短,经验少,相比其他成熟课程资源匮乏,因此在建设初期,极其重要的工作就是教学资源的积累和整合。再者,积累和完善了尽可能多的教学资源,才能使该学科有更长远的发展。

(2) 标准化教学模式

针对网络开放课程，实行标准化教学模式，统一培养方案、课程标准、授课计划、授课进度、试卷试题和阅卷评价，规范教学秩序，公平公正评价学生，有效提高教学质量。标准化教学针对的是网络开放的受众，要做到同一受众、同一教学目标、同一标准。

(3) 知识点单元化

由于资产评估课程涉及的知识面广，为了促进学生学习选择的便利性，网络在线课程均应做到知识点单元化。将庞大的知识点体系切割为多个单元制作教学资源，以便学生自主选择。

(4) 丰富教学资源达到资源共享

教学资源力求丰富多样。充分发挥在线教育教学的优势，在数量和类型上力求超出传统实体课堂所调用的资源范围，以便教师自主搭建课程和学生拓展学习。教学团队教师也应关注最新的资产评估行业动态，包括资产评估学术研究前沿和资产评估教学改革，力求将最优的教学信息传授给学生。

(5) 学生学习选择的便利性

开设网络课堂和视频课程，有利于学生主动性、交互性学习。如今，在线学习广受欢迎，这就是因为网络学习的便利性。学生可以随时随地选择单元化了的教学资源进行学习，可以不断回看难点、重点内容，这些都颠覆了以往的教学模式。

(6) 借助线上线下资源，实施互动教学

单一的线上开放课程只能让学生被动地汲取知识，互动性差，因此还应结合线上留言、线下面授及解答、线下做题训练等模式，线上线下双管齐下，实施互动型教学，提高教学质量。

(二) 团队建设

通过以往的课程建设，教师队伍的理论实践一体化水平不断提高。课程教学团队人员配置合理，主讲教师5人均具有实践经验和教研教改经验，并且主讲教师所学专业分布于会计学、资产评估、金融学等主流学科，多学科背景教师互相交流、互为支撑。

其中，张志华教授是资产评估专业的带头人，许文达老师为资产评估教研室主任。团队中的青年教师郑晓燕、许文达、周丹均是"双师型"教师。课程主持人郑晓燕老师更是会计师、经济师、资产评估师和房地产估价师等多个证书持有人。师资队伍整体素质优良，教学水平高，并且不断创新教学理念和教学方法，取得了良好的教学效果。

"西方经济学"多元混合式教学模式研究

徐永智　樊贵玲　刘安棋
叶颖茵　丁金荣　李田莉　李颖琨

摘　要：应用型高等教育的人才培养目标，需要应用型的课程来实现，课程是落实"立德树人"根本任务的微观载体。坚持"以学生发展为中心"的教学理念，注重学生的全面发展，提升课程的高阶性、突出创新性、增加挑战性是未来课程教学改革的趋势所在。任何教育模式的效果最终都取决于课程建设及其实施过程，课程建设是高等教育质量的核心环节。"西方经济学"是教育部审定的经济类、管理类专业的必修课，该课程涉及众多专业，受众学生人数规模庞大，探索和实践"西方经济学"课程建设，打造应用型高校"西方经济学"课程的建设方案和路径，对实现学校应用型人才培养目标十分必要。本项目通过对该课程现状和存在问题的分析，对"西方经济学"课程进行了多元混合式教学模式的探索和实践，取得了一定的成效。

关键词：应用型人才；西方经济学；混合式教学改革；课程思政

一、"西方经济学"课程建设背景

"西方经济学"主要研究在稀缺资源下的资源配置及资源利用问题，是在资本主义市场经济下产生和发展的经济理论体系。"西方经济学"课程内容繁多、抽象，系统性和逻辑性较强。"西方经济学"理论体系的特点主要表现为以下几点：

1. 理论抽象，逻辑和系统性较强

"西方经济学"课程理论性较强，主要运用抽象、演绎、归纳、边际等分析方法，通过建立一系列假设前提条件，剔除现实生活中各类不相关的影响因素和现象，利用函数、图表及数学公式来表达经济学原理，从而创造一个纯粹的理论分析框架和环境。这些假设和实际经济社会现象并不完全相同，这对还未走上社会、实践有限、阅历尚浅的大学生来说，可能不容易理解。

同时，课程的理论体系庞大、精细，前后内容逻辑性和系统性均较强。该课程包括微观和宏观两部分，各部分有各自的核心理论，如微观部分的价格理论，宏观部分的国民收入理论，围绕核心理论逐渐展开，微观是基础，宏观微观内容环环相扣。这一特点对于初学者来说具有较高的要求。

2. 课程体系相对完善、学派众多

目前，我国应用型高校使用的《西方经济学》教材主要是马克思主义理论研究和建设工程重点教材，课程体系相对比较完善，包括微观和宏观两大体系，每个体系下又包含很多的具体经济学理论，整个体系按从微观引出宏观、从个体到整体的逻辑演进，是一套较完整的理论体系。但是，该课程的每个理论又分为很多学派，比如主流学派、货币学派、新制度学派、新凯恩斯主义、理性预期学派等，众多学派的观点不同，甚至存在着对立。庞大的课程体系，再加上众多的学派划分，给"西方经济学"的初学者造成了诸多压力、疑惑与费解。①

3. 课程内容繁多，涵盖经济领域各个方面

"西方经济学"课程包括的内容繁多，涉及生活的各个方面。微观重点研究个体经济单位的经济行为，主要理论包括价格理论、消费者选择理论、生产和成本理论、市场理论、分配理论、市场失灵和微观经济政策理论等。宏观研究社会的总体经济活动，着眼于国民经济的总量分析。该部分主要理论包括国民收入核算、国民收入决定理论、产品市场和货币市场的一般均衡理论、失业和通货膨胀、经济增长理论、通货膨胀理论、宏观经济政策等。②

宏观和微观部分包含的经济学基础理论，对我国社会主义市场经济的发展也具有现实指导意义，很多理论能解释我们生活的经济规律，让我们能更客观合理地看待经济现象和经济行为。最近几年，针对资本主义现实经济中出现的新问题和新现象，"西方经济学"得出了一些新的研究结论，对解决我国实际市场经济中的各种问题也具有现实意义。

4. 课程采用多样的研究方法

"西方经济学"课程采用多样方法阐述各种经济学原理。在基本理论的论述中，文字与数学模型相结合，抽象概念与形象图表相结合，定性与定量相结合，采用的研究方法呈现多样化。"西方经济学"教材包含大量的数学推导和数学模型，而且近年来经济学逐渐呈现数学化趋势。将经济理论抽象为数学模型，利用数学工具和图表，加上逻辑思维能力来论证推理出经济变量之间的相互关系，去演绎人们的实际经济活动，这种使用抽象数学语言来描述经济理论的分析方法，相对应用型本科的学生基础来看，确实增加了课程的难度。

随着我国社会主义市场经济发展，建设一个社会满意的市场结构是我们的目标，我们要掌握这些西方经济理论，了解西方资本主义经济的现实，从国外的实践经验中汲取可以借鉴的成分，从我国自身的经济实践出发总结经验教训，推动社会主义市场经济的健康发展。但目前从教学情况来看，学生对带有数学性质的"西方经济学"课程认识存在一定误区，心理上从一开始就排斥这门课程，这在很大程度上影响了教学效果。广东科技学院作为应用型本科院校，一直探索应用型本科课程的"广科模式"，"西方经济学"课程教学一直在致力于应用型混合教学模式的探索，结果已初见成效，但借鉴先进的教学理念，进一步改革教学思路和模式，仍然是课程未来发展方向。

二、"西方经济学"课程教学存在问题分析

当前，"西方经济学"课程作为经济、管理类专业的核心课程，逐渐受到众多高校的

---

① 贾县民. 应用型本科院校《西方经济学》课程教学改革初探 [J]. 民办教育研究，2009, 1: 65-70.
② 同①.

重视。但根据该课程的特点和性质，以及应用型高校的实际情况，我们发现：在该课程教学过程中，教师的"教"问题显现，主要表现在课程思政教学理念较弱、教学目标不明确、教学内容与岗位需求脱节、教学模式单一、教学评价重结果性评价而轻形成性评价、实践性和应用性元素不突出等方面。这些问题的产生，既有主观原因，也有客观难题。

（一）缺乏课程思政的教学理念

许多教师在该课程的教学中缺乏课程思政的教学理念。没有充分挖掘和提炼紧扣知识点的育人元素，没有做到思政元素和专业知识自然恰当的融合，思政和教学内容形成"两张皮"，不能引起学生的情感共鸣，未达到"润物细无声"的境界，未落实立德树人的育人目标。

1. 忽视马克思主义哲学和经济学的教育

"政治经济学"和"西方经济学"构成高校经济学基础课程体系，但很多高校并未理顺这两门课的关系。在实际教学安排中，由于人才培养方案开设课程受限或师资匮乏等，一些高校并不开设政治经济学课程，加之"西方经济学"课程使用的教材多半是对"西方经济学"理论的照搬照抄，导致经济学教学的西方化倾向比较严重。[1]

马克思主义哲学是一门社会科学，即辩证唯物主义和历史唯物主义理念，但许多大学并没有做到将马克思主义哲学融入课堂内容。而"西方经济学"是在资本主义经济的基础上产生和发展而来的学科，该学科在解释资本主义市场经济运行和经济政策等方面具有科学性，但该学科具有鲜明的阶级性，本质是为资产阶级服务的，而且经济理论并不是资本主义经济的现实写照，"意识形态"问题是我们学习任何经济理论时都不能忽视的问题，应该认清"西方经济学"所具有的资产阶级"意识形态"这一本质特征。[2]

在"西方经济学"课程教学中，应使学生认识到，"西方经济学"反映的是资产阶级的意识形态，代表了资产阶级的利益和诉求，而且应该让学生意识到，西方经济理论并不能解决现实中的资本主义市场经济的所有问题。坚持以马克思主义思想为指导，运用辩证唯物主义和历史唯物主义的方法正确看待"西方经济学"里的所有理论，用马克思主义经济学批判性地学习"西方经济学"课程，但很多大学在这方面都没有做到。[3]

2. 忽视世界观、人生观、价值观的教育

经济人假设是"西方经济学"课程的基本假设，假定参与经济活动的个体都是完全理性且以利己为目的。"西方经济学"方法论个人主义实质上是资本主义私有制在意识形态领域的一种反映，也是赤裸裸地宣扬个人主义世界观的表现。在教学过程中需要引领学生正确理解"理性人假设"，思考"人性假设和人性判断"的区别，将个人追求与社会价值认可相互结合，向同一方向努力奋斗，这才能使整个社会更加和谐美好。在消费者选择理论教学中，应结合著名经济学家保罗·萨缪尔森提出的幸福方程式，引导学生进行幸福观的教育。通过机会成本的学习，引导学生学会权衡取舍，懂得放弃，保持良好心态，珍惜宝贵时间，避免陷入"个人主义"。但许多大学教师在教授"西方经济学"时，这些内容没有提及。

---

[1] 张纯记. 论高校西方经济学"课程思政"教学[J]. 高教学刊，2020（2）：106-107+110.

[2] 同[1].

[3] 同[1].

改革开放以来,我国经济快速发展,经济总量名列前茅,发展态势总体向好,为创建富强、民主、文明、和谐的社会主义国家奠定了坚实的物质基础。但许多教师在宏观经济政策部分的教学过程中,没有与我国的经济发展实际及社会主义现代化建设相联系,没有融入社会主义核心价值观,没有对学生进行爱国教育;在市场理论中没有结合实际案例融入企业社会责任感;在分配理论的教学中,没有结合我国的收入分配制度改革,对学生进行平等教育;没有结合外部性教学,联系"送人玫瑰、手留余香"对学生进行友善教育;没有针对信息不完全和信息不对称知识点,对学生进行诚信教育;没有通过失业与通货膨胀的教学,对学生进行敬业教育等。

3. 忽视科学发展观与新时代中国特色社会主义的思想教育

学习"西方经济学"课程的目的是借鉴资本主义在市场经济方面的科学内容以指导我国社会主义市场经济的实践。所以在"西方经济学"课程教学中,在传授理论知识的同时,要多联系我们经济发展的实际,多列举现实案例,让学生了解我们社会主义经济的总体情况,适时进行科学发展观与新时代中国特色社会主义思想教育。比如,在介绍四大生产要素知识点时,强调劳动在生产要素中的重要性,引导学生树立以人为本的发展理念。在经济增长理论教学中,结合我国经济增长模式从"速"到"质"的实践转变,对学生进行科学发展观的教育,引导学生意识到科技是第一生产力,但许多大学教师在教授"西方经济学"时,这些内容没有提及。

在该课程的宏观教学部分,根据中国改革开放以来取得的成就,以及相关战略的实施与发展,通过中外对比,引导学生意识到社会主义制度优越性,增加制度认同和道路认同,坚定中国特色社会主义道路自信、理论自信、制度自信、文化自信,[①] 但许多大学教师在教授该课程时没有提及这部分内容。

(二) 教学目标不明确

当前,许多民办普通高校为了体现自身办学特色,从实际出发定位为应用型高校,其中也包括了广科。作为典型代表,广科也具有应用型高校普遍存在的优缺点。

应用型定位确定时间短,办学经验不足,软硬件条件不完善,尚未形成自己的模式。因为没有抓住应用型本科的内涵,没有抓住学生的特点,"西方经济学"课程的教学目标不明确。应用型高校学生的培养目标应是应用创新型复合人才,是完全不同于研究型高校学生的培养目标的。

从实际的调查情况看,应用型高校大部分学生对"西方经济学"课程初始充满热情,但随着大量艰涩的经济理论学习、深奥的数学推导以及单一的教学方式,热情就会消减。

(三) 教学内容与岗位需求脱节

"西方经济学"教材的选取原则可能各大应用型高校不尽相同,但授课内容基本相同,都以新古典综合派的理论体系为主,教材内容陈旧落后,导致教学内容与岗位需求严重脱节。

"西方经济学"发展至今,其内容早已不再局限于原有的理论体系构架。目前该课程教学内容都是基本的经济概念和经济理论,现行教材不能反映西方社会经济运行中的新问

---

① 张纯记. 论高校西方经济学"课程思政"教学 [J]. 高教学刊, 2020 (2): 106-107+110.

题和新现象,也不能反映我国社会主义现实市场经济情况,而且难以适应学生自身的需要,与岗位需求脱节。随着应用型在校学生人数增多,教材建设显得尤为重要,教学内容与岗位需求相匹配是目前亟须解决的问题。

(四) 教学模式单一

"西方经济学"课程目前还是以传统教学模式为主,教师讲、学生听,这种填鸭式的教学模式,学生没有真正地参与其中,被动地接受知识,加上该课程的内容繁多,理论抽象,逻辑性强,学生很容易走神,跟不上节奏,慢慢变得像听"天书",越到后面越是看不懂、听不懂,严重影响教学效果。该课程作为一门专业基础课,采用这种传统教学方法,容易削减学生对该课程的学习兴趣。教条式的教学方法使学生只会死记硬背,孤立僵硬地去接受信息,学生没有足够的时间和空间去思考、内化吸收,并不利于培养学生自主学习、获取知识、发现问题、分析问题、解决问题和创新思维的能力。① 这种单一的教学模式,必然会影响教学质量和教学效果。

(五) 教学评价重结果性评价,轻形成性评价

"西方经济学"一个主要的教学目标就是培养学生的创新能力,但目前许多高校开设课程的考核方法落后、考核过程简化、考核理念陈旧,使考核目标并未实现,导致其教学重结果性评价而轻形成性评价,不利于学生学习主动性的提升,不利于学生提升用经济学原理去分析与处理现实经济问题的能力,也不利于学生学习能力和心理素质水平的提高。目前该课程考评体系存在的关键问题有以下几个:

1. 考试过程过于集中化

很多高校在该课程考评上普遍存在考评过程太集中化的缺点。以期末卷面成绩作为考评的唯一手段和评价尺度,忽略对学生学习过程投入状态和平时学习成果的考评。② 即便大多数院校对平时成绩实行百分比制度,但平时成绩占比不到一半,并且其中出勤占比过多,忽略了形成性评价的作用,容易造成学生投机取巧的弊端。由于是一次终止性考评,很多学生平时根本不认真学习,等到考前突击几天,考勤到位加上期末考试参与,就能轻松拿到学分。而对于那些平时爱学习的学生而言,即便对经济学原理的掌握很到位,但复习阶段假如出现对考评关键内容的认识偏差,就会导致考试成绩不理想,这种投机行为势必造成考评结果的不公平。③

2. 考试内容唯书本化

许多高校"西方经济学"课程历次考试的内容都来源于教材。这是一个"复述型考评",名词解释、填空题全都能够在书本上找到详细出处,甚至计算题、叙述题等也是课后习题。狭隘的考评内容使学生很容易死记硬背,并没有真正掌握经济概念和经济原理,而并未注重考试内容的理论联系实际、开放性和实用性。轻视思考和应用能力的培养,会将学生的学习行为引入歧途,更不能考查学生真正的"经济学水平"。

---

① 涂佐沐. 应用型本科《西方经济学》课程教学改革初探 [J]. 智富时代, 2015 (4): 235.
② 吴雄周. 西方经济学课程考核体系设计创新与实践探讨 [J]. 现代企业教育, 2011 (18): 165-167.
③ 同②.

3. 考试方法唯笔试化

多数高校在该课程的考试方法上存在鲜明的唯笔试化特征。期末考试通常采用教师出题、学生卷面回答的方式，考试方式单一化，而结合现代信息化教学手段的考核方式，如"线上+线下"的综合考核形式很少，其他形式的课程考试如小论文、案例分析、辩论、口头测试等颇少。唯笔试化考评方法容易造成高分低能现象。很多学生笔试优秀，机械化概念记忆一字不差，原理诠释得滴水不漏，根据笔试的评判标准，这些学生属于优等生，但是经济学更重要的是培养学生的逻辑思维能力，并不崇尚学生的死记硬背，一旦和他们交流"西方经济学"中一些原理的运用、经济学流派的评判等实际问题和实际应用时，这些笔试一流的学生中很大一部分无法正确、流畅、清晰和完整地表达，要么缄默无语，要么思绪混乱。唯笔试化的考评模式并不能全方面考评学生学习经济学的水平。运用多维度去检测学生的学习认知，考察学生的语言表达能力、思维灵敏度和心理素质等方面是必要的。

（六）教学实践性和应用性元素不突出

在我国高校中，"西方经济学"课程主要采取以教师"讲授"为主的传统教学方式，教学以教师为中心，师生缺少沟通，学生被动接受知识。教学内容大多来源于书本上的理论知识，重理论轻实践，导致实践性和应用性元素不突出。

从理论上来说，"西方经济学"是对市场经济的概括和总结，其基本理念也是适用于社会主义市场经济的，但是在教学中，很多教师并未理论联系实际，单纯讲理论和概念，并没有很好地利用案例教学法，用经济学原理解释我们真实的经济世界。从实践意义上说，"西方经济学"具有很强的实践性，该课程理论不仅来源于现实经济生活，而且应指导并反作用于现实经济生活。在教学中要使学生了解国家在市场经济条件下指导企业运营管理的微观经济学理论和引导国民经济运行的宏观经济学理论。[①] 由于教学计划及实践条件等，学生缺乏对企业和社会的深入了解，加上教师在授课时只是照本宣科，没有突出实践性和应用性元素，只管"教"，不管"用"，教学与实际需求相背离，每年学生出去实习，最大的感受是学习的理论知识没用，实际工作中用不到。其实不是没用，而是学生不会把理论知识应用到实际工作中，缺乏理论联系实际、综合分析的能力。[②]

三、"西方经济学"多元混合式教学改革的探索与实践

（一）"西方经济学"课程的教学理念

"西方经济学"虽有科学的一面，但也具有阶级性，主要为资产阶级服务。高校需充分抓住教师队伍这个"主力军"，课程建设"主战场"，课堂教学"主渠道"，发挥每门课的育人功能，与显性的思政教育同向同行，形成协同效应，不断革新和强化思政理论课程的设置，全面提升课程的育人目标，适应学生的成长需求。[③]

依据《高等学校课程思政建设指导纲要》和《教育部关于一流本科课程建设的实施

---

① 贾县民. 应用型本科院校《西方经济学》课程教学改革初探 [J]. 民办教育研究, 2009, 1: 65-70.
② 刘国华.《西方经济学》在地方本科院校教学中存在的问题与对策研究 [J]. 新课程研究（中旬刊）, 2011 (10): 24-26.
③ 王丹竹.《西方经济学》教学中课程思政的探索和实践 [J]. 老字号品牌营销, 2021 (7): 155-156.

意见》，结合本科金融类教学质量国家标准和学校定位，确定人才培养目标的要求，在专业思政基础上，将"西方经济学"课程思政总目标定为：以学生为根本，以德育为先，以教学为中心，坚定学生理想信念，以"五爱"为主线，将政治认同、家国情怀、文化素养、道德修养等多元化的思政元素润物无声地融入课堂知识，同时实现课程的"三性"和"三度"，与显性思政教育相统一，同向同行，形成协同效应，实现立德树人目标。同时，每学期初本课程思政团队组织教师结合思政育人设计教案，深入开展教研讨论，并定期调整教案，将这些内容纳入专业课教材讲义，作为课堂讲授的重要内容。

基于育人导向，"西方经济学"课程在教学中，大力推进课程思政，主要从以下几方面进行：

1. 选取整合创新教学内容，重视术道结合

依据人才培养目标和专业思政目标，在充分考虑学情情况下，兼顾知识的时代性、开放性、引领性及学时要求，对"西方经济学"课程教学内容进行选取、整合和创新设计，融入隐性思政元素，与显性思政教育形成协同效应，潜移默化、润物无声地落实立德树人目标。

结合当前我校大学生群体的实际接收层次情况和学时要求，在遵循教育规律的前提下，以合适的形式和深度、广度把控教学重点和教学难点，同时将政治认同、科学发展观、家国情怀、道德素养等理念与其他育人理念共同渗透到课堂教学中，不断提升教学内容的系统性和连贯性，促使课堂成为德育教学的主要渠道。一是供求理论与培养学生家国情怀、制度自信和职业素养相结合。价格理论是经济学的中心理论，需培养正确的需求观和恰当的供给观。以新冠肺炎疫情这一特殊时期，国家的供给行为和企业的供给行为为例，国家展现大国担当，企业展现强烈的社会责任感，培养学生的爱国心、制度自信及高尚的职业素养。二是消费者行为选择与培养学生正确的消费观和幸福观相结合。通过基数效用论和序数效用论等相关内容的学习，融入现实经济社会中的消费行为及学生的非理性消费行为，引导学生树立正确消费观、理性消费和适度消费，不要盲目攀比，引入萨缪尔森的幸福方程式，引导学生树立正确的幸福观。三是企业行为理论和培养学生的创新创业和社会责任意识相结合。企业行为理论的关键在于企业以何种方式优化内部资源的分配效率，从而实现效益的最大化。但在提升经济收益的同时，为了避免社会利益遭到损失，需承担相应的社会责任。企业行为理论的教学内容可融入社会责任的相关分析，穿插新冠肺炎疫情及河南水灾等特殊时期、各大企业的生产行为，引导学生形成更为积极的创业意识，打破唯利是图的思想观念。①

2. 三观教育

世界观、人生观和价值观（即"三观"）能够直接决定个人的人生高度、广度和深度，"西方经济学"内容中很多知识点渗透着对"三观"的认识，在知识点传授中，注重能力培养的同时，更注重"三观"的价值引领，有助于实现育人目标。② 比如，在市场失灵知识点学习中，由市场失灵概念，引导学生认识到人无完人，接受自己的缺点和遗憾之处。由机会成本、沉没成本引导学生在生活中学会权衡取舍，学会放弃，保持良好心态，

---

① 王丹竹.《西方经济学》教学中课程思政的探索和实践［J］. 老字号品牌营销，2021（7）：155-156.
② 张纯记. 论高校西方经济学"课程思政"教学［J］. 高教学刊，2020（2）：106-107+110.

以积极的态度面对人生。对比中外实际情况，让学生对我国和世界产生客观的认知。在经济全球化的今天，世界各国的经济联系更加紧密，开放性的经济发展形势是未来趋势，在开放环境中，国民收入便更为接近宏观经济，所以在实施宏观经济理论教学时，可联系我国经济发展的实际情况对宏观经济的政策进行深化解读，从而促使学生形成更为坚定的爱国意志。在开展分配理论教学时，可结合我国对分配制度的改革和追求共同富裕的目标来说明平等的问题，融入社会主义核心价值观，引导学生树立平等意识；从失业和通货膨胀相关知识出发，对学生渗透爱岗敬业思想；由信息的不完全和信息的对称，引导学生做人要诚信，提升个人道德修养；开展外部性教学时，辅助学生形成友善的美德，全面陶冶学生的思想道德情操。在经济学理论的讲授中，从不同层面对学生渗透思政教育内容，以此促使学生形成更为端正和积极的"三观"，与社会核心价值观念相符。①

3. 科学发展观与新时代中国特色社会主义思想教育

"西方经济学"的教学目的是利用西方经济理论来指导中国社会主义市场经济的实践。推动经济的发展，需要科技和创新的引领，科学是第一生产力，创新是引领发展的第一动力。在整个教学中，适时渗透科学发展观念和社会核心价值思想。比如，在生产理论中侧重关注劳动的价值和重要意义，形成人本思想意识。在讲解经济增长理论知识时，由我国经济增长的量到质的变化，引导学生树立科学发展观念。

在"西方经济学"教学中，尤其在讲解宏观经济学时，要融入社会主义核心价值观，践行社会主义核心价值观，加强新时代中国特色社会主义思想教育，让学生意识到我们经济发展取得的丰硕成果，促使学生意识到我国的发展主要得益于社会主义的进步，体现出社会主义的先进性，从而坚定"四个自信"。②

（二）"西方经济学"的教学目标

通过本课程的学习和思政元素潜移默化的影响，学生能比较系统和全面地掌握经济学的基本概念及基本理论，学会应用经济学的各种研究方法，了解现代"西方经济学"发展最新动态，提高学生的抽象思维能力和逻辑思维能力，锻炼学生的团队合作能力、沟通能力，用经济学理论解释和分析现实经济世界的能力、解决问题的能力。帮助学生更客观、全面地认识和理解世界，树立正确的世界观、人生观和价值观，使德育与智育有机结合，实现知识传授和价值引领的有机统一，达到立德树人的最终目标。

践行"以学生为中心"的理念，注重学生的全面发展，明确立德树人的目标，提升课程的高阶性、突出创新性、增加挑战性。借力MOOC资源，遵循专业性、精练性、趣味性原则，录播符合本校学情和课程大纲的教学视频，在超星学习通平台建设本校"西方经济学"的SPOC，每个知识点按照课程导读、视频学习、知识要点和扩展知识四大模块设计，设置各模块完成标准，以保证学习效果。

（三）"西方经济学"多元混合式教学模式改革的内容

"西方经济学"课程改革势在必行。通过查阅相关文献资料，总结"西方经济学"课程教学中存在的突出问题，本课程教学团队拟借助超星学习通平台，通过"一课多师+全

---

① 王丹竹.《西方经济学》教学中课程思政的探索和实践[J]. 老字号品牌营销，2021（7）：155-156.
② 杜江. 应用型人才培养模式下"西方经济学"课程教学改革探索[J]. 长春大学学报，2020，30（10）：119-121.

方位互动+仿真实训"多元混合式应用型教学模式进行系统建设。

目前，教学团队已经在超星学习通平台建设了"西方经济学"在线课程。"一课多师+全方位互动+仿真实训"多元混合式应用型教学模式，在部分专业尝试推行了一个学期，教学效果显著。课堂学习气氛活跃，在知识传授、能力塑造和价值引领方面较传统教学方法有显著提高，思政元素也得到很好的融入，获得学生一致好评。"西方经济学"多元混合式教学模式改革的内容包括以下几方面：

1. 教学内容紧密联系我国和广东省经济发展的实际

"西方经济学"教学内容改革应遵循知识性和引领性原则，践行应用型人才培养计划的要求和时代赋予的要求，才能培养出具备多种能力的合格的应用创新型复合人才。教学内容的选取、整合应根据我国和广东省经济发展的实际来进行调整，积极将多元化思政元素融入"西方经济学"教学改革之中，增加课程的"三性"和"三度"，让学生了解世情、国情、党情、民情和中华优秀传统文化，坚定理想信念，引导学生树立正确的世界观、人生观和价值观，这是"西方经济学"课程改革的大方向，是应用型人才培养模式改革的努力方向。例如，在讲到恩格尔系数知识点时，可以让学生查找数据，分别计算城市和农村的恩格尔系数，进而使学生了解到我国城乡居民生活水平在逐步提高，感受到国民经济快速发展带来的好处；在讲解市场理论时，引导学生联系我国市场经济实际，让学生意识到完全竞争市场并不是社会主义市场经济追求的理想模式，引导学生认识到我国追求的是公平竞争、社会满意和有效率的市场结构；在讲到价格歧视知识点时，结合我国网络购物发达的实际，引导学生分析我国知名电商平台利用大数据"杀熟"的现象，并提出相应的解决对策。[①]

2. 精心设计各种形式的教学素材

"西方经济学"注重收集各种教学素材，并恰当地应用在教学活动中，有助于解决所谓"黑板经济学"和高分低能的问题，有助于真正理解知识点及培养应用创新型复合人才，增强学生将来走向社会工作岗位的适应能力。具体来讲，可以采取以下的教学素材。

（1）社会热点新闻视频案例教学

在讲解具体知识点时，可以引入社会热点新闻，让学生产生情感共鸣，巩固课程知识点和育人目标。注意社会热点新闻视频播放时间的选取，比如，在讲解企业收益知识点时，结合某企业向河南水灾捐款5 000万元，引发民众"野性消费"的事件，更好地向学生展示企业收益类型，并很好地融入企业强烈社会责任感和民众对善良价值坚守的体现等思政内容；在讲垄断知识点时，引入某集团因垄断被罚款上百亿元这一热点，融入正确市场观。

（2）情景设想

在"西方经济学"中穿插一些情景设想，让学生"身临其境"，进行深度思考，更好地理解知识点和感悟思政内容。比如，在讲知识点"欲望"时，让学生设想自己在饥饿状态下吃第一个包子和第二个包子的感觉，从而推导出欲望的有限性；由购买的电影票在进电影院之前丢了，是否决定再购买一张电影票，引导学生认识沉没成本，以及学会放弃、

---

① 杜江. 应用型人才培养模式下"西方经济学"课程教学改革探索 [J]. 长春大学学报，2020，30（10）：119-121.

及时止损的思维。

(3) 经典教学案例

教师在讲解某一章节基本原理过程中,可以将经典的教学案例穿插其中。比如,在讲解公地悲剧这一知识点时,可以穿插加雷特·哈丁对公地悲剧的经典解释;在政府宏观调控理论中运用《伊索寓言》中"两只小猴"的故事来解释政府对企业的行为等。

(4) 启发式案例教学

启发式案例教学是教师以启发提问的方式进行分析的教学方法。教师针对知识点逐渐提出问题,引导学生把问题的解决作为突破口,随着问题的逐步升级和解决,让学生真正理解和掌握知识点。例如,在讲解"欲望"时,提出为什么人们对消费乐此不疲,引出知识点。然后提问:为什么人的一个欲望满足后,还会追求新的欲望?引出欲望的无限性特点。提问:为什么你吃某东西时,总觉着第一个东西是最香的?引出欲望的有限性特点。讲解限制价格时,可以导入我国春运期间火车票购买困难的案例,提出问题,让学生更深刻地理解限制价格背后的弊端;在讲解"寡头垄断市场"时,先阐述理论,以可口可乐公司和百事可乐公司为例,分析是合作还是竞争以及不同的经营策略带给两家企业什么样的结果。[1]

(5) 讨论式教学

讨论式教学是组织学生积极参与课堂的一个很好的教学方法,同时能培养学生勤动脑、勤思考的好习惯,锻炼学生理论联系实际的能力。讨论的都是学生知道、关心或者切身经历的话题,通过小组讨论、自由讨论或自我思考,小组代表陈述讨论结果,或学生把自己或小组观点分享到智慧课堂讨论互动区,教师积极引导和总结,潜移默化、润物无声地引入思政力量。比如在讲解机会成本的时候,可以让学生讨论上大学的收益和成本这一话题,然后小组代表分享讨论结果,其他小组参与智慧课堂的评分活动,最后教师总结上大学的收益和成本,特别是机会成本(时间成本),引导学生学会权衡取舍,珍惜宝贵的时间;在讲公地悲剧知识点时,可以让学生讨论现实生活中存在哪些公地悲剧现象,以便学生更好地理解公地悲剧这一概念,也有助于理解现象出现的原因。

3. 增加体验式教学环节的比重

"西方经济学"课程自身的特点决定了单单依靠课件、黑板和讲台是达不到理想的教学效果的,体验式教学有存在的必要性,所以在"西方经济学"中引入经济博弈软件,让学生扮演不同的角色,模拟实际的经济过程。同时鼓励学生积极参与广东省和全国经济学博弈大赛,"以赛促教"和"以赛促学",让学生提前感受和模拟整个经济市场,运用经济理论进行经济决策,验证理论知识。这利于调动学生的学习积极性、提高记忆实效,培养学生实践能力和创新能力,最终实现人才培养模式由理论型向应用创新型转变。

4. 深度融合线下与线上教学

"西方经济学"课程知识点繁多,对学生的逻辑思维能力要求比较高,仅仅利用课中

---

[1] 杜江. 应用型人才培养模式下"西方经济学"课程教学改革探索 [J]. 长春大学学报,2020,30 (10):119-121.

时间完全不够。线下教学有其优点，但也有一定的弊端，利用线上教学正好可以弥补线下教学的缺点，也可以增加课程的学习时间。同时，通过线上学生课前的自学，基本概念和基本理论学生已经有了初步的理解，这样可以有更充足的时间增加线下课程的广度、深度和温度，体现课程的高阶性。整个课程做到线上线下结合，课堂内外结合，最终达到提高"西方经济学"课程的教学效果，实现应用创新型人才培养的目标。

课程教学团队主要利用超星学习通平台，创建SPOC课程，开展线上自学活动，完成线上师生、生生答疑，以及话题讨论，课中利用智慧课堂、多媒体和课件，课后利用超星学习通平台巩固知识点和育人目标，实现混合式教学，在一定程度上辅助教师顺利完成相应的教学目标和任务。超星学习通可以实现随时学习、移动学习、师生互动、生生互动、过程跟踪、大数据分析等，帮助教师提高教学质量，帮助学生提升学习效率，是目前信息化教学网络资源比较完善、使用频率较高的平台。

5. 以学生为中心，实施多元混合式应用型教学模式

区别于传统的纯理论教学，体验式教学也是"西方经济学"课堂教学的延伸，对于培养学生的各种能力有着巨大的推动作用。我们在课程教学中，主要实施了包括线上线下多维互动教学模式、仿真实训体验式教学模式、"一课多师"应用型教学模式的三大教学模式，构成独特的"西方经济学"课程多元混合式应用教学模式，如图1所示。

（1）线上线下多维互动教学模式

"线上线下多维互动"教学模式既包括互动主体的全方位，即师生互动和生生互动；也包括互动模式的全方位，即线上互动+线下互动；还包括互动时间的全方位，即贯穿在整个教学活动（课前、课中和课后三大环节）中；更包括互动渠道和方法的全方位，真正地做到"以学生为中心"，把课堂打开，让学生动起来。创建全方位多角度立体式线上线下多维互动教学模式，形成良性互动，让课堂"活"起来。

（2）仿真实训体验式教学模式

搭建仿真实训平台，注重知识的应用性和实践性，功效具有双重性，既是检验知识内化成效的最好办法，也是助力知识内化的最佳路径。

课程融入仿真实训平台，全体学生均组建学习和参赛团队，一般3人一组，平时课下既可单独训练，又可组队模拟比赛，还可以参加广东省和全国的经济学博弈大赛。在仿真模拟实训中，提高学生理论联系实际的能力，锻炼学生学以致用和全面思考的能力，了解社会经济运行情况，以此来进一步促进课堂的学习。[①]

（3）"一课多师"应用型教学模式

颠覆传统，与政企联手，产教融合，打造"学校教师+企业精英+政府人员"组合的教学团队，实施"一课多师"模式。"一课多师"模式打破传统"一课一师"教学模式，聘请企业精英和政府人员走进课堂（已和100位政企人员签订兼职教师协议），带来政企最关心、最实用、最新和最热门的经济前沿及应用性强的实战知识，让学生在保持学习新鲜度和兴趣的同时，也与现实接轨，注重知识的应用性。

---

① 杜江. 应用型人才培养模式下"西方经济学"课程教学改革探索[J]. 长春大学学报，2020，30（10）：119-121.

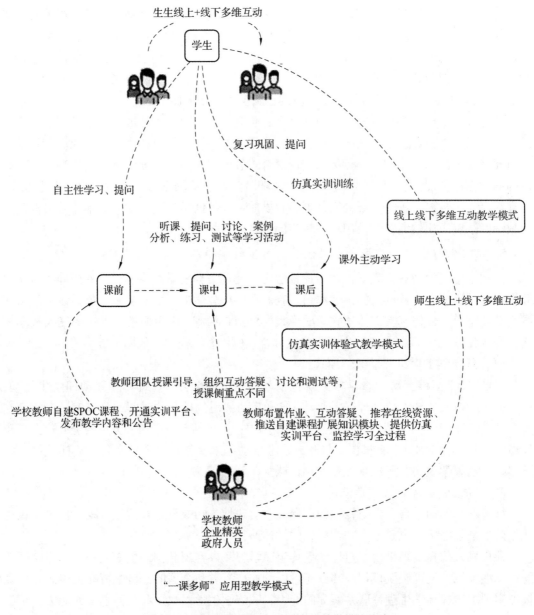

图1 "西方经济学"多元混合式教学模式示意

(四)"西方经济学"的考核评价

1. 改进结果评价,强化过程评价,探索增值评价,健全综合评价

(1) 以激发学习动力和专业志趣为着力点,完善过程评价制度

"西方经济学"避免以前只重视终结性评价的情形,在课程考核评价中,加强对学生课堂内外、线上线下学习的评价,增加过程性评价的分值,增加过程性评价的构成,强化理论服务于实践能力的考查,注重知识服务于生活,活学活用,提升课程学习的广度。加强开放型、研究型学习,丰富探究式、论文式、报告答辩式等作业评价方式,提升课程学

习的深度。加强非标准化、综合性、开放性等评价，提升课程学习的挑战性。①

（2）以考核内容和考核方式为改革点，创新结果评价

在考核内容创新方面，"西方经济学"结果评价要做到既注重概念、原理等内容的记忆、理解，也要重视考察学生理论联系实际、理论服务于实践的能力，以及学生发现问题、分析问题及解决问题的能力，鼓励学生敢于质疑并大胆创新，减少客观性、纯记忆性的考核内容，增加主观性、综合性、开放性和实践性的考核内容，②并增加融合思政背景的考核内容。适当加强考核内容的开放性、增加非标准化答案试题，考察学生的知识运用能力、解决问题能力和创新能力。

在考核方式方面，针对课程性质和特点，灵活设置考核形式，多元评价学生学业成绩。目前"西方经济学"采用线上随机组卷+线下课程论文的混合式考核尝试，取得的结果不错。

（3）创新课程考核成绩构成

改变原有的考核成绩组成，增加更多元的成绩构成。比如，目前的考核成绩由考勤、作业、课堂互动、在线超星课程视频完成度、讨论、随堂和单元测试、期末考试七部分组成。

1）考勤：利用超星学习通平台组织签到，由系统给出考勤分，满分100分，实际成绩乘以12%计入总成绩。

2）作业：在超星学习通平台完成，每次作业满分100分，以平均分作为实际成绩，实际成绩乘以9%计入总成绩。

3）课堂互动：凭借超星学习通平台，根据随堂练习、课堂讨论、提问、抢答、投票等课堂活动进行评分，由平台和教师根据课堂互动参与的情况综合评定。本项成绩的满分为100分。以实际成绩乘以15%计入总成绩。

4）在线超星课程视频完成度：在超星学习通平台创建了线上课程，根据每周任务，让学生自学，根据在线超星课程视频完成度系统会自动打分。本项成绩满分为100分，以实际成绩乘以15%计入总成绩。

5）讨论：课前或课后在超星学习通平台发布主题讨论、绘制思维导图等任务完成情况，教师借助平台，根据参与情况和回答质量进行综合评分。本项成绩满分为100分，以实际成绩乘以3%计入总成绩。

6）随堂和和单元测验：超星学习通平台针对每一章节有题库，采用随机组卷方式进行随堂和单元测验，以各单元测验成绩的平均值折算为百分制下的实际成绩，实际成绩乘以6%计入总成绩。

7）期末考试：由单选题、判断题及综合分析题等题型组成。满分100分，以实际成绩乘以40%计入总成绩。

2. 借助超星学习通平台，实施数字化评价

过程性评价指标借助超星学习通平台，充分利用现代化信息教学手段，实施数字化评价。在每一构成要素实施过程中，利用超星学习通平台自动或手动将记录学生的评定结果，并对学生进行公开，让学生能实时了解自己的得分情况，充分发挥成绩评定方案对学生的教育、引导功能。

---

① 丁兆国. 产教融合背景下应用型高校新工科人才培养的思考 [J]. 装备制造技术，2020（11）：150-152.

② 李子彦. 对当前高校课程考核改革的思考 [J]. 湖北函授大学学报，2012，25（7）：16+38.

教师借助超星学习通平台+智慧课堂可以增加有效考核，可以通过超星学习通平台记录学生考勤、课堂活动得分和参与度，记录学生课前线上课程自主学习完成情况，参与话题情况、小组任务、作业完成情况，在超星学习通平台可以建立功能强大的试题库，利用课程试题库，可以随意组成随堂练、单元测，同时还可以做到题目打乱、选项打乱，更可以一人一卷，既做到了知识点的覆盖，又可以有效避免雷同卷的出现。①

（五）"西方经济学"网络资源建设

资源建设方面主要体现在超星学习通平台教学资源的建设上。教学团队成员积极转变教学思维，在新冠肺炎疫情期间，率先改革教学方式，以混合式教学方式作为课程思政的新载体。依托学校超星学习通进行网络平台建设，所有的教学资源都平移搬到超星学习通平台上。登录超星学习通以后，在"西方经济学"课程下面，可以看到所有教学资源。教学团队成员积极组织开展各种形式的线上宣传教育、教学研讨等活动，拓宽网络育人渠道，巧妙实施网络思政育人，提高学生学习的积极性与主动性，培养学生终身学习的良好习惯。

教学团队教师以学生为中心，组织和引导学生积极参与和体验思政元素，打造全程多维师生、生生互动模式，引起学生情感共鸣，倡导自主、合作、探究的学习方式，实现内化效果；以教为主导，在提升教师自身育人能力基础上，做到课前、课中和课后三大环节的逐步思政推进和渗透，做到线上线下结合、课堂内外结合，拓宽思政渗透空间，精准发力、精准滴灌。教学团队通过将思政教育生动地融入专业课程的教学过程，使学生不断提高专业水平和思政道德素养，让学生明确职业道德，培养学生的社会责任感。

2020—2021学年第一学期，教学团队成员樊贵玲老师率先尝试在课堂派平台创建了"西方经济学"在线课程，2020—2021学年第二学期，正式在超星学习通平台创建"西方经济学"在线课程，并配有完整的试题库、教案和课件等配套资源。"西方经济学"网上建课首页如图2所示。在超星学习通平台自建的"西方经济学"在线课程资源如图3所示。

图2 "西方经济学"网上建课首页

---

① 杜江. 应用型人才培养模式下"西方经济学"课程教学改革探索［J］. 长春大学学报，2020，30（10）：119-121.

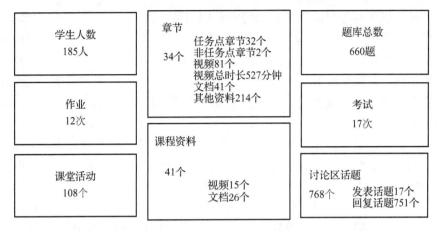

图3 在超星学习通平台自建的"西方经济学"在线课程资源

借力MOOC，遵循专业性、精练性、趣味性原则，录播符合本校学情和课程大纲的教学视频，在超星学习通平台和课堂派自建"西方经济学"SPOC，每个知识点按照课程导读、视频学习、知识要点和扩展知识四大模块设计，设置各模块完成标准，以保证异步自学的学习效果，同时配有完整的试题库，可以保证随堂测验、随机组卷测试。

（六）"西方经济学"课程思政的融入与创新

根据三位一体的课程教学目标，充分挖掘课程知识蕴含的育人元素，设计思政案例及思政融入的具体形式和方式，做到课程思政育人目标和课堂知识目标的润物无声、自然恰当的顺畅连接，注重思政教育的落细、落小和落实。"西方经济学"思政融入与创新设计案例如图4所示。

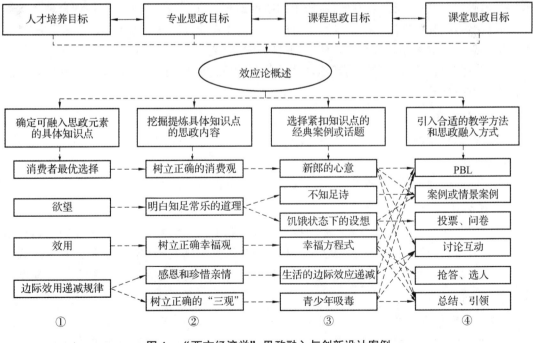

图4 "西方经济学"思政融入与创新设计案例

立足课程,以"西方经济学"规律的实际应用为主线,以理论服务于实践为出发点,抓住课程建设"主战场"、课堂教学"主渠道",利用经济热点和身边的经济现象将思政元素融入教学,与显性思政教育相统一,形成协同效应。

以教为主导,在提升教师自身育人能力基础上,做到课前、课中和课后三大环节的逐步思政推进和渗透,做到线上线下结合、课堂内外结合,拓宽思政渗透空间,精准发力、精准滴灌。

以学为中心,组织和引导学生积极参与和体验思政元素,打造全程多维生生、师生互动模式,引起学生情感共鸣,倡导自主、合作、探究的学习方式,实现内化效果。

借力MOOC,巧用SPOC,搭建异步自学专属空间,打造混合式应用型教学模式:课前线上自学+答疑,自我感悟思政的力量;课中运用PBL教学法,以启发式讲授为主,结合案例、讨论、情景演绎、投票等教学方法,潜移默化地进行课堂知识和思政元素的融合,让学生了解世情、国情、党情、民情和中华优秀传统文化,坚定理想信念、政治自信、制度自信,增强文化和职业素养;课后以作业、讨论及思政心得体会等方式巩固课程知识点和育人目标,同时继续以教师严谨的治学态度、诚实信用的为人准则和高尚的师德对学生进行隐性渗透式的思政熏陶。

(七)"西方经济学"师资队伍的建设与发展

2020年9月,财经学院新建了经济与金融专业,经济与金融教研室正式成立。当年,招收2020级经济与金融专业新生84人。针对新生入学需要打好专业基础的现状,教研室成立了"西方经济学"课程教学团队,从事"西方经济学"课程的一线教学工作。

教学团队成员由本专业教师组成,现有成员8人;其中,教授1人,副教授1人,讲师1人,助教5人;博士2人,在读博士1人,硕士5人;教学团队平均年龄36岁,"双师型"教师比例在一半以上。师资队伍中的职称结构、学历结构、年龄结构均合理。教学团队成员整体上基础理论扎实、实践能力过硬,整体素质高,发展后劲足,能够胜任"西方经济学"课程的教学任务与项目建设相关问题的研究。

鉴于目前"西方经济学"课程教学团队师资队伍比较年轻化,团队拟定的师资队伍发展建设的方案如下:

1. 培养中青年教师情况

采取"以老带新,同行互学"的措施,教学团队高职称教师采取"传帮带"方式,对青年教师给予教学能力和科研水平上的指导和帮助,为中青年教师创造访学、进修、参加学术交流的机会,确保参加专业培训及学术交流的教师达到5人次。

2. 梯队建设与发展

教学团队成员包括教授1人、副教授1人、讲师1人、助教5人。在两年内,职称结构方面争取增加副教授1人、讲师3人,提高教学团队中副教授和讲师比例。教学团队成员形成知识结构全面、学术研究领域宽广、梯队结构合理的教学队伍,有利于课程建设和专业发展。

3. 运行机制与带动作用

1)根据经济与金融专业"西方经济学"课程建设的现状,教学团队负责人徐永智教授带领团队成员明确教学团队建设方向,组织分工,实施课程建设,进行教学思政专题研究与教改创新。

2）以教学思政课程团队为依托，积极开展在线开放课程、高质量教材与教学成果的培育和研究工作，形成经济学课程系列教研活动的方案和计划。

3）加强教学梯队管理，开展以老带新的教学"传帮带"活动，逐步培养教学团队青年教师成长为教学和科研主力，为青年教师评职晋级创造条件。

4）加强教师学术交流，以提升教学团队整体教学水平和科研能力。2022年度教学团队成员拟参加学术会议3人次、专业培训5人次。

5）推广应用教学团队的科研成果，使本教学示范团队的科研成果对广东科技学院提高教学质量和人才培养产生有益影响。

6）完善教学团队活动管理机制，每学期制订教学团队建设工作计划，召开专门会议研讨，教学团队成员对计划的可行性要进行充分论证，确保计划可行。

（八）"西方经济学"产教融合的探索与尝试

国务院办公厅印发的《关于深化产教融合的若干意见》（国办发〔2017〕95号），进一步明确了"深化产教融合，促进教育链、人才链和产业链、创新链有机衔接"的要求。我们从实践中深刻体会到，党和国家所要求的深化产教融合，是应用型高等教育推进校企合作的正确路径。

如何实现产业界和教育界的深度融合？通过产教融合来促进应用型高校与企业的合作，在实践中我们做了以下的探索和尝试：

1. 建立校企互为"核心利益相关者"的关系

利益相关者是指能够对组织目标的实现产生影响，抑或组织在实现目标的过程中所波及的一切个体及群体。[①] 人才培养方案随着企业所需人才进行适时调整，应用型高校就是为服务当地经济培养所需人才的，所以企业已经成为学校核心利益相关者；与此同时，应用型高校也要重视、加强和提高为企业进行职工培训、技术服务等方面的能力，尽早成为企业发展的核心利益相关者。

2. 建立校企深度融合的发展模式

产教融合、校企合作要重点关注共同参与的教学活动，包括校企合作打造"一课多师"模式，共同实施课堂教学、共同设计实训项目、共同指导学生实习及共同指导学生参加各种经济类大赛等。应用型高校可以由学校教授和企业专家共同组成督导团队，参加日常的和阶段性的教学检查、评估。同时，在企业的积极参与下，定期跟踪调查，了解毕业生的适应和发展情况，评价专业建设和毕业生质量，为学校深化教学改革提供可靠的依据。要逐步形成自主型、入驻型、共建型和校外型等合作模式，拓宽校企融合培养人才之路。[②] 当然，产教融合、校企合作也不仅局限于高校发展和人才培养上，也要在关乎企业发展的技术创新、员工素质提升、企业项目承接方面发挥作用，形成"双赢"局面。

3. 建立激励企业参与办学的长效机制

帮助企业落实结构性减税政策，改善企业对民办高校教育的投资环境，鼓励企业参与

[①] 亢利平. 高职产教融合机制构建的问题与对策探析 [J]. 黑龙江教育学院学报，2018，37（5）：60-61.

[②] 冯胜清. 职业教育产教融合、校企合作问题及对策探析——以江苏省张家港市为例 [J]. 江苏教育研究，2015（15）：70-72.

民办高校的教育改革,使得企业和学校深度合作,为社会为经济培养出一批现代化建设所需人才,企业能够享受参与校企合作带来的经济效益和社会效益,真正实现企业和高校的互利共赢。①

四、基本成效

(一)创建了"一课多师+全方位互动+仿真实训"教学模式

教学团队创建了"西方经济学""一课多师+全方位互动+仿真实训"的教学模式。校企政共联,打造"一课多师"模式,扬长避短,让授课达到最佳状态,充分发挥课堂"主渠道",注重课前课中课后的"师生"和"生生"多维互动,对学生答疑解惑,引领学生感悟思政内容,引导学生做有担当的人,同时可以建立良好沟通关系。课后,学生加强经济仿真实训的训练,利用全国经济博弈软件,学生自由分组、模拟操作,同时,教师积极鼓励并指导学生参与经济类大赛,做到"以赛促学、以赛促教",开展体验式教学,有力促进应用型人才培养模式的完善。② 课程教学团队三位教师2020年指导学生参赛,有两支队伍分别获得了国家一等奖和广东省一等奖。

这些成绩的取得,都是实际训练的结果。这些平时的实训,帮助学生将理论知识内化,切实提高了学生分析问题和解决问题的能力,使得学生在经济实践活动中锻炼了团结协作、随机应变等应用型能力,增长了智慧和才干,形成了良好专业素养和人文素养,也有助于就业,经过实训的学生毕业后能够迅速适应经济岗位的工作。

(二)融入课程思政,达到润物无声的育人效果

"西方经济学"课程教学团队成员积极推行课程思政改革,结合专业知识,充分挖掘和提炼课程知识中的育人元素,润物无声、自然恰当地融入思政元素,做到全员、全过程、全方位的立体化思政渗透,注重让学生参与和体验其中,容易让学生接受,引起学生的情感共鸣。将立德树人作为人才培养的根本目标,将价值引领、知识传授和能力培养三者融为一体,积极探索"课程思政"融入的教学模式,锐意进取,敢为人先,在课程思政方面不断创新,取得了骄人的成绩。

2021年教学团队主要成员获得"西方经济学"校级优秀课程思政案例一等奖、省级优秀课程教学案例一等奖。

(三)精心设计教学内容,课内课外促进学生的全面发展

改变传统教学形式,在教学内容设计方面充分结合我国和广东省经济发展的实际,增加实验教学环节的比重,精心设计教学案例,案例来源于我们日常经济生活,有助于培养技能型、应用创新型的人才,增强其将来走向社会工作岗位的适应能力。本课程主要运用PBL教学法,结合情景案例、情景设想、话题讨论、课堂演练、问卷、投票、评分等多样化教学方法,深入浅出地进行教学活动,倡导学生学以致用,学中赛,赛中学,鼓励学生积极参与课外竞赛。

2019年教学团队主要成员樊贵玲老师在 International Journal of Education and Economics

---

① 尤利平. 高职产教融合机制构建的问题与对策探析 [J]. 黑龙江教育学院学报, 2018, 37 (5): 60-61.
② 杜江. 应用型人才培养模式下"西方经济学"课程教学改革探索 [J]. 长春大学学报, 2020, 30 (10): 119-121.

杂志上公开发表论文 Application of MOOC+SPOC in Western Economics Course（《MOOC+SPOC 在"西方经济学"课程中的应用》），获得学校科研奖励 1 500 元。

2021 年 5 月，教学团队主要成员樊贵玲、姚雪松、徐永智三位老师以"西方经济学"课程为例，参加广东省本科高校在线教学案例比赛，《基于"一课多师+线上线下多维互动+仿真实训"的"西方经济学"多元混合式应用型和体验式教学实践》获得了广东省优秀课程案例"一等奖"。

2020 年，教学团队的"西方经济学"课程获批"校级高水平课程"。

2021 年 10 月，教学团队主要成员樊贵玲老师的"西方经济学"说课比赛获得学校"一等奖"，并被推荐参加省级教学比赛。

2021 年 11 月，"西方经济学"获得省级思政示范课堂。

（四）完善考核内容，注重过程考核的创新评价

本课程注重改进结果评价，强化过程评价，探索增值评价，健全综合评价，以激发学习动力和专业志趣为着力点完善过程评价制度，从考核内容和考核方式方面为改革的创新结果加以评价，改变传统课程考核指标构成，增加多元指标，创新课程考核成绩构成。

成本会计学"应用型金课"教学改革的实践与探索

严晓云 喻 喜 陈 英
李昱瑶 章爱成 代 婷

摘 要: "应用型金课"既具有"金课"的一般特征,也有应用型的个性特征。应用型人才是能将专业知识和技能应用于所从事专业的一类专门人才。"金课"建设是推动高校教学质量与教学改革的重要内容。本课题立足于"金课"建设标准,基于应用型本科专业课程教学改革的相关理论,对应用型财会类本科专业成本会计学课程的教学现状及存在问题进行了分析,结合"应用型金课"建设背景,从课程目标、课程体系、课程学习领域及思政要素、课程实施和教学评价五个方面探讨了成本会计学课程教学改革情况,为建设更高水平的"应用型金课"进行了一些有益探索。

关键词:成本会计学;应用型金课;教学改革

改革开放以来,我国的教育发展取得了辉煌的成就,学历教育已经普及化。据统计,我国高等教育毛入学率由 2015 年的 40.0% 提升至 2019 年的 51.6%,在学总人数达到 4 002 万人,已建成世界规模最大的高等教育体系。然而,我国的高等教育质量与发达国家相比依然存在差距,尚没有成为高等教育强国。我国高等教育质量若要有所突破,关键就是要抓好本科教育的质量。本科生质量不行,研究生的质量也无法保证。再者,大部分本科生是要就业的,本科生的培养质量影响劳动者的素质,事关国家建设的人才质量需求。随着 5G 时代、大数据、人工智能的到来,高校教育迎来了改革和发展的重要机遇。高等教育应从普及化转而走向内涵式发展,切实提高本科教育的质量。

近年来,教育部门提出要在高校里打造"金课"、挤掉"水课"的改革思路。大学课堂改革如火如荼地开展,采取了把传统的教师讲授型课堂改成以学生为中心的课堂,重视过程评价,实施翻转课堂、线上线下混合式教学、改变考核评价方式等一系列举措。"金课"这一命题的提出正是对现在高校教育现状的客观判断。打造"金课"是建设一流本科的重要抓手,是培养高质量本科人才的立足点。本课题旨在将成本会计学课程打造成能结合应用型本科院校特征的"应用型金课"。

一、应用型本科专业课程教学改革相关理论

（一）课程与教学的关系

课程是方案、内容、计划的结合，目的在于增长学习性经验。课程内在的特征是具有目的性、经验性、综合性和系统性。教师在世界观、价值观的引导下进行课程设计，将多种课程要素通过课程设计方案组织起来，在教学中实施，最终达到课程设计的目标。

教学是教和学相结合的活动。一般地，教学活动是在教师的引导下，完成知识积累和能力提升的过程。教学隶属于教育学的范畴，涵盖了教学目标、教学任务、教学内容、教学方法、教学手段、教学评价等。

多年以来，学者们一直对教育与课程的关系问题存在争论。美国著名课程论专家奥利瓦认为："教学是方法。教学活动是实施和描述。课程是方案、内容和计划。"奥利瓦还提出了四种课程与教育的关系模式，包括连锁模式、二元论模式、循环模式和同中心模式。20世纪初，美国教育家约翰·杜威提出了整合课程与教学的理念。美国学者韦迪用"课程教学"来概括课程与教学整合的新理念和新实践。在中国，课程与教学的目标、发展和改革是课程与教学学科的主干，而课程与教学的开发、设计、实施和管理是学科的支干。[①] 主干和支干相互支撑，课程是活动计划，而教学是计划的具体运用。主干和支干也相互拓展，课程的要素发生变化，教学的要素也相应改变。教学和课程两者虽然存在二元关系，但两者的目的都是促进学生的学习经验的积累，在教育学体系中，两者不可或缺。

（二）应用型人才培养要求

应用型人才是指熟练掌握从事社会专门活动的专业知识和技能并能够适应当前社会生产需要的人才。应用型人才的内涵是随着社会生产发展需求而不断变化的，主要包括从事一线生产或者从事一线工作的专业人才。[②] 它与技能型人才、学术型人才的概念是相对的。应用型的人才培养应着眼于"应用"，培养具有时代精神、富有时代价值观念的大学生。"应用型"教学体系的构建需要满足新学科方向、新专业体系、新课程结构，同时还要在教学内容、教学过程、教学手段、教学评价上更新，以提高教学质量，培养适合社会发展的大学生。"应用型"教学体系的构建需要和产业接轨，特别是和高校所在地区的产业融合，服务于地方经济，为地方经济的发展输出人才。"应用型"本科院校在设置学科方向上应有高度的敏捷性，根据周边产业的调整而调整，持续的调整能力才能充分保证应用型人才的质量。从人才培养的供需关系看，地方本科应用型人才的资源配置实质上也是产业结构改革的一部分。

（三）应用型金课建设内涵

教育部在《关于狠抓新时代全国高等学校本科教育工作会议精神落实的通知》中明确提出，各高校要全面梳理各门课程的教学内容，淘汰"水课"、打造"金课"，合理提升学业挑战度、增加课程难度、拓展课程深度，切实提高本科课程教学质量。[③]

---

① 钟勇为，王木林. 中国课程与教学论百年发展回顾与展望 [J]. 现代大学教育，2021，37（2）：66-78.
② 吴旭君. 以职业岗位能力为导向 创建应用型人才培养模式 [J]. 中国高等教育，2014（5）：34-35+45.
③ 修南. "双高计划"背景下高职院校"金课"建设的价值与维度 [J]. 职业技术教育，2020，41（32）：31-36.

"水课"是指课程内容陈旧、过时,学生不需要努力,随便听听就可以轻易通过的低阶课。另一个层面也指教师没有用心备课、上课,照本宣科,学生在课上感觉枯燥无味,获取不到知识的课程。

"金课"具有高阶性、创新性、挑战度,归结为"两性一度"。所谓"高阶性",就是培养学生养成"高级"的思维方式,能够与所学的知识融合,具有分析和解决综合问题的能力。所谓"创新性",是指课程内容应当具有实用性、时效性,反映时代的前沿,与时俱进。同时,创新性也要求教学形式能够融合新兴的教学手段,强调教学过程能激发学生足够的参与度。最后,形成的学习结果不是固定化的,而是具有个性化的,并且可以引发学生深思和探究。所谓"挑战度",是指课程有一定难度,需要学生发挥思考能力、动手能力才能得出答案,而不是轻而易举地得到结果。这就要求教师花时间和精力去打造课堂,在课程设计、教学方法等方面下功夫。所以,打造"金课"对于教师和学生都是有较高要求,具有挑战性的。

"应用型金课"是将应用型人才培养的要求和"金课"建设要求结合起来,它不仅体现了人才培养的一般性特征,更体现了其应用型的个性化特点。在人才培养的一般性特征上,"应用型金课"首先要体现课程目标的综合性和高层次。"应用型金课"的课程目标除了知识目标、能力目标,还应包括素质目标,其教学内容应包括培养学生分析问题、评价问题和会创新的能力。① 简而言之,"应用型金课"应体现高阶能力的培养。其次,"应用型金课"相较于普通课程而言更加注重课堂教学先进手段的应用和加强教学过程的互动。将新型的教学技术与手段应用到课堂中,吸引学生的注意力,能够提高教学效果与效率;教学方法与教学内容相结合,能让学生由浅入深地接受新知识,激发思考的热情,提高课堂中师生互动的频率。最后,课程评价要体现科学性和个性化评价。一方面,课程评价应当与课程目标呼应,课程目标决定课程评价的方式和内容。课程评价标准应该事先让学生获知,让学生可以知道努力的方向。评价还要能客观地反映学习的效果,过于宽松或者过于严格都不适宜。另一方面,"金课"必须重视过程评价,把过程评价与终结性评价结合,合理安排课程的每个环节,为过程评价提供依据。个性化评价是在达到教学目标的基础上的,对不同学生成果的差异化评价,同时也是培养个性化人才的需要。

"应用型金课"具有"以行业需求为核心,以实际应用为导向,以综合实践为载体,以思维及方法创新为特色"的特征。首先,"金课"的课程目标体系应和地方产业结合,根据学科适用的不同岗位设计教学目标,并且与学生的现行能力水平结合,找出课程的核心内容,构建岗位能力目标,让学生在学习过程中能提高岗位工作能力。其次,以岗位实践导向课程内容的编排顺序,打破传统的讲授章节体系,参照企业中的工作流程或者运作方式解构课程,重组课程,构建以实践为核心的课堂内容。再次,提倡仿真教学,以市场导向教学方法。课堂中引入仿真场景,根据不同的课程内容引入不同的场景,让学生有身临其境的体验感。比如,理论课程以项目教学和案例教学为主,实践课程以场景模拟、仿真教学、模拟操作为主。最后,行业导向师资,鼓励教师多参与行业活动,到企业中去实

---

① 王慧颖,陈芝韵. 高职院校混合式"金课"教师胜任力模型构建与实证分析[J]. 当代职业教育,2020(6):4-11.

践，尽可能地参与企业的流程和业务。倡导引进"双师型"教师，或者吸纳企业导师，这样构建实践型导向课程体系才有实践保障。

二、课程教学现状、存在问题及教学改革的必要性

（一）课程教学现状

从学情上分析，学生在学习"成本会计学"课程时普遍存在以下特征：其一，会计的基础知识不扎实，对以前学的会计核算流程和方法没有形成系统，导致思路不清晰；其二，对成本核算中的难点、繁杂的核算步骤普遍存在抵触的心理，进而形成消极应对的心态；其三，不喜欢强理论性的课堂讲授，偏爱动手操作，富有实操性的课堂活动比较能激起学生主动探索的兴趣。从以上学情可以看出，纯理论的讲授是不能被学生接纳的，甚至会引起抵触，效果不佳。目前，"成本会计学"课程的教学多数停留在现有教材的范围内，但教材的内容近二十年并没有大的改变。经济业务推陈出新，但教材的改革并没有赶上经济环境的变化，致使学生感觉教材的讲述并未和现今的时代接轨，甚至脱节，从而提不起兴趣。所以，要求教师在教学的过程中改变其传统的方法，应该"以学为中心，以教为主导"，实施"实践+理论教育"的方法，注重学生的实践操作能力，贴近实际，提高学生的学习兴趣，促进应用型高素质人才培养目标的实现。这就要求我们参照专业标准与课程内容，改革成本会计学课程，摒弃实用性差和过时的理论知识，采用现代教学方法，不断提高学生的学习自主性。

从教材的角度来看，"成本会计学"课程的内容涵盖了成本会计的基本理论知识，包括要素费用分配、基本生产费用分配、辅助生产费用分配、制造费用分配、生产费用在完工产品和在产品之间分配的各种方法，还涉及产品成本核算的三种基本方法和两种辅助方法等。一个学期按64个学时计算，具体的学时分配如表1所示。

表1 "成本会计学"课程内容模块学时分配

模块名称	学时
成本会计基础知识模块	4
要素费用的归集与分配模块	12
生产费用在完工产品与在产品之间分配模块	12
品种法模块	6
分批法模块	6
分步法模块	16
辅助方法模块	4
成本报表模块	4
合计	64

由于知识点繁杂，学生学习的难度增加。一些学生容易混淆各种成本核算方法，学得越多，问题就越多，知识体系越混乱。

(二) 课程教学存在问题

1. 没有充分体现"以学生为中心、以教师为主导"的教学理念

目前，教学活动的主导者还是教师，教师主要讲授成本会计核算的方法，很少涉及成本管理和成本控制的内容。由于这门课程的知识点多，计算繁杂，所以在课堂上就没有更多时间与学生交流，学生的参与程度比较低，学生难以有效地使用获得的知识。例如，教师在讲解材料费用按定额消耗量比例分配时，会详细介绍其计算公式和计算结果代表的含义，大于1表示实际消耗量大于定额消耗量，是超支；小于1代表实际消耗量小于定额消耗量，是节约。但是不会跟学生一起探讨、深入分析原材料超支（或节约）的原因，对知识点的掌握还只是停留在计算上面，很难提高学生在实际工作中使用成本核算的能力，也不能充分发挥学生分析问题和解决问题的能力。

2. 教学内容与实际工作过程融合度欠缺

成本会计是实践性和专业性非常强的学科，学生只学会刻板地计算教材中的题目是远远不够的，学生没能接触一些"贴近实际"的实操，对当前企业的案例没有深入的感知，并且没能在实操锻炼中形成灵活思维和创新能力。在成本会计实操中能完成复杂的业务处理和会计核算，解决企业现实的成本管理问题，才是应用型专业人才必须具备的能力。但是就当前成本会计学科实际教学情况来讲，缺乏实践经验的学生完成企业产品成本计算是十分困难的。学生对于企业成本会计相关工作与流程的了解并不深刻，对成本会计工作也缺乏系统的认识，一旦运用到实际工作之中便会不知所措。①

尽管近年来我校力推课程改革，教师在教学过程中也使用案例教学方法，但更多的还是以教师讲授为主，教师和学生之间的互动比较少。案例教学法的关键是选择合适的案例，因此在计算成本时应特别注意相关材料的选择。一个案例必须是贴合实际、奇妙和新颖的，才能达到好的教学效果。合适的案例教学法会发挥两个作用：一个是可以让学生感觉自己在企业中的角色，并能够分析问题，从而提高学生的热情和参与度，大大提高学生的学习能力；另一个是可以使专任教师接触更多当前企业的案例，这些案例与现实状况相符，教师在指导学生分析案例的同时专业水平也会同步提高。

3. 教学评价体系相对单一

目前，我校对于考试课的评价方式还是平时成绩加期末卷面成绩，其中平时成绩占40%、期末卷面成绩占60%。虽然学校已经大力推动超星学习通的使用，但是没有具体纳入学生考核的成绩中，教师的教学方法主要还是PPT教学，而教学内容主要是基本理论和计算分析，很难调动学生的学习热情。尽管期末卷面考试能考查学生对知识点的掌握情况，但是考试的形式还存在较大的局限性，无法考核学生分析实际问题的能力，所以难以促进学生创新能力的提高。

考核的平时成绩占40%，教师把考勤、课堂回答问题、作业等设置为平时分的组成成分，增加了过程评价的元素，如表2所示。虽然融入了过程评价，但是体现积极参与课堂的评价指标占期末总评成绩的分值非常低，其中，回答问题和案例讨论只占了总分的8

---

① 于芳. 试析"互联网+"教育背景下的成本会计课程教学改革［J］. 行政事业资产与财务，2021（6）：119-120.

分，并不能很好地突出过程评价，学生对其重视程度也不够。

表2 平时成绩的组成表

项目	考勤（40%）	作业（20%）	回答问题（10%）	课堂测验（10%）	案例讨论（10%）	课堂纪律（10%）
折合成期末成绩（40%）	16	8	4	4	4	4

（三）教学改革的必要性

1. "金课"建设中解决现实问题的迫切要求

目前，我国"金课"建设在"质"和"量"上均存在着不足之处。首先，在"质"上，我国高校的课程形式单一地以教师讲授为主，无法满足本科教育质量提升的要求。"金课"的形式多样，包括线上"金课"、线下"金课"、线上线下混合式"金课"、虚拟仿真"金课"和社会实践"金课"。很多高校的"金课"普遍是线下"金课"模式，其他类型的"金课"建设投入不足，"金课"的影响范围较小，成果转化率不高。其次，在"量"上，由于技术条件和资金、时间及精力的限制，模拟仿真"金课"和社会实践"金课"这两类"金课"建设在高校中遇冷。教育部发布的数据显示，2018年度无论是全国"金课"总数还是各个独立高校的"金课"数量都处于较低水平。目前，我校"金课"的建设还有很多需要改进的地方，要求多方参与建设，既要保障质量，也要保证数量能够达标。成本会计学课程的教学改革是"应用型金课"建设中解决现实问题的迫切要求。

2. 强化本科教育的必然选择

本科生是高素质专门人才培养的最大群体，本科阶段是学生世界观、人生观、价值观形成的关键阶段。本科教育是我国高等教育体系中重要的组成部分之一，是提高高等教育质量的最重要基础，既承担着为经济社会发展需要培养专业人才的重任，又发挥着立德树人的重要作用。经过几十年的发展，我国高等教育进入普及化发展阶段。虽然数量上呈现蓬勃发展趋势，但是由于人才培养的体制、模式、观念和质量标准的限制，我国本科教育长期处于"严进宽出"的状态，人才培养质量难以提高，同质化严重，拔尖创新人才匮乏。

本科教育需要由过去只重视"教"向"以学为中心"大力推进变革，强化由"教"向"学"的转变，既要注重"教得好"，也要加强"学得好"，激发学生对学习的兴趣。而"金课"建设的要求就是加强师生双向互动，严格管理教学过程与教学效果。打造"金课"并淘汰"水课"是本科教育发展的必然选择，这一方面有利于促进本科教育质量的提升，另一方面能够帮助学生提高理论知识、专业技能、个人素质。① 而"金课"建设背景下根据"以学为中心"的原则对课程改革的深度、广度、难度都提出了更高的要求，教育部从资源供给、经费倾斜、评价机制等方面出发，为打造线上、线下、虚拟仿真、社会实践等多种形式的"金课"提供全面保障。所以，"成本会计学"课程进行教学改革是强化本科教育的必然选择。

---

① 吴屹，胡冬梅，唐洁. 一流本科建设视角下高校"金课"打造的实然与应然 [J]. 教育现代化，2019，6 (91)：102-104.

3. 提高教学资源使用效率的重要举措

首先,"金课"形式多样化,不仅扩大了课程受众的范围,打破传统线下教学时间和空间的限制,而且利用网络技术和信息技术手段的独特优势,传播速度快、范围广,能够让不同层次、不同水平的学生获取优质课程资源,提高学习兴趣与专业技能水平。同时拓宽了高校之间获取优质课程资源的渠道,实现了教学资源共享。其次,本科教育的课程体系想要朝着精品化路线发展,就需要在打造"金课"时重构课程内容、改革课程形式、优化课程结构。同时,随着国家教育政策、改革经费等资源配套到位,客观要求加强教师教学能力建设,完善学生能力评测体系。因此,加强"成本会计学"现有的教学内容、课程结构、评价方式等的改革,也是提高成本会计学教学资源使用效率的重要举措。

三、"应用型金课"建设背景下的课程改革实践与探索

(一)以行业人才需求为依据,定位专业课程目标

应用型财会类本科人才的培养目标在于培养适合国家发展和区域性经济发展,掌握会计学、管理学基本理论,具备较强的会计系统知识、会计业务操作能力,能够胜任企业或非营利组织的会计实务处理和日常财务管理,并具有一定创新能力的专门人才。[①] 所以,"成本会计学"课程目标设置和实践操作模式,需要重视和强调其实用性,才能契合应用型财会人才的培养目标。在学习成本会计学课程之前,我们不仅要求学生掌握会计学原理、财务会计等专业课程的基础知识,还要求学生通过财务分岗、财务会计综合实训等课程实践,能将相关理论知识运用到实践中,明确相应岗位的要求,能胜任成本会计等相关岗位的工作。

(二)以工作过程为导向,构建课程知识与能力体系

课程知识体系方面要重视内容的全面性,而不只注重成本核算,我们还要兼顾成本控制。教师在讲解的时候,也要进行系统讲解,除讲解成本核算的流程和具体方法以外,也要涉及成本控制的流程。为了让学生了解制造企业的实际生产过程,教师可以在课前收集一些学生熟悉的企业资料,向学生介绍制造企业供应、生产、销售的每一项任务,以及资金和实物运动的过程。在选择教材的时候,可以选择有企业实际案例并配有习题的教材,提高学生对"成本会计学"的认识,加深他们对"成本会计学"课程的理解和运用,提高学生分析问题和解决问题的能力。

把传统课程中的教学内容重新梳理,将教学内容进行重新设计。在构建成本会计学课程知识与能力体系时,以制造企业供应、生产、销售等工作过程为导向,根据职业能力分析情况对成本会计的内容进行重新组合,设计成本会计认识、品种法应用、分批法应用和分步法应用四个教学内容。以品种法应用为例,具体的工作过程实施步骤安排如图1所示。

---

① 姜英华. 基于会计学本科应用型人才培养目标的成本会计学课程改革[J]. 金融经济,2015(22):182-184.

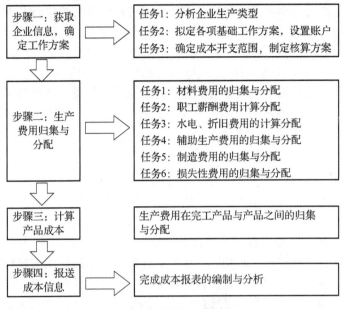

图1 品种法的工作过程

此外，近年来随着会计行业与国际标准接轨，会计制度逐步向国际靠拢，会计模式、会计核算方法也受到影响。会计人才的培养目标要求也应跟国际接轨，因此，在授课内容方面，理论前沿和发展动态方面的内容不容忽视。

（三）以工作任务为引领，确定学习领域及思政要素

1. 成本会计学课程学习领域

"成本会计学"是以成本为对象的一门会计专业基础课，是一门实用性较强的课程。通过本课程的学习，学生应在了解成本会计的基本理论和基本方法的基础上，掌握从事成本会计工作的基本技能。本课程主要以制造业企业成本核算为研究对象，以有关会计法律法规为依据，着重讲授成本会计基础知识、要素费用的归集与分配、生产费用在完工产品与在产品之间分配，三个基本成本计算方法（品种法、分批法和分步法）和两个辅助成本计算方法（分类法和定额法），以及成本报表编制与分析等内容。该课程的学习领域可以概括为三项准备工作和五个步骤，具体如图2所示。

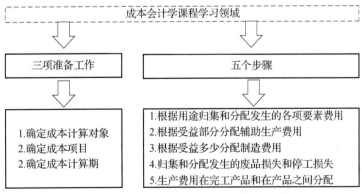

图2 成本会计学课程学习领域

同时，产品生产过程中涉及的费用种类繁多，费用经常需要进行分配，所以学会运用步骤拆解法非常重要。步骤拆解法能让学生理顺思路：第一步，分配前先确定"分配谁，分给谁"；第二步，确定分配标准；第三步，计算费用分配率；第四步，计算各分配对象各自应承担的费用。每个步骤环环相扣、联系密切，学生更容易建立成本核算的整体框架，让学生既能知道怎么做，也理解为什么要这么做。[①] 在注重理论的同时，加强学生的实践练习，除通过网中网实训平台模拟企业的流程操作外，还可以利用假期去企业实习，帮助学生将理论知识与实务有机结合。

2. "成本会计学"课程思政建设

课程思政要沐浴在真情实感之中，实施情感教育，让思政"入心""入脑"，润物细无声，思政教育融入专业课是重要且必要的。"成本会计学"课程的思政建设具体可以从以下几方面进行建设：

（1）组建课程团队，提升教师思政育人素养

教师需要依靠自己深厚的学术功底、良好的道德修养和高尚的人格魅力去影响自己的学生，教师对学生的影响是潜移默化的、是深远的。所以，我们可以选择专业理论与实践功底深厚、教学经验丰富、具有良好师风师德、热爱本职工作的教师组建课程团队。大家可以共同探讨，定期开展将思政教育融入成本会计学知识的会议，研制一套通用的思政教学内容，并将其运用到具体的教学活动中，从而不断深化思政教育，提升教师思政育人的素养。课程思政教学具体内容如表3所示。

表3 课程思政教育具体内容

序号	内容模块	思政育人目标		思政育人内容
		培养职业道德	塑造坚韧灵魂	
1	第1、2章 成本会计基本理论及基本原理	坚守准则 客观公正	成本意识 主人翁精神	1. 培养学生的成本意识 2. 培养学生开源节流、节约成本的意识 3. 培养学生提高技能、坚持准则的意识，提高沟通交流能力
2	第3章 成本构成要素费用的核算方法	客观公正	节约成本	1. 培养学生以身作则、自觉遵守会计准则的规则意识 2. 培养学生积极参与企业管理的主人翁思想
3	第4、5章 综合生产费用及生产费用的核算方法	爱岗敬业 提高技能	知法守法 知难而上 精益求精	1. 培养学生遵法、爱法、守法意识 2. 通过选择合适的辅助费用分配方法，培养学生理论联系实际的精神；通常分配率有较多小数，由此培养学生心细如发、精益求精的工作作风 3. 通过学习生产损失的核算内容，培养学生遵守生产管理制度，努力提高产品品质的意识，树立废物利用意识，将生产损失降到最低

① 郭剑霞. 应用型人才培养模式下成本会计课程教学改革探讨［J］. 经济师，2017（5）：202-203.

续表

序号	内容模块	思政育人目标		思政育人内容
		培养职业道德	塑造坚韧灵魂	
4	第6~9章 产品成本计算的方法	爱岗敬业 提高技能	节约成本 知难而上 精益求精	1. 通过八宝粥、衬衫、沙发等案例研讨,培养学生创新创业的意识 2. 培养学生节约成本的意识 3. 培养学生耐心细致的工作作风
5	第10、11章 成本信息编报及分析	爱岗敬业 提高技能	实事求是 主人翁精神 保守秘密 科研意识	1. 培养学生积极主动参与企业管理的主人翁意识 2. 培养学生根据会计准则,提供客观、公正、准确成本报表信息的责任感 3. 培养学生在提供成本控制方案方面的团队协作精神 4. 培养知难而上的研究意识

(2) 不断挖掘教学内容中思政元素

在"成本会计学"课程教学中实施思政教育,我们首先要认清课程思政的特点。在专业知识教育中"融入"和"挖掘"思政元素是开展财会课程思政的前提,其出发点和落脚点是促进人的全面发展,热爱会计、团结协作、爱岗敬业、终身学习等思政元素可以结合教学内容有机融入"成本会计学"课程。课程思政与思想政治教育的目标是同向同行、不可分割的,课程的育人是系统的、有组织的,也是教师自觉的行为。比如,在讲授辅助生产费用分配的方法时,构建以学生为中心的教学模式,采用任务驱动法,将思想政治教育要素充分体现在成本会计学的教学内容和方法中。通过发放案例,让学生分析和阐述案例,掌握辅助费用分配方法的计算和合理选择,培养学生理论联系实际的求实精神。在计算和分析时,辅助费用的分配通常分配率会有较多小数,可培养学生心细如发、精益求精的工作作风。

(3) 利用超星学习通混合式教学模式强化课程思政

学校广泛推广基于超星学习通的在线开放课程,"成本会计学"课程是学校的优质课程,同时也正在申报省级一流课程。教师可以借助混合式环境下的课程思政研究,打造基于超星学习通平台的"互联网+"混合式学习模式,依托任务驱动法、案例教学法等具体学习任务,在课前、课中、课后融入思政元素,精心准备课程思政的教学资源,在潜移默化中完成"三全育人"的目标。

(4) 邀请思政教师改进教学设计

课堂是教学的主阵地,要充分发挥其主渠道作用。在教学设计中要丰富教学形式,在成本会计教学中引入情景模拟、角色体验、任务驱动法等教学方法,同时邀请马克思主义学院的教师对思政素材进行指导和把关,提升课堂话语和知识传播的有效性,促进学生在"成本会计学"课程中的学习、参与和思考,实现认知、情感、理性和行为认同,以"课程思政"教育方式,在潜移默化中实现"德"的提升。另外,可以邀请思政课教师参与听课、评课、说课等活动，通过不断交流，共同提升财会类专业学生的思想素养。[①]

（四）以产教融合为指导，有效组织课程实施

"成本会计学"课程涉及大量理论和方法的应用，是一门集知识、技能、技巧为一体的专业课程。把这门课程纳入"金课"的建设后，我们在教学中秉承从现实岗位的要求出发，将培养目标定位为夯实学生的理论基础，培养学生的实践技能，能够厘清成本核算的类别，并根据产品生产特点熟练运用相应的核算方法并准确核算。坚持以学生为中心，灵活采用多种教学方式，强化信息技术手段在教学过程中的深度融合。

在"成本会计学"课堂设计时，将任务驱动法贯穿整个教学过程，提前一周通过超星学习通发布案例，案例结合目前制造业企业的业务情况，灵活设置教学任务，使学生在任务的驱动下逐步完成任务。课中通过提问的方式抽取小组进行分析结果阐述，任务驱动教学模式课堂设计以学生为主体，教师起从旁引导的作用，强调活跃学生的思维，激励学生主动完成任务。

在"成本会计学"教学中采用任务驱动式案例教学法，将制造企业的实际案例和贴近学生生活的案例素材与基本理论知识相结合，让高校专业课堂充满生活气息，改变传统课堂上枯燥、乏味、纯理论的教学模式。在整个教学活动中，学生认真学习和思考教师发布的案例，团结协作完成并上台展示结果，每个小组的成员都有可能对案例分析报告提出问题。同时，教师要对学生阐述的成果进行点评和总结，并反思是否达到了预定的目的，以便日后改进教学。通常情况下，成本核算类的问题答案是唯一的，但对成本核算以外的内容，应尽可能设计多样性的答案，教师要鼓励学生大胆提出自己的看法和解决问题的建议。[②] 任务驱动式案例教学模式如图3所示。

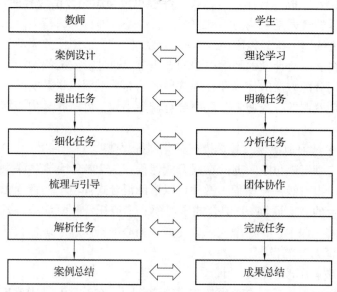

图3 任务驱动式案例教学模式

---

① 褚玲仙. 思政教育融入高职会计专业课程教学探析——以《成本会计实务》为例 [J]. 中小企业管理与科技（下旬刊），2019（10）：133-134.

② 许亚湖. 大学成本会计学课程案例教学问题研究 [J]. 财会学习，2014（8）：76-77.

(五) 以提高岗位能力为本位,改进课程评价

1. 以"金课"建设为参照,创立教学评价标准

在教学过程中,注重与应用型本科"金课"的内涵相契合。教师在课堂上充分发挥主导作用,强化教学过程中的研究创新性活动,引导学生争当课堂上的"主角",突出学生的主体地位。遵循教学的规律和学习的规律,特别体现"能工作"的特点。过程评价中注重体现过程性评价和多样化评价,全面考核教学效果及学生的综合素养。[①] 过程性评价注重学生的学习过程,教师可以通过超星学习通平台进行统计并计入学生的平时成绩,包括课前网络资源的预习、课件的点击次数、课堂的互动情况、主题讨论、随堂练习等,还可以设置分组任务,在分组讨论中可以设置教师评价、组内互评、组间互评和自评,采取多元化的方式改进学生的评价方式。同时,在过程评价的基础上结合终结性评价来开展评价工作。终结性评价打破传统的纸质卷面考试形式,可以增加一些实训项目或课堂小论文的形式。实训项目可以采用小组作品的方式进行展示,充分发挥学生的团队协作和创新能力,培养学生分析问题和解决问题的能力。教学的案例展示中,分别由教师、学生和专业人士从理论内容、实践能力、解决方案等不同角度进行点评。以实践项目的互动评价的方式,让每组学生清楚自己的水平和不足,并完成自我评价、自我反馈,形成良性的循环效应。[②]

因此,学生的学业评价通过增加开放性内容的考核,如采用基于OBE理念的无纸化考试平台、超星考试平台等(随机组卷,题型参照初级会计资格考试方式)加线下课程小论文或案例设计等方式,形成"1+1"的结果考核制;通过推行过程评价,强化产出导向,激发学生专业兴趣和学习动力,强化并完善过程评价;实施由考勤、线上课程完成度、作业、测试、分组任务、讨论、课程互动、分项实训成绩、课程思政表现等组成的"9N"考核制,多管齐下,有力提升课程学习的广度、深度和挑战度。

2. 以提高学生能力为目标,创新课程考核方式

教学考核调整原来平时成绩与期末考试4∶6的比例,加大过程性考核成绩比例,督促学生积极参与平时的教学过程,提高学生在平时授课过程中的参与度,让学生成为课堂的主人。变革后"成本会计学"课程考核总成绩由过程性考核(60%)及终结性考核(40%)两部分构成。[③] 鉴于该门课程为专业必修课,且应该突出实践性考核,其整体考核实行"9N+1+1"考核制,即平时考核×0.6+期末考核×0.2+(课程小论文、研讨报告等)×0.2。其中,平时考核涵盖了课堂考勤(5%)、线上课程完成度(5%)、研讨(10%)、作业(20%)、测试10%、课程互动(10%)、分组任务(10%)、分项实训(20%)及课程思政表现(10%)等。期末考核以标准化测试及非标准化考核形式为主(各占比20%)。采取成本分析大讨论、成本控制方案推广等多种途径,组织学生根据具体内容自行演讲展示等方式,计入最终的考核成绩,较好地激发学生的学习兴趣,培养学生创新思维,充分发挥学生的主体作用。

终结性考核则以基于OBE理念的无纸化考试平台、超星考试平台等机试形式及课程

[①] 黄玉梅. "金课"建设背景下高校课程教学的改革与探索 [J]. 江苏科技信息, 2019, 36 (35): 57-59.
[②] 高岩, 张晓琴, 薄涛. 金课背景下商务智能课程改革与教学设计 [J]. 办公自动化, 2021, 26 (4): 6-7+30.
[③] 许娇慧. 基于工作过程的成本会计课程改革分析 [J]. 中国国际财经 (中英文), 2017 (7): 64.

小论文等开放题型考核学生对知识点的掌握情况。在过程性考核中，要注重以学习成果为导向，引导学生通过案例分析、PPT制作、学习心得、最优作业、实训报告等，形成学习成果。教师根据学生实际表现给予科学评价。通过创新课程的考核方式，提高学生的思维能力和实践能力。

四、成本会计学教学改革成果及展望

1. 改革成果

课程是人才培养的核心要素，课程质量直接决定人才培养质量。本文在应用型人才培养目标和金课建设背景下，分析了"成本会计学"课程教学现状、存在的问题以及教学改革的必要性，探索了一系列具有操作性的教学改革实践方法和改革路径，在教学中进行了初步实践并取得了一定的教学成果，已取得的成果表现在以下四个方面：

一是"成本会计学"在2018年立项为校级优质课，经过课题组成员共同备课，开展教学内容与方法改革，建设网络资源，在2020年6月顺利通过验收。

二是通过对本课程进行教学改革，实践"学生中心、产出导向、持续改进"的教育理念，改变了教师授课"满堂灌"的现象。教师通过强调人人必须动手做、动脑思考、动嘴讨论，给学生提供了自主学习的形式。通过生生互评、教师点评，进一步激发学生的求知欲望，从而全面培养学生独立思考的能力和合作共赢的团队精神，逐步达到持续改进的效果。

三是创建课程教研室，共享财经专业群建设资源。通过精选财务管理、会计学、资产评估等专业的优秀教师，组建"成本会计学"课程教研室，通过分工协作完成课程资源的建设，减少了课程的重复建设，大大减轻了教师们的工作负担，避免了教学资源的浪费，有效实现课程建设的共享、共融、共建。

四是以行业人才需求定位"成本会计学"课程的实用性，以制造企业供应、生产、销售等工作过程为导向构建课程知识与能力体系。课程通过学情分析，结合实际工作过程，采用通俗易懂的方式开展教学活动。在课程教学过程中，结合思政元素，与专业技能的传授有机融合，进行全过程、全方位育人，有效形成融洽的师生关系，学生综合素质得到有力提升。

2. 未来展望和发展方向

当然，课程改革是一项艰巨的长期工程，需要在教学实践中持续改进。本课题组以后努力的方向有以下两个方面：

一是在继续实施"以学为中心，以教为主导"的教学改革中，通过全方位、全过程、全员的"三全育人"方式，紧密结合课程思政内容，促进学生全面发展。

二是主动对接经济社会发展需求，将培养全体学生知识、能力和素质作为核心追求，开展基于OBE理念的课程教学改革，合理增加课程内容的高阶性、创新性和挑战度，提高学生学习的主动性、创造性思维和实践能力。

课题组在后期将进一步结合在线开发课程特征，从教学手段、教学内容、教学资源等方面进行深层次优化与提升。坚持以学习成果为导向，不断提升学生学习课程的"获得感"，着力提升教育教学质量，持续推进成本会计学"应用型金课"的建设。

基于校企深度融合的商务英语课程群教学改革与实践

钟珑菲 徐 坤 李 力
杨忱罱 古珊珊 陈 晶

摘 要：本文针对"广科模式"下目前商务英语专业在顺应应用创新型人才培养要求过程中仍存在的课程设置方面的问题，结合该专业校企合作工作现状，对开展应用型商务英语课程群教学改革研究的必要性、校企深度融合应用型商务英语课程群教学改革的路径、课程思政教育设计等方面进行了细致分析，并对课程群教学改革的实际成效进行了深入调研。

关键词：课程群建设；商务英语；校企深度融合

近年来，外国语学院致力于商务英语专业"1+N+1"人才培养模式的探索与实践，在此过程中已形成一定的校企合作基础，但总体而言仍存在校企合作流于人才输送、校企联合人才培养与课程建设实质成效不够显著等问题，深度合作尚有巨大进步空间，应当进一步加强校企合作的深入研究并进行课程教学改革。基于此，本研究将遴选一批应用型商务英语课程，如商务英语口语、跨境电子商务、商务方案策划、商务礼仪与会务实训等课程组建课程群，根据人才培养方案的设置要求、开课学期、用人市场实际需要，寻求与企业进行深入融合的切入点，进行课程教学改革实验，并通过实证研究对校企深度融合的教学改革理念、实现路径、评价标准及成效等进行分析与总结，呈现应用型课程改革实践案例，形成相关研究成果。

一、当前广科应用型商务英语专业课程设置存在的问题

当前广科商务英语专业主要细分为两个方向：国际贸易方向和国际会展方向。围绕这两个方向，设置了符合各自方向特性的系列课程。整体而言，由于专业建设年限并不长，当前广科的应用型商务英语专业的课程设置还处在摸索阶段，人才培养方案也处于修改完善阶段，虽说基本能够满足人才培养方案的需求，但需要完善的地方不在少数。具体而言，当前广科商务英语专业课程设置存在的问题主要有以下几点：

（一）专业定位与市场需求有落差

对于商务英语专业的定位很容易走向两个极端，即要么只注重了"英语"，要么只注重了"商务"；同时，也很容易流于形式，即在英语的基础支撑模块之上，添加一些商科课程，这样学生也只是学到了两个"皮毛"而已。所以，在设置商务英语专业的课程时，对于"英语"和"商务"处理得不够细致和谨慎，或多或少忽略了商务英语教育的职业

性，导致人才培养与市场的需求有落差。

（二）商科课程课时相对较少，达不到系统化体系化

对商务英语专业教学进程计划表进行分析后我们发现，英语的听、说、读、写、译等基础知识主要在大一、大二进行，而学生的商科知识主要在专业组选课和专业任选课两个模块中获取，虽然科目较多，但是学生获取的上课总学时和总学分却相对于英语基础课程少了不少，这就导致商科课时相对较少，且没有建立系统的体系，知识笼统、零散，实用性也不强。另外，这样的课程设置和课程结构，将更多的课时放在了英语上，而学生又没有足够的商务知识和基础，直接用英语来学习某商务专业领域的知识，学生的掌握情况并不佳。

（三）学生基础相对薄弱，课程设置难以符合国家商务英语课程设置标准

根据 2018 年《外国语言文学类教学质量国家标准》对商务英语专业课程设置的要求，商务英语专业旨在把学生培养成具有扎实的英语基本功，具有广阔的国际视野和良好的人文素养，掌握语言学、经济学、管理学、法学（国际商法）等相关基础理论与知识，熟悉国际商务的通行规则和惯例，具备英语应用能力、商务实践能力、跨文化交流能力、思辨与创新能力、自主学习能力，能从事国际商务工作的复合型、应用型人才。基于我校学生的英语基础，在 4 年的时间里面，开出的专业课总学时不低于 1 800 学时（不包括公共必修课和选修课）相对较难；在学生学好英语的基础上，同时又要留出足够的课时和学分开出语言学、经济学、管理和法学等基础课程，对学生和学校的课程设置都提出了较大的挑战。

（四）商务英语的课程结构不能够体现专业的系统性

目前，我校的商务英语专业课程设置虽然尽力去调节英语与商务之间的关系，努力做到以商务为职业发展背景，但是还没有体现出专门的商务用途和实用性，课程设置尚没有体现商务英语专业特色和服务地方经济的特色，与普通英语的课程区别不是很大。在实际教学过程中，课程设置的层次性和效果并没有很好地体现出来，反而走入了语言技能+普通商务背景知识的模式之中，教师在教学过程中过分注重学生英语语言技能的训练，而忽视商务知识的融会贯通。

（五）商务英语专业"双师型"师资队伍不够强大

要完成商务英语专业的国家标准，就决定了商务英语专业必须要有一定数量的"双师型"教师：他们不仅要具备良好的英语语言功底，同时应具备课程所需的相应知识。但是目前，从商务英语专业的教师来看，完全符合"双师型"的教师为数不多；虽然近年来本专业也在大力发展兼职教师队伍，很多课程和实习内容已经交给了企业优秀员工来完成，但是如果长期依赖于外部兼职教师的支持，不能从根本上解决商务英语专业课程设置的问题。所以，固定自己的教师队伍且拥有一支高水平的"双师型"教师队伍是建立科学完善的商务英语课程体系的保障，是完成商务英语专业国家标准的保障，也是商务英语专业急需解决的问题。

二、开展应用型商务英语课程群教学改革研究的必要性

课程群的研究最早源自高校，当前学术界对课程群的概念界定大致分成两种类型。第一种类型强调，课程群根据逻辑性和相关性对既有课程进行横向联合，注重课程之间的统整或融合。有人认为，"课程群是为完善同一施教对象的认知结构，而将本专业或跨专业培养方案中若干门在知识、方法、问题等方面有逻辑联系的课程加以整合而成的

课程体系"①。"课程群是指以现代教育理念为基础，以各种先进的教育技术为平台，对教学中相互影响、相互依靠的相关课程进行统一规划、设计和构建的课程体系"②。在这种类型的课程群概念界定中，各课程之间没有主次之分，教育者对各课程进行横向统整或融合的目的是解决分科课程撕裂学生的经验整体性所带来的问题。

第二种类型强调，课程群是以某个课程为基础或焦点，再加上其他相关课程组成的课程群体。有人认为，"所谓课程群，是以一门以上的单门课程为基础，由三门以上的性质相关或相近的单门课程组成的一个结构合理、层次清晰，课程间相互连接、相互配合、相互照应的连环式的课程群体"③；"这种课程群的构成一般由属于同类的三门以上课程组成，各课程教学内容虽相对独立，但课程与课程间紧密关联，各门课程的实践环节或技能培养是连贯的、递进的"④。

在第二种类型的课程群概念界定中，各课程之间有主次之分。其他相关课程的存在是为了丰富学生的体验，但其立足点是促进基础课程或焦点课程的实施，完善学生在基础课程或焦点课程上的知识结构和能力结构。

商务英语专业是广科外国语学院的重点建设专业之一，每年毕业学生近400人。专业涵盖范围较为广泛，具体来说是要培养能够用英语从事包括经济、金融、财政、证券、保险等行业在内的专业人才，成为能够运用英语开展包括国际贸易、企业日常管理、跨境电商等新兴商务活动的实际操作者。我们希望学生毕业后能够适应涉及英语和商务两个方面专业的工作，具有较强的国际化、跨文化、理论与实际相结合能力和参与跨国经贸业务的基本素质。学校所在地位于粤港澳大湾区暨珠三角地区的核心地带东莞市，经济结构的主要特点是以加工制造业和产品两头在外的中小微企业为主，管理和用工制度灵活，产品五花八门，市场竞争非常激烈。调研表明，本地区商务英语专业发展空间很大，合格商务英语人才大有用武之地。

在广泛调查珠三角地区尤其是东莞市中小型外向型企业人才需求的基础上，商务英语专业因地制宜地提出了"1+N+1"的人才培养模式，其中第一个"1"代表英语，"N"代表专业方向，如国际贸易，国际会展等，第二个"1"代表某一行业专门知识，如服装行业专门知识、电子行业专门知识等。人才培养模式着力培养学生较强的英语应用能力、岗位从业能力和就业岗位适应能力，通过与东莞及周边地区企业协作，形成与企业协同育人、适合本地经济发展特点的办学模式。

随着粤港澳大湾区建设的深入，商务英语专业的应用型特色培育需求越来越突显，应用型商务英语课程的建设与教学改革的开展成为大势所趋。如何在此过程中对课程群建设加以思考，通过整体布局应用型商务英语课程群的方式形成改革合力，将为"广科模式"下的商务英语专业建设与特色培育赋予新的生命力。因此，笔者对商务英语专业人才培养方案进行了全面细致梳理，在外国语学院前期实践教学经验的基础上，围绕商务英语实践运用能力的培养进行课程遴选，确定应用型商务英语课程群建设体系的主体目标。商务英语专业人才培养计划进程表如表1所示。

---

① 李慧仙. 论高校课程群建设 [J]. 江苏高教, 2006 (6)：73-75.
② 王嘉才, 杨式毅, 于倩, 等. 课程集群化建设的研究与实践 [J]. 北京理工大学学报（社会科学版）, 2001 (2)：71-73.
③ 吴开亮. 关于高师院校课程群建设的探讨 [J]. 江苏高教, 1999 (6)：69-71.
④ 周崴. 学校顶层设计下的特色课程群建设 [J]. 教学月刊·中学版, 2015 (11)：34-37.

表 1 商务英语专业人才培养计划进度表

课程分类	课程序号	分组	课程名称	学分	课内总学时	量纲	课内学时分配		周学时学期分布								考核方式	备注
							课堂教学	课内实践	1	2	3	4	5	6	7	8		
11 公共必修课	**1001		思想道德修养与法律基础	3.0	48	学时	32	16	15	19	16	16	17	17	15		考试	
	**1002		中国近现代史纲要	3.0	48	学时	48		3	3							考试	
	**1003		马克思主义基本原理概论	3.0	48	学时	48			3	3						考试	
	**1004		毛泽东思想和中国特色社会主义理论体系概论	5.0	80	学时	64	16				5					考试	
	**1005		形势与政策	2.0	56	学时	56		☆	☆	☆	☆	☆	☆	☆		考查	
	**1006		大学语文	3.0	48	学时	48		3								考查	
	**1007		体育	4.0	144	学时	16	128	2	2	2	2					考查	
	**1008		大学生心理健康教育	2.0	32	学时	32		☆	☆							考查	
	**1009		职业发展与就业指导	2.0	38	学时	38		☆	☆	☆	☆	☆	☆	☆		考查	
	**1010		创业基础	2.0	32	学时	32		☆				☆	☆	☆		考查	
	**1011		军事理论教育	1.0	36	学时	36			3							考试	
	**1012		计算机基础	3.0	48	学时	32	16	8	8	5	7					考试	
			公共必修课小计	33.0	658		482	176										
12 公共选修课	**2001		人文社科系列课程	4/6	64/96	学时				文科类从本系列中选4学分，理工类从本系列中选6学分								考查	
	**2002		自然科学系列课程	6/4	96/64	学时				文科类从本系列中选6学分，理工类从本系列中选4学分								考查	

续表

课程分类	课程序号	分组	课程名称	学分	课内总学时	量纲	课内学时分配		周学时学期分布								考核方式	备注
							课堂教学	课内实践	1	2	3	4	5	6	7	8		
									15	19	16	16	17	17	15			
			公共选修课（至少选10学分）小计	10.0	160	学时	160											
	**3001		英语语音	1.5	24	学时	22	2	2								考查	
	**3002		商务英语阅读	3.5	56	学时	54	2	2	2							考查	
21 基础必修课	**3003		综合商务英语	27.5	440	学时	400	40	6	5	5	4	4	3			考查	
	**3004		商务英语听说	6.0	96	学时	88	8		2	2	2					考查	
	**3005		英语语法	2.0	32	学时	30	2	2								考查	
	**3006		商务英语口语	4.0	64	学时	50	14	2	2	2						考查	
			基础必修课小计	44.5	712		644	68										
	**5001	1	国际贸易实务	4.0	64	学时	64		10	13	9	6	4	3			考试	国际贸易方向
	**5002	1	国际营销概论	2.0	32	学时	32						4	2			考试	
	**5003	1	国际商务谈判（英）	4.0	64	学时	48	16							4		考试	
32 专业组选课	**5004	1	跨境电子商务	2.0	32	学时	30	2							2		考试	
	**5005	2	会展概论	4.0	64	学时	62	2					4	4			考试	国际会展方向
	**5006	2	会展实务	4.0	64	学时	60	4						4			考试	
	**5007	2	会展策划与营销	2.0	32	学时	28	4							2		考试	
	**5008	2	会展英语	2.0	32	学时	28	4									考试	
			专业组选课（至少选12学分）小计	12.0	192.0		176	16					4	3	5			

续表

课程分类	分组	课程序号	课程名称	学分	课内总学时	量纲	课内学时分配		周学时学期分布								考核方式	备注
							课堂教学	课内实践	1	2	3	4	5	6	7	8		
									15	19	16	16	17	17	15			
33 专业任选课		**6001	英语国家社会与文化	2.0	32	学时	30	2			2						考查	
		**6002	英语文学选读	2.0	32	学时	30	2			2						考查	
		**6003	西方文化概论	2.0	32	学时	28	4				2					考查	
		**6004	英语演讲	2.0	32	学时	20	12				2					考查	
		**6005	会计学原理	2.0	32	学时	30	2					2				考查	
		**6006	商务统计	2.0	32	学时	28	4					2				考查	
		**6007	商务英语报刊选读	2.0	32	学时	30	2					2				考查	
		**6008	管理学导论	2.0	32	学时	30	2					2				考查	
		**6009	国际商法导论	2.0	32	学时	28	4					2				考查	
		**6010	会展政策法规	2.0	32	学时	28	4						2			考查	
		**6011	服装英语	2.0	32	学时	30	2						2			考查	
		**6012	模具英语	2.0	32	学时	30	2						2			考查	
		**6013	毕业论文写作	2.0	32	学时	30	2						2			考查	
		**6014	会展旅游	2.0	32	学时	28	4						2			考试	
		**6015	跨文化商务交际导论	2.0	32	学时	20	12							2		考查	
		**6016	财务管理	2.0	32	学时	30	2							4		考查	
		**6017	国际商务英语模拟实训	3.5	56	学时	36	20							2		考查	
		**6018	商务社交礼仪实训	2.0	32	学时	20	12							4		考查	
		**6019	高级日语	2.0	32	学时	30	2							2		考查	
		**6020	普通语言学	2.0	32	学时	28	4							2		考查	

续表

课程分类	课程序号	分组	课程名称	学分	课内总学时	量纲	课内学时分配		周学时学期分布								考核方式	备注
							课堂教学	课内实践	1	2	3	4	5	6	7	8		
									15	19	16	16	17	17	15			
41 专项实践		专业任选课（至少选12学分）小计		12.0	192		163	29										本专业学生需选修不少于12学分
	＊＊7001		商务沟通实训-口语表达	2.0	2	周					2							
	＊＊7002		商务演讲实训	2.0	2	周						2						
	＊＊7003		商务沟通实训-书面表达	2.0	2	周							2					
	＊＊7004		商务沟通文本翻译实训	2.0	2	周								2				
	＊＊7005		商务方案策划	2.0	2	周									2			
	＊＊7006		外贸业务实训	2.0	2	周										2		
		专项实践小计		12.0	12													

三、基于校企深度融合的商务英语课程群教学改革模式构建

(一) 校企深度融合课程群建设的教学改革理念

基于"广科模式"的应用型商务英语课程群的建设定位,校企深度融合背景下课程群的教学改革理念明显和单纯的课程教改理念既有重合的部分也有所差异。相同在于二者都是强调教学效果最大化、教学方法最优化。[①] 不同在于以下几个方面:

1) 前者的教学目标更偏向于"素养核心",而不仅仅是"知识核心"。
2) 教学主体由教师逐渐转变为教师和企业兼职教师共同承担。
3) 教学模式由单一化向多样化过渡,线上线下教学实践比例增加。
4) 教学改革不再只关注某门课程,教学资源"内卷化";而是着眼于整个课程群,使整个课程群教学相得益彰,教学资源利用最优化。
5) 课程群建设不只是由课程组单打独斗或闭门造车,而是校企共建。
6) 教学效果追求学术或技能的提高,而不仅仅是知识的获得和认知。
7) 教学评价体系有企业参与,日趋多元化、过程化,不再依赖"一考定终身"。

因此,课程群建设的教学改革理念可以归纳为校企深度融合背景下的课程群建设和课程群教学改革,二者缺一不可。课程群建设由校企共同精心研究,而非仅仅由学校说了算;课程群教学改革同样由校企联合制定改革策略和路径,降低教学资源成本,提升教学效果。校企深度融合避免彼此仅仅走过场去颁发一张"校企合作"的牌匾,而是从企业用人需求出发,帮助高校提升人才培养质量。同时,仅仅一门课的教学改革远远无法满足用人需求,必须从课程群建设上长远规划。

(二) 校企深度融合应用型商务英语课程群教学改革的路径

校企深度融合是应用型专业人才培养的必要措施。产教融合、校企合作是应用型商务英语专业的育人模式,是满足商务英语人才培养方案和国家标准的关键所在。校企深度融合,一方面能够很好地让学生服务于东莞乃至珠三角地区的经济和产业;另一方面,能提高学生的就业针对性和岗位实践性,增强其核心竞争力。

在传统教学模式的培养下,学生往往重理论轻实践,不能直接进入工作岗位,不能很好地满足用人单位的需求,因此,培养的人才一定要能够和企业对接,满足企业对人才的需求。为了解决这一矛盾,必须对商务英语课程群进行全面改革,使培养出来的人才能够受到企业的欢迎,和企业做到无缝对接。具体而言,包括以下方面:

1. 校企合作,精准育人,共定人才培养方案

邀请优秀的企业代表和专家积极参与课程的人才培养方案修订和课程标准修订,同时也参与对人才的共同培养。学院聘请企业代表为学生授课,满足企业对人才需求的精准育人,且企业人员授课更具职业针对性,同时对学生的职业素养养成起到重要作用。

2. 校企联合明确课程群及课程建设标准,打造科学的课程体系

为培养学生良好的职业素养以及对标岗位的要求,以课程群为单位,邀请企业代表、专家与高校共同制定课程建设标准,以课程群为单位对课程设置和课程内容进行重构。依

---

① 张敏. 对课堂教学时间效益最大化的探析 [J]. 现代中小学教育, 2008 (10): 25-27.

据企业和市场需求,邀请企业技术人员和专家共同对课程内容进行拓展和改革。原则上,课程内容应该"以职业能力为中心",校企合作共同开发课程。在此基础上,校企双方可以充分利用网络实现合作,通过网络直播、线上平台等技术,让学生身临其境般地观察业务人员的实际操作过程。以"3+1"跨境电商创新班为例,课程相关的信息、知识、经验的共享都是线上线下双管齐下。如此,把课堂教学有机融入生产经营一线,达到事半功倍的效果。

3. 校企深度融合,共建应用型商务英语专业师资队伍

应用型商务英语专业要求教师既要擅长理论知识的传授,又要能够指导学生完成专业实践的各个环节。因此,青年教师有必要深入企业生产一线,了解企业、行业发展的前沿信息,参与产品的生产、研发、技术、管理、培训、推广等工作,通过赴企业进行一定时间的工作提高自己的实践教学能力。而校企深度的合作,给了教师更多亲临一线的机会和平台,必然使得"双师双能型"教师比例逐年提高,优化师资队伍。目前我校距离建设高水平优质专业的目标还有一定差距,师资队伍是制约本专业发展的一个瓶颈。所以需要继续引进、培养专业教师,不断优化师资队伍。同时也立足现有条件,鼓励教师参加专业实践,安排教师利用假期到校企合作企业锻炼,提升职业技术;鼓励教师参加职业证书考试,获取跨境电子商务师职业资格证书,逐步提升"双师双能型"教师比例。让校企深度融合带来的资源、经验、技术共享,不仅有益于学生,同时也成为提高教师教学水平的平台。

4. 校企共建多元化、过程性课程考核评价体系

在校企深度融合的应用型商务英语专业中,不再单纯采用"平时+期末"的考核方式,而是充分融合并考虑企业的岗位要求和能力要求,将学生的职业技能和素养也充分纳入考核范畴,校企共同完成课程考核评价体系改革,注重改进结果评价,强化过程评价,探索增值评价,健全综合评价,充分利用信息技术,提高教育评价的科学性、专业性、客观性。

与此同时,过程性评价不再是校内教师的特权,不再是单纯地由课堂表现、作业、出勤决定,而是更多地融入企业对学生的标准、在课程群内,企业的代表和员工也参与到平时的课堂之中,特别是相关的实践环节。这样,学生的过程性评价分数,最终由校企共同打分形成。

5. 校企共建实训实践基地

以课程群为单位,将相关的实操课、实践实训课安排在校企共建的实训基地展开,课程的实践环节充分调动学校企业双方资源,更多地让企业参与学生的整个实践环节,打破传统的实训教学模式。另外,实训基地的教学设备充分考虑企业需求,和企业共同开发建设课程实训实验室,打破传统的教学仪器模式。

(三) 校企深度融合应用型商务英语课程群教学改革的思政教育设计

"课程思政"不是一门或一类特定的课程,而是一种教育教学理念。其基本含义是:大学所有课程都具有传授知识培养能力及思想政治教育双重功能,承载着培养大学生世界观、人生观、价值观的作用。"课程思政"也是一种思维方式,要求教师在教学过程中要有意、有机、有效地对学生进行思想政治教育;体现在教学的顶层设计上,就要把人的思

想政治培养作为课程教学的目标放在首位,并与专业发展教育相结合,充分发挥课程的德育功能,运用德育的学科思维,提炼专业课程中蕴含的文化基因和价值范式,将其转化为社会主义核心价值观具体化、生动化的有效教学载体,在"润物细无声"的知识学习中融入理想信念层面的精神指引。

围绕课程思政与课堂教学双重目标,在校企深度融合的应用型商务英语课程群中,应通过积极培育和践行社会主义核心价值观,运用马克思主义方法论,引导学生正确做人和做事,具体从以下方面进行课程教学与思政教育的融合设计:

1. 师德风范

学高为师,身正为范。坚持教育者先受教育,努力成为先进思想文化的传播者、党执政的坚定支持者,更好担起学生健康成长指导者和引路人的责任。努力做到以德立身、以德立学、以德施教,为学生点亮理想的灯、照亮前行的路。

2. 政治导向

在课堂教学过程中,做到坚持正确的政治方向,坚持教书和育人相统一,坚持言传和身教相统一,坚持潜心问道和关注社会相统一,坚持学术自由和学术规范相统一,坚守"学术研究无禁区,课堂讲授有纪律"的规矩,不在课堂上传播违反法律法规,违背党的路线、方针、政策的内容或言论,使课堂成为弘扬主旋律、传播正能量的主阵地。

3. 专业伦理

专业伦理教育是对未来从业人员掌握并遵守的人与人之间的道德准则和职业行为规范的教育活动。针对商务英语专业的学生,即未来商界或涉外商界的从业人员,主讲教师在传授专业知识的过程中,明确将专业性职业伦理操守和职业道德教育融为一体,给予其正确的价值取向引导,以此提升其思想道德素质及情商。

4. 学习伦理

学习伦理是人们在学习活动中建立起来的人伦关系和处理这些关系应遵守的法则,是对类、群的伦理性认识和对学习内涵、价值、内容等方面的伦理反思和构建。通过师生双方的共同努力,帮助学生培养良好的学习伦理,尊师重教、志存高远、脚踏实地、遵守纪律,在学习过程中体悟人性、弘扬人性、完善修养,培育理性平和的心态,让勤奋学习成为提升综合素养的动力。

5. 核心价值

核心价值观,承载着一个民族、一个国家的精神追求,体现着一个社会评判是非曲直的价值标准。在课程教学过程中,结合本专业门类的特点,将社会主义核心价值观的基本内涵、主要内容等有机、有意、有效地纳入整体教学布局和课程安排,做到专业教育和核心价值观教育相融共进,引导学生做社会主义核心价值观的坚定信仰者、积极传播者、模范践行者。

在课程教学与思政教育的融合设计过程中,坚持实事求是、突出重点、注重实效、创新思维等原则,遵循共性与个性相结合的原则,既注重教学内容的价值取向,也遵循学生在学习过程中的独特体验;同时,坚持以正面引导、说服教育为主,积极疏导、启发教育,辅之以必要的纪律约束,培养学生正确、健康的品德。

四、"广科模式"下校企深度融合商务英语课程群建设的教学改革实践探索

(一) 商务英语口语

"商务英语口语"课程旨在增强商务英语专业学生在商务情境下的口语表达能力。充分利用教材第二单元的课后活动"Creating Your Own Company（创建自己的公司）"，让学生创建了自己的公司，并且将后续所有的教学内容纳入学生所创建的公司框架之下，让学生对所学知识更具代入感与真实感。

"商务英语口语"课程包含丰富的商务话题，而里面的各类表达和理解可以生动地制作成课前视频，可以扩散至更大范围内供学生学习使用。时间灵活，学生可充分利用碎片化时间学习。课上采取丰富多样的活动形式让学生一步步走近商务英语口语，敢于开口，甚至乐于开口。教师设计各类口语活动，如早读活动、现场采访、公司活动、课堂小游戏、故事接龙等，最大范围让学生有参与感，让学生感到能参与、想参与。针对不同生活情境和商务交际需求，结合语言表达和语境进行训练，培养学生口头表达和交际能力，激发学生的创新思维和批判性思维，从而更有效地让学生吸收语言、发展思维能力。

1) 布置创建公司任务。不限公司类型和大小，给予学生完全自由的发挥空间，鼓励学生尽情想象，自由选取呈现的方式。

2) 让学生在自己创建的公司背景下进行口语活动，加强课文与学生所属"公司"的关联性，增强学生在课堂上的参与感。教师针对学生创建的公司设计相应的故事背景，在增加趣味性的同时，让学生通过相应的口语练习加深记忆。

3) 除了将公司的框架运用到课文中，还运用在给学生布置课后练习上，加强学生的口头表达能力及团队协作能力。例如，学完 Unit 8 "Advertising（广告）"后，教师布置学生为自己公司内的新产品设计一则广告，并说明相应的广告平台与目标用户。由于有之前公司的铺垫，学生此时与自己"公司"之间的联系更紧密，在口语练习的过程中，他们对于公司的产品与定位也更具体化、专业化，符合商务英语专业学生的培养目标。

(二) 跨境电子商务

"跨境电子商务"课程介绍跨境电子商务的基本理论、发展趋势及前景，认识跨境电子商务的特点、跨境电子商务的模式，以培养掌握跨境电子商务知识及国际贸易实务知识的复合型涉外商务人才为目标，使学生掌握跨境电子商务的基本理论，熟悉跨境电商平台的实务操作，掌握跨境电子商务中的国际物流和国际支付知识。通过本课程的学习，学生应能够根据国际市场需求，进行跨境电子贸易的前期准备，能够在跨境电商平台运营管理店铺，能够通过平台进行业务处理，进行平台基本操作和订单处理流程等业务操作，掌握从事跨境电商运营与策划工作的基础技能。

通过与东莞工贸会、Ebay中国、金海燕跨境电商学院等跨境电商公司及行业协会的合作，"跨境电子商务"课程的教学与企业进行深度合作，采用校内外双讲师制，有效保证了教学内容的前沿性与实践性，并基于课程组织学生参加跨境电商大赛、跨境电商暑期实践等活动，充分调动学生的积极性，更好地达到课程教学目标。

(三) 商务礼仪与会务实训

"商务礼仪与会务实训"课程为专业实践课程，为期两周。通过与广东现代会展管理有限公司等企业深入合作，利用靠近广东现代会展中心的天然地理优势，将实践课程的开

课时间、教学内容与各大展会进行有机融合设计，组织学生参加展会实践，通过真实的商务礼仪与会务工作开展完成实训教学，创新课程评价考核方式，达到应用型课程教学改革目标。

（四）国际商务英语模拟实训

高等学校的学生，尤其是有意从事国际贸易的学生，在习得扎实的英语语言基本功的同时，必须了解一定的与国际贸易相关的理论知识并且熟练掌握国际贸易活动中的具体操作流程才能适应竞争激烈的国际贸易环境。为此，以"英语+国际贸易理论知识+外贸操作流程"为思路，在课程教学中，注重培养学生运用英语从事国际贸易活动和解决国际贸易过程中所遇问题的能力。本课程有以下几大特色：

1. 校企深度融合的产物，实用性强

教材选用的案例基本上来自东莞斯迈特家具有限公司，是东莞斯迈特家具有限公司在经营过程中遇到的真实案例；企业外贸业务经理在教材编写之初就提出了宝贵的意见，并参与了教材的编写。

2. 外贸业务操作流程简易，操作性强

教材以外贸业务活动为主线展开，按照完成一项外贸业务活动的流程组织教学内容；教材所涉及的外贸业务流程浅显易懂，操作方便。

3. 知识体系完整，内容丰富

教材将"国际贸易实务""外贸英语函电""进出口单证"三门课程融为一体，对外贸业务活动各项流程以及应掌握的英语语言知识进行了详细的讲解，知识结构系统、内容全面丰富。

五、校企深度融合与商务英语课程群教学效果的关联度分析

基于校企深度融合对应用型商务英语课程群改革，将会对实际的教学安排产生较为深远的影响，主要体现在以下几个方面：

（一）优化了课程的开课模式和学生的上课模式

由于企业的深度介入，以"3+1"创新班为例，对于相关的课程，创新班的学生享有更为丰富灵活的开课模式，既可以是企业开展的培训班，也可以是线上的传统教学模式，还可以在企业实际的车间展开，完全可以根据实际需求进行调整。相应地，学生的上课模式也因此而改变，也不再是传统的班级上课模式。

（二）使课程的授课内容和授课教师更加灵活多变

以"3+1"创新班为例，相关课程的授课内容可以更多地吸收企业的资源和要求，使得课程更符合岗位的需求和企业自身的需求，授课教师也可以更多地来自企业代表。

（三）丰富了课程内涵和学生的知识体系

企业的资源和针对性培训极大地丰富并拓展了原有课程的课程内容和内涵，学生的知识体系也更加符合应用型商务英语专业的要求。

（四）给学生、教师和企业带来了更大的压力和挑战

以"3+1"创新班为例，学生需要在进入创新班之前，提前修完相关课程的课时并取

得相应的学分,这对学生而言是极大的压力和挑战,给授课的教师和企业代表也带来挑战。但是,相比传统的毕业班学生,创新班的学生在相同学制下,不仅完成了学校的毕业学分学时要求,同时也在企业得到了锻炼和培训,显然更具竞争力,也更受企业的青睐。

六、基于校企深度融合的商务英语课程群建设成效

(一)课程群教学设计满意度调查设计思路

为进一步了解本研究的建设成效,课题组对合作企业、商务英语专业毕业生分别进行了调研,以了解企业及学生对商务英语专业课程群教学设计的满意度,以及教学改革的实际成果转化情况。

(二)课程群教学改革成果

1. 合作企业

本次调查问卷共回收来自49家校企合作企业的64份问卷,其中有效问卷62份。49家企业中从事对外贸易的企业有34家,占比69%;教育行业有15家,占比31%。据统计,参与问卷调查的单位或企业有84.38%是民营(私营)企业,5.25%为外资企业,3.13%为国有企业,另有7.24%为其他类型企业。参与问卷的71.88%企业都录用过我校商务英语专业学生。近年来,录取1~3位我校商务英语专业学生的企业有27家,占比55%;录取4~6人的企业有7家,占比14%;录取7人以上的企业共12家,占比24%。

(1)学生总体表现优异,合作企业满意度高

参与本次调查问卷的企业表示对我校外国语学院商务英语专业毕业生(实习生)的总体表现非常满意的占到36%,比较满意的占到50%,如图1所示。

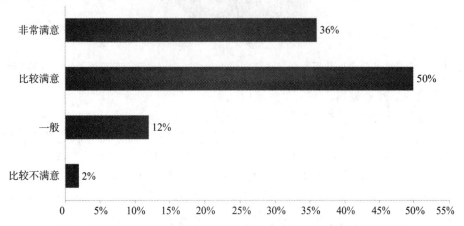

图1 用人单位对商务英语专业毕业生(实习生)的总体表现满意度

具体来看,企业对我校外国语学院商务英语专业毕业学生(实习生)团队协作能力,"非常满意"的有31%,"比较满意"的有53%,"一般"的有14%;对语言表达能力,"非常满意"的有30%,"比较满意"的有50%,"一般"的有19%;对创新思辨能力,"非常满意"的有30%,"比较满意"的有50%,"一般"的有19%;对学习能力,"非常满意"的有36%,"比较满意"的有50%,"一般"的有11%。如表2所示。

表 2 用人单位对商务英语专业学生能力满意度

内容	非常满意	比较满意	一般	比较不满意	不满意	比较满意以上合计
团队协作能力	31%	53%	14%	1%	1%	84%
语言表达能力	30%	50%	19%	1%	0	80%
创新思辨能力	30%	50%	19%	0	1%	80%
学习能力	36%	50%	11%	3%	0	86%

从调查结果来看,外国语学院商务英语专业毕业生(实习生)在团队协作能力、语言表达能力、创新思辨能力、学习能力上都表现得较为出色,很快能完成从学生到企业职员的转变,成为符合企业需求的应用型人才。

在询问"贵单位(公司)是否愿意(继续)录用我校外国语学院商务英语学生"的调查中,46家企业表示愿意录用或继续录用我院商务英语专业学生,占比94%,如图2所示。这一数据直接体现出,外国语学院商务英语专业学生赢得了用人单位的好感度,这是几届学生和教师共同努力的结果。

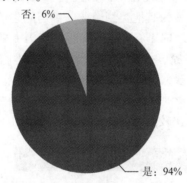

图 2 "贵单位(公司)是否愿意(继续)录用我校外国语学院商务英语学生"结果统计

(2) 理论课堂效果显现,学生专业知识扎实

在广泛调查珠三角地区尤其是东莞市中小型外向型企业人才需求的基础上,商务英语专业因地制宜地提出了"1+N+1"的人才培养模式,其中第一个"1"代表英语,"N"代表专业方向,如国际贸易、国际会展等,第二个"1"代表某一行业专门英语知识,如服装行业专门英语知识、电子行业专门英语知识等。人才培养模式着力培养学生的英语应用能力、岗位从业能力和就业岗位适应能力,通过与东莞及周边地区企业协作,形成良性的与企业联盟协同育人、适合本地经济发展特点的办学模式。

87.5%的合作单位(公司)认为我校外国语学院商务英语专业学生语言知识储备丰富,59.38%认为学生掌握了商务知识,40.63%认为学生具有跨文化知识,29.69%认为学生了解跨学科知识,如表3所示。进而可以分析得出,我校的理论课堂涉及全面,效果显著,学生的专业知识扎实,尤其是在语言知识上表现优异,商务知识和跨文化知识能较好地应用到工作中去,人文社科知识和跨学科知识则还需要进一步加强。

表3 "我校外国语学院商务英语专业毕业生(实习生)具备的专业知识"统计结果

选项	小计	比例
A. 语言知识(语音知识、词汇知识、语法知识、语篇知识、语用知识等)	56	87.5%
B. 商务知识(经济学知识、国际金融知识、人力资源管理知识、商务操作规程等)	38	59.38%
C. 跨文化知识(外国文学知识、欧美文化知识、商业文化知识、中国文化知识等)	26	40.63%
D. 人文社科知识(区域国别知识、国际政治知识、世界历史知识、外交外事知识等)	19	29.69%
E. 跨学科知识(交叉学科知识、学科整合知识等)	18	28.13%
本题有效填写人次	64	

73.44%的企业认为我校商务英语专业学生具有良好的语言组织能力,涵盖语音语调识读能力、词汇拼读能力、造句能力等;81.25%的企业认为,我校学生有较强的语言运用能力,包括听、说、读、写、译技能,语用能力,纠误能力等;48.40%的企业认为学生具备了语言学习能力,如调控策略、学习策略、社交策略等。

78.13%的企业认为我校商务英语专业学生具备通用商务技能(办公文秘技能、信息调研技能、公共演讲技能、商务礼仪技能等),46.88%的企业认为我校商务英语专业学生具备专业商务技能(商务谈判技能、贸易实务技能、电子商务技能、市场营销技能、人力资源管理技能、财务管理技能等)。由此可以验证,我校在英语和专业方向培养上初显成效,学生能将课堂理论知识转化为职场实际应用。具体如图3所示。

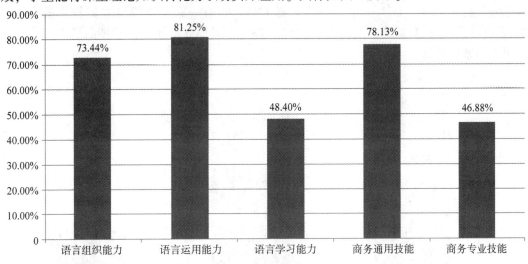

图3 企业认为我校商务英语专业毕业生具备的能力

(3)实训课程安排较合理,校企衔接得当

根据2018年《外国语言文学类教学质量国家标准》对商务英语专业课程设置的要求,在商务英语专业课程体系中,"专业实训在商务实训室等模拟仿真教学环境中操练外贸、金融、财务、营销、法律等实务流程"。笔者针对我校商务英语专业开设的实训课程的实际效果向合作企业了解情况,71.88%的企业认为我校外国语学院商务英语专业学生在入职前,学校应该开设"口语表达实训"课程,59.38%和56.25%的企业认为外贸业务实训和书面表达实训非常有必要,会务技能实训、商务文本翻译实训、商务方案策划各得到37.5%、35.94%和35.94%的企业支持,如图4所示。企业对实训课程的及时反馈让我们更加直观了解企业对学生实操的具体需求,对于学校改进实训课程的设置和安排授课内容都有很大的参考性价值。

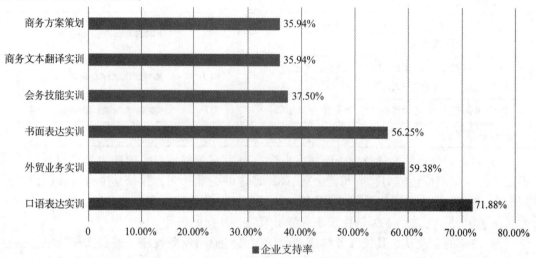

图4 "我校外国语学院商务英语专业毕业生(实习生)入职前,应当开设的实训课程"统计结果

(4) 就业指导工作配合度高,校企沟通良好

在对我校与用人单位的交流与合作情况的调查中,表示非常满意的企业有46%,比较满意的企业有42%,认为一般的企业只有12%,没有一家企业投出"比较不满意"和"非常不满意",比较满意以上的占比达到了88%,如图5所示。这说明我校在与合作企业交流上满意度较高。

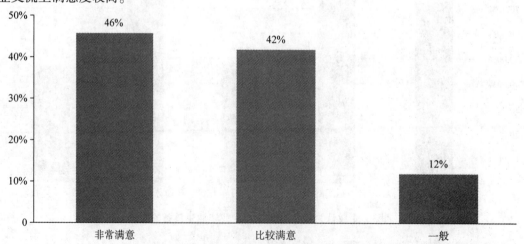

图5 我校与用人单位的交流与合作情况满意度统计结果

我校外国语学院商务英语专业毕业生(实习生)在招聘信息发布和招聘会组织的评价中,38%的企业表示非常满意,48%的企业表示比较满意,14%的企业投票"一般",比

较满意以上占比达到了86%，如图6所示。

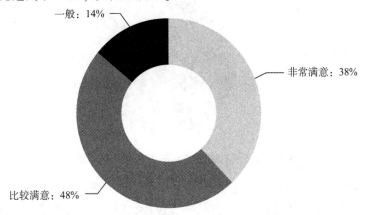

图6 我校外国语学院商务英语专业毕业生（实习生）招聘信息发布和招聘会组织的评价结果

在合作企业对我校外国语学院商务英语专业毕业生（实习生）工作重视程度的调研中，40.63%的企业表示非常满意，46.88%的企业表示比较满意，12.50%的企业表示一般，比较满意以上占比达到了87.51%。

2. 毕业生

我校近四年往届商务英语专业毕业生共有672人，收到的网上问卷有292份，共涉及外国语学院43.5%的毕业生。其中，国际贸易方向的共有264份问卷，占比90.41%；国际会展的共有28份，占比9.59%。

（1）近四届毕业生对我校商务英语本科教育整体较为满意

从最终的问卷统计数据来看，往届毕业生对于学校的整体教学和课程体系设置情况满意度较高。相关的满意度数据如表4所示。

表4 毕业生对于学校整体教学和课程体系设置满意度

内容	满意	基本满意	一般满意	不太满意	不满意	一般满意以上合计
课程体系	15.07%	54.79%	13.36%	12.67%	4.11%	83.22%
知识体系	14.38%	53.42%	20.21%	0	11.99%	88.01%
专业方向	16.44%	53.08%	16.78%	0	13.70%	86.30%
课程教材	14.38%	60.27%	12.67%	10.62%	2.05%	87.32%

从表4可以看出，对于专业方向设置能否满足学生或者企业的需求，有86.30%的学生认为能够满足；对于自己的知识体系能否满足企业的需求，有88.01%的学生认为能够满足；对于课程体系设置及教材的选择使用，毕业生的满意度也处于较高的水平。

（2）近四届毕业生的自评满意度处于比较高的水平

对于毕业生的自评满意度，笔者从是否满足企业（单位）需求、目前所欠缺的知识或者技能、企业看中的技能等维度进行了调查，结果如图7所示。

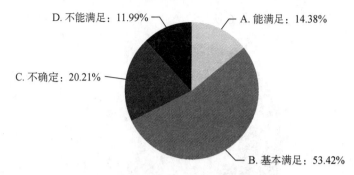

图 7　毕业生自评是否满足企业（单位）需求

从图 7 可以看出，选择不能满足的毕业生只占据一小部分（11.99%），不确定的有 20.21%。也就是说，67.8% 的毕业生在某种程度上，认为自己经过大学四年的专业学习是能够胜任目前工作需要的，或者说对自己的专业知识是比较有信心的。

七、基于校企深度融合的商务英语课程教学改革研究与展望

商务英语专业是应用性较强、跨学科特征明显的专业。商务英语专业主要培养会英语、懂业务、能管理的高素质应用型复合人才，着力培养学生具有较强的英语应用能力、岗位从业能力和就业岗位适应能力。

近年来，我校通过与东莞及周边地区企业联盟合作，建立了良性的协同育人机制，构建了适合本地经济发展特点的商务英语专业"1+N+1"人才培养模式。在此基础上，进一步深挖人才培养方案及课程设置要点，开展了基于校企深度融合的商务英语课程群建设，融合专业思政教育理念，培养适应大湾区建设发展需要的商务英语专业人才，获得了较高的企业认可度，取得了良好的教学改革成效。接下来，基于本研究成果进一步深入人才培养方案优化，更充分利用校企融合开展专业建设的契机，把商务英语课程群教育教学改革成果转化为学生的可见成绩，培养出更多能满足大湾区建设发展需要的商务英语人才，将成为商务英语专业建设的重要努力方向之一，也将对商务英语专业建设水平的提升发挥更重要的作用。

第三部分

通识类课程改革案例

"马克思主义基本原理"课程改革实践案例开发与整理研究

任立华　李泽鑫　田春燕
张　锋　周菊菊　盛璐璐

摘　要："马克思主义基本原理"是全国高校思想政治理论课教学体系的主干课程，是本科各专业学生的公共必修课。课程的理论性、思想性强，难以理解，学生学习热情度不高。本研究注重发挥学生主体性，探索了一系列实践案例，构建课上课下、线上线下、校内校外的思政课CCPA实践教学模式，目的在于提高学生学习该门课程的兴趣，提升课程的吸引力，从而增强课程教学的有效性。

关键词：马克思主义基本原理；课程改革实践；案例开发与整理；CCPA实践教学模式

一、问题综述

（一）"马克思主义基本原理"课程教学亟待解决的问题

党的十七大首次提出了"育人为本、德育为先"，党的十八大报告则进一步强调把立德树人作为教育的根本任务，将"立德树人"的定位置于"全面发展"之上。思政课是落实立德树人根本任务的关键课程。高校思想政治理论课是对大学生进行思想政治教育的主渠道主阵地，如何提高思政课的思想性、理论性、针对性和实效性的问题一直是思政课教师探索研究的主要课题。

"马克思主义基本原理"（以下简称"原理"）是全国高校思想政治理论课教学体系的主干课程，是本科各专业学生的公共必修课。传统的"原理"课堂教学效果不好，学生人到心未到，课程教学存在如下问题：第一，"配方"陈旧。教学内容的更新速度不快，不够鲜活，针对性、可读性、实效性不强。第二，"工艺"粗糙。教学方法单一，大多采用传统的讲授式教学法；教学手段陈旧，没用充分利用各种新兴的互联网APP平台。第三，"包装"过时。教学模式保守，局限于课堂教学，不注重课堂的延伸发展。

（二）"原理"课程教学存在的问题分析

分析"原理"课程教学过程中存在的问题，主要原因在于：第一，从课程特点分析，课程理论性强，基本原理较多，如果教学案例不够鲜活，教学方法单一，教学手段陈旧，学生不会感兴趣。第二，从学情特点分析，应用型大学的学生理论学习能力较弱，对新鲜事物的接受速度快，追求个性、思维活跃，保守的教学模式、刻板的说教，无法激发学生的兴奋点。第三，从认知规律分析，辩证唯物主义认为只有通过实践才能形成主体和客体之间的认识和价值关系，没有学生参与的教学，教学没有真正发生，教学效果无法实现。

"原理"课程改革实践案例开发与整理研究项目，针对应用型院校学生特点，增加丰富多彩的课内外实践活动，可以有效解决以上问题。《学记》曰："故君子之教，喻也；道而弗牵，强而弗抑，开而弗达。"提高思政课的有效性关键在于提高学生的主动性，因为"生"动，课程才能生动有趣。

（三）国内思政课课程改革现状

多年以来，思政课教师分别从教师和学生两个角度思考如何进行思政课课程改革，取得了很多的研究成果。

1. 从教师角度思考课程改革

从教师角度思考课程改革的，以"大思政"教学模式为代表，主要是以"全员育人、全过程育人、全方位育人"为方法论，从空间与时间两个角度构建教学模式。全方位是整合学校内外一切教育资源，实现思想政治教育在空间上的全覆盖；全过程是按照学生发展的阶段发挥教育资源在不同阶段的功能，实现思想政治教育在时间上的连续性；全员育人就是整合师资队伍。"大思政"教学模式从学校、教师的角度出发来编制思政教育的网格，覆盖于学生在学校接受教育的各个过程、学生在校成长的各个阶段，进行灌输、影响、制约。[①]

2. 从学生角度思考课程改革

从学生角度思考课程改革的教学模式较多。例如，团队项目驱动的"选择性"翻转课堂教学模式、"对分课堂"教学模式、混合式教学模式、辩论教学模式、分众式教学模式等。这些教学模式注重发挥学生的主体性，通过设计各种课堂教学活动项目激励学生自主学习，教师的选讲与留白时间给学生思考讨论，发挥线上线下教学资源的综合作用，赋予学生课堂发言权、参与权。从学生角度思考课程改革形成的教学模式，关注了学生的注意力集中时间，关注了学生自主学习能力、探究能力以及解决问题能力的提高，也注意发挥网络资源的优势作用。[②]

3. 思政课课程改革模式整理

广西师范大学漓江学院张翠方认为，团队项目驱动的"选择性"翻转课堂是以传统翻转课堂为基础的一种有效教学模式，但又与传统翻转课堂不同，它是建立在学生掌握基础理论之上的，因此项目实施前课上少量的有关项目的基础理论和实施计划的讲解是必要的。同时它又将教学目标隐含在具体项目之中，通过项目驱动，学生自主探究与互动讨论、成果汇报和反思，构建自己的知识框架，操作顺序和步骤更为灵活多变，有助于提高教学实效性。[③] 个人认为团队项目驱动的"选择性"翻转课堂存在问题：教—学—考单向

---

① 黄爱宝，高明. 思想政治理论课"大思政"教育教学模式的发展趋势 [J] 思想政治教育研究，2015 (4)：50-53.

② 赵炬明. 什么是好的课程设计 [J] 高等教育研究 2020 年 (9)：84-87.

③ 张翠方. 团队项目驱动的"选择性"翻转课堂教学模式在高校思政课教学中的研究 [J] 黑龙江教育（理论与实践），2021 (2)：31-33.

灌输的教学机制；实践活动无法普及全体学生；人才培养目标不全面（人际交往能力、团队合作能力不足），考核机制单一；没有项目驱动的翻转学生会茫然、无目标。团队项目驱动的"选择性"翻转课堂需要建立多元智能培养目标和多元化的评价体系。多元智能型人才的测试指标是多元的，它包括学生沟通能力、组织协调能力、时间管理能力、自主学习能力、语言表达能力等。因此评价方式的转变势在必行，考核应从情感、态度和价值观等方面测试学生的多元能力。

广州工商学院的彭艺格认为，对分课堂教学模式的核心是把一半的课堂时间分配给教师讲授，另一半则学生以讨论的形式进行交互式学习，师生"对分"课堂。对分课堂包含三个环节：讲授、内化吸收和讨论。这三个部分是"对分课堂"教学模式的最大特点也是最重要的过程，利用好这个特征具有实际的应用价值。这种教学模式将传统的讲授法与讨论法进行有机融合，能够发挥学生的积极主动性，能够促使学生主动思考、主动学习，是选讲与留白的综合运用，最后学生分组学习讨论汇报。[①] 个人认为，对分课堂教学模式不足之处在于，这种教学模式是一种理想化状态。第一个环节是教师只讲解重点难点，容易造成知识的肢解，不能形成完整的知识体系；第二个环节是学生的内化吸收，要求学生能够按部就班全部投入学习状态，这里涉及的问题是，学生能不能够全部投入学习？学生能不能学懂？第三个环节是学生的讨论环节，涉及的问题是：谁来主导讨论？讨论什么？会不会跑偏？谁来监督？如果每节课都讨论，学生会不会产生厌倦感而流于形式？对于不积极参与课堂教学的学生来说，对分课堂等于人为减少上课时间。

混合式学习是在在线学习的基础上提出的一种学习形式，是"线上网络平台学习+线下实体课堂"相结合的教学模式，是传统课堂学习与网上在线学习结合的一种方式，也是线上线下"双管齐下"整合式学习。混合式学习的英文全称为 Blended Learning，在《混合式学习：用颠覆式创新推动教育革命》一书中，作者迈克尔·霍恩与希瑟·斯特克将混合式学习定义为：学生在学习过程中，学习的实体场所至少有部分时间需要在家以外的能受到监督的实体场所，并且需要进行部分任何正规教育课程的在线学习部分，但在整个学习过程中，学生可以自主控制学习的时间、地点、路径或者进度。混合式学习实现了"以学生为主体"的自主学习，从而有效地提升了学生自主学习的能力、探究能力以及解决问题的能力。混合式教学模式将传统教学中的几个板块进行了全面的重构：教学内容的呈现方式、学习资源获取方式、师生交往互动样态、教学空间秩序格局、课程考核体系。混合式学习模式涉及的理论较多，有人本主义理论、建构主义理论、行为主义学习理论、布鲁姆掌握学习理论、联通主义理论等。混合式学习模式充分利用了网络优质资源，关注人的注意力集中时间，提升了学生自主学习的能力、探究能力以及解决问题的能力。不足之处在于混合式学习模式过多耗费了学生的业余时间，在课堂上教师不容易发现学生存在问题的关键点，造成时间和资源的浪费。

中国政法大学黄东等的《聚焦德法之思探索辩论教学——思想政治理论课"金课"建设的思辨之维》从多个角度分析了高校思想政治理论课的辩论教学模式与"金课"的联

---

① 彭艺格. "对分课堂"教学模式在民办高校思政课中的应用——以《马克思主义基本原理概论》课程为例[J] 思想政治研究，2021（2）：15-16.

系。① 对于高校思想政治理论课与"金课"、混合式教学三者的有机结合还需要更多的学者参与研究和探索。这种辩论教学模式有利于发挥学生的积极主动性，促使学生主动学习，但是要求教师要有充分的课堂驾驭能力，以及对辩论问题具有评判能力，还要保证所有学生的参与兴趣。

基于赋权理论的分众教学模式，通过对学习目标的选择权以及学习过程中的发言权、参与权，最终实现深度学习、真实学习的目的。其实质是在教学过程中，从为学生学习赋权的角度去实施教学工作，坚持以"学生为中心"，从外部驱动向内部驱动转变，切实把学习的过程变成自我学习的过程，变成与其他同学积极互动的过程，变成自我指导的过程。针对不同学生的特点，采取相应的教学设计和方法，尽可能实现"因材施教"，这就是分众教学模式。其实质也是以学生为中心在教学设计中的应用，具体方法是坚持问题导向，形成适合不同特点学生的多层级、一体化教学体系。② "赋权"理论在思政课教学中实质是赋予学生参与权、发言权、表达权，赋予教师组织权、教学方法选择权、评估权。"分众"实质就是因材施教，精准教学。数学和英语曾叫分层教学法。思政课上，评估学生属于哪一层级没有量化标准，如果按照试卷成绩来划分也不够科学，如果能够按照个体兴趣和个体需求来划分，会好一些。

除了以上从教师和学生两个角度探索思政课改革模式，还有学者从教学内容角度出发思考思政课课程改革，强调内容与形式的辩证统一关系，提出了要避免新媒体技术所带来的干扰，即通过新媒体技术的视频、音频、色彩、图片、图标等各种方式形成强大的视觉冲击和感性渲染，导致对其承载的教学内容的干扰，但也指出应该发挥新媒体技术带来感官式教学的优势。

本研究综合以上教学模式，对"原理"课程改革实践案例进行开发与整理研究，构建课上课下、线上线下、校内校外的 CCPA 实践教学模式，发挥教师的主导性与学生主体性，提升思政课的有效性。本研究探索了"三个三"的构建原则，即"教学内容三结合"，指教学内容要结合社会热点、结合校园文化、结合学生实际；"学习路径三中心"，指学习路径要围绕以学生为中心、以项目为中心、以体验为中心；"改革体现三特性"，指课程改革要实现服务专业性、项目可选性、考核多样性。

二、"原理"课程改革与实践的项目设计与开发

（一）研究学情是课程改革的前提

各种教学模式各有其优点和不足，强调教师教的角度，把课堂教学环节设计得非常完美无缺，恰好就成了缺憾。对于学生来说，不管他喜欢不喜欢这门课，他都要学习，并且要按照教师指定的学习环节按部就班去学习，学生的主体性在这个过程中缺失了。虽然各种"全"的教学资源、教师队伍、教学时间段都用上了，学生也被动地学了，但是他不快乐，他失去了自我学习的动机和欲望。夸美纽斯说"求学的欲望应彻底在学生身上被激发出来"才能实现有效教学。所以，设计课堂教学环节，关键是要找到学生的兴奋点，从学

---

① 黄东，朱林. 聚焦德法之思探索辩论教学——思想政治理论课"金课"建设的思辨之维 [J] 北京教育（德育），2019（1）：88-92.

② 董磊磊. 基于赋权理论的新时代高校思政课分众教学模式研究 [J] 黄冈职业技术学院学报，2020（12）：55-58.

生的角度，给学生设计适合他们兴趣的活动项目。

（二）以学为中心是课程改革的基础

1. 思政课 CCPA 教学模式内涵解析

辩证唯物主义认为只有通过实践才能形成主体和客体之间的认识和价值关系。本研究在课程改革过程中探索了以学为中心的教学路径，建构知识和价值体系，并定义为 CCPA 教学模式。在思政课教学改革实践中通过预设任务，引导学生参与实践活动。CCPA 中的第一个 C（Choose）——选择，是指每学期开学之初教师要把根据教学内容开发的实践活动项目以菜单形式供给学生选择；第二个 C（Cooperate）——合作，要求学生以小组形式合作完成任务，锻炼学生的团队合作意识和能力；P（Participate）——参与，是指以分数为保障，要求所有学生都参与其中；A（Appraise）——评价，科学合理的考核评价标准是课程改革得以进行的指挥棒。

2. 思政课 CCPA 教学模式下的项目选择

学生的选择是对课上教学活动、课下实践教学项目的选择。这个选择的前提有三点：第一点，教师针对教学目标进行教学内容的整理，找出教学重点、教学难点，整理出若干需要学生掌握的、理解的、一般了解的知识点；第二点，教师针对不同知识点设计学习框架，采用不同教学方法，例如案例式教学、探究式教学、体验式教学、互动式教学、专题式教学、分众式教学等；[①] 第三点，教师要在学习之初研究制定课上、课下实践活动的菜单，供学生根据自己的时间、兴趣、爱好做好选择，提前做好准备，在对应知识点讲解的时候在课堂上展示自己的实践成果。学生有选择地参加实践项目，目的在于对理论知识形成初步认知，并通过实践逐步深化，通过作品的形式展现的是学生对所学内容的学习效果，达到知识内化于心、外化于行的目的。学生选择的过程也是把学生进行小组分类的过程，有的学生喜欢演讲，有的学生喜欢辩论，有的学生喜欢社会调查，有的学生喜欢通过微电影、情景剧的表演展示自己的才华，而选择本身是学生对自己能力的评估和对未来可能性的判断，是激发自我能力提升的主动意识，是主观能动性的激发。

3. 思政课 CCPA 教学模式下的学生合作

学生的学习采取合作学习的方式进行。马克思主义认为，人是处在现实关系和一定历史条件中的，具有鲜活生命的、从事实践活动的人，即"现实的人"，现实的个人及其活动所形成的生活世界是思想政治教育产生、发展的基础和逻辑起点。马克思主义经典作家有关人的全面发展理论指出，社会交往能力的发展是人的全面发展的组成部分。所以学生学习采取合作学习的过程也是社会交往能力提高的过程。同时，因为有竞争，所以合作学习的环境能够产生强烈的学习动机。

有了合作就有竞争，而竞争是为了更好的合作。竞争有两个方面的竞争：一个是组内成员之间的竞争，能够激发学生的进取心，竞长增高，取长补短，共同进步；一个是来自小组之间的竞争，这种竞争能够凝聚人心，激发团队成员团结奋进，增强集体荣誉感。合作学习的氛围能够使其成员拥有最大的活力，个体学习需要的是个人的自持力，合作学习的氛围会产生集体归属感和责任感，在别人监督下磨炼成员的意志。而情感和意志是学习

---

① 本书编写组. 马克思主义基本原理概论［M］. 北京：高等教育出版社，2018：300-301.

持续进行的非理性因素,为认识活动提供原动力。合作学习也有助于培养学生的团队合作意识,在合作中培养学习能力,在合作中更好地认识自己。合作本身就是一种社会能力,而这种能力只有在实践中才能得到培养。

如何采取合作学习才能取得最大的学习效果呢?首先,统一小组的成员目标,以便形成合力。其次,小组成员人数不要太多,也不要太少,2人小组成员太少,6人小组成员太多,都不利于提高学习效果,4到5人最为适宜。通过小组合作学习,小组成员之间优势互补,共同提高。差生为了自身的面子会向优秀一些的学生看齐,即使整体学习能力都弱,也会在合作中形成合力。合作学习容易产生集体归属感和责任感,会让差一点的团队凝聚力量,后起努力,追赶优秀的团队。组间的竞争也会产生竞争的力量,提升整个班级的学习动机。

4. 思政课CCPA教学模式下的学生参与

列宁说过:"从生动的直观到抽象的思维,并从抽象的思维到实践,这就是认识真理、认识客观实在的辩证途径。"从实践到认识,再从认识到实践的过程是认识发生的两次飞跃。如果没有学生的参与,课堂教学活动没有真正发生,学生的参与是其构建认知结构的关键。通过活动,学生与教学内容直接建立情绪链接,有利于学生理解知识点和对知识点产生长期记忆。第一,学生要全员参与。第二,学生可以有选择性地参与,根据自己的时间、兴趣和爱好选择合适的实践任务。第三,学生要提前做好充分的准备,例如演讲稿的书写、辩论材料的准备、微电影的拍摄、新闻播报PPT或者微视频的制作、社会调查等。从认识的过程来看,人的认识过程是一个在实践基础上不断深化的发展过程,是从感性具体到思维具体的发展过程,是辩证思维培养的过程。学生参与阶段如表1所示。

表1 学生参与阶段

具体阶段	具体内容
第一阶段	领取任务(不同的教学目标对应不同的实践任务)
第二阶段	第一次实践(预习阶段,了解任务、讨论任务)
第三阶段	教师讲授(通过听课理解任务完成的理论基础)
第四阶段	第二次实践(深入实践,形成成果,讲演活动展示)
第五阶段	评价总结(师生共同总结、评价)

学生参与CCPA教学实施过程,准备材料,创作演讲稿、情景剧剧本、微电影剧本等作品,参与活动。学生浸润在活动中,以正能量带动伙伴,实现自我教育和伙伴教育。学生带着他们创作的成熟作品到社区,为社区群众宣传社会公德、党的方针政策、法律常识等,群众从中受到启示。演讲比赛、话剧大赛、服务社区等活动多次得到当地电台、电视台、新闻媒体、网站的报道。

5. 思政课CCPA教学模式下的效果评价

最后的评价要注意两个方面:一个方面是过程性考核与终结性考核相结合,教师制定的评价考核方案一定要突出过程考核评价,这是这种教学模式得以进行的分数保障;另一个方面要注意发挥师生共同考核机制的作用,突出学生之间的互评。考核的目标从知识、能力、素养三个方面考虑。首先,教师要制定评价标准,作为实践导向,这也是学生评价其他团队作品的准则。其次,教师要把握知识的准确度,为学生实践作品做好理论把控。

最后，利用线上评价APP的功能，扩大学生的参与度，同时也要防止学生的个人好恶影响评价结果，教师要做好引导。评价是指挥棒，积极正向的评价能够激发学生学习进取的积极性，主动以正能量带动其他小组和个人。有的时候，班级的班风也会影响评价的结果，教师应该及时发现问题，提出应对措施。另外，小组整体分数的二次分配也要体现贡献大小，教师在确定小组组长之后，要监督分数的分配，防止组长滥用私权。在学生评价环节，如果教师把控不好，学生就会不珍视过程性考核的分数，而使过程性考核流于形式。所以，考核评价是教学改革的关键环节。

三、"原理"课程改革与实践的案例整理

教师要对教材内容进行整合和分解，每一教学任务对应一个实践项目。根据课程的教学内容进行教学内容项目化分解，围绕"青春、理想、人生、爱情、爱国主义、社会公德、法律"等教学内容，运用辩证唯物主义、历史唯物主义、认识论、实践论等哲学原理，开展"红色之旅、演讲比赛、校园话剧、论坛、服务社区"等实践项目，学生反响很好。"马克思主义基本原理"课程设计如表2所示。

表2 "马克思主义基本原理"课程设计

教学目标	实践体验		认知再现	素质目标
	课内引导性体验	课外独立性体验		
1. 辩证唯物主义 2. 认识论、实践论 3. 历史唯物主义 4. 资本主义本质及规律 5. 社会主义的发展及规律 6. 共产主义崇高理想	1. 新闻播报 2. 案例分享 3. 课堂辩论 4. 情景展示 5. 小演讲 6. 微电影展示 7. 调研分享	1. 新闻制作 2. 案例制作 3. 课题研讨 4. 小组研学 5. 演讲比赛 6. 微电影拍摄 7. 社会参观、考察、调研 8. 大学生时事论坛	1. 新闻稿 2. 案例文稿 3. 研讨文案 4. 公众号文章 5. 演讲稿 6. 微电影 7. 调研报告 8. 情景剧 9. 论坛实况	1. 掌握马克思主义立场、观点、方法，提升运用马克思主义基本原理分析世界的能力，加深对人类社会发展规律的理解 2. 树立共产主义远大理想、中国特色社会主义共同理想

（一）即时性、价值性、哲理性的新闻播报

思政课在教学中存在的主要问题就是理论与现实脱节。破解这一难题的常用办法就是在教学环节的设计上增加新闻播报，从而调动学生的主动性和积极性，提高学生的参与度和获得感。通过新闻播报引领学生关注重大热点、焦点、难点、疑点问题，引导学生敢于坚持正确的观点，宣扬正能量，进行科学的分析和判断。[①]

以往的教师经常拿一些陈旧的案例作为讲课的辅助案例，称自己没有时间和精力去找寻新的案例。可在课堂教学环节中发动学生去找新闻线索，从而找到最鲜活的案例和教学内容。学生通过自己制作新闻播报，搜集整理新闻线索，运用所学的马克思主义基本原理正确看待、辩证认识和理性分析社会问题，弘扬社会上的真善美、鞭策假恶丑的现象，从而掌握马克思主义理论。教师要发挥即时评价、正确引导的作用，针对学生的新闻案例，在学生讲解基础上深入分析，让学生懂得原理、认识事物发展的本质和规律。所以，思政

---

① 艾四林. 科学总结思政课建设长期形成的成功经验 [J] 思想理论教育导刊，2019（5）：18-19.

课教师一定要用好具有即时性、价值性、哲理性的新闻播报这一教学环节。

新闻播报这一课堂教学活动的实施，需要教师提前给学生布置"新闻播报"任务，做好引导、定好标准。新闻播报 PPT 要求：新闻有价值，即时性强；文字简练，图文并茂；有哲理性，运用马克思主义基本原理进行新闻分析；页码不超过 5 页。新闻播报视频要求：可以下载，可以自拍；有价值，即时性强，充满正能量；视频要进行裁剪，时间不超过 2 分钟；在做播报的时候要进行课堂解说。

学生的创意是无限的，他们用美图秀秀在新闻图片上插上哲学原理，制作合成微视频等。他们的主动思考和制作的过程就是提高自己思维能力的过程。师生都可以对线上正在进行的"新闻播报"实时发表意见，同频共振、教学相长，拉近了师与生、生与生之间的距离，烘托了课堂氛围，课堂更具有亲和力和感染力。从 2019 年至今，课题组在所在班级运用这一课堂活动形式以来，学生的参与率达到 100%，课堂气氛和学生兴趣得到充分提升，开阔了学生的视野。

（二）热点性、具体性、日常化的"每周朋友圈大事件"

新闻播报被课题组广泛应用，"身边的思政课堂——每周朋友圈大事件"是新闻播报的升级版，强调理论的具体运用、剖析，利用微信朋友圈、课堂派等平台，延伸课堂教学，让思政理论真正融入学生的生活。在"每周朋友圈大事件"中进行课程思政，紧密理论与生活实践的关系，让每一位学生感受到身边的思政大课堂，真正学有所感、学有所思、学有所用。做到运用马克思主义基本原理思考分析身边大事件，解决问题，从而提高学生的哲学思辨能力和实践能力，深入社会生活实际，了解国情民生。促进社会主义核心价值观的形象具体化和日常生活化，增强学生对社会主义核心价值观的认知和认同，落实立德树人中心任务的时代使命。

运用微信朋友圈进行思政教育，需要对朋友圈中碎片化的事件进行筛选、分析、整合、重构。教学设想如下：

1）强化课程思政，落实理论联系实际。每节课前遴选朋友圈当周发生的具有典型性的社会热点话题，以"每周朋友圈大事件"的微信朋友圈形式发布话题，调动学生积极参与评论。

2）注重教学相长，体现教学环节中的师生平等。前 5 周为教师本人播报示范，从第 6 周开始将播报权交由学生分组轮流上台分享属于他们的"每周朋友圈大事件"，营造共同学习、共同进步的"互敬互进"氛围，发挥教师引导作用的同时，将学习主动权归还学生，真正做到"以学生为中心"和"以学为中心"的课堂。

课上，将课堂派上当周"朋友圈大事件"以课件形式发布出来，然后组织学生分组探讨事件背后相关思政理论，开启课堂派弹幕和评论区留言功能，让学生畅所欲言；再发布"抢答"让学生各抒己见。或者提炼事件相关论点，让学生进行"奇葩说"式的辩论，碰撞出智慧的火花。本教学设计以学生喜闻乐见的社交方式来作为思政素材选择的切入点，较大程度上抓住了学生的好奇心，吸引住学生的眼球，既能满足学生表达自我的心理，又贴近他们的生活，与时代同声共气，能引发他们对身边事件的思考，产生共鸣并调动起学生讨论的积极与热情。而且朋友圈是覆盖面最广、最日常的社交网络平台，几乎所有学生每天都会在上面分享或关注评论身边的和社会热点事件。朋友圈大事件的普遍性与当下时效性也能证明，马克思主义从未过时，其所探讨的话题于当下依然有效，让学生对马克思主义产生共鸣。

（三）时代性、思想性、哲理性的微电影

短视频平台自从问世以来就深受网民喜爱，2021年中国短视频用户达8.09亿人，抖音、快手成超级应用平台。为什么30秒、60秒或者三两分钟的短视频如此受到人们的青睐？究其原因，就是短平快、很实际，能够抓住人们的兴奋点。将微电影这种形式运用到课堂，就是在最短时间内，以最精彩的形式展示教学内容、呈现教学思考、达到教学目标。课上几分钟的微电影作为教学中基本原理讲解的辅助，更多功夫还是来自课下教师引导制作微电影，学生主动创造性地选题、拍摄、剪辑。

拍摄微电影这种教学形式体现了"以学为中心"。教师提前根据教学内容设置微电影主题，提出标准，布置任务给学生。学生组成微电影小组，运用马克思主义哲学原理观察思考身边的问题，寻找拍摄题材，写成剧本，自编、自导、自演，拍摄成微电影，在课上进行展示。通过微电影的制作和展示，引导学生思考人生、培养哲学思维、体验成长。学生们搜肠刮肚找素材，绞尽脑汁写剧本、翻遍教材找理论，反复进行拍摄，用心剪辑作品。拍摄过程不仅体现了学生对社会问题的思考、辩证认识和理性分析能力，还体现了学生怎样用自己的作品影响带动其他人，提升了大学生的社会责任感。在微电影的创造过程中，还会出现很多课堂上遇不到的团队组织问题，如正确处理个人与集体关系、个人荣辱与组织荣辱关系问题，在解决问题的过程中锻炼了学生人际关系能力、组织协调能力，学生在不断行动中试错、纠错、成长，所以说拍摄微电影这种教学形式是对学生综合能力的提升。

学生拍摄的哲学微电影内容要求：微电影题材来自大学生活、社会热点、大学生关心和关注的话题；剧本原创，体现大学生的思想、生活实际，与社会联系密切，能够解决大学生关心、关注的问题；传播正能量，颂扬乐观、积极、向上的青春主旋律，引导大学生树立社会主义核心价值观；微电影时间在5分钟之内，作品要进行精心剪辑。学生拍摄的哲学微电影评分标准：满分10分，其中，教育意义3分、创新性2分、哲理性3分、制作精良2分。

自2019年以来课题组连续举办了三届大学生哲学微电影比赛，采用了线上线下同步进行的模式进行比赛，评委由教师评委、学生评委和场外人气支持三部分组成，教师评分占60%，学生评分占30%，人气支持占10%。这种形式扩大了大学生哲学微电影的影响力。大学生哲学微电影提高了学生学习理论的自觉性和能动性，提高了学生的哲学思维能力，提升了学生的社会责任感和自信心。表3、表4、表5分别展示了课题组连续举办的三届大学生哲学微电影比赛作品获奖情况。

表3 2018级大学生哲学微电影比赛作品获奖一览表

序号	班级	主题	作品名称	哲学道理	获奖
1	英语1班	环境	The enviroment in our hands	世界是普遍联系的整体	一等奖
2	日语1班	友谊	拨云	发挥人的主观能动性	二等奖
3	日语2班	理想	拒绝标准答案	量的积累到质的飞跃	二等奖
4	日语1班	生活	生活处处有哲学	矛盾无处不在	二等奖
5	英语7班	成长	王芳的蜕变	用发展的观点看问题	二等奖
6	日语1班	网恋	网恋那件小事	虚拟实践也是实践	三等奖

续表

序号	班级	主题	作品名称	哲学道理	获奖
7	英语6班	恋爱	亲密了自己尴尬了别人	整体与部分的关系	三等奖
8	英语5班	校园贷	一念之间	量的积累到质的飞跃	三等奖
9	英语2班	成长	压力大	主要矛盾和矛盾的主要方面	优秀奖
10	英语8班	成长	我有一个篮球梦	实践的直接现实性和自觉能动性	优秀奖

表4　2019级大学生哲学微电影比赛作品获奖一览表（一）

序号	班级	主题	作品名称	哲学道理	获奖
1	金工4班	成长	大梦想家	用正确的世界观、方法论指导实践	一等奖
2	英语8班	网贷	网贷	理性消费	一等奖
3	数媒2班	友谊	逃离宿舍	对立统一规律	二等奖
4	会计1班	网络诈骗	诈骗陷阱	透过现象看本质	二等奖
5	日语1班	抗疫	小家顾大家	人民群众是历史的创造者	二等奖
6	英本5班	大学生活	广科微生活	量的积累到质的飞跃	二等奖
7	金工3班	理性消费	花呗青年	适度原则	三等奖
8	英本3班	环境保护	垃圾分类	否定之否定规律	三等奖
9	中韬华益管理会计创新班	成长	广科名媛	树立正确的人生观	优秀奖
10	国贸2班	成长	放下手机	主要矛盾与次要矛盾	优秀奖

表5　2019级大学生哲学微电影比赛作品获奖一览表（二）

序号	班级	主题	作品名称	哲学道理	获奖
1	自动化1班	青春	生而为人 务必善良	质变是量变的必然结果	一等奖
2	软工9班	大学生活	校园霸凌	适度原则	一等奖
3	大数据4班	社会热点	时事热点播报	矛盾的普遍性	二等奖
4	工商3班	成长	爱与诚	联系具有普遍性和多样性	二等奖
5	服装设计2班	青春	马兜玲特烦恼	矛盾的特殊性	二等奖
6	软件10班	友谊	宿舍决战	哲学原理串串烧	二等奖
7	机设2班	伟人再现	真人版领风者	辩证法与悖论	三等奖
8	软件工程5班	理想与现实	我的大学生活	现实性与可能性	三等奖
9	自动化1班	大学生活	毕业与离别	实践是我们的存在方式	优秀奖
10	电信2班	真相与假相	天上掉馅饼了？	理性认识与感性认识	优秀奖

（四）思想性、接地气、多样性的演讲和写类活动

演讲比赛、辩论赛、时事论坛、微信公众号等项目都可以成为学生与社会联系的枢纽和桥梁。

1）演讲比赛，以爱国、青春、理想等为主题，通过活动提高学生的政治敏感度，引导学生关注国家和社会发展、关心校园文化建设，提升大学生个人的政治素养，提高大学生演讲能力与口才。

2）大学生时事论坛，以"把握时事动态、关注社会热点、引导思潮导向、激发爱国热情"为宗旨，通过论坛的形式，为广大师生了解时事政治提供窗口和交流思想的平台，培养学生的批判精神。学生以自身发展、校园热点、社会生活为话题开展班级辩论赛，运用马克思主义基本原理，有理有据地进行讨论、议论、辩论，培养大学生辩证思维能力和思辨精神。要求在辩论过程中论据真实、数据有效，论证合理、逻辑性强，实现理论与实际的有效结合。

3）微信公众号可以承载学生所有线下活动，扩大社会影响。对于有些写作能力较强、思辨能力较强的学生来说，他们更愿意对社会热点问题发表看法，也可以写一些表达大学生的爱国爱家情怀与青春理想爱情等的诗词散文，这些都可以作为一种实践活动形式。学生在微信公众号发表了作品，就可能会把公众号推给自己认识的朋友、家人、同学。公众号上还发布一些线下活动的报道和图片，经过学生的推广，也可以提升思政课教学的社会影响力。

（五）情境体验式、参观考察式的校外实践活动

每所高校都处在各具特色的地域环境、社会环境和文化环境之中，都会受到地方本土文化的影响和熏陶。思想政治理论课的教师应该积极开发和利用当代爱国主义教育基地的独特优势，充分挖掘当地的各类博物馆、烈士陵园、纪念广场或者纪念馆、文化遗址、历史人物故居等红色文化场所的教育价值，带领学生走出去、走出课堂、走向社会，变教师灌输说教为学生参与体验，体验感悟之后回归课堂，寓教于活动。

利用东莞独特的地理优势和厚重的文化资源，课题组设置了"立足莞邑——中国沉香文化博物馆之行""红色熏染——虎门炮台＆海战博物馆之旅""行走的课堂——东纵联大分校巡礼展"等校外实践活动，如表6所示。

表6 校外实践活动

序号	实践类型	实践目的	哲学原理
1	立足莞邑——中国沉香文化博物馆之行	走进香市，了解东莞本土莞香文化，以地方本土文化为切入点，感受中华优秀传统文化之魅力，坚定中国文化立场，坚持文化自信	社会存在和社会意识的辩证关系与树立科学历史观
2	红色熏染——虎门炮台＆海战博物馆之旅	从广东看近代史的发展，红色熏染，勿忘历史，牢记使命，砥砺前行，引导广大学子成为民族精神的传承者与弘扬者	社会历史发展的动力
3	行走的课堂——东纵联大分校巡礼展	本次活动通过重温历史，对大学生进行爱国主义教育和革命传统教育，使东纵文化不断走近大学生、走进课堂，提高大学生思想政治教育的实效性	树立辩证唯物主义与历史唯物主义历史观

据统计，自2015年4月2日至2019年6月4日，思政部教师带领学生校外实践教学共78次，参与带队的教师17人，占思政部教师总数的43%。其中，仅2018年因思政课实践教学学分的增加以及思政课《学生实践活动手册》的首次使用，教师带队校外实践教学就多达40次，占总实践次数的51%。参与校外实践的学生有3 500多人，涵盖了广东

科技学院计算机学院、管理学院、艺术设计学院、机电工程学院、外国语学院、财经学院等所有院系。情境体验式、参观考察式的校外实践活动的设置,提升了课程教学的有效性,受到学生广泛喜爱。

(六) 为专业注入灵魂、让哲学充满色彩的课件比赛

哲学活动是学生增长见识、锻炼成才的有效活动,是学生了解国情,提升哲学素养的重要途径。哲学课件比赛活动可以增强学生对马克思主义哲学原理的理解和应用,培养学生哲学思维能力,引导学生用哲学的观点考察技术发展特点与规律,用所学专业知识来表达哲学思想,审视专业的社会价值,培养学生辩证思维能力,发挥思政课与专业课在育人方面的协同效应,探索课程思政育人路径。①

比赛目的:立足专业知识,提升自身素质。

指导思想:深入贯彻落实课程思政理念,围绕培养高素质人才战略,在思政课教学中体现专业性,理论能够用得上,促进学生综合素质的提高。

比赛意义:通过引导学生在专业里找案例、写故事、做课件、进行汇报,运用马克思主义理论解决专业问题,锻炼学生哲学思维能力,促进学生更好地掌握专业知识,提升综合素质。

内容与要求:结合各系专业实习和实践,或者大学生活,搜集文字材料和图片材料,也可以有视频材料,制作编写故事,做成课件;运用哲学基本原理解决实际问题,根据故事内容进行总结提升,表达学生哲学思考。

比赛前准备工作:组织好课外五育并举学员、课内学习小组,五育并举团队协助教师进行课件初选,对选出的课件进行个别指导,指导参加正式比赛。

对参赛人员的选拔有一系列的要求,具体如下:态度端正,有上进心,能从根本上了解此次活动的目的及意义,有热情;专业知识技能过硬,能真正做到学以致用,灵活运用专业知识;有集体意识和团队精神,认真服从组织的安排,积极配合队里开展活动,能出色地完成好队里交付的任务。

评分标准:专业案例,要联系专业学习、生活实际(30分);内容丰富,结构完整,具有故事性(30分);体现哲学、性逻辑性、哲理性,有教育意义(40分)。

满分100分,教师根据学生上交作品的质量分为优、良、中、差四个等级,酌情给分。学生上交的作品要求存档。

(七) 研究社会现实、思考时代问题的社会调查

开展社会调查的目的就是了解社会客观现实,了解国家政策在社会实施情况及产生的预期成果。在广泛调查基础上,用定量和定性分析方法对现象进行解释,预测调查对象未来发展趋势和前景。针对目前调查情况,提出措施建议,供给决策部门参考。

下面以《粤港澳大湾区区域创新环境调查》作为示例,展示社会调查的要求。

1. 调查目的

通过对粤港澳大湾区创新环境的调查,了解粤港澳大湾区在国家出台《粤港澳大湾区

---

① 高德毅,宗爱东. 从课程思政到思政课程:从战略高度构建高校思想政治教育课程体系 [J] 中国高等教育,2017(1): 43-46.

发展规划纲要》政策之后，地方政府的政策支持、创新具体实践做法、取得的标志性成就，了解粤港澳大湾区发展仍然存在的问题，以便于总结经验及弥补不足，以期未来更好的发展。

2. 内容与要求

（1）调查你所在家乡面貌的变化、区域创新特色、区域创新政策、标志性创新成果。

（2）运用哲学原理简要分析创新成果。

（3）每个小组 3~4 人，自愿组合，小组提交 1 份报告。

3. 作业成果形式

调研报告。

4. 评价标准

事件真实，数据有效且具有统计性，条理清晰，层次分别，有逻辑性，理论联系实际，政策法规要标注时间。

四、"原理"课程改革与实践保障条件

（一）依托学生团队开展实践活动

思政课教师做课程实践教学改革总有一种力不从心的感觉，学生多、课时大、精力不足，可以通过发挥学生社团、学习小组、五育并举团队等的力量来弥补。马克思主义学院建立自己的社团组织，依托社团的力量组织实践项目。同时，每一位思政课教师都是五育并举团队的指导教师，都可以利用学生团队的力量完成思政课的实践项目。学生以自己的作品影响带动学生的这种伙伴教育形式，教育效果优于教师课堂说教，学生更容易信服。以高年级学长带动低年级学弟、学妹，一届届传承下去，就是优秀学风的传递。学生为完成任务，主动学习、思考、创新，传递正能量，激发了学生学习的主动性和能动性，有效改善了传统课堂上教与学的关系。学生在完成任务过程中，提高思想觉悟，体验道德情感，认知哲学道理，提升了政治素养。

（二）建设稳定优良的实践教学基地

高校思政课开展实践教学，应当建立稳定优良的实践教学基地，以满足思政课实践教学的需要和学生参观的需要。这些实践教学基地，可以是爱国主义纪念馆、纪念地，也可以是村落、社区、工厂、车间等。建立实践教学基地，尽量开发本地的资源，有条件的学校可以到国内著名的爱国主义教育基地去开展实践教学活动，也可以指导学生到所在家乡具有爱国主义教育功能的场馆、基地、社区去考察，这样扩大了学生实践范围，让更多的学生了解他所不知道的地方，激发学生爱国爱家的自豪感。广东科技学院地处粤港澳大湾区，临近改革开放的前沿——深圳，有着得天独厚的思政课实践教学的地理优势。马克思主义学院同虎门炮台＆海战博物馆、东江纵队纪念馆等爱国主义教育基地都有签约，制定了爱国主义教育实施方案。在"十四五"期间，马克思主义学院将继续拓展大学生实践基地范围和合作项目，建设稳定优良的爱国主义实践教学基地，储备资源，保障思政课实践教学的需要。

（三）发挥专业课与思政课协同育人功能

高校思政课要用好课堂教学这个主渠道，各门课都要守好一段渠、种好责任田，使各

类课程与思想政治理论课同向同行，形成协同效应，用思政元素点亮专业课，把专业情怀融入思政课。广东科技学院制定的《广东科技学院"五育并举"育人模式实施方案（试行）》，为发挥专业课与思政课协同育人功能，提供了制度保障。马克思主义学院建立了五育综合数据平台（平台设定了学生、五育导师、辅导员、院或部的五育数据管理员、五育办公室管理员等多级用户），为广东科技学院师生提供了信息管理综合平台保障。马克思主义学院组建学校课程思政指导中心小组，指导工作由教务处和马克思主义学院统筹，各指导教师团队负责人与二级学院负责人商定开展指导服务，深入各二级学院进行课程思政指导，为发挥专业课与思政课协同育人功能提供了人员上的保障。

（四）改革实践需要注意的一些问题

通过多次实践活动，课题组发现了实践活动过程中存在的一些问题，主要问题总结如下：

第一，关于分组的问题。在小组形成过程中教师要把握好度，既不能不顾学生意愿完全由教师分配形成小组，也不能完全放松让学生自行组队。为了便于后期实践活动的展开，小组成员之间的配合默契很重要，所以不能由教师完全安排。另外，为了实践活动能正常进行，小组成员的人数也要保持一定的比例，过多会导致有人没事做、参与度不够，过少会导致有些事完成不了，所以在让学生自行组队过程中也要有一定的规则和要求。

第二，关于教师干预的程度问题。在选题和实践活动过程中教师不要干预过多。由于互联网信息技术的发展，学生可以通过多种渠道获取丰富的信息，所以在定主题和形成作品的时候尽可能让学生自己完成，当遇到问题解决不了的时候教师再帮忙解决。

第三，关于分数分配问题。在实践活动考核过程中需要改变考核方式。虽然传统的考核方式能增加学生的参与度，但存在一个问题，就是每个小组内的所有成员的分数一样，没有区分度。也有学生反映这样缺乏公平，因为在实践活动开展过程中，有的组员做的事情多，有的组员做的事情少，有的完成难度高，有的比较简单，而最后所有成员的打分是一样的。因此，计划以后的实践活动考核在原有的评分标准基础上增加一项小组成员互评，综合这三项分数形成实践考核成绩。

五、"原理"课程改革与实践的初步成效

（一）思政课的育人功能明显

面对思政课学生不感兴趣、教学效果不好等问题，提高课堂的亲和力和针对性。课堂上展示的学生作品来自学生关注的社会热点问题，接地气、有吸引力。通过开展实践项目，引导学生运用马克思主义原理认识世界，提高学生分析、解决问题的能力，提升政治素养。例如新闻播报、哲学微电影等，具有时政性、价值性、哲理性特点。通过课内课外、校内校外、线上线下的联合互动，充分发挥了思政课作为思想政治教育主渠道的作用，通过完成一个又一个实践任务，教师引导学生形成正确的世界观、人生观、价值观。

（二）学生的认知能力提升

采用思政课 CCPA 教学模式，学生的认知能力在实践中得到提升。学生学会运用马克思主义基本原理认识社会，分析和解决现实问题，表现在：案例分析中的观点正确，作品有教育意义，调研报告有代表性，学生期末及格率提高，发表在课堂派等线上 APP 平台上的留言、评论数量增多，质量提高。

在思想观念多元化、社会思潮多样化的大背景下，有效发挥了思政课对学生世界观、人生观、价值观引导的主渠道作用。例如，连续举办多年的校园话剧、微电影比赛、学生自编自导自演的情景剧，是实现自我教育和伙伴教育的有效途径。

（三）思政课的亲和力增强

采用思政课 CCPA 教学模式，增强了思政课的亲和力。2021 年 1 月 7 日马克思主义学院举办第二届大学生哲学微电影比赛，经过学生的转发，受到省内外学生、家长的广泛关注，2 个小时线上观众通道共收到了 2 286 个赞和 1 326 张有效投票。

2020 年 4 月，课题组负责人利用问卷星对广东科技学院大二学生进行了"'以学为中心'课堂教学改革"的问卷调查。问卷通过 11 个问题了解学生对于课堂的期待，共回收 1 068 份问卷。70% 以上的学生渴望多元化的、有挑战性的课堂形式，希望通过多样化的课堂教学活动提高自身的能力。问卷调查的结果表明，"以学为中心"是教学改革的出发点和落脚点，CCPA 教学模式下的实践项目受到学生的喜欢。

"三位一体"的"中国近现代史纲要"课程教学模式研究

姚 凯 杨晓梅 李 旖 李永芳
周 彦 王小娟 武 静 周贵阳

摘 要：本文从"中国近现代史纲要"课教学实践中存在的问题与不足出发，根据本课程教学大纲的要求，在借鉴学界研究成果的基础上，依据笔者本人及广东科技学院"中国近现代史纲要"教研室在教学过程中的实际情况，从教学内容、教学方法、考核评价方式三个方面进一步探讨"中国近现代史纲要"课"三位一体"教学模式改革的实现路径，以更好发挥其思想政治教育功能。

关键词："三位一体"；教学内容；教学方法；考核评价方式

一、问题提出

高校的思想政治理论课是高校立德树人及对当代大学生进行思想政治教育的主阵地、主渠道。自2005年开设"中国近现代史纲要"课（以下简称"纲要"课）以来，"纲要"课就以其特有的魅力讲解中国近代以来反抗外来侵略、赢得民族的独立，推翻本国封建统治、实现人民幸福的历史，帮助学生了解国情、国史，深刻领会历史和人民如何选择马克思主义、选择中国共产党、选择社会主义道路、选择改革开放；"纲要"课从历史的角度来讲解马克思主义从传入中国到实现马克思主义中国化的历史背景以及现实基础，特别是通过历史的分析方法来阐明马克思主义的中国化对中国近代以来发展的重要影响。"纲要"的这种课程特色和独特视角，使它在具体的教学过程及教学实践中有着其他思想政治理论课所不具备的独特优势，在高校思想政治理论课教学中发挥着特有的功能。

与此同时，中共中央宣传部、教育部《关于进一步加强和改进高等学校思想政治理论课的意见》明确提出，"要精心设计和组织教学活动，认真探索专题讲授、案例教学等多种教学方法"。自此，"纲要"课课程改革逐渐成为重要的教研课题。但由于西方意识形态以及市场经济的缺陷对人们价值观的不良影响，目前，在"纲要"课的教学实践中还存在很多不足，使思想政治理论课教学效果有待进一步加强，需要通过课程改革不断改进。

（一）认识层面存在的问题

在认识层面上，存在国家与学校越来越重视，但学生却相对轻视的现实。

"纲要"课主要是从历史的角度帮助学生认识近现代中国的革命、建设和改革进程及其内在规律，具有非常重要的思想政治教育功能，国家与学校越来越重视。对近代以来的重大历史事件及重要历史人物的认识和评价，对于"纲要"课的学习有着非常重要的作用。然而，由于时代发展的原因，学生对那段年代越来越久远的历史，很难感同身受。而且受市场经济大环境的影响，学生价值观方面比较现实，有些学生认为思政课将来对就业没用，学习动力不强；有些学生认为思政课以说教为目的，抽象、枯燥，缺乏学习兴趣。这就需要教师考虑如何通过持续的课程改革，不断增强学生的学习动力，提升学生的学习兴趣。

（二）教学内容方面存在的问题

在教学内容上，存在内容过多，课时较少，课堂时间有限，教学体系须进一步完善和创新的问题。

"纲要"课在教学方面存在以下问题："纲要"课讲述的是自 1840 年鸦片战争以来的中国历史，如何直观生动地讲述这 180 多年的历史，提高"纲要"课教学的实效性，是十分紧迫和重要的问题。受各种条件限制，实践教学内容相对被忽视，地方历史文化资源没有得到很好的利用；纲要课教学内容中有相当一部分与中学历史有相同之处，容易使学生产生"认知疲劳"和抵触情绪；最后三分之一部分与"毛泽东思想和中国特色社会主义理论体系概论"课的内容大面积重复。这就需要优化课程内容结构，把教材体系很好地转化为教学体系。

（三）教学方法方面存在的问题

在教学方法上，存在以传统的教师讲授为主，教师主导作用过强，没有充分发挥学生主体作用的问题。

广东科技学院学生有鲜明的个性，勇于表达，表现活跃，深受移动互联网等新媒体技术的影响，对于"纲要"课教材上的大部分内容，通过初高中历史课的学习及网络资源已或多或少有所了解，如果教师还是以传统的教师讲授法为主，单纯讲解教材上的历史知识，当然会引起学生的厌倦情绪，很难达到理想教学效果。大多数教师还不同程度地以传统的教师讲授法为主，给学生主动参与课堂教学的机会相对较少，教师主导作用依然过强，学生主体作用发挥不足。

（四）考核评价方式方面存在的问题

在考核评价方式上，存在评价主体单一，重知识层面评价、轻能力和价值观评价，重终结性评价、轻形成性评价等问题。

以往的教学考核基本由任课教师单独完成，忽视学生及大思政格局下其他相关人员在学生考核评价中应有的作用。传统的考核方式一般是通过期末的统一考试来考核及评价学生学习效果。这种期末考试"一考定结果"的考核评价方式只能了解学生对课程知识点的掌握，而不能掌握学生平时的学习过程、学习状态和思想状况，而且这种"一考定结果"的终结性考核评价方式带来了很多明显的不良影响，最主要的就是有一部分学生平时学习并不认真，上课容易走神，人在课堂心不在课堂，期末考试前突击学习、死记硬背，凭借良好的记忆力来取得较高的分数。要避免这一不良现象，只有加强过程性考核，把学生学习的关注点从只求期末顺利通过考试引导到注重平时的学习积累，积极参与课堂上的各个教学环节，与教师良好互动，达到理想学习效果。

二、课程改革的目标

针对上文总结的"纲要"课教学实践中存在的不足，结合课程的教学大纲，本课程的课程改革要达到的目标如下：

1）改传统的以教材、教师、教室为中心的理念为以学生发展、学生学习、学习效果为中心的理念，突出学和学生的中心地位，还课堂给学生，让学生成为自主学习的主动参与者、探究者，让教师成为设计者、引导者。

2）教学方法改以传统的教师讲授法为主为以师生互动式、研讨式、探究式为主。课堂教学以问题链引导、小组讨论、合作学习、专题研讨、网上互动等方法展开，形成师生互动、生生互动、教学相长的景象。

3）优化教学内容，整合教材导言和十章内容形成十一个专题，以专题式教学突出重点内容，增强针对性、提高吸引力，实现从教材体系向教学体系的转化。

三、课程改革的基本原则

结合思想政治教育规律、大学生成长规律开展教学改革，坚持以下基本原则：

（一）坚持守正和创新相统一

认真落实新时代思想政治理论课需要改革创新的要求，不断增强思想政治理论课教学的思想性、理论性和亲和力、针对性。

（二）坚持传统与现代相统一

充分发挥传统优势和现代优势，不断增强理论讲解的深度和活动开展的广度，不断增强传统教学的魅力和现代信息技术的吸引力，增强课堂认同感。

（三）坚持理论性与实践性相统一

加强教师理论修养，增强马克思主义看家本领，做到纵横捭阖讲思想、旗帜鲜明讲政治、深入浅出讲理论。加大实践教学力度，突出地方特色，做到学史崇德、学史明理、学史增信、学史力行。

（四）坚持主导性和主体性相统一

真正落实"以学为中心，以教为主导"的教学理念，充分调动学生积极性和发挥教师引领性，发挥教与学的双边互动和互补作用，提升教学实效，增强学生获得感。

（五）坚持方法和手段相统一

注重方法创新，重视手段运用，多角度、多层次综合改革，充分发挥各种改革的综合作用。

（六）坚持历史知识教育与思想政治教育相统一

"纲要"课通过历史知识教育来达到思想政治教育的目的，因此，"纲要"课既不同于初高中阶段的"中国近现代史"课程，也不同于大学历史学专业的"中国近代史""中国现代史"课程。它的主要任务不仅仅是传授相关的历史知识，而是着重进行历史观、价值观的教育，使大学生在初高中阶段学习的基础上，进一步加深对近现代中国国情和社会发展规律的认识。因此，"纲要"课不能简单停留在对历史知识以及历史现象的讲解上，应该把科学历史观的传授贯穿于整个教学过程之中，重视分析历史现象背后的历史逻辑，如在课堂教学中使用典型的教学案例，凸显以爱国主义为核心的民族精神，重视以坚定的理想信念、为国为民的情怀、优良作风为主要内容的革命传统教育等。

"纲要"课作为一门思想政治理论课，较之于历史学专业的"中国近代史""中国现代史"课程更加强调对学生的价值观引导，具有较强的政治性、思想性。中国近现代历史发展过程中蕴含着丰富的历史素材和精神资源，孕育了中华民族伟大的民族精神、时代精神和优良革命传统。在"纲要"课教学中突显民族精神、时代精神与优良革命传统教育是重要的价值引领目标。

四、课程改革的基本措施

（一）教学模式改革

针对前文分析的教学实践中存在的问题，在教学模式上需要考虑如何运用线上线下混合式教学的优势来优化内容结构，对教材内容进行创造性转换，并进行专题式教学及实践教学，把教材体系转化为教学体系，采用"专题式教学+线上线下混合式教学+实践教学"的"三位一体"的教学模式。

1. 专题式教学

专题式教学是指教师以巴班斯基最优化教学理论为指导、以问题为导向，依据教学大纲的基本要求，打破教材章节体系的限制，按照一定原则与关系对教学内容进行重新整合、提炼、充实和创造性转化，形成系列专题，并围绕专题确定教学方案和组织教学活动的一种教学模式。

专题教学有助于解决"纲要"课课时少与内容多之间的矛盾，也能够避免"纲要"课教学内容与中学历史教学内容大面积重复等问题。"纲要"课讲述了1840年鸦片战争以来的旧民主主义革命、新民主主义革命、社会主义革命和社会主义建设、改革开放、中国特色社会主义新时代等多个时期的历史内容，但只有48学时（秋季学期更少，只有36学时），教师要在有限的时间内讲完十章的所有内容，比较困难。有些教师在结课时，只能讲到改革开放，才完成了一大半的教学内容；有些教师虽然赶着完成了教学任务，但很多内容只能粗略讲解，重点难点没有详细分析。笔者所在教学改革团队尝试进行专题式教学，整合教材导言和十章内容形成十一个专题，以专题式教学突出重点内容，增强针对性、提高吸引力，实现从教材体系向教学体系的转化。

专题式教学既以教师教授为主，发挥传统讲授法的优点，又摒弃了传统按章节授课过于注重教材体系完整性而忽视了向教学体系转化的弊端，破除了教学与科研之间的矛盾。

专题式教学平衡了中学历史课的泛化和大学历史课的细化，体现了纲要的性质，有利于以问题为导向引领学生学习和促进学生反思，也有利于提升学生的思维能力和认知能力。

根据教学大纲的基本要求和本课程教学改革团队教师的集体研讨，为了避免在内容上与"毛泽东思想与中国特色社会主义理论体系概论"课内容重合，本课程教学改革团队教师一致认为"纲要"课应以近代为主、以现代为辅，将教材十章内容整合为十一个专题，专题的具体情况如表1所示。

表 1　"纲要"课十一个专题列表

专题一	以史为鉴知兴替——大学生为什么要学习中国近现代史
专题二	誓与山河共存亡——中国人民反对资本帝国主义的侵略
专题三	山重水复疑无路——不同社会力量对国家出路的探索
专题四	君宪共和总难成——资产阶级方案在中国行不通
专题五	开天辟地大事变——历史和人民选择了马克思主义
专题六	星星之火可燎原——中国革命新道路的开辟
专题七	亿兆一心战必胜——中华民族的伟大抗日战争
专题八	得民心者得天下——历史和人民选择了中国共产党
专题九	踏平坎坷成大道——历史和人民选择了社会主义道路
专题十	东方风来满眼春——历史和人民选择了改革开放
专题十一	天翻地覆慨而慷——中国特色社会主义进入新时代

这些专题主要是基于"纲要"课专题教学必须遵循的主线来设计。就具体内容而言，每一个专题设计都必须符合"纲要"课教学大纲的基本要求，全方位地体现历史和人民是怎样选择马克思主义、选择中国共产党、选择社会主义道路、选择改革开放的逻辑。每个专题各有侧重，如第七个专题"亿兆一心战必胜——中华民族的伟大抗日战争"，着重讲述中国共产党领导的敌后战场和中国国民党领导的正面战场的关系，通过两个战场的对比，让学生深刻理解中国共产党在抗日战争中的作用，特别要针对目前网络上存在的一部分敌对分子对我国抗战英雄的污蔑和诋毁，通过抗战英勇事迹的讲解，澄清是非，激发大学生群体对抗战英雄的崇敬。

专题教学的整合设计虽然可以在一定程度上避免与相关课程知识点的重复问题，但在课程内容的完整性方面也存在一些不足。"纲要"课作为一门独立的思想政治理论课，在专题教学中还应保持系统性和完整性，在有些内容与其他思想政治理论课重复的问题上，应该跟相关课程教师集体研讨，妥善处理好内容交叉问题。

2. 线上线下混合式教学

目前的在校大学生是互联网时代的原住民，他们的日常生活和学习都离不开手机，上课的时候（尤其是非专业课）也是如此。如何与手机争夺大学生的注意力，减少上课时的手机使用率，增加抬头率和听课率，是信息化时代教师课堂教学必须面对的新问题。

既然很难禁止，那就应该换个思路，进行线上线下混合式教学，因势利导，将手机这个分散学生注意力的"罪魁祸首"，"正大光明"地请进课堂。教师可以通过超星学习通平台等现代化信息技术手段组织课堂教学的互动，如上课前进行扫描签到，掌握学生的出勤情况；课堂提问时进行抢答，调动学生积极参与；利用选人功能进行随机提问，有效提升学生的听课率及参与度；利用随堂测试了解学生对知识的掌握情况；利用作业布置与批改把课堂教学延伸到课后等，让原本单调乏味的课堂变得有趣起来。

改变传统的以教师讲授法为主的教学方式，使每次课教师讲授时间不超过 65 分钟，以后逐步做到每次课至少留三分之一的时间给学生，最后实现课堂中教师讲授时间、学生学习时间各占 45 分钟。

通过每一次课教学活动的设计，尤其是课堂互动活动的设计，把课堂还给学生，通过有效的师生互动、生生互动等互动环节将课堂充分利用起来，以师生互动式、研讨式、探究式等"以学为中心"的教学方式，让学生成为自主学习的主动参与者、探究者，达到促进学生学习效果提升及有利于学生成长和发展的教学目的。每次课可以从表2所示的具体活动中选择几项实施。

表2 "纲要"课教学活动设计示例

活动	示例
主题演讲及学生和老师点评（10分钟）	近现代历史人物述评
分组讨论及上台分享（20分钟）	为什么改良主义在中国行不通？
辩论赛（20分钟）	革命与改良的辩论
随堂测试（10分钟）	章节测试
历史情景剧（20分钟）	关于"中共一大"的历史情景剧表演
知识竞赛（20分钟）	党史知识竞赛
读后感分享（10分钟）	《论持久战》读后感
观后感分享（10分钟）	《建党伟业》观后感

3. 实践教学

（1）在"纲要"课教学中实践教学的重要性

《中共中央宣传部教育部关于进一步加强和改进高等学校思想政治理论课的意见》（教社政〔2005〕5号）指出，"高等学校思想政治理论课所有课程都要加强实践环节。要建立和完善实践教学保障机制，探索实践教育的长效机制"。

实践教学是"纲要"课不可分割的一部分，它可以弥补由于理论教学课时较少而无法对一些重要的历史事件展开详细讲述的不足，好的实践教学可以对课堂教学起到辅助作用。因此，要使实践教学与课程相辅相成，更好地发挥其思想政治理论课程教学实效性的功能，让学生通过直观、现实的参与活动来加深对教材中理论知识的感受和体验，培养学生运用所学理论知识解决现实问题的能力。

（2）实践教学的具体开展情况

在实践教学过程中，教师是教学活动的主导者，即设计者和组织者；学生是教学活动的主体，即参与者。根据实践教学场所和方式的不同，笔者对实践教学活动的类型进行了灵活的设定，分为校外实地参观调研、红色基地实时讲解、学校内教学实践三种类型。

第一，校外实地参观调研。东莞的历史文化及红色资源十分丰富，引发中国近代史开端的虎门销烟就发生在这里，东莞人民也有着光荣的革命传统。在"纲要"课实践教学中，融入当地的历史文化资源作为实践教学内容，学生通过实地参观调研校外实践基地，能够更直观、鲜活地感受相关历史事件及相关历史人物，学习先进历史人物的先进事迹，通过向榜样学习来提高自己道德素质，同时，通过直观、具体的近现代史文化资源来加深对教材中政治理论知识的有效解读和理解。教师可以要求学生在参观调研的同时把自身的切实感受撰写成参观考察报告，在课堂上进行分享，并根据报告的撰写质量和分享汇报表现给予一定的平时成绩，并将其纳入课程的考核评价体系，作为学生学习成效考核评价的一项重要内容。

第二，红色基地实时讲解。红色基地实时讲解是对校外红色实践基地参观调研的"升级"，这种实践教学方式要求每一个参与者都在活动开始前通过查询相关资料对所要实时讲解的红色基地的相关历史事件和人物进行详细了解，在参观基地时不同学生轮流进行实时讲解，而且，每一位学生都负责讲解链条上的一个具体环节，不仅要完成自己的实践任务，而且要保证整个实时讲解良好衔接，既做到了让学生积极参与学习过程，又锻炼了学生的语言表达能力，提升了教学效果。

第三，校内的实践教学。受外出参观条件的限制，"纲要"课实践教学以校内实践教学为主，教师可以综合采用近现代历史人物故事分享、微电影制作、红歌会、近现代史上的辩论、近现代史今天的讲述、历史情景剧等组织形式多样的校内实践活动。例如，教师可以引导学生在课下查阅图书或网络资料，了解广东近代以来为实现民族独立、人民幸福做出历史贡献的人物，如康有为、梁启超、孙中山等，培养学生爱国主义情怀。教师还可引导学生对这些历史人物的人生经历以演讲或PPT汇报的形式在课堂上向全班同学分享，并通过学生评委评分和教师评分相结合的多主体评价方式，得出学生此次历史人物述评实践活动的分数，将其作为学生平时成绩的一个组成部分，体现在最终的总评成绩中。教师还可以在校内指导学生进行经典著作选读，如讲抗日战争时读《论持久战》，通过精读使学生对经典著作的内容、形式以及理论体系有更加全面和深刻的认识，鼓励学生上交一篇读书报告并在课堂上向全班同学进行分享，教师根据读书报告的撰写和分享情况给出一定分数，并将其作为学生的实践教学成绩纳入期末总成绩。

（二）教学方法改革

在教学方法上，采用"问题链教学+情景式教学+案例式教学"的"三位一体"教学方式。

1. 问题链教学

基于问题驱动和思维引导的教学模式，以问题为中心、以学生为主体，围绕问题展开教学，通过提问、探究、讨论等教学环节，启发学生的思维、激发学生的学习兴趣，在教学过程中培养学生发现、分析、解决问题的能力，充分体现以学生为主体、教师为主导的教育理念，[①] 兼顾教师的主导作用和学生的主体作用，充分调动教师和学生两个方面的能动性。

（1）问题链教学在思政课教学中的优势

第一，问题链教学有助于实现"以学为中心，以教为指导"的现代教育教学理念。"以学为中心，以教为指导"的现代教育教学理念认为，学生是教育活动中的主体，传统的知识传授的教学理念和"灌输式"教学模式已经难以适应现代教育的总体发展方向。现代教育的重心应该从以知识传授为主向更加注重学生的发展、学生的学习、学习的效果转变。"以学为中心，以教为指导"的现代教育教学理念还认为，教师在教育活动中起主导作用，应该坚持教师的主导性和学生的主体性相统一。

第二，问题链教学有助于提升思政课的亲和力和针对性。提升思政课的亲和力和针对性，要求思政课教师要有受众意识，贴近社会实际和学生思想实际，善于从学生角度出

[①] 焦冰. 问题驱动和思维引导的教学模式探索与实践 [J]. 中国现代教育装备, 2018 (7): 33-35.

发，按照学生的认知规律和接受特点改革思政课的教学方式，用更贴近生活的教学内容，更贴近学生的语言，更贴近学生现实生活、学生平时耳闻目睹的案例引导学生去思考理想、责任、人生和信念，用学生喜闻乐见的教学方式讲出思政课要讲的道理，启迪学生思想、触动学生心灵。

问题链教学模式是指教师在准确把握教材重难点和学生兴趣点的基础上，设计出系列问题，根据问题的内在逻辑顺序组成一条或几条问题链，课堂教学围绕这些环环相扣的问题而展开的一种教学方法。从学生疑惑和关注的问题出发，沿着答疑解惑的认知路径，用连环相扣的问题为链贯穿整个教学过程，最终在理论、教材、学生之间找到契合点，实现三者的有机结合。①

思政课教学的关键是通过积极地与学生相处，深入了解学生，摸清学生的个性特征。与学生以朋友身份进行互动、交流、沟通，在教学实践中结合教材内容，把社会热点问题、学生关心的生活问题引入课堂，善于启发，让学生自主讨论、自由辩论，思政课一定会更有亲和力和针对性。

（2）问题链教学不同于一般的课堂提问方式

一般的课堂提问方式如："为什么民族资产阶级不能领导中国革命取得胜利？"教材上给出的答案是"中国半殖民地半封建的社会性质决定民族资产阶级具有软弱性、妥协性"。看似简洁的标准答案其实并不能解决学生的疑惑，反而会使学生更加不解：无论是地主阶级、资产阶级，还是无产阶级、农民阶级，都同样处在半殖民地半封建社会的社会环境之下，凭什么说民族资产阶级软弱妥协？软弱性、妥协性的表现是什么？半殖民地半封建社会的社会性质怎样决定了资产阶级不能领导革命取得胜利？这些其实都没有解释清楚。用概念去解释概念，用定论去解释历史，缺少严谨的史料论证，其实无助于学生思维的培养，更谈不上形成理性分析的态度、方法与能力。②

问题链教学认为，问题链不同于普通的问题，而是教师将一系列的问题通过一定的内在逻辑，有顺序、有层次地展现给学生，引起学生思考，从而帮助学生深化对历史事件和历史概念的理解，结合已有知识结构自主地解释历史，进行价值判断。在课堂教学过程中，问题链的设置，可以让学生站在历史的角度去与历史人物感同身受，做到历史地解释历史。③

（3）问题链教学运用的策略——设置问题链

第一，设置历史情境，通过提问回到历史现场。教师通过讲事实、讲故事与播放视频相结合的方式，再现或建构真实的历史情境，让学生站在当时历史人物的角度去思考问题，从而更准确地理解历史当事人的想法、限制条件、做法以及无奈，从而更好地了解那个时代。

比如，在讲戊戌维新运动时，可以再现历史抉择并提出这样的问题：1895年的春天，《马关条约》签订的消息传来，康有为和梁启超起草了一份请愿书，反对议和，请求变法

---

① 黄玮，林萍．"问题链"下精准微课教学探析——以《思想道德修养与法律基础》课为例[J]．河北工程大学学报（社会科学版），2018（1）：63-65．

② 王鑫．问题链的设置与历史解释素养的培养——以《近代中国资本主义的曲折发展》专题为例[J]．中学历史教学，2017（7）：17-19．

③ 同②．

并邀请各省举人联名上书。假设你是当年赴京赶考的举人,现在,这份请愿书就摆在你的面前,你是签还是不签呢?请说明理由。

教师可以让学生自由表达自己的真实想法,既能使学生积极主动地参与课堂互动,更让冷冰冰的历史事实及结论变得真实可感、有血有肉。

历史结论及解释绝不是空洞乏味的说教或评论,更不是晦涩难懂的概念的简单堆砌,历史的抉择是在特定的时代背景下做出的,历史的演进逻辑也离不开有血有肉的历史人物的参与。我国著名学者赵汀阳说:"历史是一个意义链和问题链定义的精神世界。"通过问题链的设置引导学生一步一步亲历历史、感悟历史、体验历史,学生形成的历史认知才更加直观而且生动、形象而且深刻。

第二,问题的挑选和设计要突出知识重点,突破难点、疑点。问题的挑选和设计要具有聚焦性,即突出知识重点,突破难点、疑点,聚焦学生的兴趣点、兴奋点。问题可以来源于学科的一个知识点,也可以来源于学生的生活实际,既忠于教材又不拘泥于教材。

法国思想家卢梭曾说:"不要教学生这样那样的学问,要由他们自己去发现问题。"问题链教学模式沿着创设情境→发现问题→解决问题→感悟问题→生成新问题的路径,在教学过程中充分发挥教师的主导作用和学生的主体作用,以问导学,以问促思,[①] 通过环环相扣的问题链,引导学生参与问题的分析和解决,有助于培养学生的辩证思维和创新能力。

第三,师生相互发问、交叉提问。以问题链引导教学,并不是说只是教师提出问题,学生同样可以提出问题,由教师进行解答。师生在回答对方问题的基础上,甚至还可以相互持续发问,把思考引向深入。沿着"教师设置问题→学生回答问题→学生就自己的疑问做出反问→教师解答问题的疑难点→引出后续问题"的问题链,使问题越辩越明晰。这样师生连续交叉提问的互动教学方式既促进学生对问题的深入思考,又能点燃学生学习的热情,还能真正解决当代大学生所遇到的思想困惑,使其所学知识的逻辑更加严谨,理解也更加深入。

2. 情景式教学与案例式教学

情景式教学与案例式教学有许多相通之处,案例式教学是指教师通过讲事实、讲故事与播放视频相结合的教学方式,再现或建构真实的历史情境,让学生站在当时历史人物的角度去思考问题,从而更准确地理解历史当事人的想法、限制条件、做法及无奈,更好地了解那个时代。情景模拟模式是通过模拟模式让学生参与到情境之中,在课程中让学生成为历史事件的参与者,从而提升学生对历史的直观感受,提高学生学习的积极性和课程教学的实效性。情景模拟模式是一种更为直观和生动的案例式教学,所以,在这里笔者重点介绍。

情景模拟模式的理论基础是情境认知理论和体验式教学理论,即"当学习被镶嵌在运用该知识的社会和自然情境中时,有意义的学习才有可能发生,所获得的知识才最真实、最完整,也最有力、最有用,而且学习者参与到情境之中,还能实现思维和行动的改变"[②]。就像"教育学之父"夸美纽斯在《大教学论》中写道"一切都只是从感官的感知

[①] 代先祥、赵红丽. 问题链导学教学模式在"中国近现代史纲要"课的应用 [J]. 教书育人(高教论坛),2019(4):108-109.

[②] 熊汉富. 情景模拟教学在 HRM 教学中的应用价值与方法 [J]. 人力资源管理,2010(12):143-145.

开始的"①，也就是说，认识来源于实践，理性认识依赖于感性认知。从根本上说，这也符合马克思主义哲学认知论中的能动反映论。

将情景模拟模式应用在"纲要"课的教学实践中，就是通过各种情景模拟的方式让学生模拟近代以来的历史事件及相关历史人物，融入其中，从而切身感受并直观地认识这个近现代历史的发展进程，有利于学生加深对重难点知识的理解，进而实现思想政治教育的目的。

（1）情景模拟模式的教学特点及优点

一是历史的现场感比较强。情景模拟模式最大的特点及优点就是跨越时空的限制与历史的"主角"相见，让学生身临其境地感受近现代中国历史的发展状况。只有成为历史事件的参与者，才能更深刻地体会历史跌宕起伏的进程，才能对历史给予我们的经验和教训有更深刻的理解。

二是学生参与的热情也比较高。与其他教学方式相比，这种教学方式对学生的积极主动性要求比较高，如果没有学生精心的准备，没有在课外自主去查询大量资料、详细了解历史事件的来龙去脉并找到历史事件之间的紧密联系，没有用心体会这些历史事件对中国近现代历史发展进程的作用，他们所表演的历史情景剧也不会起到很好的教育教学效果。

三是改变学生认为思政课枯燥乏味的负面认知，让课堂教学生动有趣起来。一直以来，相当一部分学生认为思政课内容枯燥乏味、理论抽象难懂，而且与专业知识和技能的学习关系不太大，对就业也没有直接的帮助，等等。而情景模拟模式形式新颖，要求学生发挥主观能动性，通过参与到历史情景剧的实际表演和创作之中，加深对历史人物和历史事件的认识及理解，久而久之，就会改变学生对思政课的负面认知，提高学习思政课的兴趣。

（2）情景模拟模式在"纲要"课中的实际应用

情景模拟模式最常用的表现形式是历史情景剧，也是在各个层次的历史教学中论证和使用最多的一种。历史情景剧，即在教师的指导下，学生以相关历史内容为题材，模拟历史场景，扮演历史人物，演绎历史故事。步骤大致分为：明确选题，小组分工，搜集资料，编排剧目，正式演出，学生点评，教师总结。以此加深学生对历史人物和历史事件的认识与理解，有利于培养自主探究合作能力，调动学生学习兴趣，激发学生的爱国热情。②

历史情景剧是针对"纲要"课的特殊性而设定的教学模式。因为"纲要"课是中国近代以来主要历史事件相互串联起来向前推进的课程，是其他思想政治理论课的实践基础。采用历史情景剧教学模式，由任课教师列出课程中主要的历史事件和人物，再由学生分组抽取题目，按照史实编写剧本，最后进行课堂展示。这需要学生针对特定历史事件查阅大量的资料，领会不同历史时期特定人物和特殊事件的影响，总结历史事件在近现代所起的作用。这种教学模式需要所有学生切实参与，调动了每位学生的积极性，是对单一课堂讲授教学模式的一个非常好的补充。可见，情景模拟模式教学不仅在宏观上从历史的角

---

① 夸美纽斯. 大教学论 [M]. 傅任敢, 译. 北京：人民教育出版社, 1985：112.
② 祝元梅. "专题教学+体验实践+考核改革"教学体系探究——以"中国近现代史纲要"课程为例 [J]. 安顺学院学报, 2019（6）：68-72.

度进行思政教育，而且还能将宏观的内容具体化、形象化。① 这能激发学生对思政课的热情，也更能提升学习兴趣，更能加深学生对知识的理解和把握。

（3）实施情景模拟模式应注意的问题

第一，把握好情景模拟模式在课堂教学中运用的度。情景模拟模式是"纲要"课教学的一种方式，因此，情景模拟模式的实施，应在课堂理论教学的基础之上，以课堂教学为依托才比较适合；另外，情景模拟模式不能替代课堂教学，也不能用得太多太泛，只能对课堂教学起到促进和补充作用，以增强思政课教学的实效性。

第二，教师要在情景模拟模式中起主导作用。情景模拟模式强调学生在教学中的主体作用，充分发挥学生的主观能动性，让其成为教学过程的主要参与者，但是，全程都需要教师起到宏观把控作用。尤其是在涉及材料选择及史实展示时，需要教师在整体上进行把关，只是在具体细节资料的补充及具体展示方式上由学生自己进行。在情景模拟模式中，学生通过查阅相关历史资料和具体的演示，成为教学过程的"主角"，对"纲要"课也会有一个更加全新和深刻的认识。具体教学实践证明，情景模拟模式能够更好地将"纲要"课的教学推向深入，实现思想政治理论课教学改革的目的。

（三）考核方式改革

1. 考核评价方式改革的重要性与必要性

"考核是教育评价的一种重要手段，具有直接检测学生学习效果和间接评估教师教学效果的双重功能。"② 课程的考核评价方式对学生的"学"以及教师的"教"都具有指导作用，可以说是教学过程的"指挥棒"。对学生学习效果和教师教学水平的考核评价方式，使得学生会按照考核评价的要求来安排自己重点学习的内容及采用的学习方法，教师也会按照考核评价的要求来安排自己教学的重点内容及采用的教学方式。因此，符合课程特点和教学目的、具有本课程特色的考核评价方式，有助于检验教学目标的实现情况，从而间接提高教学质量。

"纲要"课讲述的是1840年以来的中国历史，开设这门课程，主要是为了让学生"认识近现代中国社会发展和革命、建设、改革的历史进程及其内在的规律性，了解国史、国情，深刻领会历史和人民是怎样选择了马克思主义，选择了中国共产党，选择了社会主义道路，选择了改革开放"③。因此，"纲要"课的教学目标包括知识目标、能力目标和思想素质目标三个方面，但是，很显然后两个目标更重要。"纲要"课要让学生站在更高的层次上审视我们国家和民族曾经走过的道路，回顾历史、总结经验。知识点的堆积和记忆不是该课程的学习目标，我们要通过无数的知识点促使学生深刻理解中国历史④。在此基础上，通过多种教学手段启迪学生的思想、培养学生的能力，最终使学生能够运用马克思主义的立场、观点和方法分析问题、解决问题。⑤ 为了更好地完成"纲要"课的教学任务，

---

① 林雨菲． "情景模拟模式"在高校思想政治课实践教学中的运用——以"中国近现代史纲要"课为例［J］．渤海大学学报，2020（5）：68-72．

② 李本吉．高校思想政治理论课考核评价方式改革实践［J］．中国电力教育，2011（23）：66-67．

③ 《中国近现代史纲要》编写组．中国近现代史纲要（2018年修订版）［M］．北京：高等教育出版社，2018．

④ 廖启云．《中国近现代史纲要》课程考核方式改革初探［J］．教育理论与实践，2011（1）：39-41．

⑤ 刘巧莉． "中国近现代史纲要"考核评价方式改革实践——以吉林化工学院马克思主义学院为例［J］．吉林化工学院学报．2017（12）：64-67．

改革传统的考核评价体系势在必行。

2. 考核评价方式改革的实践

目前"纲要"课的课堂教学效果不够理想，固然有教学内容与中学阶段重复、教学方法不够新颖等原因，但是考核评价方式不够合理（如考试内容以记忆为主且过于简单，非常容易通过考试）也是需要引起重视的重要原因，这就很容易使学生对学习不够重视，从而减少花在此门课程上的学习时间。为了改变这种状况，就要按照《新时代高校思想政治理论课教学工作基本要求》中"坚持闭卷统一考试为主，与开放式个性化考核相结合，注重过程考核"的要求，进行考核评价方式的改革，即坚持形成性评价与终结性评价相统一，采用"多主体+多指标+重过程""三位一体"的考核方式。

多主体是指包括教师、学生、实践基地人员等多种主体参与对学生学习效果的评价；多指标指从知识、能力、价值观等多个维度对教学效果进行评价；重过程是指更加注重学生在学习过程中的课堂表现及实践中的行为表现等形成性评价的过程考核。

具体为形成性评价50%+终结性评价50%。

形成性评价由考勤、作业和课堂表现三部分构成，三部分均以百分制形式打分，考勤占20%，作业占40%，课堂表现占40%。另外，形成性评价中要引入学生互评，增加学生主体参与对学生学习效果的评价。

考勤：数据来源学习通的签到数据，旷课一次扣10分，迟到一次扣5分，早退一次扣5分。

作业：3次客观作业、3次主观作业，成绩为6次作业的平均分。主、客观作业主要通过学习通发放和批阅。

课堂表现包括学生在课堂中的听课状态、各类课堂活动的参与情况以及随堂测验等。提问、小组讨论、各类分享等课堂表现主要通过学习通体现，及时在学习通上做好参与学生的分数登记，不经过学习通则需要在平时成绩登记表上做好标记。

终结性评价考试题改为由单选、多选、判断三类客观题共80题构成。出题人应充分把握本课程各章节重难点，注意各章节的覆盖面，充分考查学生对基础知识、基本理论的掌握情况以及理论分析与应用能力。

加强对学生思想状态的掌握和考核。在平时上课中侧重于考核学生的思想状态，比如在平时课堂表现成绩的构成中，加大讨论及回答问题的分值。课堂讨论能够直接反映学生的思想状态，尽量每次课都设置一个讨论题目。上课前将讨论题目推送给学生，在讲到相关内容时组织学生讨论。公共课课堂很多是大班，学生比较多，不是每个学生都有机会参与讨论，为了鼓励学生参与，可在课上采取分组讨论，每组派一个代表陈述讨论结果。讨论结束后课下通过微信群、学习通等在线平台继续讨论，并给予相应的成绩，以分数来引导学生认真准备、积极参与。在讨论的过程中，教师只是隐形地掌控课堂，无论学生有什么样的观点，都鼓励学生勇敢发言，各抒己见，通过学生的讨论和陈述来了解其思想动态。①

---

① 刘巧莉."中国近现代史纲要"考核评价方式改革实践———以吉林化工学院马克思主义学院为例［J］.吉林化工学院学报.2017（12）：64-67.

基于应用型人才培养的大学语文课程建设研究与实践

高春倩　伍晓莉　李捷鹏　郭迪珍　钟　琼
黄恩恩　胡峰力　马青芳　江思源　薛展鸿

摘　要：大学语文课程注重培养学生的语言运用能力、文化欣赏与传承能力、专业素质养成能力，强化大学生审美情趣，浓厚国家民族感情，促进全面发展。本项目紧紧围绕应用型人才培养，结合广科大学语文课程建设与改革，分析了课程建设现状，提出了课程建设思路和课程建设实施策略，强化以能力和就业为导向，调整培养目标，结合企业及岗位需求，优化课程内容。突出教与学、学与练、课上与课下、校内与校外"四个结合"，优化课程教学模式和课程教学内容设计，强调"以学为中心"，注重"课程思政"，扩展课程教学外延，完善课程评价体系，深入探索应用型人才培养下的大学语文课程建设，为形成独具广科特色的应用型大学语文课程教学模式提供理论和实践借鉴。

关键词：应用型人才培养；大学语文；课程建设

近年来，广科以社会人才需求为导向，以应用型专业教育为基础，立足应用型人才培养，充分发挥大学语文教育的基础性、历史性和文化性优势，在面向区域社会经济发展，培养人文底蕴深厚、专业基础扎实、文化素质高的应用型人才上进行了深入研究和实践，形成了基于应用型人才培养的具有广科特色的大学语文教学模式。

一、大学语文课程建设现状分析

（一）校本特色优势

中华文明源远流长，中国文化博大精深，中国语文蕴含丰富。大学语文教育的作用在于提高大学生的语言运用能力、文化欣赏与传承能力、专业素质养成能力，培养大学生审美情趣，浓厚国家民族感情，促进全面发展。广科始终致力高素质的应用型人才培养，追求学生的全面发展，积极探索大学生的通识教育，在大学语文课程建设中形成了校本特色优势，为应用型人才培养发挥了基础性教育作用。

1. 校本教材的针对性、应用性

广科在全部本科生中开设大学语文课程，所使用的教材是校本教材《新编大学语文》。这部教材紧紧围绕广科应用型人才培养目标，打破了以往大学语文课程的思维局限和内容局限，更加注重基础性、应用性和人文性教育与培养，更加符合应用型人才培养的要求。

教材内容特色鲜明，理论知识与实训实践相匹配，古典作品与现代作品相融通，文化传承与素质教育相融合。教材内容分为"阅读品悟""实用写作""口才训练"三大板块，通过语文基础学习、经典阅读欣赏、应用文写作、口才实训，培养学生听、说、读、写的语言运用能力和文学欣赏、文化传承能力，在提升人文素质、滋养民族感情基础上，也为学生的专业学习及就业奠定良好的语文基础。

《新编大学语文》教材由伍晓莉老师主编，由广东高等教育出版社于2014年8月出版第1版。2020年，广科和黄河交通学院联合编写了《大学语文》，确定为"行知教育协作联盟"用书。教材以推动高等教育内涵式发展和培养应用型人才为目标，突出《大学语文》的人文特质和应用特质，从"阅读品悟""实用写作""口才训练"三方面培养学生能力积累的多元性和综合性。教材在传授语文知识的同时，融入课程思政元素，既培养学生语文应用能力，又提高思想境界和人文素养，同时也关注学生的生活感知和情感培育。内容安排意在启发思维，体例设计重在实践实训，能力培养体现在就业和职业需求。

两部教材都具有明显的校本特色，充分体现应用型人才培养特点，创新内容的模块设计，以学生学什么、怎么学、有什么用为出发点，更加适应学生的需要，为学生的专业学习和创业就业奠定基础。改版后的教材更加突出"以学为中心"及课程思政的特点，通过"对分课堂"或"翻转课堂"形式，充分调动学生学习的积极性和主动性，拓展学生的思维，强化应用能力培养，更好地辅助专业教育，提升就业竞争力。

2. "以学为中心、教师为主导"的教学模式

数学家波利亚曾说："教师讲什么不重要，学生想什么比这重要一千倍。"我国传统的教学模式注重的是教师的讲授和知识的传授，高等教育发展到今天，这种教学模式已经不能完全适应现代的大学教育。现代的教学模式更加强调的是学生自主学习、协作学习、任务驱动、研究型学习。为此，广科提出了"以学为中心、教师为主导"的教学模式改革。作为通识教育的大学语文教学，率先响应这种教学模式改革，紧紧围绕教学理念、教学方法、教学内容等进行全方位改革，实现了从"我教你学到你学我导"的教学理念升华，在教学方法上强化自主学习、自我思考、任务驱动，在"口才训练""实用写作"课堂上，强力注入面试实训、演讲实训、辩论实训、小组汇报等研究性、自主性、综合性的学习方式，教师发挥引导作用，锻炼和培养学生发现问题、分析问题、解决问题的自主学习能力，调动了学生学习兴趣和积极性，引导学生由被动学习转向主动学习，明显提升了教学质量和教学效果。

大学语文教学模式改革，让教学内容及设计更加贴近学生的兴趣与生活，不仅使学生的语文知识更加牢固、语文能力更加强化、语文素养和文学修养不断提高，还通过学生的自主学习、自我思考，让大学语文课程内容深入到学生的精神世界，涵养了人文精神、爱国情怀，浸润了心灵，丰富了思想内涵。

3. 教学资源和现代技术的充分保障

没有资源和技术的保障，教学的根基就不牢固。广科的大学语文课程，从一开始就注重教学资源建设。最初充分利用大学城云空间网络教学资源和技术，后来引入了中国大学慕课、智慧树、学堂在线等在线开放课程资源，利用在线教学平台、智慧教学辅助工具（课堂派、钉钉、雨课堂）等技术，运用多种教学理论、教学策略、教学方法和教学组织形式，整合了线上线下资源，肥沃了大学语文教学的"土壤"，为开展教学提供了源源不

断的"养分";融合了网络教学技术与传统教学方法,掌握了撬动高质量教学的手段,为全面实施教学改革提供了技术支持。

近年来,广科的大学语文课程,充分利用"超星尔雅"等线上资源和技术,辅助教师课堂教学,积累了丰富的教学经验。在技术支撑方面,充分利用 Flex、3ds Max、FMS 等数字媒体技术,对以自主学习为目标的学习资源进行整合设计,学生可以灵活进行手机和电脑的切换使用。在学习效果评价方面,利用综合测试和作业系统,实现了课堂互动和课后自主学习的多元化评价,更加及时、准确地对学生的学习效果做出评价和反馈。在交流互动方面,通过腾讯 QQ、网络直播和视频会议等多种方式,不仅实现了人机、师生、生生之间的多重互动,还方便了课程团队之间的在线交流和教学研究。另外,通过添加各类课程资源、课程教研等功能,使师生开展在线答疑、课后复习、在线测试和在线提交作业等更加便利,保证了教学效果,有效提升了教学质量。

4. 师资队伍稳定、结构合理、科研能力强

师资队伍建设是大学办学治教的根本。师资队伍是否稳定、结构是否合理,直接影响教育教学。广科拥有一支职称、专业、学历结构分布合理的师资队伍,现有大学语文课程专任教师 15 名,其中副教授及以上职称 6 名,具有硕士研究生及以上学历 14 名,有从事 30 年以上的大学语文教学经历的教师 5 名,他们中有多位教师长期从事大学语文教学研究,积累了丰厚的课程经验,不仅熟稔大学语文的整体课程体系及教学内容,更对教学设计、教学方法、教学改革等理论有着十分全面、准确的把握;他们中有风华正茂的年轻人,有经验丰富的教授,他们以老带新、教学相长,是一支工作稳定、英姿勃发、团结奋进的团队。

大学语文课程团队经常探讨与交流大学语文课程体系建设和教学改革,并积极到省内外兄弟院校进行观摩学习及学术交流,多角度、全方位开展大学语文教学研究。近些年来,这支团队主持、参与省级高等教育教学改革项目及校级教改课题多项,主编、参编了包括《新编大学语文》《大学语文》等教材多部,公开发表有关大学语文研究论文百余篇。

(二)存在问题分析

在多年的建设和发展中,广科的大学语文课程建设取得了一些可喜的成果,但是,随着高等教育发展、课程改革的不断推进,在教学内容、教学评价和课程的延展性方面还有进一步改革的空间,存在着需要弥补的不足。

1. 教学内容设计的体系化及实用性

目前,广科的大学语文课程由三个模块组成,即实用写作、口才训练、阅读品悟。从模块设置上看,三个模块有针对性地提升学生的实用写作、口才表达和人文素养三大能力,但在实际的教材及教学内容当中,三个模块的教学体系化及实用性存在不足。

首先,教材章节内部的一些内容深度不够。这一点在实用写作及阅读品悟部分篇目中表现得较为突出。应用型本科院校课程改革背景下的大学语文,绝不是简单延伸中学语文的内容,它应当体现出大学语文的实用性与针对性特点,而这个实用性与针对性特点,主要体现在对思维能力的锻炼上。[①]

---

① 徐兴菊,徐礼节,郑玲.《大学语文》课堂教学改革浅论[J].巢湖学院学报,2011(1):120-124.

其次，教学内容多，教学课时偏少。目前，按照广科人才培养方案，大学语文课程安排在一个学期内完成，其教学内容多、课时少、时限短，阻碍了大学语文课程建设。在面向新生开课时，秋季学期因为新生入学报到晚且要进行军训，往往在国庆节后才开始上课，课时被压缩。现在大学期的大学语文课程为48课时，小学期的大学语文课程只有39课时，这必然引发教学内容与教学课时的冲突，使大学语文的体系化和实用性减弱。

2. 教学评价体系的完整性

目前，广科的大学语文课程考核评价与其他课程考试课程一样，分成期末成绩和平时成绩，期末成绩占60%，平时成绩占40%，平时成绩一般由考勤、作业、课堂表现、实训四部分组成。这样的评价体系存在着注重终结性评价而忽视形成性评价的缺陷，势必产生评价标准片面化、重知识轻能力、重理论轻实践等问题，使得评价的功能与作用不能得到充分发挥，而且对于应用型人才培养需要的适应性也有所欠缺，需要进一步整合。①

3. 课程教学的延展性

课程改革重要内容是改变课程教学方法和教学组织，使教学效果最大化、最优化。要想使大学语文教学效果最大化，仅仅将改革止步于课堂教学必然是远远不够的，必须要建立第二课堂作为延伸，以满足现代大学语文教育的需要。广科在开辟第二课堂及利用影像资料、经典文学作品方面开展了很多工作，但是还未能在所有专业进行推广。如何让大学语文的第二课堂覆盖所有专业，真正作为长期、广泛、固定的教学活动的补充，延展课程内容，还需要付出努力。

二、大学语文课程建设思路

大学语文课程是在应用型本科院校开设的、以提升非中文专业本科学生人文素质为目的的公共基础必修课，课程融工具性、人文性、审美性于一体，集美育、德育及智育为一身，肩负着传承民族文化、弘扬人文精神、陶冶审美情操等多项重任，在大学素质教育课程中占据着基础性地位。

2013年至今，广科将大学语文课程作为通识教育、素质教育课程面向所有专业学生开设，已有9年的历史。

（一）大学语文课程建设基础条件

1. 教师队伍

大学语文课程的教学团队现有专任教师15人，其中具有高级职称（含正高和副高）6人，占专任教师总数的40%；具有中级职称教师6人，占专任教师总数的40%；具有初级职称教师3人，占专任教师总数的20%；博士在读2人，占专任教师总数的13.3%；具有硕士学位教师12人，占专任教师总数的80%；年龄50岁以上5人，40～50岁2人，30～40岁6人，30岁以下2人，分别占专任教师总数的33.3%、13.3%、40.0%、13.3%；课程带头人1名，骨干教师2名。大学语文课程教学团队结构合理，教学能力强，研究水平高。大学语文教学团队主编《新编大学语文》教材1部、《大学语文》教材

---

① 徐礼节，余文英，施晓琼. 应用型本科"大学语文"学习评价体系改革研究［J］. 教育与考试，2011（3）：73-75.

1 部、《写作与口才》教材 1 部，参编《应用文写作原理》教材 1 部，在省级及以上期刊发表论文百余篇，参加研究各类课题 5 项。此外，大学语文教师多次主持、参与或指导各级各类演讲、辩论、征文、诗歌朗诵、汉字听写等语言类大赛。

2. 学生需求

受就业压力和习惯性思维影响，学校及学生也往往会"重专业课，轻人文教育课"，导致高校人文教育成为较为薄弱的一环，从而对学生知识结构、人文素养的提升产生一定的影响。[①] 但学生在大学就读期间，通过学习除增长专业知识、培养专业技能之外，也树立正确的世界观、人生观、价值观，全面提升自身综合素质。在这一点上，大学语文作为人文素质教育课程占据基础性地位，在培养大学生审美情趣、陶冶情操、浓厚国家民族感情等方面发挥着重要作用。如何通过大学语文课程建设更好地满足学生需求，实现立德树人根本任务，就显得尤为重要。

（二）大学语文课程建设目标

教育部对大学语文课程目的和意义描述为"在全日制高校设置大学语文课程，其根本目的在于：充分发挥语文学科的人文性和工具性特点，适应当代人文科学与自然科学日益交叉渗透的发展趋势，为我国社会主义现代化建设培养具有全能素质的高质量人才"。鉴于此，本项目组直面广科大学语文课程建设存在的问题，结合应用型本科院校的性质、办学定位及人才培养方案，提出从改变大学语文课程设置现状、完善大学语文课程教学目标、创新大学语文课程教学形式、丰富大学语文课程教学内容设计、改革大学语文课程考核方法五个方面进行课程建设改革。

1. 改变大学语文课程设置现状

大学语文课程在培养学生的"听、说、读、写"基本技能以及逻辑思维、语言能力、沟通能力和开展思想教育引导、传承中国文化等方面发挥着重要作用，就目前大学语文课程与其他专业课程开设情况看，与之地位作用不相匹配的是课时数最少。语文的学习本来就是一个循序渐进，不断积累、浸润、潜移默化的过程，而对于 8 个学期的大学生活，大学语文只设置了一个学期，在如此短的时间内，将课文篇目的三分之一讲完就已捉襟见肘，更不要提课外延伸了。很多课文内容讲授也只能是蜻蜓点水，这样使学生对语文的印象是讲的内容他都懂，很难让学生对大学语文产生浓厚的兴趣。所以要想从根本上扭转，必须改变课程设置现状，给学生浸润其中的空间和时间，并且要设置相应的课外内容和活动时间，为学生搭建一个应用和实践的舞台。[②]

2. 完善大学语文课程教学目标

不同的专业具有不同的需求，大学语文要根据不同的专业特点和需求，组织不同的内容和篇目，设置不同的教学目标，使教学更具有针对性。大学语文分为语言教学和文学教学，注重结合应用写作进行基本应用文章写作训练，提高学生的语言文字应用能力。有些知识内容可通过课程延展加以实现，例如"错别字"问题，就可以通过语言文字知识技能

[①] 赵志新. 就业能力导向下的大学语文教学探究 [J]. 湖南工业职业技术学院学报，2019 (6)：83-86.
[②] 迟宝东，靳灵芝. 从单一教材建设向教学资源集成的转变——新形态《大学语文》数字化教学资源的研发理念与实践 [J]. 中国大学教学，2006 (3)：63-64.

大赛强化学生意识；推荐精选文学篇目阅读，包含经典古诗词和经典现代文，让学生在阅读文章、品读经典中浸润感知中国文化；开展应用写作训练，如撰写邀请函、求职信等，让学生掌握基本的实用文书写作。

3. 创新大学语文课程教学形式

创新教学形式是实现教学目的的重要途径。大学语文课程要结合现代科技，利用超星、雨课堂、课堂派等线上形式与学生进行互动，在文章讲解中设置相应的练习题，让学生在限定时间内进行解答。一方面可以集中学生学习的专注度，另一方面也可以调动学生学习积极性，还可以及时了解学生掌握知识的状况。课后，通过反馈得到的数据，了解学生对本节课的接受程度，做出总结和适当调整，设计第二课堂内容，通过平台将延伸的知识点发送给学生，扩充学生的知识量。①

4. 丰富大学语文课程教学内容

在大学语文教学内容设计中，注意增加学生活动环节，让学生在运用中体悟，在运用中成长。② 对于诗歌的讲解，让学生选取自己喜欢的诗词作品，可以结合音乐进行声情并茂的朗读，体验诗歌的意境美；举办读书交流活动，让学生选取自己喜爱的小说，阅读后相互交流，在提高学生阅读量的同时，培养学生的表达和思维能力；运用现代年轻人喜闻乐见的角色扮演，对一些富有故事情节的篇目，采用角色扮演形式，让学生通过饰演体悟故事中的人物特点，感受作者的写作心境，理解文章的情感表达，多角度感知和审视作品。③

5. 改革大学语文课程考核方法

考试是检验学习效果的重要手段。一直以来，广科的大学语文课程采取期末笔试定成绩的考核方法，学生往往在最后阶段进行突击，难以检测学生的语言组织能力、口头表达能力、创新能力、沟通能力。为达到较好的教学效果，配合大学语文应用型人才培养的教学目标，在考核方法上进行改革，可以将考核分为不同模块，如语言文字竞赛模块、课堂活动模块、课外拓展模块、笔试试卷模块等。通过多角度考核，不仅能够达到比较好的评价效果，也可以全面考查学生大学语文学习的综合情况，提高学生的语文应用能力。

三、大学语文课程建设实施策略

（一）调整培养目标，重构应用型大学语文课程体系

就业是民生之本，大学生就业已经成为我国就业问题中带有战略性的核心问题。为了解决这个就业核心问题，大学语文也要及时调整培养目标，趋向于以能力和就业为导向，重点突出"人文与岗位衔接、课堂与就业接轨"，构建以基础性与知识性学习为主轴，以语言工具性与技能性为支撑的大学语文课程体系，实现学生语言基础素养与就业实践能力

---

① 武雪慧. "互联网+"视域下高职大学语文立体化教学资源建设策略研究——以襄阳职业技术学院为例 [J]. 襄阳职业技术学院学报，2020（1）：67-70.
② 于玲. 基于"微课"的翻转课堂模式在高职语文教学中的实践探究 [J]. 卫生职业教育，2016（8）：24-26.
③ 冯大建，迟宝东，刘子琦. 高校人文素质教育在线教学的思考——兼谈南开大学"大学语文"在线课程建设 [J]. 中国大学教学，2014（8）：24-28.

的双向增强。①

1. 突出"人文与岗位衔接、课堂与就业接轨"的培养目标

依据广科的应用型本科院校的性质、办学定位及人才培养方案调整培养目标，实现"人文与岗位衔接、课堂与就业接轨"，具体包括以下内容：

（1）知识教育目标

知识教育目标主要包括语言文字、文史知识、文化常识和经典阅读四个方面，其中文化常识可根据学院办学定位，主要讲授中华传统文化等。通过讲授我国灿烂的物质文明、制度文明、精神文明和行为文明，并在讲授中注意将语言能力、文史知识、文化常识等内容贯穿于对名篇名著的理解和赏析中，体现"大语文"或"人文语文"的思想，实现经典名篇的教育教学价值，增强人文素质，适应岗位需求。

（2）能力培养目标

大学语文课程的总体能力目标，一是培养和提高学生文字和语言的应用和表达能力，根据学生学习生活和今后工作的情境需要，能撰写规范的常用应用文，能进行良好的书面表达和口语表达，具备良好的语言文字功底；二是培养学生阅读、鉴赏、分析、评价古今中外优秀作品的能力，为学习专业课打下阅读、理解、分析、写作的扎实基础，并形成良好的阅读习惯；三是通过课堂和课外实践，培养学生的自学能力、知识迁移能力、创新能力、团队合作能力等综合素养和职业能力。

（3）德育渗透目标

大学语文虽然只是大学教育的一部分，却是实施德育教育的主干通识课程，其优秀文学经典中丰富的情感内容、睿智的哲理思考、美好的生活描写、深邃的精神世界、多元的文化交融，有助于抵御世俗的物欲，有助于人的心灵的完善。其丰富的德育资源具有很强的传播人文精神、开展道德熏陶与思想教育功能，教学中应注意潜移默化地进行德育渗透，积极培养学生高尚的道德情操和良好的人格品质，促进学生身心健康、全面发展。

2. 构建"基础性与知识性学习为主轴，工具性与技能性为支撑"的课程体系

既然广科属于应用型本科高校，那么，大学语文课程就要强化其"应用"属性，更加注重基础性与知识性学习、工具性与技能性培养。因此，对大学语文课程体系与结构，应从以下几个方面进行重构：

（1）以就业为导向，动态调整课程设置

广科大学语文课程在提升学生人文素养的同时注重培养学生的职业素养，实施就业型发展战略。利用其作为基础课程所具有的工具性、应用性和实践性，突出培养学生未来就业中急需的应用写作能力和口头表达能力。

（2）切实加强大学语文课程与专业的深度融合

找准专业对大学语文知识与能力的需求，搭建大学语文对专业的"支撑点"，根据专业需求重组、更新教学内容，提高课堂教学效率以解学时压缩之困。将"所学"与"所用"紧密关联，力争避免出现大学语文教学内容与学生急需培养能力相脱节的弊端。

---

① 白金杰，林红. "大学语文"课程体系化与特色化的教改尝试——以福建农林大学为个案的探讨 [J]. 牡丹江大学学报，2017，26（12）：163-165.

(3) 从工作岗位出发,构建"三维"并重的课程教学模块

构建就业导向、能力本位、"三维渗透式"的大学语文课程教学体系和应用能力主导的实践教学模块。[①] 从2013年秋季起,广科大学语文课程以突出"知识+技能+高素质"应用型本科教育本质理念为目的,不断调整大学语文课程教学实践学时比例,基于理论与实践"双轨运行"的教学模式,达到"教、学、练"一体化,"课堂上下,学校内外"环环相扣的教学模式。综合素质培养教学,重点培养学生学会生存、学会学习、学会合作、学会交往的能力,全面提升学生综合素质竞争力。

(二)结合企业及岗位需求,优化课程内容

传统的大学语文课程教学模式没有充分重视课程的社会价值。在当今产教融合时代背景下,要实现校企合作的良性循环和深层发展,培养出符合企业用人标准的人才,就要结合学生专业对大学语文课程内容进行重组与优化。在这方面,广科大学语文授课教师采取模块化教学方式,构建了与专业人才培养相适应的"大学语文课程套餐",对课程内容模块和教学主要内容重新进行梳理,如表1和表2所示。

表1 课程内容模块

教材模块	教学模块
阅读品悟	社会·生活:感悟现实人生 思想·科技:开启智慧之门 文学·审美:建构精神家园 质疑·创新:走向未来之路 工作·事务:走进职业生涯
实用写作	日常事务(日常生活事务处理) 社交礼仪(职业生涯的铺路石) 求职就业(职业生涯的第一步) 工作实务(职场工作事务处理)
口才训练	倾听与发问(职场沟通的基本技能) 复述与讲解(业务素质的直接体现) 交谈与讨论(业务拓展的根本需要) 演讲与致辞(组织管理的重要素质) 谈判与辩论(解决纷争的高级技能)

表2 教学主要内容

单元标题	能力目标	知识目标
绪论	了解本门课程的学习方法;形成一定的自学能力	1. 了解整体课程体系 2. 了解应用文概念、分类、特点 3. 了解口语的特点 4. 了解文学与人文素质的关系

[①] 马会会,石建炜,郭艳红.大学语文二维目标的实现和改革[J].大众文艺,2017(24):185-186.

续表

单元标题	能力目标	知识目标
大学功夫	通过作品的学习、体会，理解追求崇高人格对于成长的重要性	1. 了解"大学功夫"这个单元作品的作者生平、思想及写作背景 2. 掌握这个单元作品的内容、主旨及艺术特点
仁爱品质	通过作品的学习，体会爱情生活的美好	1. 了解"仁爱品质"这个单元作品的作者生平、思想及写作背景 2. 掌握这个单元作品的内容、主旨及艺术特点
自然意趣	通过作品的学习，体会在自然中清新典雅的感受	1. 了解"自然意趣"这个单元作品的作者生平、思想及写作背景 2. 掌握这个单元作品的内容、主旨及艺术特点
家国志向	通过作品的学习，认识家国天下的侠义精神	1. 了解"家国志向"这个单元作品的作者生平、思想及写作背景 2. 掌握这个单元作品的内容、主旨及艺术特点
求索精神	通过作品的学习，体会进取的精神	1. 了解"求索精神"这个单元作品的作者生平、思想及写作背景 2. 掌握这个单元作品的内容、主旨及艺术特点
超越意识	通过作品的学习，体会超越自我的勇气	1. 了解"超越意识"这个单元作品的作者生平、思想及写作背景 2. 掌握这个单元作品的内容、主旨及艺术特点
科学格局 生命情怀	通过作品的学习，感受科学家拼搏创新的崇高精神，深化对生命的感受和体悟	1. 了解"科学格局、生命情怀"这两个单元作品的作者生平、思想及写作背景 2. 掌握这两个单元作品的内容、主旨及艺术特点
日常文书	能熟练写作启事、海报、申请书、求职信、求职简历	1. 了解启事、海报、申请书、求职信、求职简历的概念、种类与特点 2. 掌握以上文种的语言与写作要求、写作格式
礼仪文书	1. 掌握礼仪文书的用词特点 2. 能熟练写作欢迎词、祝贺词、请柬、邀请函	1. 了解礼仪文书使用的场合及写作格式；了解礼仪文书的语言特点及写作方法、写作要求 2. 了解请柬和邀请函的异同
事务文书	1. 掌握计划、总结、演讲稿的写作格式 2. 能熟练写作计划、总结、演讲稿	1. 了解计划的种类及特点 2. 了解总结的作用及特点 3. 理解计划、总结写作的注意事项：实事求是、目标明确 4. 了解演讲稿的概念及常见种类 5. 掌握演讲稿的结构、写作要求
公务文书	掌握公文的分类；明确上行文、下行文写作的语言差别；能熟练写作通知、通报、请示、批复	1. 了解公文的特点和格式 2. 了解通知、通报、请示、批复的概念、特点、格式、结构和写作注意事项 3. 理解通知与易混淆文种的区别

续表

单元标题	能力目标	知识目标
经济文书	掌握经济合同条款的内容；能熟练写作市场调查报告	1. 了解市场调查报告、市场预测报告、广告合同、经济合同的作用及写作注意事项 2. 理解市场调查报告与市场预测报告的异同之处
传播文书	掌握通讯、新闻评论的写作规范	1. 理解新闻写作的性质、特点 2. 熟悉通讯与新闻评论的结构与写作特点
口才概述 口才基础	1. 能恰当使用口语体，用不同语速、语调、停顿来进行言语交际 2. 根据自身情况，找到合适的提升口才的途径	1. 了解与口才相关的基础知识 2. 理解口才的语言基础：口语体、语速、语调；理解态势语言 3. 掌握口语的表达要求及口才训练的相关方法
社交口才	能在不同的社交场合正确使用口才技巧，树立良好的个人形象	1. 了解社交口才的语言特点 2. 了解言语交际的原则 3. 掌握不同场合的社交口才技巧
演讲口才	熟练写作演讲稿；能够在各种场合进行流利的演讲	1. 了解演讲的含义、特点与种类 2. 掌握演讲的有声与无声语言 3. 掌握演讲语言表达和现场应变的技巧 4. 掌握演讲稿的写作特点，注意演讲稿与普通作文的异同
辩论口才	1. 熟练使用各种论辩技巧，以增强逻辑思辨能力 2. 能将论辩技巧运用到工作、生活中	1. 掌握辩论审题技艺、论辩艺术 2. 认识诡辩，并有效应对诡辩
面试口才	面试时，能有得体的面试礼仪，能恰当贴切地进行自我介绍、回答面试官的提问	1. 了解面试需注意的基本礼仪；了解面试需做好的准备工作；了解面试官心理 2. 熟悉一般面试的流程、形式 3. 掌握面试的答题技巧，注意自我介绍内容的先后顺序

如此，大学语文课程教学拥有了明显的职业导向性、技能主导性和内容实用性的特点，针对学生实际需要，使学生在知识、能力及素质三方面都得到迅速成长[①]。

（三）整合教学资源，推动大学语文课程教学团队及课程资源建设

1. 课程团队建设

广科始终注重大学语文课程教学团队建设，从2013年开始，采取行之有效的措施，打造优秀的教学团队。

（1）以高水平课程建设及专业竞赛为契机提升教学团队能力

为有效提升教学团队能力，解决教学任务重、外出进修培训少的问题，大学语文课程

---

① 史玉丰. 当前"大学语文"教学面临的问题及其对策研究[J]. 牡丹江大学学报, 2017, 26 (12): 166-168.

教学团队通过多种渠道，加强与外校教师间的沟通与联系，查阅大量的文献资料，学习兄弟院校大学语文课程建设与教学改革经验，汲取高水平精品课程建设营养，并且定期开展教学团队内部观摩课、召开教学工作分析会和参加各类教师竞赛，持续锤炼和打磨课程教学团队，提升教学团队整体能力和水平。团队成员中有历年学校教学、说课"双料冠军"，学校课件比赛、说课比赛、教学比赛中多人次获一等奖、二等奖、三等奖。团队骨干教师入校9年，连续8年被评为学校优秀教师，并荣获"南粤优秀教师"称号。

（2）重点培养优秀教学团队负责人及教学名师

教学团队致力于培养、选拔学科基础扎实、教科研水平高、事业心责任感强的中青年骨干教师担任教学团队课程负责人，担当课程建设重要任务；也更加注重和发挥老教师的传帮带作用，采取师傅带徒弟的方式，培养教学名师和青年教师。教学团队始终保持年龄、职称、学历、专业合理架构，保证教学团队的良性可持续发展。目前，教学团队有学院教学名师2名，课程负责人1名，引领教学内容、方法、模式改革创新，推动整个团队建设及发展。

（3）以师徒制提升教学团队整体科研水平

科研是课程改革与创新的基础，也是提升团队建设水平的重要手段。大学语文课程教学团队通过科研师徒制，发挥高级职称教师和团队负责人的带动作用，鼓励并帮助成员积极申报职称、发表教改科研论文、申报教改科研课题，收到了良好效果。"高校语文教学中教学法应用探索研究"获批国家级教改立项，"应用型本科'大学语文'课程教学改革与实践研究"获批学校质量工程项目立项，"应用型本科'大学语文'课程教学改革"获批省级教育教改项目立项，"粤方言区大学生汉语书面语言能力研究"获批学校科研项目立项，教学团队获批校级规划教材（第二批）建设项目3项。大学语文课程获学校教育教学成果培育奖和学校教育教学成果二等奖。

2. 课程资源建设

当前，国内大学语文课程教学资源种类繁多，但质量参差不齐。为加强校本课程资源建设，广科大学语文课程教学团队从开发教材资源、优化数字资源、建设在线开放课程等三个方面建设课程资源。

（1）开发教材资源

为开发和建设校本教材资源，广科大学语文课程教学团队编写了《大学语文》《新编大学语文》《写作与口才》《应用文写作原理》等系列教材。教材的设计紧紧抓住"为什么教""教什么""怎么教"三个定位，在内容设计上兼顾人文性与工具性、经典性与实用性。教学团队在系统分析新时代人才需求的现实与未来的基础上，精心遴选、设计教材内容。例如，现在使用的《大学语文》教材内容分三大模块，即阅读品悟、实用写作、口才训练。阅读品悟模块以价值为导向，八个主题单元串联经典篇目，既便于学生独立阅读，也便于教师开展单元专题分享模式教学。实用写作、口才训练模块突出训练指导，强调知识的系统化与学科化，便于教师开展案例教学、任务驱动式教学。

（2）优化数字资源

数字化教学资源既能够满足学生自主学习需求，又可以助力教师自主建课，是教材资源开发的重点。大学语文课程教学团队在优化数字资源过程中，首先关注"设计的系统化"。大学语文课程不同于知识点清晰的专业课程，知识点的切分与关联、资源的选取与组合都存在较大难度，严谨合理的顶层框架设计是串联资源的关键。然后关注"资源的多样化"。知识点和技能点要小而全，覆盖听、说、读、写四个方面，能形成对课程教学目标的有效支撑；资源表现形式要多和新，既有数字教材、电子文献，更有动画、微课、PPT、题库、互动平台等形式，充分满足学生多类型、多层次的学习需求。最后关注丰富的信息化课堂教学包。在教学实践中逐步建立以服务教学为目的的"信息化课堂教学包"，包括信息化教学设计、教学PPT、辅学PPT、图片、视频、诵读音频、影视资源、案例资料、习题库等。它的主要意义在于把教学内容、"线上线下混合"的教学模式、手段、资源系统化地整合在一起，完成一条龙式的课程设计，以应对各种各样的教学情境。通过共建共享教学包，整体提升大学语文的课堂教学质量。①

（3）建设在线开放课程

混合式在线开放课程建设是大学语文课程教学资源建设的核心内容，深层次的课程建构是在线课程建设的关键环节。课程教学团队在充分研究大学语文课程教学目标、教学规律和教学内容的基础上，对教学单元的设计、知识点的组合、教学方式的选择、资源形式的选择等方面进行深入研讨，建立了科学的在线教学系统。②

广科大学语文教学团队正在建设的超星学习通在线学习平台课程，在增强学生的学习动机、提高学生学习积极性等方面效果明显。教师在不增加课时前提下，适当增加教学内容，也使教学的时间由固定变得灵活。学生登录平台后，能够看到任课教师的授课计划，科学安排自己的学习计划。教师可以多条件、多途径灵活地检索到后台庞大的数字化教学资源，并将其与课程大纲对应的知识点连接起来，也可以将教师的个人教学资源上传到平台上，供学生在课余浏览，并可以随时跟踪和了解学生的学习情况，进行互动与交流，实现教学资源的有效共享。③

（四）突出"四个结合"，优化大学语文课程设置及教学模式

课程教学目标的实现和课程教学计划的执行，都依赖于课程教学的具体实践。广科大学语文课程教学实践以学生为中心，强化能力培养，突出教与学、学与练、课上与课下、校内与校外"四个结合"，采用任务落实和能力培养"双轴驱动"的方式，培养学生提出问题、分析问题和解决问题的能力，实行教、学、做一体化设计。

1. 面向就业，调整课程设置

为服务于就业型发展战略的实现，大学语文作为面向学校非中文专业本科生开设的通识教育课程，在传统大学语文课程以人文精神和素养为核心设计人才培养的教学目标与思路之外，更加关注甚至是侧重大学语文作为一门基础课程所应具备的工具性、实用性和实践性特点，指向性地增加与学生未来就业能力相关的实用写作、沟通表达能力。

（1）突出"四个结合"，实行开放的课程教学实践

1）"教与学"结合。打破单一的以课堂教学为主模式，建立全方位开放的课程教学

---

① 迟宝东，靳灵芝. 从单一教材建设向教学资源集成的转变——新形态《大学语文》数字化教学资源的研发理念与实践 [J]. 中国大学教学，2006（3）：63-64.

② 武雪慧. "互联网+"视域下高职大学语文立体化教学资源建设策略研究——以襄阳职业技术学院为例 [J]. 襄阳职业技术学院学报. 2020（1）：67-70.

③ 于玲. 基于"微课"的翻转课堂模式在高职语文教学中的实践探究 [J]. 卫生职业教育，2016（8）：24-26.

实践机制,鼓励和引导学生多渠道获取知识,提升学生自主学习能力,适应实用性教学特点。

2)"学与练"结合。大学语文课程要创新实训实践,提升可操作性和实效性。一是实践与专业课程相结合,增加课程内实训、业务综合实训、专项技能实训、社会兼职实训等实训手段与形式。二是开展多种形式的模拟实践教学,设置模拟实际的情境,通过案例分析、项目模拟等情景教学,完成模拟实践教学。

3)"课上课下"结合。广科现有各类学生社团及模拟实体公司30余个,分别配有专业指导教师,可利用这一资源,通过鼓励学生参加各种社团、社会实践活动,锻炼自己,提升能力。

4)"校内校外"结合。"走出课堂、走向社会"是应用型本科教育的应有之义。学生可通过专业见习、顶岗实习,实际参与社会工作,完成相对正式、密集的工作任务,开展工作团队成员之间的沟通与交流等,检验校内学习成果。[①]

(2) 重构课程教学体系

为了指向性地增加与学生就业能力培养的课程内容,在传统的大学语文课程中强化就业导向、能力本位,重构大学语文课程教学体系,形成理论教学课程模块、综合素质养成课程模块、实践教学课程模块"三维渗透式"课程教学体系,如图1所示。

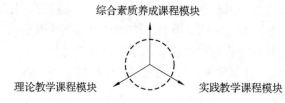

图1 "三维渗透式"课程教学体系

(3) 侧重指向性、实用性课程模块

大学语文课程教学要结合学生专业及未来职业发展的实际需要,更加侧重课程内容的指向性、实用性,在理论教学够用的基础上精简课程内容,适当增加实践学时的比例,提高学生实践动手能力,突出应用型本科教育"做人+技能+知识"特色,实行模块化教学方式,"教、学、练结合,课堂内外、校园内外"结合,提升课程教学的指向性、实用性和学生的综合竞争力,促进学生全面发展。综合素质培养教学模块如图2所示。

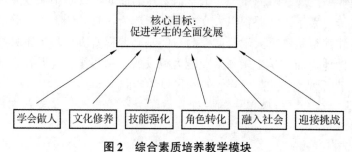

图2 综合素质培养教学模块

---

① 连超锋. 自媒体时代地域文化的渗入对大学语文教学的促进作用探究 [J]. 湖南工程学院学报, 2017, 27 (1): 82-85.

2. 教学设计、方法与手段

（1）教学设计优化

大学语文课程教学的总体目标是培养和提高学生表达能力，提升学生人文素养，辅助专业能力，提升就业"软能力"，提升竞争力。具体体现在：根据实际需要撰写规范的常用应用文；优化书面、口语表达能力，夯实语言文字基础；通过中外名家名篇学习，开阔视野，陶冶情操，形成良好的阅读习惯，提高综合素质。

大学语文课程设计的整体思路是夯实基础、掌握技巧、理论与实践相结合。注重课外阅读，掌握学习方法，熟练公务文书写作技巧、日常事务文书写作技巧和口语表达技巧，强化课内案例分析、情景模拟、演讲实训，增加课外各类社团活动和社会实践活动。

在大学语文课程内容设计中，要充分考虑其学科育人功能，优化教学目标，创新课堂教学形式，注重实践教学，有效融入思政元素，引导学生领会中华优秀传统文化、民族精神、伦理道德观念，提高审美意识，丰富情感世界，树立正确的世界观、人生观和价值观。[1] 还应该在三个基础模块中，结合学生的专业需求，确定不同专业的大学语文"支撑点"，对课程知识进行重新整合与优化。[2]

（2）教学方法创新

创新教学方法是实现教学目的的重要手段。随着现代教学技术的发展，新的教学方法不断涌现，使大学语文教学以新媒体形式为辅助，融启发式、项目式、案例式、研讨式等多种方法于一炉，锻炼学生学习的自主性、探究性和协作性成为可能。[3]

1）适应新媒体环境的教学方法运用。在新媒体环境下，教师可通过多媒体平台将大学语文课程内容中的声音、图像直观呈现，增强了知识的可接受性。很多案例也可以通过新媒体手段的加持，更富启发性。同时，可引导学生通过学习通、主流网站、公众号、微博等多种新媒体渠道获取大量资料，进行自主性学习，课后通过新媒体形式展示学习成果。[4]

2）以学为中心的对分课堂。大学语文课程大量使用对分课堂，教师可采用项目式、研讨式相结合的教学方法。第一课时，提出项目问题，同时引导学生以分组的方式，小组协作完成学习任务；第二课时，各小组通过探究和协作后形成项目问题答案，教师根据各组展示情况组织小组进行研讨，并进行最终引导总结，完成项目问题。

（3）教学手段的应用

现代信息技术在大学语文课程教学中广泛应用，教学手段更加灵活多样，不仅能够活跃课堂气氛，增强师生的互动交流，有效调动学生的学习积极性，激发学生的学习兴趣，还受到学生的普遍欢迎。

1）充分利用学习通、课堂派、雨课堂等平台来开展教学。一方面，方便学生做好课前预习，课后回看之前的课程内容，做好课程复习及前测；另一方面，也实现了如抢答、选人、投票、留言等功能，活跃了课堂气氛，增强了师生的互动交流。

---

[1] 黄伟，陈尚达. 语文综合性学习研究与教学设计［M］. 桂林：广西教育出版社，2004.
[2] 靳彤. 语文综合性学习理论与实践［M］. 北京：中国社会科学出版社，2007.
[3] 钟启泉，等. 基础教育课程纲要（试行）解读［M］. 上海：华东师范大学出版社，2001.
[4] 郑金洲. 基于新课程的课堂教学改革［M］. 福州：福建教育出版社，2002.

2）充分利用优秀的网站引导学生学习。如利用中国大学慕课平台补充教学，丰富了学习资源，拓宽了学习渠道。

3）采用案例、视频等手段开展教学。充分利用多媒体辅助教学，形象生动，激发了学生的学习兴趣。

4）利用多媒体设备实训展示、指导学生学习。结合课文以及学生思想状况和社会热点问题，多维度、多角度指导学生学习和实践，净化心灵，关注社会，培养学生独立思考、交流沟通、书面表达的能力。

（五）完善大学语文课程考核评价机制

课程考核评价是教学实施过程中的重要环节和不可或缺的重要组成部分，是考核学生学习成绩、检查教学质量的主要手段。完善课程考核评价机制、创新课程考核评价办法是开展课程教学改革的重要内容，更是加强学习过程管理、提高课程教学质量和人才培养质量的重要举措。

大学语文课程考核评价应侧重于教学过程、教学质量和教学效果，体现在检查、诊断、激励、反馈、导向和发展功能上。建立和完善课程考核评价机制应遵循的原则是：丰富评价领域；选择和规划评价类型；优化任务设计，重点关注评价反馈。具体的评价系统框架与思路如图3所示。

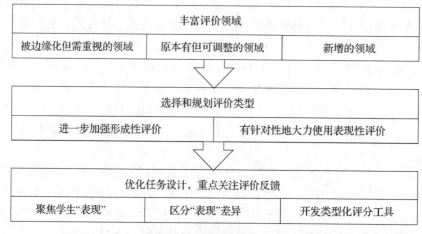

图3 调整后的教育评价系统框架与思路

首先，以全面性为原则设计评价内容，在注重基础知识、基本能力、基本技能评价的基础上，兼顾情感态度与价值观评价；其次，着力教学内容及学生情况的个性化特点，针对性地采用多样性、发展性评价体系；最后，重视过程性评价的重要作用，将关注点放在学生在学习过程中增长的知识、形成的能力、取得的进步上。完善的课程考核评价体系机制应涵盖学习效果考核评价和教学质量考核评价。

1. 学习效果考核评价

学习效果考核评价主要是对学生基本技能考核和学习过程考核。目前，广科大学语文课程考核评价采取终结性考核评价和过程性考核评价并行机制。终结性考核评价通过统一组织考试的形式，期中、期末考试由学校统一命题，学习成绩占比60%；过程性考核评价由学习过程中的作业、课堂表现、考勤、实训、与语文能力应用和素养相关的各级各类社团活动、竞赛等构成，学习成绩占比40%。同一课程的不同内容，如基本概念、基本理论等以记忆和传承为主的教学内容，以标准化试卷的形式统一考试；不同学习阶段采取由各自任课教师组织不同形式和内容的考核。

大学语文学习过程考核办法如表3所示。

表3　大学语文学习过程考核办法

项目		考核内容	考核方式	分值	考核主体及权重
过程考核	考勤	学生考勤情况	学习通课堂签到	25	超星学习通100%（若请假，出示假条）
	课堂表现	1. 学习通互动、课堂练习 2. 课堂问题讨论、回答	表现、参与度和准确率综合	25	1. 学习通留痕统计50% 2. 平时课堂统计50%
	实训	见实训指导书	1. 课堂表达 2. 实训作业	25	1. 学生自评20% 2. 小组自评20% 3. 评委评定20% 4. 教师评定40%
	社团活动竞赛	1. 课堂外语文能力应用 2. 语文与职业素养磨炼	1. 活动照片或视频 2. 竞赛证书	25	1. 学生自评30% 2. 教师评定70%

为适应大学语文课程建设和深化课程改革的需要，我们认为这样的考核评价机制不能完全体现大学语文在人才培养中的作用，建议加大过程性评价成绩在课程考核中的比重，将过程性考核评价权重提高到50%，更加有效地发挥平时考评的督促功能和期末考核的检测功能，逐步实现从终结性评价为主向过程性评价为主转变，从单一闭卷考试为主向多样化考核为主转变。

2. 教学质量考核评价

教学质量考核评价主要是对教师教学质量和效果的检验，分为学生评教和用人单位评价，实现了评价主体多元化。

（1）学生评教

学生评教是学校保障教学质量的一项重要措施，是学生表达教学意愿的重要途径，也是落实"以学为中心、以教为主导"、树立服务学生的办学宗旨的具体体现。大学语文课程学生评教按照广科设定的评价指标，积极探索新路子，开辟新路径，从单一主体评价向多元主体评价转变，有效调动任课教师积极性，提高教师教学质量和水平。评教指标设定为11项：言行雅正、自尊自律、清廉从教；真心关爱学生、严格要求学生、公正对待学生；教师专业水平；教学语言与技能；教学组织与管理；激发学习兴趣；讲解演示清晰明了；教学内容充实；教学方法得当；布置、批改作业；答题及课外辅导。11项指标考评侧重分别赋予权重系数，满分为100分。考评等次分为：90分以上，为优秀；80~90分，为良好；75~80分，中等。这种评教方式在监督考核任课教师的教学态度、教学方法、教学组织与管理等方面发挥了重要作用，为评价教师取得了第一手数据依据。当然，在学生评教过程中也难免出现随意性、趋同性和印象性等问题，影响评价的准确度。因此，项目组认为，对教师教学的评价除了学生评教，还应更加重视包括校内外同行、企业行业专家在内的多方参与的多元主体评价，形成更加准确的评价结果。

（2）用人单位评价

用人单位评价是了解和掌握毕业生专业能力和综合素质的有效途径,是考察专业教育、素质教育、人才培养质量的重要依据。为进一步摸清课程改革效果,提高教学质量,更好地为社会培养输送合格的应用型人才,项目组本着客观、真实的原则,按照学校的相关设计和规定,围绕用人单位对毕业生质量的评价,采取实地访问、电话询问、信函与电子邮件等形式开展社会评价调查,通过毕业生人文道德、职业素质、语文技能及实践能力等,获取社会对学校办学、课程教学效果和长效影响评价的有效数据。评价调查设计出用人单位对毕业生思想道德评价表、用人单位对毕业生职业素质评价表、毕业生语文技能与实践能力评价表。在毕业生语文技能与实践能力评价表中,专门设定了5项指向性指标,即口才表达、写作能力、创新能力、语文知识和执行力,评定等级分为优秀、良好、一般和差,最终得出"优秀率"。单从毕业生语文技能与实践能力评价表看,我们更加重视学生分析和解决问题能力的培养,提升学生的实践创新能力,引导大学语文课程建设评价的指向从以知识为主向能力和知识并重转变。

四、关于大学语文课程教学改革思考

传统的大学语文课程内容单一,讲授方法呆板,教学模式简单。在新的课改环境下,课程建设的总体目标落在了培养和提高学生表达能力、提升学生人文素养、辅助专业能力、提升就业"软能力"、提高竞争力上。大学语文教材内容规划为阅读品悟、实用写作、口才训练三大部分,课程讲授突出教与学、学与练、课上与课下、校内与校外"四个结合",采用任务落实和能力培养"双轴驱动"的方式,实行教、学、做一体化设计,并且在课程考核评价中,更加侧重于教学过程、教学质量和教学效果,强化检查、诊断、激励、反馈、导向和发展功能,使整个课程建设更加科学、合理、实用。

继续推进大学语文课程建设,继续深化课程教学改革。紧紧围绕人才培养大目标,优化师资队伍,不断加强青年骨干教师培养,打造一支结构更加合理、专业素质更高、业务能力更强的师资队伍。深入推进课堂教学与教科研改革,增强学生职业应用中的语文能力,提升职业素养,培养人文情怀。深化课程教学内容、教学规划、教学方法、教学手段改革,加强课程资源建设,注重线上线下资源融合,建立一个完整、丰富的课程教学资源库。

不断强化"以学为中心",创新教学观念,扩大课程外延,课内课外相结合,促进学生全面发展。注重课程思政,立德树人,将思政教育的理论知识、价值理念以及精神追求融入课程中,深入探索应用型人才培养特色下的课程体系建设,形成独具广科特色的应用型大学语文课程教学模式。

应用型高校体育课程建设探索与实践研究
——以广东科技学院体育课程项目为例

王 磊 黄 瑶 蔡 峰 蒋 毅 熊 双
彭俊峰 周雪君 高 科 史 荣 黄 琳 张启帆

摘 要：研究应用型高校体育课程建设，对于集中教育资源培养应用型复合型人才有着深远意义。应用型高校体育课程改革必须打破固有格局，学科课程与活动课程融合、技能传授与知识育人结合、课程内容与个体需求接轨、课程内容实行体教融合。广东科技学院体育课程建设在学校体育品牌影响力的驱动下，以竞技体育的榜样力量来活跃校园体育氛围，同时注重体育"育人"的隐性作用，助力学校"五育并举"特色育人模式，加强阳光体育运动的推广，本着科学实用、切实按需地提升学生的身体素质的原则，优化体育课程评价体系，强调过程与"增值"评价，增强体育课程的教学延续性，拓展学生的体育知识应用。在推动和发展高校体育课程建设上，实现特色人才培养模式的应用性。

关键词：应用型高校；体育课程；课程建设

一、应用型高校体育课程研究意义

课程是实现高等教育、人才培养的基本手段，在高校教育体系中具有核心地位。[①] 高校通过课程来促进学生的品德涵养、智能素养、技能素质、心理素质以及身体素质的综合提高。目前高校体育课程改革的核心是课程综合化，紧密联系体育教学过程的"教人"和"育人"功能，培养和引导学生热爱体育运动，形成良好的体育锻炼习惯，切实让学生在体育锻炼中享受乐趣、增强体质、健全人格、锤炼意志。

（一）发挥体育教学评价的功能与价值

通过体育教学评价，教师可以了解教学工作安排是否合理，也可以了解学生在知识、技能、情感方面达到的水平以及存在的问题，为下一步的教学工作指明方向，有针对性地解决问题。在教学活动中，教师的教学水平和教学效果以及学生掌握知识的程度、预定的教学目标是否实现，都可以通过教学评价来检验。[②] 体育教学评价的内在功能与价值在于，帮助学生树立正确的体育价值观，从而使学生在学习体育知识以及进行体育锻炼的过程中了解学习的目的与意义，这对学生未来综合能力的全面发展起到重要的作用。

---

① 黄晓玲．职业教育课程开发的企业责任研究［D］．天津：天津大学，2019．
② 赵富学．课程改革视域下体育学科核心素养研究［D］．南京：南京师范大学，2018．

（二）提升学校体育教学的质量与内涵

教学质量是高校在一定条件下，满足学生身心发展、满足当前或社会发展需要的教学活动过程以及结果的特征的总和。① 体育教学质量是体育教学效果的综合体现，是反映学生学习效果的各目标的集合，是评价学生学习的结果，包括知识、技能的掌握程度以及运用的能力。体育教学评价为体育教学工作树立了一个目标导向，是体育教学工作的重要一环。体育教学评价改革在一定程度上决定了学校体育教学的方向与质量。同时，体育教学评价改革也是提升学校体育教学内涵的重要引擎。②

（三）助力应用型人才的培养与发展

应用型人才的培养是个动态的教育活动过程，原因是社会的进步和技术的发展越来越快，对于人才和知识的应用要求越来越综合化。③ 高校课程设置不能一成不变，应该根据社会职业需求的改变及时进行调整。培养应用型人才是综合教育培养，往往是跨学科知识和技能的结合④。体育教学评价改革充分发挥了教育评价的指挥棒作用，引导确立了科学的育人目标，确保体育教育工作沿着一个正确的方向发展，夯实了培养德智体美劳全面发展的社会主义建设者和接班人的教育根基，助力于应用型人才综合素质的培养目标。

二、高校体育课程发展的现实局限性

（一）传统体育教学评价模式的单一

传统的体育教学评价以学生考勤、体育考试成绩为主要指标，并没有将学生的个体差异、体育素养的提升等内容纳入考核评价的体系。⑤ 改变当前单一、僵化的体育教学评价模式，就成为体育教学评价改革试点的主要工作目标。在传统的教学评价模式中，期末考试占有的比例过高且分数构成单一，往往是单个项目对应相应的分值，严重忽略了学生个体之间的差异和兴趣爱好的区别。如，身体指数（BMI）超重的学生在跑步类项目中自然成绩一般，但是通过一个学期的锻炼，身体指数恢复到正常水平，跑步成绩也能达到及格线，这种周期内的进步就显得比主观的分数评价更具有全面性。体育教学的目的是锻炼和提高学生的身体素质，传统的体育教学评价模式已经不适应现代体育课程的教育教学理念。

（二）学科课程与活动课程相悖离

学科课程是最传统的体育课程类型，以传授体育知识和身体技能为基础，在体育教师的指导下按照学校体育教学目标的总要求，在符合逻辑性的原则上选取一定内容的运动技术、知识，而专门组织的关于学校体育教育的教学过程。⑥ 活动性体育课程的目的是使学生依据本身的兴趣爱好以及个人运动能力等，在活动过程中获取精神情感，在过程中培养

---

① 崔艳艳. 我国普通高校体育教学环境研究 [D]. 石家庄：河北师范大学，2012.
② 赵利. 承继与发展：基础教育体育教学变革30年（1979—2009）[D]. 南京：南京师范大学，2012.
③ 邵波. 我国高等教育大众化进程中的应用型本科教育研究 [D]. 南京：南京师范大学，2009.
④ 王鹏. 高校创业教育生态系统构建研究 [D]. 哈尔滨：哈尔滨师范大学，2019.
⑤ 夏青. 特色体育及阳光体育研究 [M]. 北京：北京体育大学出版社，2012.
⑥ 尹志华. 中国体育教师专业标准体系的探索性研究 [D]. 上海：华东师范大学，2014.

本体的个性发展,提升身体实践感和情感创造力。① 目前广东省民办高校学校体育课程基本是以学科性的课程为主,开设的体育课程主要是体育课、选修课、选项课,而活动性的课程偏少,有的学校甚至几乎没有,忽视了学生的本体需要。活动课程的缺失使整个学校体育课程设计严重脱离现实社会生活的实际需求,阻碍了学生主体社会化进程的发展,学校体育课程设置缺乏全面性、社会性。

(三) 技能授受与知识育人理念相冲突

体育综合课程是通过运动手段,传授运动知识、组织各种体育活动,从而增强学生体质,增进个体健康,让学生全面地了解体育的功能和价值。② 单项课程侧重体育运动文化知识和独立的体育运动技术,强调知识和技术两者的逻辑性与连续性。在广东省民办高校的学校体育课程设置中,体育单项课程覆盖率极高,在确定课程教学大纲、计划、教案方面多以单项课程为主,一个学期或者一年的体育课内容都是以单一的运动项目为主,在授课过程中忽略了个体兴趣爱好差异,且精细技术化容易造成体育课程的超载,分裂了不同体育项目的知识与技术的联系,学生体验不到其他体育项目的乐趣以及不同体育项目能够获取的不同的情感目标。③ 单项课程与综合课程的脱轨也剥夺了学生的主动选择权及掌握更多体育文化知识的机会。

(四) 课程内容设计与学生运动需求脱节

学校体育必修课是国家、省、市教育部门或学校规定的统一要求学生学习的课程,其重点在于培养学生参与体育锻炼的积极性。选修课则是根据学生个人的兴致偏好、能力特点自行选择运动单项内容来学习的体育课程。选修课注重个体的差异性,注重发挥学生主体的情感能动性,满足个性化的体育教学情景,教学场景的主体是学生。④ 必修课和选修课最大的差异在于选择学习内容的主体,前者选择内容的主体是体育教师,后者选择内容的主体是学生。而在民办高校体育课程设计上两者没有很好地区分开,体育选修课的内容也是按照体育教师的专项指定项目,运用同一种标准的课程难度进行单向的技能教学,忽视了选修课在设计课程时应立足于不同学生、不同需求与不同难度,使得学生自始至终在被动学习,调动不了学生的自发情绪,忽视了让学生全面认知体育的情感功能与社会价值。⑤

(五) 课程实施受阻导致体教分离

体育是人类社会进步、发展的重要标志,是综合国力和社会人文发展程度的重要表现。⑥ 改革开放40多年来,我国竞技体育事业取得了辉煌的成就,实现了体育大国向体育强国的跨越式发展。各地政府对竞技体育的支持力度非常大,在经济保障、政策扶持、专业技术人才引进等方面都不遗余力。近年来在国家体育总局和中国大学生体育协会等官方组织机构的共同努力下,高校校园体育竞赛也非常火爆,宣传力度和组织规模都接近于职

---

① 侯玺超. 论作为"身体教育"的体育 [D]. 长春: 东北师范大学, 2017.
② 王淑英. 学校体育课程体系研究 [D]. 石家庄: 河北师范大学, 2012.
③ 张正中. 中小学体育课程疾病及其诊治研究 [D]. 长沙: 湖南师范大学, 2015.
④ 北京市教育委员会, 北京高等教育学会教材工作研究会. 构建高等教育教材建设体系, 提高高等教育教学与人才培养质量 [M]. 北京: 中国人民大学出版社, 2015: 647.
⑤ 朱跃龙, 董增川, 姚纬明. 研究生应用型人才培养研究 [M]. 南京: 南京大学出版社, 2018: 346.
⑥ 孙树彪. 高等教育内涵式发展的"立德树人"研究 [D]. 长春: 吉林大学, 2019.

业联赛模式，少数高校队伍更是配备运动康复师、体能师等高级运动人才以及先进的训练辅助器材等，学校投入成本巨大且目标长远。但是，在学校体育课程方面，改革力度和方式始终思维保守且目标单一，侧重国家体质标准的测试任务且课程内容缺乏创新和挑战。课外延续性与适用性的缺失导致体育教育功能的严重倾斜，学校体育课程在人体健康功能、运动科学知识、运动体能训练以及日常康复知识等方面的断链也是造成体教融合机制不全面的重要成因。①

（六）大中小学体育课程的连续性不足

体育课程类型分为直线逻辑式课程和螺旋复合式课程，两者具有互补性，兼顾学生身体素质的锻炼，同时获得体育运动知识、身心健康发展及增强其社会适应性。两种类型的体育课程应在统一的指导思想下确定体育课程的教学目的与运用的教学手段，拓展学生对某一类体育内容的认知，提高其身体、心理以及社会化的发展程度。在广东省民办高校实际情况中，体育课程基本上是直线逻辑式课程，课程的编排也是以体育教材的内容为主，选定传统的体育项目中最简单的如篮球、足球、排球、田径。单个体育项目的课程内容几乎不变，教学方法、手段也较为落后，新的体育项目和现代体适能没有及时叠加进入课堂教学。尤其是进入新网络时代，自媒体和网络课程 APP 的利用率跟不上需求，体育课堂线上线下的联系脱轨，在一定程度上减缩了学生获得更多体育资源的机会，造成学生对掌握体育技术与学习体育知识的低阶性。

（七）重智轻体的错误观念依旧盛行

我国改革开放已经走过 40 多个年头，而学校体育课程的改革大幕才刚刚拉开，传统思想里对体育锻炼的认知还停留在"头脑简单、四肢发达"的概念里，跑多快、跳多高、扔多远、考什么学什么这些类似应试体育教育的硬指标成了学校体育课的重标签。② 体育课"说起来重要、做起来次要、忙起来不要"，而且体育课被占用的情况还现实存在。这种思维的形成说明学校体育课本身在制定过程中只注重体育显性教育的一面而忽略其隐性育人的功能，重"教"而忘"育"。学校体育对于显性课程的组织是有安排、有计划、有步骤进行的，对预期的效果可知，隐性体育课程包括学校体育设施、体育文化、人际关系以及师生人格特点的交流摩擦，是学校体育执行者们所考虑缺失的方面。忽视隐性体育课程的作用，在极大程度上影响了学生在活动中感受行为情感、体育价值观以及社会化塑造等。③

三、广科体育课程实施举措及方案

（一）竞技体育先行，带动校园体育氛围

广科在建校初期，首先成立学生运动队的项目是篮球，在广东省大学生篮球联赛中多次作为唯一民办院校进入前八。随着升本之后学校规模的壮大以及身处中国篮球城市的背景，2016 年首次以广东省大学生联赛冠军的身份参加 CUBA 第二届大学生篮球联赛（阳

---

① 范先佐，李祖民. 中国共产党教育经济思想：百年演进、理论自觉与中国特色 [J]. 华中师范大学学报（人文社会科学版），2021, 60 (4)：1-14.
② 刘旭明. 我国普通高校体育异化的过程与本质研究 [D]. 武汉：华中科技大学，2019
③ 姜雪. 高校"三全育人"：内涵、路径与机制研究 [D]. 石家庄：河北师范大学，2021.

光组）全国总决赛并斩获第三名。随后在女子篮球、田径、足球、排球等项目上均取得优异成绩，成为广科体育品牌发展的几大重要模块。竞技体育的成功也积极带动了校园体育的氛围，校园体育文化活动变得尤为活跃，在东莞市大学生篮球联赛中，广科主场气氛备受各界好评，成立了专业的广科啦啦操队、学生裁判记录台、球迷组织等，多次获得联赛赛委会的荣誉奖项。

广科竞技体育品牌在良好发展的同时也带动了校园体育课程建设，校园体育锻炼的群体越来越活跃，校园运动场地的利用率越来越高，各类体育协会的活动也丰富多彩。2019年广东省教育厅公布了2019广东省大学生体质健康测试抽测成绩，广科测试及格率达84.79%，位列全省第一；测试合格率96.88%，排名全省第三；优良率为3.34%，排名全省第八。体质测试的成绩反映了广科体育课程在建设发展中的努力，更是广科体育课程在今后改革之路上的动力。另外，学校还与广东宏远篮球俱乐部开展合作模式，在广科设立篮球后备人才培训基地。此外，学校增加体育特长生项目，在每年新生中选拔有体育特长的学生，对于优秀的学生给予减免学费的福利。学校积极响应教育部的指导意见，引进一批高水平教练员团队，进一步提升广科竞技体育的综合实力。

（二）坚持推进典型引领，创特色树品牌的"一校一品"模式

2020年10月，中共中央办公厅、国务院办公厅印发了《关于全面加强和改进新时代学校体育工作的意见》。该意见明确指出，学校体育工作要坚持整体推进与典型引领相结合，鼓励特色发展；弘扬中华民族体育精神，推广中华民族传统体育项目，形成"一校一品"的学校体育发展新局面。[①] 广科在开展学校体育工作时充分发挥了地域优势，在建校之初就成立了学校篮球队，并逐渐在全省民办院校中脱颖而出，曾是首支在广东省大学生篮球联赛中唯一打进前八名的民办高校篮球队，并获得省教育厅的点名表扬。学校向来重视篮球项目的持续发展，2017年与广东宏远篮球俱乐部签订合作协议，在广科建立"广东宏远篮球俱乐部有限公司高校合作基地"，协议期间宏远俱乐部为协助广科建设CUBA（阳光组）高水平球队提供技术资源和校外训练场所并接收广科教师、教练员进行专业培训实践。另外在篮球教练团队建设上引入高水平教练组，全力打造阳光组"高水平"篮球运动队，在全国性、省市级的大学生篮球联赛中取得辉煌的成绩，广东科技学院篮球队共获得过2届CUBA中国大学生篮球联赛（阳光组）季军，4次省市级赛事冠军、2次亚军等成绩，成为创特色、树品牌"一校一品"的典型引领。

（三）注重体育"育人"作用，助力"五育并举"特色育人模式

五育并举是教育思想家蔡元培提出的："军国民教育、实利主义教育、公民道德教育、世界观教育、美感教育皆近日之教育所不可偏废"。[②] 广科校长在主题教育实施方案中指出："构建德智体美劳五育并举的育人模式，完善大思政育人体系，落实立德树人根本任务，逐步形成与高水平应用型大学相匹配的鲜明的育人特色。"2021年4月23日，广科院字〔2021〕112号文件印发《关于成立"五育并举"工作委员会及专项推进工作小组的通知》，通知中明确指出，体育育人专项工作为学校"五育并举"特色育人模式做出了重大、积极的

---

① 刘海元，展恩燕. 对贯彻落实《关于深化体教融合促进青少年健康发展的意见》的思考［J］. 体育学刊，2020，27（6）：1-11.

② 李迪. 蔡元培道德教育思想及启示［D］. 牡丹江：牡丹江师范学院，2021.

贡献。

广科五育特色育人模式首批入选"五育导师"的专任体育教师共有 11 人，在以学生为中心的育人精神指导下，加强过程评价和"增值"评价，知行合一，力求稳中求胜。体育专职导师负责建立不少于 30 人的五育班级，不分专业、班级且每个年级学生数量均布为 5~8 名，在遵循教育规律和大学生心理发展特征的基础上，通过组织体育锻炼、传授健康知识、介绍饮食方法、举行集体体育活动等，健全学生人格培育、发展学生身心健康。体育教育不只是运动那么简单，除了身体素质的培养，更是对学生全面人格的塑造，更深层次赋予学生对生活的热爱和对生命的理解，在各类体育项目中，认识自己身体的重要性，在与团队、对手、队友的竞争、协作中学会享受胜利或直面失败，在体育的规则和竞技性中内化自己的行为，进而达到人格的升华。

（四）线上加线下的延续性，拓展学生的体育知识应用

体育课程改革一直高校体育教学中最重要的环节，也是应用型高校体育课程建设的根本。[①] 课程改革最直观的体现是应用在课堂教学上，传统的体育课堂就是所谓的"线下"课堂，是体育课程实施教学的主要阵地，过于强调"教"与"育"的统一，教师在课堂上对技术动作进行示范讲解，而学生只是机械式地进行模仿，没有体现出运动知识的互动。在体育课堂中要增加师生的互动交流，比如在对身体某一部位热身动作时进行提问，让学生回答其中涉及的身体相关肌肉、关节部位名称以及经常活动该关节在日常生活中有哪些益处，或者是我们日常生活中经常出现的肩、膝、踝关节等问题时可以利用哪些方法进行康复和物理治疗，设置各种运动方案加以讨论学习交流，联系实际并活学运用。

除了"线下"课堂的教学，为衔接好课堂知识与延伸课堂内容理应开展相对应的"线上"课堂，利用"互联网+教学"的模式，把"线下"课堂的延伸知识转移到"线上"的视频教学，通过"线上"的形式让学生能够直观地了解某一技术动作或者知识点的精雕研磨。[②] 如，对于篮球课中行进间低手上篮的讲解，通过"线上"更能了解到更多不同类型的方法、脚步等，通过观看篮球裁判的教学视频更能了解最新的裁判法则，对于怎样将技术动作运用更加合理合法有直观感。"线下"课堂接受的技术指导有了"线上"课堂的加深加固，两者齐头并进，势必提升体育课程的实用性，促进学生身心的持续性发展，培养终身体育的教育理念。

（五）普及阳光体育，提升学生综合素质

"阳光体育运动"是在 2006 年由教育部提出，从 2007 年开始并结合《学生体质健康标准》全面实施，旨在切实提升学生身体素质的广泛的、深入的、全国性的健康教育方针。阳光体育作为全面推进素质教育的重要突破口和主要工作，以"达标争优、强健体魄"为目标，加强开展学校体育工作，使得 85% 的学校全面实施《学生体质健康标准》，使得 85% 以上的学生每日锻炼一小时。积极开展阳光体育活动与体育课堂教学相结合，将课外体育活动纳入学校的整体教育计划之中并形成学校制度。

广科一直以来坚持贯彻"健康第一""阳光体育"教育方针，注重培养学生的终身体

---

① 丛灿日，王志学. 应用型高校人才培养体系下体育课程改革的路向 [J]. 喀什大学学报，2019，40（6）：111-116.

② 刘仰勋. 互联网+教育背景下，微课在跳高教学中的应用研究 [D]. 天津：天津体育学院，2020.

育意识。通过学校体育品牌的影响力激发全校学生投入阳光体育的运动中来，让更多的学生感受到体育运动的魅力。体育教研室开发了"i 广科"体育运动类的小程序，用于记录学生跑步的相关数据，鼓励学生使用 KEEP、HI 运动等运动类 APP，结合现代科技产品加深对体育运动和自身锻炼数据的直观了解。在新冠肺炎疫情居家隔离期间使用线上讲授，指导学生进行科学饮食和居家锻炼。从 2020 年起始，开展以"强健筋骨体魄，展现青春风采"为主题的新生入学体育第一课教育，广科体育品牌团队集体亮相，讲述品牌的成长、竞技赛场上的经历等，体育运动代表队的出场更是赢得台下两千多新生的热烈掌声，这种展示身体美的现身说法对于阳光体育工作的开展作用是巨大的，同时也是体育本身应有的魅力所在。2021 年 6 月 16 号学校举办了第一届阳光体育运动大赛，通过体育运动引导全校师生热爱运动，积极推动"以体育文化引领积极向上的校园文化"建设。

（六）优化课程评价，强调过程、"增值"评价

本科学生在入学一年级时，以健康知识和田径技能为主要教学内容，将原来安排一学期的田径课延长至一学年，田径基础内容由原来的跑、跳、投各一项增加为七项，使学生更系统、更全面、更扎实地掌握基本运动技能，最大限度上接轨教育部相关的文件精神。本科二年级与三年级两学年选项课通过自主选择的方式选择两个专项运动项目进行学习，目前开设的课程包括篮球、排球、足球、羽毛球、乒乓球、网球、毽球、太极拳、武术套路、长短兵、散打、跆拳道、健美操、啦啦操、瑜伽、体育舞蹈、定向越野、野外生存、空手道、攀岩、户外拓展、游泳、轮滑、舞狮、舞龙等专项科目。每学年选择学习一个内容，两学年所选两个选项内容不可以重复。专科学生由一学年的体育课增加至两学年，原来开设一学期的田径基础课延长至一学年，在一年级时学习内容与本科学生一年级相同，二年级时选择学习一个专项运动项目，整个学段比本科学生少学一个选项科目。

体育课程在具体的实施过程当中以学生为中心，弱化唯成绩、分数论，改变过去以期末成绩、以具体项目的达标或及格线说明体育成绩好坏的观念。① 我们每个人在成长的过程当中都有自己独特的一面，跟人的性格发展一样，不可能千篇一律。体育也是一样，从人的运动能力发展以及爱好特长来看也是有区别的，在体育项目方面各自兴趣爱好都有不同之处，从竞技性、娱乐性、个人项目同团队项目来说都是有区别的。另外，在体育的功能上对于学生来说是按需索取的，不是所有人都适合竞技类运动，比如肥胖的学生要从改变饮食习惯出发，传授科学的锻炼方法和饮食习惯，让这类学生的身体指数恢复到正常水平也是一种优化评价途径。在广科体育课程的改革中，充分强调过程评价，让学生在终身教育里面获得体育增值教育。

（七）深化体育课程改革，全面贯彻学校体育政策方针

体育课程改革一方面是对体育课程学时进行改革，本科体育课程由原来的两年增加到三年，本科理论上开设体育课 18 周、6 学期。由于大三年级和大二年级的上课条件相同，减去因各种因素而导致缺失的学时，实际上本科开设三年体育课程的真实学时为 166 学时，优于教育部文件提出的本科 144 学时的最低标准，如表 1 所示。

---

① 北京市教育委员会，北京高等教育学会教材工作研究会. 构建高等教育教材建设体系，提高高等教育教学与人才培养质量 [M]. 北京：中国人民大学出版社，2015：647.

表 1　实施本科三年体育实际课时统计

年级	第一学期	第二学期	小计	合计
本科一年级	20	30	50	
本科二年级	28	30	58	166
本科三年级	28	30	58	

专科上课条件与本科相同，按开设两年体育课算，专科学生真实体育课学时是108学时，符合教育部文件提出的专科108学时最低标准，如表2所示。

表 2　实施专科两年体育实际学时统计

年级	第一学期	第二学期	小计	合计
专科一年级	20	30	50	108
专科二年级	28	30	58	

在学分分布上，本科实施本科三年体育课后，重新分布学期学分，但体育课总学分不变，如表3所示。

表 3　实施本科三年体育课学分分布

年级	第一学期	第二学期	小计	合计
本科一年级	1	1	2	
本科二年级	0.5	0.5	1	4
本科三年级	0.5	0.5	1	

专科实施专科两年体育课后，体育课总学分不变，但重新分布，如表4所示。

表 4　实施专科两年体育课学分分布

年级	第一学期	第二学期	小计	合计
专科一年级	0.5	0.5	1	2
专科二年级	0.5	0.5	1	

（八）发展体育学科研究，拓深学校体育工作发展

体育科学研究是人们研究体育现象、揭示体育内部和外部规律的一种带有创造性的实践活动，是人类科学研究活动的组成部分。① 体育教研室在2016年开始大力发展体育科研工作并实现体育类中文核心期刊零的突破，组建了一支科研小分队，在日常教研室活动中组织全体体育专任教师学习和讨论体育科研的方法、方向以及写作技巧。随着科研工作的稳步推进，截至目前广科体育教师发表论文总数逾百篇，其中核心期刊10余篇，成功申报各类课题30项，其中省课题6项，编著校本教材《高等学校公共体育课教材》2本，校级教学成果奖二等奖1项，教师参加各类学术会议20余次，各类科研获奖10余次。广科现有体育专任教师48人，教师研究生比例为100%，其中副教授5人，博士（含在读）11人。与此同时，体育教研室还组建了体质测试、阳光体育、体育科研、教学改革四个工作小组，分别安排负责人，由负责人组建工作团队，承担各团队相应的教研室工作。体

---

① 黄睿. 跨学科视野下我国高校体育科研创新能力研究［D］. 福州：福建师范大学，2013.

育教研室省级课题立项表如表 5 所示。

表 5　体育教研室省级课题立项表

项目类别	课题名称	主持人
2018 年广东省教育改革项目	基于运动数据化的大学生健康促进管理体系研究	李关
2018 年度广东省教育科学"十三五"规划项目	莞邑民俗、民间体育与地方高校公共体育课程融合的路径研究	蔡峰
2018 年度广东省教育科学"十三五"规划项目	"双一流"视角下构建新时代广东民办高校体育"金课"课程	王磊
2019 年广东省普通高校青年创新人才类项目	高校竞技运动项目文化建设的现状分析及路径选择	蒋毅
2020 年度广东省教育科学"十三五"规划项目	"一带一路"视域下岭南传统体育文化建设研究	蒋毅
2021 年度广东省高等教育学会"十四五"规划项目	应用型高校体育课程建设探索与实践研究	王磊

依托体育教研室前期所取得的丰硕科研成果，鼓励科研骨干教师组建科研团队，挂牌成立体育科学研究所，对校园体育文化、学生体质健康发展策略、竞技运动项目文化、传统体育文化等研究方向进行深入探索，推动广东科技学院学校体育工作的全面、可持续发展。

四、应用型高校体育课程建设研究总结与展望

我国高等教育的格局定位已经十分明确，应用型高校的转型改革大幕已经拉开，应用型本科人才培养的特色目标已明确，在应用型特色人才培养的基础上要争创一流本科建设。在转型改革的大趋势下，应用型高校体育课程的建设也应当转变思维，打破体育课程改革的思维格局，优化体育教学评价模式，融合多个单项内容增加课程内容的覆盖面，结合学生的实际需求丰富体育课程内容，强调课程的延伸性和实用性，在学科课程上结合活动课程丰富课堂形式，在课程设计和技能知识传授上以学生为本，在广科体育品牌的带动下，继续推行学校"五育并举"特色人才培育理念，开展更加丰富的阳光体育运动，普及科学的、实用的体育运动知识，一切从实际出发并结合学生的需求，培养热爱生命、热爱生活的崇高人格，让学生受益终身。

公共艺术鉴赏在大思政背景下的"立体美育"课程建设研究与实践

赵莎莎 余 宇 黄 瑶
周绍明 王衍盈 李 谦

摘 要：美育在全面发展教育中具有不可替代的作用，但在学科学位和人才培养体系中体现得并不充分。2020年10月中共中央办公厅、国务院办公厅印发《关于全面加强和改进新时代学校美育工作的意见》，给出了学校美育实施与发展的政策保障，然而，在目前大思政背景下的美育课程迫切需要进行改革，要整合课程，探索课程思政与艺术教育的融合。笔者围绕该文件对大思政背景下"立体美育"课程建设进行初步分析，从课程思政、线上线下混合式教学模式、实践教学等方面内容进行探讨。

关键词：美育；人才培养；立体美育课程思政；传统文化基地；合唱；非遗传承

一、大思政背景下"立体美育"课程建设的必要性

（一）学校美育建设的指导意见

2020年10月，中共中央办公厅、国务院办公厅印发《关于全面加强和改进新时代学校美育工作的意见》（以下简称《意见》），这是继2015年9月国务院办公厅印发《关于全面加强和改进学校美育工作的意见》之后，国家层面出台的第二个美育文件。

早在2015年，第十二届全国人民代表大会常务委员会第十八次会议通过修改《中华人民共和国教育法》（以下简称《教育法》）的决定，将《教育法》第五条修改为"培养德、智、体、美等方面全面发展的社会主义建设者和接班人"。《教育法》是中国教育工作的根本大法，是国家规定的有关教育工作的总方向和指针，是教育基本政策的总概括。从"德智体"到"德智体美"的转变，充分说明了国家对美育的重视。而后2020年《意见》的出台，可以说是确定了美育事业发展方向，是全面推进学校美育改革发展的纲领性文件和行动指南。"美是纯洁道德、丰富精神的重要源泉"，《意见》的开篇便指出美育对德育的突出影响，美育在立德树人上的重要作用。

古人云"大学之道，在明明德，在亲民，在止于至善"，大学是一个人格养成之地，学生对社会的理解与掌握，对美、善的体认，对信仰、价值的承诺与执着都可以

在这里养成。[1] 时至今日，艺术与德育的联系越来越密不可分，艺术教育越来越凸显出道德教化和完善人格的功能。中国自古代就注重音乐对于育人的重要作用。《礼记》中所倡导的礼乐人生，把声、音、乐分为三类，乐是最高境界。寓教于乐的音乐仅次于礼，通过艺术的渗透，引导学生树立正确的审美观念、人生价值观，追寻积极的人生价值，认识世界背后的真理，让学生心灵生活超越寻常，达到恢宏、高远[2]，塑造美好的心灵。

"培养什么人，怎样培养人，为谁培养人，这是教育的根本问题"，也是新时代学校美育教育面临的首要问题。课堂与思政相结合，认真汲取中华优秀传统文化的思想精华和道德精髓，通过设计运用优秀文艺作品、典型案例的素材，讲好中国艺术家故事，将家国情怀有效地传递给学生，引领学生树立正确的历史观、民族观、文化观。从学生的思维习惯和行为特点出发，扎根中国、通融中外，选择学生"喜闻乐见"的素材作为切入点，普及优秀的中华传统艺术文化。通过层层渗透，让学生读懂艺术、了解传统，形成文化理解，提升审美感知，增强民族自信。

（二）当下美育建设的关键点

在新时代，尤其是后疫情时代，学校美育课程的建设发展离不开与信息技术、互联网的深度融合。依托中国大学慕课，充分挖掘线上的优质美育资源，利用线上教学平台、智慧教学辅助工具（课堂派、钉钉、超星学习通）等，展开线下课堂教学，既扩大了优质美育资源的覆盖面，促进了资源的共享，同时又有利于增强教师、学生、资源的良性互动，培养学生感受美、认识美、发现美、创造美的能力，引导其形成"以学为中心"的教学理念，自主提高审美素质和人文素养。

构建高阶课程的落脚点在于以美育为导向，加强美育与德、智、体、劳的融合，以美育人、以文化人。整合不同学科和校园实践活动中的美育资源，塑造朝气、高雅、富有美感的校园环境，营造真善美的校园氛围。开展实践课堂，把传统文化、非遗文化、高雅艺术纳入教学活动。通过学校与社会拓展资源共建的方式，建立美育基地、艺术实践活动场地，提升学生审美能力、艺术实践能力，潜移默化中提高学生的人文素养，促进学生全面素质发展。扎根本土文化，以教学创新改革为抓手，建立非遗基地，促进非遗文化、中华优秀传统文化的普及，增进高校学生对非遗文化的了解和热爱，感受中华传统文化的魅力，增强文化自信。

大学生应该具有正确的审美价值观，能分辨美丑，有积极的审美趣味和爱好；热爱自然、热爱生活，兼容并包，可以品味中国艺术的意蕴，也可欣赏世界其他民族艺术美的情趣；养成高雅气质，在生活中营造艺术氛围；自觉抵制低俗、庸俗、媚俗的现象，[3] 而这也正是高校美育的目标。为此，"立体美育"是大思政背景下的必然趋势，通过线上线下混合式教学模式，引导学生提高审美素质和人文素养；通过在课程中融入课程思政模块，增强学生对中华传统艺术所深藏的文化多样性的理解，构建社会主义核心价值观，使学生具有社会责任感；通过把实践教学（非遗文化、高雅艺术等活动）纳入教学，通过艺术的实践学习，亲身体验传统技艺，近距离感受高雅艺术的魅力。通过审美素养的提升，助力

---

[1] 金耀基. 大学之理念 [M]. 北京：生活·读书·新知三联书店，2008：193-204.
[2] 刘铁芳. 保守与开放之间的大学精神 [M]. 北京：北京师范大学出版集团，2010：9.
[3] 邓佳. 高校美育课程研究——助力大学生身心协调发展 [D]. 重庆：西南大学，2019.

大学生全面素质发展，促进学生身心和谐发展，构建和谐社会、美好人生。

二、普通高校公共艺术课程改革调查案例

（一）公共艺术课程实施的意义

2019年，教育部发布《关于切实加强新时代高等学校美育工作的意见》，明确指出："高校美育要以艺术教育的改革发展为重点，紧紧围绕高校普及艺术教育、专业艺术教育和艺术师范教育三个重点领域，大力加强和改进美育教育教学。"并进一步指出："普通高校要强化面向全体学生的普及艺术教育。完善课程教学、实践活动、校园文化、艺术展演'四位一体'的普及艺术教育推进机制。"从相关文件中可以看出国家对大学生艺术教育的重视程度。公共艺术课程是大学通识课程中传播艺术美的重要手段之一，同时也是普及艺术教育，实现大学生美育重要的方式，公共艺术课程的落脚点在于以美育为导向，引导学生学会认识美、发现美、创造美。

（二）高校公共艺术课程现状

艺术教育一直以来都是国家十分重视的美育工作，高校公共艺术教育主要针对非艺术专业的大学生，具有普及性，属于通识课程。而高校艺术的课程设置是以鉴赏课为主，一定程度上满足不了大学生对艺术教育的需求，在课程实施过程中出现以下问题：①课程设置不够合理；②课程内容理论偏多；③课程设计理念偏少；④没有公共艺术课程专门教材。面对以上问题，想让全校所有的学生愿意学艺术公共课程，首先需要激发学生的学习兴趣。公共艺术这门课程需要不同于化学实验、高数、现代文学等课程，该门课程更多的是需要让学生能够感受到艺术的内涵与魅力。

（三）立体美育视角下公共艺术课程的改革案例

学术专家们立足于宏观角度探讨和分析了高校公共艺术教育课程的规范建设内容。如，刘玲从明确课程目标、性质、丰富课程设置以及加强师资力量等方面强调高校如何加强公共艺术课程建设。[①] 张振华以复旦大学公共艺术课程建设的实践性研究为例，探索公共艺术课程的改革，提出复旦大学对公共艺术课程的宏观分析和管理，针对不同专业、不同层次学生的需求将艺术课程分为艺术理论、审美鉴赏、技能实践三大类。针对以上的特色，整合教学资源，提升教师队伍，激发学生主动参与，提高教学效果。[②] 呼宇通过问卷调查研究了解到甘肃省部分高校的公共艺术教育课程现状，提出要开发特色课程、加强师资队伍建设、拓宽课程领域。[③] 陆沁凝通过公共课程如英语、数学、体育课程的比较，针对普通高校公共艺术教育存在的问题，提出构建选修课与必修课相结合的课程体系。[④]

对于非艺术类高校公共艺术教育而言，需体现学校和学生自身特点，进行更深入的思考和研究开展特色教育。贺春华提出，综合性和理工类高校的艺术课程应建设由管理艺术教育和艺术教育中心负责的模式，并设置学校的艺术系，并遴选出艺术特长生，还要对师

---

① 刘玲. 全国普通高校公共艺术课程教学建设研讨 [J]. 艺术百家, 2007 (2): 194-195.
② 张振华. 规范艺术课程构架科学体系——复旦大学公共艺术课程建设的实践性研究 [J]. 中国大学教学, 2005 (7): 24-25.
③ 呼宇. 大学公共艺术教育课程体系探析——以甘肃省部分高校为例 [D]. 兰州: 西北师范大学, 2007.
④ 陆沁凝. 论普通高校公共艺术教育的课程体系构建 [J]. 音乐创作, 2013 (7): 188-189.

资队伍进行优化并编写体现学校地域特色的艺术教育教材。① 陆挺等通过对东南大学"由理入道"和清华大学"由技入道"的两种艺术教育实践模式的分析和比较，提出构建"课程体系—高雅艺术进校园—艺术实践活动"三位一体的具有中国特色的工科大学艺术教育实践模式。② 李亮等认为，农林院校学生缺乏艺术素养是由他们的成长环境、艺术教育的课程设置、自身心理特征、校园环境及先天艺术素养等五方面造成的。③

公共艺术教育的教材编写，要注意处理好艺术理论与实践的关系，同时融入体现民族精神和地方风格的教材内容。④ 除了省外很多高校对公共艺术课程进行了改革，广东地区高校也针对区域艺术文化编写了艺术课程教材。据笔者了解，中山大学、华南师范大学、广州大学等高校开设了许多岭南文化特色的艺术课程。如广州大学开设了潮州大锣鼓、粤剧、岭南古琴、古琴文化和琴歌鉴赏等，并且聘请民间艺人教授，定期在课堂、校图书馆、校音乐厅举办一些艺术实践活动。通过把这些传统艺术文化引入课堂，加深学生对岭南区域艺术的了解与热爱。通过开展岭南艺术活动进高校，让当代大学生近距离体验传统艺术，加深当代大学生对民族文化和民族精神的认识，增强民族自信心和自豪感。

（四）美育课程改革促进美育进一步发展

艺术教育主要是实践活动，加强艺术教育的实践活动能够激发大学生对于艺术教育的兴趣、能动性和参与度，这样不仅能提高他们的创新精神和实践能力，而且还能培养他们的民族文化自豪感和自信心，对文化传承起到一定的促进作用。正如李政道所说，科学和艺术是不可分割的，就像一枚硬币的两个面，它们的共同基础是人的创造力，它们追求的目标是真理的普遍性。⑤ 高校公共艺术教育除了要提高学生欣赏美的能力，更须提高学生文化内涵和素养，使其参与艺术教育，关注艺术背后的时代思想。

三、公共艺术课程"课程思政"改革目标

（一）课程上层规划以"课程思政"为宗旨

将融入大思政作为课程教学重要的改革目标和理念，从制度建设和完善、培养计划的调整、计划实施的细则、实施目标的细化等方面着手，转化为操作性强、能够实施到位、有显著效果的实践。⑥

1）重新整合和构建公共艺术鉴赏课程体系，将"课程思政"融入其中，实现艺术独特的润物细无声的教育功能，划定每一节课的思政内容，切实把"课程思政"细分到每一节课，发挥公共艺术鉴赏课程的作用。

2）推动"双融合"的课程教学体系的构建。"双融合"指的是思想教育和艺术教育的融合。艺术教育在开发人的大脑、提升人类创造力以及缓解压力调整情绪等方面的作用得到各国科学家的证实，对于提高情商、为人处世等也有着意想不到的效果。"双融合"

---

① 贺春华. 理工科大学艺术教育的实践与思考 [J]. 中国音乐，2003（2）：106-102.
② 陆挺，陈峰. 中国工科大学艺术教育模式的比较及启示——以清华大学和东南大学为例 [J]. 艺术百家，2012（8）：430-432.
③ 李亮，张琪，郑颖. 农林院校学生艺术素养培养现状及对策研究 [J]. 河北农业科学，2012（6）：94-95.8.
④ 董红普. 高校公共艺术选修课教材开发与教学模式探究 [J]. 教育与职业，2009（30）：104-105.
⑤ 李政道. 杨振宁. 学术报告厅——科学之美 [M]. 北京：中国青年出版社. 2002：22.
⑥ 励继红. "课程思政"理念下高职公共艺术课程创新研究 [J]. 文教资料，2018（1）：116-117.

能提高学生的专业素养以及人文素养，将艺术的功能和价值融入我国社会主义核心价值观中，对于培养学生的职业道德、职业能力、创新能力等起到重要作用，对于不断拓宽学生的思维领域、培养全面发展的人才有重要价值。

（二）思政内涵多方位渗透公共艺术课程

艺术课的"课程思政"就是以公共艺术课程为载体，挖掘在艺术课程中的思政和德育元素，把艺术人文与德育思政素质巧妙融合，将"思政元素"渗透到艺术课里，利用艺术"寓教于乐"的天然优势，深度挖掘和丰富公共艺术课程的思政内涵，建设一批受学生欢迎的"课程思政"公共艺术课程。

在中国五千年的文明发展历程中，积淀了无数宝贵且丰富的艺术资源，将爱国主义教育与艺术课程中的中国民族艺术鉴赏模块结合起来，将中华优秀传统文化艺术、优秀非物质文化遗产以及红色经典作为教学主要内容和重点，可以进一步提升学生爱国、爱党、爱人民的热情，提高学生的政治意识和观念。

将团队合作精神与艺术课程中的艺术实践环节结合起来，引导学生通过艺术实操将理论与实践结合起来，通过合唱、合奏、小组合作等教学方法，培养求真务实的思政态度。

将创造性思维培养与艺术课程中的艺术实践创作环节结合起来，鼓励学生通过艺术创作、艺术创编等有意思且有一定难度的开放性创新艺术训练将艺术理论升华，变成自己想表达的艺术创作。

以德艺双馨的优秀艺术家为榜样，鼓励学生学习其精神。优秀的艺术作品背后势必离不开优秀的艺术家"为艺术献身"的不懈努力和执着追求，除了欣赏艺术作品本身，更要深入挖掘艺术作品背后的创造者的精神，感受艺术家坚韧不拔、孜孜不倦的追求，以培养吃苦耐劳的坚定信念和坚持不懈的精神。

凸显主渠道，充分发挥主课堂的示范效应和显性功能，真正提升思想政治教育的亲和力和针对性，满足学生成长发展需求和期待。

（三）更新教师的教学理念

教师作为教学改革的实践者，是课程思政实施最重要的一环，因此，更新一线教师的教学理念，转变教学思维，才能使建设起来的课程体系不是纸上谈兵。[1]

1. 改变认知

充分认识公共艺术课程作为"五育并举"中美育的重要角色所具有的"以美化人、以美育人"的特殊功能，肯定艺术对于学生润物细无声的积极教育意义，教师发自内心地认可这项改革的重要性。

2. 将思政理念融入教学

将思政理念融入教学，加强"课程思政"与公共艺术课程融合的探索研究工作，以课堂教学为抓手，发挥理想、信念、信仰在艺术课程中的指引作用，将艺术的人文价值融入社会主义核心价值观，坚持艺术教育的精神实质与基本规律，培养学生树立正确的审美观念，在按照职业角色打造自己的同时，争做全方位、全素质、全面发展的人。

---

[1] 励继红．"课程思政"理念下高职公共艺术课程创新研究［J］．文教资料，2018（1）：116-117．

（四）多种模式组合，形成立体考核评价

课程考核评价是课程教学和学生学习重要的组成部分，起着质量监控、教学目标导向引领的作用。单一的考核方式，不利于学生学习积极性的提高，也不利于教师打造高水平高质量的课堂教学。要融合"思政元素"，公共艺术课程应建立一套行之有效、科学合理的课程考核评价方法，充分发挥课程考核评价具有的诊断激励功能。

1. 考核模式多样化

根据艺术课程教学目标要求，以课堂教学为主，加大艺术体验感受、艺术实操训练、艺术鉴赏小组讨论的比重，并以课外延伸实践教学为辅，充分发挥学生主体作用，多维度、多层次、多方面对学生进行立体的综合考评，以此建立公共艺术课程开放动态的复合性评价。

2. 凸显过程性考核

为了提高学生课堂参与度，突显课程考核的灵活性，我们更加强调学生课堂学习的过程，因此加大了学习过程考核的比重，例如，平时成绩占到60%，期末成绩仅占40%。把更多的评价权重放在过程考核，并将过程考核划分为考勤20%、课堂表现20%、课堂互动20%，引起学生对课程学习的充分重视，以发挥学生学习的主动性和积极性。

四、公共艺术课程"课程思政"改革内容

（一）更新教学内容，选择符合时代特征的优秀艺术作品

在艺术课程当中融入大量受学生欢迎的热播优秀艺术类节目，如《中国达人秀》《经典咏流传》《舞蹈风暴》《中国好声音》《国家宝藏》《典籍里的中国》《艺术很难吗》等，挑选节目中经典的艺术作品作为案例讨论和分享。如，在公共艺术课程探讨"什么是艺术"这个话题时，列举了"神曲"《忐忑》《满满的正能量》等倍具争议的作品，设置开放性的小组讨论。在"电影艺术鉴赏"课程教学中对豆瓣高评分电影《流浪地球》《青蛇2：青蛇劫起》《疯狂的石头》《我和我的祖国》《辛特勒的名单》等中外优秀电影进行艺术鉴赏分析、文化背景探究甚至意识形态批评；在文学作品赏析类课程中大力推荐《朗读者》、《国家宝藏》展演季、《经典咏流传》等将声、音、乐、画、诗生动、立体结合的优秀艺术节目，让学生通过多重感官去多维度立体地鉴赏和感受中国传统优秀诗词和文学作品的艺术美，在实践类课程中学习诗词吟唱、音乐故事创编、绘画创新训练等。通过形象生动的审美体验与认知，激发学生的审美情感，从而贯通道德情感，以达到润物细无声的思想政治教育目标。

（二）深度挖掘艺术作品中的思政基因

将"团队合作""爱国思想""民族感情""勇于探索""创新求实""勤劳朴实""好学上进""绿色环保"八项作为思政元素重要导向。除了首选明确表述爱国主义情怀的红色艺术作品为经典案例，还有很多艺术家隐现着热烈的家国情怀、民族感情和坚韧不拔、孜孜不倦的工匠精神以及积极进取、开拓创新、敢为先人的创新精神，这些优秀的艺术家把他们的优秀理念、先进思想都寄情于他们的艺术作品当中，我们要注意挑选这样的艺术作品，深入解读作品背后蕴含的深刻哲理和思政理念。

（三）开发艺术课程教学的"中国特色"

《全国普通高等学校公共艺术课程指导方案》颁布后，广东科技学院的"公共艺术鉴赏"课程由公共选修课变成了公共限选课，为了体现课程内容建设的科学性和系统性，结合当下弘扬中华优秀传统文化的要求，彰显"文化自信"，表达爱国爱人民的积极思想，我们应注意开发公共艺术课程的"中国特色"，将中华优秀传统文化及当地非物质文化遗产等纳入课程教学内容，在艺术鉴赏课程中增加我国优秀传统文化。如在艺术鉴赏中将中西艺术史以及中西方艺术文化的差异进行纵横对比，使学生从宏观层面了解中西艺术发展历史的差异性及东西方文化差异，以及导致的艺术作品风格的差异，深入了解东方艺术作品的艺术特色，提高学生的文化自信。在公共艺术课程的民族民间歌曲鉴赏环节中加入本土民歌介绍，如鉴赏广东民歌《月光光》，引导学生一起把这首用广东方言粤语演唱的民歌翻译成普通话；戏曲赏析环节增加对岭南具有地方特色的曲种——粤剧的赏析和介绍，使世界级非物质文化遗产得到更多的关注与传承，让学生站在宏观的层面重新思考民族民间歌曲和传统戏曲的重要意义。在美术鉴赏课程中增加"潮州刺绣"这一内容，使学生对地方民族特色工艺产生认同感及民族自豪感，从而达到文化认同与文化自信。每一个民族都有自己独特的传统文化，它是民族繁衍生息的根基和血脉，中华优秀传统文化作为中华民族的精神之根和文化之魂，历史源远流长，内容博大精深，站在当今时代的高度，与马克思主义有高度的内在契合性，为思想政治教育提供了丰富的资源，成为中国特色社会主义先进文化的重要思想资源，为学生提供了丰厚的传统滋养。

（四）设计合理的教学授课方式

选取合适的教学手段和方法，凸显"以学为中心"教学理念，能够保证公共艺术课课程思政的教育效果。充分调动学生上课的积极性，利用新式教学模式如对分课堂、游戏化教学、情景代入法、"三明治式"讨论法等新颖的教学方式，改变传统授课方式，把自主权更多地还给学生，利用教学助教平台，进行课堂互动。使用"麦可思智能助教""蓝墨云班课""课堂派""超星学习通"等教学辅助平台，把大学课堂上的头号敌人"手机"化而为友。学生的印象就是"上公共艺术课可以不带笔，但一定要带好手机，并充好电"。在课上利用教学辅助平台实现学生用手机进行课堂互动、弹幕、抢答、加分、填写问卷、观看调查结果、做练习、做测试、考勤等。课下利用教学辅助平台做课后作业、观看课后知识拓展资料。学生和教师可以利用碎片化的时间完成作业、查看拓展资料和批改作业。教辅平台还能够及时精准地反馈学生作业完成的数量和质量，教师能根据学生的知识掌握情况及时调整上课内容，顺畅地建立课后的师生、生生沟通反馈渠道，为过程考核评价提供了高效便捷的媒介和平台。

五、公共艺术鉴赏"课程思政"改革方法

（一）坚持以学生为中心的主体性教学原则

由于学生个体差异及学生发展的不均衡性是客观存在的，是无法回避的教育现象，教师要确定以学生为主体的教学思路，重视每位学生的上课学习状态，对于不同水平的学生制定不同的教学方案，所有的教学设计和方法都要围绕学生的需求开展，强调学生的主体地位。在教学实践过程中，艺术教学活动的主体是学生，艺术学习活动是学生自我建构的行动表现，教师的职责应该是教学生去主动学习，教的应该是学习方法而不是固有知识。

学生自身就具有学习的能力，教师只需要提供艺术学习的资料，让学生知道如何去学习。教师更多充当的是"学习艺术的促进者"角色，把学习方法教给学生，启迪学生发现美和创造美，通过自己的努力获得美的知识。

在课堂教学中，教师要正确处理和学生主体的关系，了解学生的兴趣点和学习艺术潜能，为学生提供一个自我展现的艺术平台，提高学生自主学习的能力，激发他们学习的动力，最终实现不教而教的目的，不断培养学生对各个艺术门类的鉴赏能力，在主动学习参与中获得自豪感。要让学生在课堂上"动起来"，充分调动学生的问题意识，给他们预留足够的时间去独立学习，使学生从被动接受向主动思考转变，加强学生在学习中的自我消化知识的能力。

（二）灵活采用探究式教学方法

探究式教学也称"做中学"，是学生在学习艺术概念或美学原理时，在教师的引导下，通过查阅、做笔记、问答、辩论等方法主动探究，自行掌握相应的美的原理和规律的一种教学方法。在探究式教学过程中，学生充分寻求自己的兴趣爱好，去探索美的起因和内在关系，不断提升学生的独自思考能力、领悟美的能力和记忆能力。最早提出探究式教学的是著名美国教育家杜威，他认为，教育并不仅仅是让学生掌握知识，而是让学生学习科学的研究方法和过程。探究性原则重在启发学生自我学习艺术，培养创新意识，让学生成为探究式艺术鉴赏课堂的主人。教师引导学生去自我探究高效学习和掌握艺术欣赏的方法，教师起探讨、构建和指导作用，不断发挥学生的能动性，指引学生去发现、提出到讨论分析问题，最后真正解决问题。教师首先要为学生创设探究艺术的情境，明确探究的目标，营造探究艺术的氛围，把握探究艺术的方向，总结探究的成果。

关于探究性原则在艺术鉴赏中的运用，首先，教师要创设艺术鉴赏情境，激发学生自主探究艺术的想法。找到问题是探究性原则的重心，所有的探究活动都要围绕问题去展开，教师要根据学生的艺术知识掌握实际情况，设置难度适宜、开放性的艺术问题，引导学生主动思考与辩论，然后在课堂中去探究各种可能性的艺术答案。其次，教师要善于引导学生，对于艺术基础知识薄弱的学生要予以关心和激励，挖掘学生求知美的欲望，提高学生的艺术兴趣。最后，教师在课后布置思考作业，在不增加学生学习负担的前提下，激励学生主动进步，养成自主探究式学习艺术的好习惯。

（三）保持学生情感参与度的教学方法

公共艺术鉴赏课程是一门提高学生审美能力和离不开情感表达的课程，教师在艺术鉴赏教学设计中，不能设置过多的知识性问题，单纯强调艺术理论和艺术技能的掌握，而忘记了艺术鉴赏教育的意义。艺术是情感的学问，审美教育学认为，美育的实质是感情教育。匈牙利著名钢琴演奏家李斯特曾说："音乐表达感情比用其他方法优越，通过音乐，人可以传达自己心灵所体验的印象，表达出任何类型运动来。"其实，音乐艺术和其他艺术门类都是情感教育的重要组成部分。艺术鉴赏能力的高低，不能简单地通过一次次的考试试题来判断，死记硬背艺术基础知识，那就失去了艺术教育的本质。艺术对人的心灵影响是润物细无声的，它能促进人的个性发展，开发人的智力。①

---

① 郑娟. 高校艺术专业艺术概论课程教学模式分析 [J]. 美术教育研究，2013（15）：152.

艺术鉴赏不同于许多专业学科,它是审美教育,通过各种艺术实践活动来培养学生的感知能力。教师不要对非艺术性的内容大讲特讲,本末倒置。审美是艺术教育的核心,审美的主体是学生,他们在多样化的情感体验中实现审美的过程。教师所有的教学内容和教学方法都要遵循情感体验和审美原则,采用灵活多变的教学方法,利用多媒体、情景式教学,引导学生感受、体验音乐,调动学生更深刻的情感体验。

(四) 分层训练,展示个性,激发学生艺术表现美的兴趣

为了兼顾学生的个体差异性,教师针对自己所教学生的特性,可以对学生进行分层分组艺术训练。把艺术基础较好,接受能力强,艺术成绩相对优秀的学生分在 A 层次;把艺术基础和领悟能力一般,艺术成绩中等,喜欢艺术,但在学习态度或学习方法上还需改进的学生分在 B 层次;把艺术底子薄,对艺术学习能力不强、积极主动性也不高的学生分在 C 层次。然后教师将各层次学生合理搭配,每 6 名学生组成一个艺术学习小组,任命其中一个学生做组长,在训练的过程中根据学生的表现适当调整。

在艺术分层教学的过程中,教师要对学生做到一视同仁,有针对性地进行分层指导,帮助学生共同进步。对艺术基础较差的 C 层次学生可采用赞赏和表扬的方法,挖掘他们的优点,给予及时的认可和鼓励;对 B 层次学生进行示范和夸奖,并适当指出他们存在的缺点,帮助他们改正;对 A 层次学生,不但要激励,而且要提出更高的要求,指导他们更上一层楼。通过分层训练,课堂就能既顾及班上全体学生,落实指定学习目标,又兼顾个体差异,分解层次目标,使每个学生都有艺术进步的空间,真正提高学生的鉴赏能力。

(五) 利用好自媒体教学工具

公共艺术鉴赏课程的美育教育要结合实际,通过多媒体应用技术将各种优秀的图像、音频、视频等资料传递给学生欣赏和学习,让学生领略到艺术的魅力。作为一名公共艺术鉴赏课教师,既要善于在课堂上讲授艺术的美,又要注重和学生互动,促进学生对艺术的热爱,使班上每个学生切实感受到艺术的韵味,提高学生的艺术素养。同时通过超星学习通、钉钉等多媒体软件布置课外作业,引导学生加深对艺术美学知识的理解和掌握,学会欣赏各种艺术门类,然后学生根据自己的审美感受和体验,在超星学习通或钉钉上给教师留言或及时咨询,教师尽快解答学生的各种疑问和困惑,利用这种线上交流的便利性,学生的艺术视野将变得更加开阔,真正成为懂得欣赏美、感受美和追求美的一代新人。

六、公共艺术鉴赏"课程思政"教学评价

评价体系改革方案应适应线上线下教学的需要,把学生为本的教育理念放在第一位,树立美育和德智体劳相结合的思想,重视评价方式的多元化,强调评价主体的互动性,让评价处于一个动态的过程。在评价的内容上,不仅要考查学生掌握的美学知识和个人特长,也要关注学生的学习兴趣、学习态度和学习的主动性、生动性。在评价方式上,不能把最终的考试成绩作为终结性评价,要注重对学生学习进程中的过程性评价,把教师的评价和学生、小组的评价放在一起考查。

首先,教师对学生的表现要及时正确评价,保持他的上进态度,评价时以激励为主,不要批评,要多夸奖和宽容,保持一种人文关怀的教学氛围。其次,要对学生进行多层次、多方位的评价,从艺术知识掌握情况、学习态度、思维过程、情感表达等方面展开。然后,评价语言要具有艺术性,不能仅用"非常好"来表达,要用幽默风趣的语言调节学

生情绪，打破课堂那种安静、不活跃的气氛。最后，要让学生逐渐成为课堂评价的主人。当学生观察评价他人时，其实也会对自身进行评价和调整。例如在音乐实践课上，如发现别人打节拍时一直跺脚显得不那么协调，那么，自己唱歌时就会保持身体协调的状态。教师要引导学生客观公正地评价同学，多发现他人身上的优点，不能盯着别人的缺点不放，只有这样，学生互评才会形成良性循环。评价具体操作方法有学生自评、班级小组互评、教师评价等几种。

（一）学生自评

学生自评的前提是评价既要定量，也要定性；让学生根据自己平时的到课情况、回答问题的表现、平时测验的完成程度以及课后作业的提交率等进行周单元与学期的综合评价。

（二）班级小组互评

班级小组互评指班级的小组成员相互评分。应根据平时参与的次数、小组中的积极表现以及成员相互之间的团结与合作态度等进行一学年中定量与定性的评价。

（三）教师评价

教师根据学生的出勤率、上课表现、完成测验和课后作业提交次数以及学习态度等，参考学生个人评价和小组互评的数据，对学生的成绩进行综合性评定。

评价的工具采用问答、艺术特长展示、小测验、调查问卷、图表等，结合定性与定量评价相结合的方式，做到过程性评定与结果性评价的有机统一。

七、公共艺术鉴赏"课程思政"项目推进与实施

艺术可感，育人无形。习近平总书记在文艺工作座谈会上强调："追求真善美是文艺的永恒价值。艺术的最高境界就是让人动心，让人们的灵魂经受洗礼，让人们发现自然的美、生活的美、心灵的美。"

（一）探索思政教育与艺术教育的融合路径

充分利用艺术教育美育和德育的功能，优秀的艺术作品能在无形之中影响人们的思想和行为，对学生家国情怀、价值观念、政治信仰的确立具有正面引导作用。因此，艺术类课程教学具有强大的育人潜力。实践中，要根据艺术专业教学特点，把中华优秀传统文化、优良美德、核心价值观、爱国主义和集体主义等思政元素融入艺术专业教学、创作和实践，依托艺术专业阵地进行思想政治教育。比如，组织学生鉴赏红色经典剧目《方志敏》，组织部分声乐专业教师排练红色歌曲《长征组歌》，举办作品听辨赛，组织学生改编红色歌曲《南泥湾》《情深谊长》《我爱你中国》等红色主旋律和经典作品等，在艺术教、学、练中，让学生亲身感受先辈们的坚强意志和坚定信仰，春风化雨、润物无声地向学生传递正确的价值观念和理想信念。另外，还可以运用课程中的红色艺术教育内容。例如，在"音乐鉴赏"教学中赏红歌，听红歌，唱红歌；在"影视鉴赏"教学中赏评《智取威虎山》《江姐》《流浪地球》等红色影片等。利用艺术教育塑造人格品质的独特育人功能，做到在思政铸魂和艺术教育的融合中讲好中国故事、弘扬中国精神。课程思政教学预期成效如表1所示。

表1 课程思政教学预期成效

授课内容	课程思政融入点	融入方式与教学方法	预期成效
音乐鉴赏	红色歌曲、中国民族歌剧	视听法、图片分析法、举例法	引导学生愿意学唱红色歌曲和鉴赏民族歌剧
影视鉴赏	主旋律影视作品	视听法、列举法、讨论法	主旋律作品可根据社会主义核心价值观，分个人、社会、国家三个层面上升
戏曲鉴赏	中国国粹"京剧"以及中国五大剧种	举例法、视听法	传承传统文化，热爱民族艺术
建筑鉴赏	中国古建筑文化	视听法、列举法、讨论法、图像分析法	用艺术的方式讲好中国古建筑故事，传承工匠精神
岭南文化	非遗进校园	非遗进校园专场活动	认识非遗项目，了解东莞非遗保护的现状
高雅艺术	高雅艺术进校园	专场音乐会走进校园	了解音乐会的形式和内容
艺术大讲堂	艺术名家进校园	和艺术家面对面提问	听艺术名家讲解，解惑

（二）利用优秀教师资源融入红色育人模式

充分利用教研室优秀教师资源，博雅教研室有两位教师获得省级微党课一等奖，他们既有艺术功底，又具备党员先进性，由他们每学期组织一期《音乐微党课》，能在红色育人模式方面有所突破。

（三）艺术课堂通过延伸来增强美育的又一途径

除了对学生进行艺术美鉴赏能力的培养，还应对学生进行专业审美素质的培养，如科学美、自然美、社会美等。可以适当举办内容充实的人文与艺术讲座。讲座的开展可以极大地丰富人文与科学知识，拓宽学生知识面，增长学生见识。另外要加强与党团组织的紧密协作，组织形式多样的课外活动，通过组织兴趣小组与社团活动提升学生综合素质，培养审美个性。鼓励学生参加各种文体科技类、专业类的比赛、沙龙，或者依托科技文化节等丰富多彩的活动，提供若干艺术技能培训课给非艺术专业但有艺术特长的学生作为选修课。艺术类课程平时成绩要加入艺术实践活动项目，每位大学生每年要参与1~3场艺术实践教学活动，根据参与场次来评定成绩。学生可以是艺术实践活动的参与者，也可以是观赏者，但是一定要真正参与实践活动。学生参加艺术实践活动评定表如表2所示。

表2 学生参加艺术实践活动评定表

学期艺术实践活动（场次）	0场	1场	2场	3场及以上
评定等级	不及格	及格	良好	优秀

八、公共艺术鉴赏"课程思政"实现"立体美育"实践项目开展

公共艺术鉴赏课程由于其特殊性，十分注重艺术体验和艺术实践。为了实现全方位"立体美育"延伸课堂效果，博雅教研室将教学工作延伸到课外艺术实践体验教学，依托现有课程成立广科大学生合唱团、广科大学生舞蹈团、广科大学生民乐团、广科大学生室

内乐团、广科岭南古琴传习社等。博雅课程改革与实践教学如表3所示。

表3 博雅课程改革与实践教学

项目	内容
依托课程成立四大团队	广科大学生合唱团、广科大学生舞蹈团、广科大学生民乐团、广科大学生室内乐团
传统文化基地	广科岭南古琴传习社
美育课程体系	美育课程体系（线上线下）、实践教学体系、评价体系

（一）成立广东科技学院大学生合唱团，"合唱思政"是解决大学生思想政治教育工作瓶颈的有效途径之一

1. 课程思政的突破口——高校合唱团

作为艺术类课程思政的有效突破口，"高校合唱团"是非常重要的实施手段之一。它主要是指在学生思想政治教育工作中，通过"合唱"的形式，以日常排练为载体，对演唱的人潜移默化地产生影响。一直以来，我国普通高校的思想政治教育只通过"两课教学"进行，传统而单一的授课形式已经不能体现当下课程思政的优越性，因此"合唱思政"是在新时代高校美育发展的背景下提出的新的思政教育理念，这种形式非常适合目前的课程思政改革方向和方法，也最能直接体现课程思政改革的方向。

2. 在"合唱"中实施"思政"教学

众所周知，合唱原本就是由多人或集体演唱的多声部艺术作品，有固定的指挥和艺术指导（钢琴伴奏）。在合唱中需要大家声音和位置高度地统一，并且要协调，体现的是共性，而不是个性。人的声音是合唱中最有表现力的，有着区别于其他乐器的非一般可塑性，在合唱中可以根据作品来调整音色，更能唤起群体歌唱者的共性，并激发歌唱者和听众的情感共鸣。正如大家都喜欢的"彩虹合唱团"，近年来这支合唱团演唱的歌曲内容都是个人感受，抓住生活美好瞬间，恢宏的旋律与幽默的歌词形成反差，已经成为最受青年人喜爱的合唱团体之一。当合唱团的每一个人融入歌曲时，就会自动调整呼吸、音色、节奏、情绪，高度集中，并把这种感觉传递给每一位合唱团成员，每个参与合唱的人会默契十足，演唱得完美无缺。

（1）"合唱思政"——团结合作

合唱关键在"合"，"合"意味着和谐与平衡。参与合唱的人不单是听自己，还要听前后左右各个声部，可以培养参与者的修养。合唱，最后唱的是文化。要相互体谅、相互帮助，要让队员们懂得"众人拾柴火焰高""团结就是力量"的道理。指导教师除教授合唱专业知识外，还需要用心、用情地投入，严格中不失亲切，亲切中不失原则，只有这样才能塑造一支有凝聚力的团队。而合唱中相互倾听是至关重要的，可以说，这种凝聚力是合唱团队必须具备的第一要素。

（2）合唱思政——体现爱国情

有一种感动，叫"中国红"；有一种骄傲，叫"五星红旗"；有一种深情，叫"我爱你中国"！从小到大，我们所唱的合唱歌曲无一不体现这样的主题，可以说主旋律作品已经声入心灵。当然，爱国主义教育是学校教育的永恒主题，也是学生学习生活的永恒主题，但合唱教学对青少年的爱国教育是不可忽视的，那些集体主义精神、爱国热情、民族

自信、团结教育是需要通过合唱传承下去的。《歌唱祖国》《十送红军》《我爱你中国》《团结就是力量》《我和我的祖国》等一系列主旋律作品在经典的旋律之下所渗透的教育意义不可小视。可以说，没有任何艺术形式比合唱团更能表明团队合作的重要性，这样的团队精神可以渗透大学生的学习、生活，对于未来走向社会是意义重大的。

（3）合唱思政——博古通今

合唱歌曲数量庞大，内容博古通今，更是中西交流的大融合。每一个合唱作品背后的故事，包括时代背景、文化、宗教、艺术等，都有所不同，例如，非洲黑人的灵歌、中国新式学堂的"学堂乐歌"等。学生通过演唱不同时期、不同国家、不同民族的合唱作品，可以了解各个国家的风土人情、民族风貌、历史变革，例如，《哈利路亚》《到敌人后方去》《黄河大合唱》等。

（4）"合唱思政"——加强纪律性、提高自控能力

在合唱中很容易形成集体性行动，比如平时排练中的分声部训练，因为四个声部（男高音声部、女高音声部、男低音声部、女中音声部）的划分，需要由学生在进行各个声部训练后再进行合排，学生在自我训练中能严格要求自己，声部长更是能有效地开展训练。这就是合唱带来的无形力量。

（5）"合唱思政"——提高审美，热爱生活

广东科技学院"五育并举"育人模式的提出，把"美育"和其他四个方面放在了同一高度，足以看出重视的程度。教师通过大量合唱作品的演唱教会学生分辨善恶，认清黑白，懂得发现美、认识美、感受美、创造美。"美"将伴随一生，对学生的人生发展的意义绝对不能小觑。例如，《我的祖国》A段的"一条大河波浪宽，风吹稻花香两岸"可以引导学生产生对我国大好河山的热爱之情；B段的"这是美丽的祖国，是我生长的地方"，引导学生热爱家乡、热爱美丽的祖国。而男女声部的音色交替更加增添了歌曲的立体美感，陶冶了情操，提高了学生的审美能力，培养了学生良好的审美情趣。

（6）"合唱思政"——促进身心健康

唱歌是一种好的运动方式，唱歌时，气息在身体内部循环，这是任何一项运动都代替不了的。虽然不是专业艺术院校的学生，达不到专业演唱水平，但是唱歌也能使人心情愉悦，促进身心健康。唱歌还可以增强心肺功能，保持大脑活力。

（二）莞脉传承之非遗进校园

习近平总书记关于弘扬传承优秀传统文化、实现创造性转化和创新性发展的重要论述，是做好非遗保护工作的根本遵循，是构建"党建+课程思政"育人新模式的根本指导思想。因此在教育教学工作中，我们积极响应国家的号召，以非遗传统文化为抓手，实现专业教育与思政教育的有效融合，构建课程思政新模式。莞脉传承之非遗进校园的本质意义是为了传播非物质文化遗产，对学生进行中华优秀传统文化的熏陶，让学生充分了解和体会古人的聪明才智和伟大创造，从而增强对非物质文化遗产的认知度和敬畏心，增强文化自信和文化自觉，担当起我国非物质文化遗产传承保护的历史责任和使命感。广东科技学院每学年都会开展一次大型的非遗进校园艺术实践活动，在2019年5月首次引进的莞脉传承之非遗进校园活动中，展示了麒麟舞、粤剧、木偶戏以及醒狮四种非遗项目，既推动传统文化的传承和保护，为莞邑文化研究做出贡献，又让学生体验了岭南千百年的传统文化艺术，提高了学生对非物质文化遗产传承与保护的兴趣。活动结束后还有不少学生参

与了"我要画非遗""我要做非遗传承人"等系列活动,创作和拍摄的作品入选了当年东莞市的非遗作品展。

(三) 引进高雅艺术进校园活动

"高雅艺术进校园"项目是国家教育主管部门促进高校大学生弘扬中华美育精神、弘扬优秀民族文化,提高艺术修养和文化素养的有力举措。从"进校园"到"进课堂",广东科技学院经过几年的努力和精心准备,正式将其纳入学院本科生教学计划。作为"中国审美"系列精品思政课的组成部分,学校每学年举办一场展演,高品质、高格调、高频次的文化艺术素养熏陶和丰富的艺术饕餮盛宴是学校赠予学生的一份厚礼。学校曾在2019年开展高雅艺术进校园活动——"群音会"东莞原创音乐舞台;2020年又成功举办广东科技学院首届新年音乐会,以轻松、享受、自由、开放的态度接纳了不同形式的音乐表演和风格,让学生近距离感受了一场高规格的艺术盛宴。

(四) 传统文化基地建设——广科古琴传习社挂牌

2018年,教育部颁布了《关于开展中华优秀传统文化传承基地建设的通知》,要求全国建设中华优秀传统文化传承基地。这一举措为传统文化的传承搭建了一个稳固的平台。传承与发展传统文化的最佳场所就是高校,因为这样有助于培养一批致力于优秀传统文化传承的年轻人。众所周知,古琴作为我国优秀传统文化的代表,拥有丰富的文化内涵和人文底蕴,开设古琴选修课,是为了让古琴回归"文人"群体。教学对象来自不同的专业,可以为课堂带来更广阔的学科视野,形成更为多元的文化氛围。学生在习琴的同时可以修身养性、陶冶情操,并通过学习岭南琴曲建立学生的民族自豪感和自信心。通过传承岭南传承曲目,能了解基本的演奏技法、认识古琴、了解琴文化,在习琴的过程中产生对古琴的文化认同感,沉浸于古琴艺术中并自觉地弘扬传统文化。将古琴融入校园,让更多的学生亲近古琴,以及古琴所承载的国学文化。广科岭南古琴传习社的成立为学校古琴爱好者提供了深入了解琴文化、琴道的机会,扩大了岭南古琴在校园的文化影响,形成了人心向学的学习风气。